Irène Kummer
WANDLUNGEN

Irène Kummer

WANDLUNGEN

Aufbruch in die Jahre 50 plus

BELTZ

Dieses Buch ist auch als E-Book erhältlich:
ISBN 978-3-407-22263-3

Die im Buch veröffentlichten Hinweise wurden mit größter Sorgfalt und nach bestem Wissen von der Autorin erarbeitet und geprüft. Eine Garantie kann jedoch weder vom Verlag noch von der Verfasserin übernommen werden. Die Haftung der Autorin bzw. des Verlages und seiner Beauftragten für Personen-, Sach- oder Vermögensschäden ist ausgeschlossen.

Das Werk und seine Teile sind urheberrechtlich geschützt. Jede Nutzung in anderen als den gesetzlich zugelassenen Fällen bedarf der vorherigen schriftlichen Einwilligung des Verlages. Hinweis zu § 52 a UrhG: Weder das Werk noch seine Teile dürfen ohne eine solche Einwilligung eingescannt und in ein Netzwerk eingestellt werden. Dies gilt auch für Intranets von Schulen und sonstigen Bildungseinrichtungen.

www.beltz.de

Alle Rechte der deutschsprachigen Ausgabe:
© 2015 Verlagsgruppe Beltz, Werderstraße 10, 69469 Weinheim
Umschlaggestaltung: www.anjagrimmgestaltung.de (Gestaltung),
www.stephanengelke.de (Beratung)
Umschlagabbildung: © plainpicture/Gilles Rigoulet
Herstellung: Lelia Rehm
Druck und Bindung: Beltz Bad Langensalza GmbH, Bad Langensalza
Printed in Germany

ISBN 978-3-407-85737-8
1 2 3 4 5   19 18 17 16 15

Dieses Buch widme ich meinem Freund und Gefährten Roy (†), dem ich ein tiefes spätes Glück verdanke, und all den nahen Menschen, die mich lehrten, worauf es im späteren Leben ankommt; meinen beiden Kindern Mirjam und David, die mich stets neu mit dem Leben verbinden.

INHALT

Einleitung   **11**

Teil I   LEBENSKUNST ÄLTERWERDEN

1. *Wendezeiten – dem eigenen Leben Gestalt geben*   **19**

   Einführung   **19**

   Phasen von Wendezeiten – Wachstumsschritte im Leben   **20**

   Ressourcen entdecken – sich mit den eigenen Kraftquellen verbinden   **31**

   Beweglich und standhaft – Gesundheit, Resilienz und formende Kräfte im Reifeprozess   **38**

   Gelebtes Leben integrieren – den persönlichen Reichtum vertiefen   **48**

2. *Wachstum und Wandlung im späteren Leben*   **56**

   Einführung   **56**

   Die Lebensspanne als ständiger Entwicklungsprozess   **58**

   Wir sind ein lebendiger Formungsprozess – unser eigenes Kunstwerk   **64**

   Die Chance einer neuen Lebensphase: Reifung und Vertiefung   **70**

   Von Autobahnen im Hirn und Rennpferden mit Scheuklappen – über das Üben   **79**

Wachstum kennt keine Pensionierung – das eigene Leben in die Hand nehmen	**84**
Neue Persönlichkeitsschichten ins Leben gebären – Träume als Wegweiser	**93**
Entwicklungsprobleme und Lebenskrisen bewältigen	**101**

3. Unser Körper im Wandel — **110**

Einführung	**110**
Mein Körper bin ich	**112**
In den Spiegel schauen – die Chancen eines »anderen« Blicks	**115**
Abschied von der Jugendlichkeit – gesellschaftliche Botschaften und persönliche Erfahrungen	**119**
Zärtlicher und intimer Dialog mit sich selbst	**124**
Die Wechseljahre gestalten – Frauen im Übergang	**131**
Verkörperte Stressmuster abbauen	**137**
Den Puls von Geben und Empfangen gestalten	**142**

Teil II LEBENSGESTALTUNG IN DEN VERSCHIEDENEN LEBENSFELDERN

4. Das eigene Beziehungsnetz weben und pflegen — 151
Einführung — 151
Dasein ist Mitsein — 152
Beziehungen aufbauen, halten und umformen — 158
Ein eigenes Leben nach der ersten Lebenshälfte und der Familienphase aufnehmen — 164
Lebensbeziehungen neu erfinden und späte Liebe wagen — 172
Sexualität und Intimität – die Leuchtkraft später Leiblichkeit — 183
Freundschaften als Halt und Bereicherung — 196
Generationenübergreifende Muster umformen und Ressourcen aufnehmen — 209

5. Berufsgestaltung und Übergang ins nachberufliche Leben — 221
Einführung — 221
Berufsarbeit neu definieren und das Eigene vertiefen — 232
Umgang mit den Leistungs- und Erfolgsmustern unserer Gesellschaft — 238
Den Übergang ins Rentenalter gestalten und neue Lebensfelder gewinnen — 241
Die gelebte Berufsbiografie integrieren — 246

6. Das Endliche und das Umfassende — 252
Einführung — 252
Präsenz und Intimität im späten Leben — 253
Den Lebensrückblick gestalten — 263
Eine gute Mentorin, ein guter Mentor werden — 274
Abschiede und was bleibt — 277

Der Raum des Abschieds	**287**
Das kleine und das große Sterben – Einübung in die letzten Übergänge	**289**
Aufgehoben im umfassenden Puls des Lebens – der offene Horizont	**297**

Anmerkungen **308**

Literatur **314**

Quellennachweis **321**

Anhang **323**

Danksagung **326**

EINLEITUNG

Wir entwerfen uns immer wieder neu

*Wende dein Gesicht der Sonne zu,
dann fallen die Schatten hinter dich.*

Afrikanisches Sprichwort

Dieses Buch richtet sich an Menschen, die Älter- und Altwerden als eine Perspektive verstehen möchten, welche ihnen Wachstum und Reifung und damit ein erfülltes Leben ermöglicht. Es kann jedoch auch jüngere Menschen interessieren, die sich mit ihren Lebensperspektiven befassen und sich eine Vision für ihre weiteren Lebensphasen bis ins Alter bilden möchten. Zudem gibt es Anregungen für Beratende, Psychologinnen und Psychologen, die ältere Menschen durch die späteren Lebensjahre begleiten.

In meiner Praxis als Psychotherapeutin habe ich es oft mit Menschen zu tun, die sich mit dem Prozess des Älterwerdens auseinandersetzen wollen. Mir fällt auf, dass sich viele von ihnen trotz aller Veröffentlichungen, die dem Defizitmodell abgeschworen und das Kompetenzmodell eingeführt haben, mit dem Älterwerden unendlich schwertun. Sie nehmen es als Verlust an Vitalität, Lebendigkeit, Schönheit und Attraktivität wahr und frönen dem Mythos ewiger Jugendlichkeit. So schaffen sie sich ein Ideal, an dem sie schließlich scheitern müssen.

In diesem Buch geht es vor allem darum, einen *anderen Bezug* zum eigenen Älterwerden zu finden und zu zeigen, dass dieses nicht nur erlitten zu werden braucht, sondern aktiv beeinflusst und damit befriedigend und sogar erfüllend gestaltet werden kann. Es geht mir dabei nicht nur um ein neues Konzept, sondern um einen Paradigmenwechsel, der auch praktisch umsetzbar ist: Statt vom Leben gelebt zu werden, haben wir die Chance, es als unser persönliches zu formen.

Eine Herausforderung, die unserem Thema zugrunde liegt, besteht in der großen demografischen Veränderung, die vor mehr als hundert Jahren begann, als zunächst die Kindersterblichkeit drastisch verringert werden konnte. Ebenso bewirkt die Revolutionierung der Lebensbedingungen und des Gesundheitswesens, dass die Menschen im Durchschnitt ständig älter werden und dies in vielen Fällen bei guter Gesundheit. Kinder, die im Jahr 2000 geboren wurden, haben laut Studien eine Lebenserwartung von über 100 Jahren.

Mehr als zu allen anderen Zeiten bietet sich also heute die Chance, unsere späteren und späten Lebensphasen neu zu definieren und ihnen einen eigenständigen, vertieften Wert zu geben. Die zweite Lebenshälfte lädt Menschen dazu ein, auf ihr bisheriges Leben zurückzublicken und Bilanz zu ziehen. Die Wendezeiten im Prozess des Älterwerdens bringen die Chance mit sich, eine neue Art von Fruchtbarkeit und Kreativität zu entfalten und innere Sehnsüchte, Kraftquellen und Ressourcen zu entdecken, die bisher verborgen waren oder vergessen gingen.

In der Rückbesinnung können wir die bisher erworbenen Lebenskompetenzen nochmals bewusst annehmen, uns von ihnen getragen fühlen und unsere Lebensqualität intensivieren. Die Ernte aus dem bisher Gelebten lässt sich einbringen, als Wegzehrung für die nächsten Phasen nutzen und auch an andere weitergeben. So gesehen liegt der Schwerpunkt nicht auf dem Älterwerden als biologischer Tatsache allein, sondern auf dem Prozess von Reifung und Vertiefung des persönlichen Lebens. Reife und Alter bedeuten nicht unbedingt eine Verminderung von Lebendigkeit, sondern eine Veränderung der Erregungsmuster, die uns unsere Lebendigkeit spüren lassen. Der Schlüssel für ein vitales und erfüllendes Leben auch in den späten Lebensphasen liegt im bewussten Beeinflussen dieser Erregungsmuster. Wir können lernen, sie zu erkennen und zu gestalten, um dadurch unseren Reifeprozess zu fördern. Wir »füllen« uns gleichsam mit uns selbst und lassen unsere eigene innere Erfahrung wachsen. So können wir uns vertiefen, statt vorzeitig zu altern, und das Alter als lebendigen Gestaltungsraum leben.

Mein Buch ist Menschen gewidmet, die sich nicht mit dem zufriedengeben, was die Gesellschaft ihnen an Botschaften für die Lebensphasen des Älterwerdens anbietet, nämlich Verhaltensweisen zu erhalten und zu reproduzieren, die schon der Vergangenheit angehören. Ich möchte diejenigen Personen erreichen, die daran interessiert sind, neue persönliche Erfahrungen und Lebensmuster zu kreieren. Ein befriedigendes Leben geschieht nicht irgendwie – es braucht eine lebendige Vision, die sich aus den Erfahrungen mit der eigenen Persönlichkeit ergibt. Und so braucht es auch ein persönliches Engagement, sich auf den eigenen formenden Prozess in den späteren Lebensphasen einzulassen und den damit verbundenen Einsatz nicht zu scheuen. Die Auseinandersetzung mit früheren Wendezeiten und die Entscheidung, nicht vom Leben gelebt zu werden, sondern *sich selber aktiv zu beeinflussen*, vermögen den Umgang mit den späteren Lebensphasen fruchtbar und befriedigend zu machen.

Älter und alt werden kann ein spannendes Abenteuer sein oder zu einem Kampf werden, vor allem dann, wenn wir das entsprechende Trennungsmodell »Hier Körper – dort Geist« leben. Dann wird »der Körper« zum Feind, abgespalten von dem, was wir »Ich« nennen. Anders ist es, wenn wir uns ganzheitlich als leibhafte Wesen verstehen, wenn wir unser Leib *sind* und die *Entwicklungsaufgabe* annehmen, vor der wir als ältere erwachsene Person stehen. Wir haben also die Wahl, unseren Formungsprozess als Herausforderung zu verstehen *und Pionierinnen und Pioniere auf einem neuen Gebiet zu sein* oder im alten Bild von Älterwerden zu verharren. *Entweder gestalten wir unser Leben, so gut wir es können, oder aber wir werden durch Kräfte außerhalb unserer Einflussnahme geformt.*

Konzeptuell und methodisch steht in diesem Buch die Verbindung zwischen dem Lebensstilkonzept der Individualpsychologie nach Alfred Adler und dem »formativen Konzept« im Vordergrund, das der amerikanische Forscher und Therapeut Stanley Keleman entwickelt hat und mit dem ich seit vielen Jahren in meiner Praxis und in meinem Ausbildungsinstitut arbeite.

Keleman gehört zu den Pionieren der Humanistischen Psychologie und entwickelte über Jahrzehnte sein eigenes Konzept mit der zugehörigen *Wie-Methode*, die es erlaubt, die eigenen Verhaltensmuster und die Geschichten, die wir uns zu unserem Leben erzählen, zu beeinflussen, zu regulieren und zu differenzieren. Wenn wir uns in diesem Sinn als Autoren und Künstlerinnen unser selbst verstehen, lässt sich Älterwerden als ein spannender Formungsprozess vollziehen, denn auch in späteren und späten Lebensphasen können wir unsere bisherigen Lebensmuster beeinflussen, um die biologischen Angebote des Älterwerdens zu nutzen, zu gestalten und damit persönlich zu machen.

Auch die Aspekte von *Resilienz* werden einbezogen, da sie gerade in den späteren Lebensphasen von entscheidender Bedeutung sind, wenn es darum geht, wie ein Mensch gesund sein und bleiben kann – trotz schwieriger Herausforderungen und widriger Umstände. Es geht um die Fähigkeit, vorhandene eigene Kraftquellen zu entdecken, zu nutzen und neue zu bilden. Ressourcen helfen uns, mit uns und mit der jeweiligen Lebenssituation konstruktiv umzugehen. Resilienz als Widerstandskraft und gleichzeitig als Flexibilität sowie als Wachstumszuversicht ermöglicht es, auch schwierige Erfahrungen zu bestehen und sie als Formungskraft einzusetzen.

Im ersten Teil des Buches werden die genannten grundsätzlichen Aspekte, die mit dem Älterwerden verbunden sind, erläutert. Sie geben Einblick, wie wir funktionieren und wie wir uns auf der Basis unserer biologischen Entwicklung Gestalt geben und das Gegebene auf unsere je eigene Weise beeinflussen und formen können. Gerade in den späten Lebensphasen ist dies entscheidend. Im zweiten Teil geht es um die einzelnen Lebensbereiche und deren Gestaltung im Prozess des Älterwerdens: Beziehungsgestaltung – Generationendialoge – Lebensaufgabe Beruf. Das abschließende Kapitel befasst sich mit der umfassenden Perspektive der letzten Lebensphasen.

Sie, liebe Leserin, lieber Leser, können den ersten Teil als Einführung in wichtige Aspekte lesen, die helfen sollen, Älterwerden positiv zu verstehen und zu nutzen. Es ist jedoch auch möglich, zuerst die Sie interessierenden Kapitel des zweiten Teils zu lesen, welche die Gestaltung der Lebensfelder im späteren Leben betreffen, und anschließend oder gleichzeitig die Kapitel des ersten Teils einzubeziehen. An den Anfang jedes Kapitels habe ich eine Einführung im Sinne einer Übersicht über die behandelten Themen gestellt, die Orientierung ermöglichen und den roten Faden des Buches und damit die Verbindung zwischen den einzelnen Kapiteln mit deren Schwerpunkten aufzeigen.

Teil I
LEBENSKUNST ÄLTERWERDEN

*Ich lebe mein Leben in wachsenden Ringen,
die sich über die Dinge ziehn.
Ich werde den letzten vielleicht nicht vollbringen,
aber versuchen will ich ihn. (…)*

Rainer Maria Rilke[1]

Älterwerden ist kein Geschehen, das uns einfach ereilt und dem wir ausgeliefert sind, sondern ein Prozess, den wir beeinflussen und gestalten können. In diesem Sinne kann Älterwerden als Reifeprozess und als sich vertiefende Lebenskunst verstanden werden.

Der erste Teil dieses Buches widmet sich den Grundlagen, mit deren Hilfe wir persönliche Entwicklung in den späteren Lebensphasen verstehen und vollziehen können.

1. WENDEZEITEN – DEM EIGENEN LEBEN GESTALT GEBEN

Einführung

Das erste Kapitel ist den Entwicklungsmöglichkeiten und vor allem den Chancen von Wachstum in den späteren Lebensphasen gewidmet. Diese zeigen sich in den Herausforderungen, die Wendezeiten uns anbieten. So können wir uns auf den verschiedensten Ebenen unserer Persönlichkeit verändern und neue Möglichkeiten ergreifen.

Für den Weg zur Reife nach fünfzig sind unsere besten Begleiter Ressourcen, die wir geschenkt bekommen, und solche, die wir im Laufe unseres Lebens ausgebildet haben. Sie helfen uns, Übergänge zu gestalten und die eigene Resilienz als Standfestigkeit verbunden mit Flexibilität einzusetzen. So können wir immer wieder neu die nötige Wachstumszuversicht entwickeln, eine Kraft, die uns erlaubt, unser eigenes Potenzial ins Leben zu bringen und einzusetzen. Diese Entwicklung ist immer ein ganzheitlich-leibhafter Prozess, in den alle Ebenen unserer Persönlichkeit einbezogen sind.

So vermögen wir das gelebte Leben zu integrieren – mit allen Umwegen und Krisen, die wir erlebt haben. Beides, Herausforderungen aus eigener Kraft zu bestehen sowie Hilfe anzunehmen, ermutigt uns, den Weg in die eigene Zukunft zu gehen und den persönlichen Reichtum zu erweitern und zu vertiefen.

Phasen von Wendezeiten – Wachstumsschritte im Leben

Von dem Mann, der sich schützen wollte

Es war einmal ein Mann, der wollte sich vor den Gefahren der Welt schützen. Er ließ sich eine eiserne Rüstung machen, die er immer anzog, wenn er nach draußen ging. Sie war ein bisschen schwer, und er wurde müde beim Gehen, aber er fühlte sich sicher in der Rüstung. Allein, die Zeiten wurden schlechter und der Mann beschloss, die Rüstung auch im Haus zu tragen. Er legte sie nur noch nachts ab und hängte sie dann an einen Nagel über seinem Bett. Eines Nachts wurde die Rüstung dem Nagel zu schwer. Er fiel von der Wand, und die Rüstung erschlug den Mann.

Elisabeth Schlumpf

Wendezeiten sind wichtige Wachstumschancen: Wir entwickeln uns weiter, indem wir Aspekte unserer Persönlichkeit, die nicht mehr so wichtig sind wie in früheren Phasen, in den Hintergrund treten lassen, um neue Persönlichkeitsschichten zu kreieren und in den Vordergrund zu rücken. Wenn wir versuchen, uns Veränderungen und damit persönlichem Wachstum zu entziehen, verpassen wir vielleicht Qualitäten unseres Lebens, wie es die Geschichte am Anfang des Kapitels *Von dem Mann, der sich schützen wollte* zum Ausdruck bringt. Es ist eine natürliche Funktion, uns zu schützen – sowohl gegen Einflüsse von außen wie auch von innen. Ein perfekter und lückenloser Schutz jedoch ist, wie in der Geschichte, tödlich. Durch einen solchen Schutz schottet sich eine Person zunehmend ab und opfert die eigene Lebendigkeit. Die Geschichte lässt sich auch wie ein Traum interpretieren und zeigt vielleicht, dass jemand oder wir selber immer mehr erstarren – symbolisiert in der Rüstung. Wenn wir uns auf uns selbst und unsere Entwicklung einlassen wollen, geht es aber genau darum, unseren Schutz ein wenig abzubauen, weicher werden zu lassen, um uns mit dem, was in uns auftaucht, zu empfangen, willkommen zu heißen. In den späteren Jahren wird dies besonders wichtig.

Erfüllung im Leben hängt zu einem großen Teil davon ab, dass wir uns auf Wandlung und Wachstum einlassen.

Wendezeiten und Wandlungen im Leben sind also der Schlüssel zu unserer Entwicklung und zu unserem persönlichen Wachstum. Immer wieder – beispielsweise in Mythen und Träumen – werden sie in Bilder von *Stirb und werde* gefasst. Der Philosoph und Psychologe Erich Fromm drückte dies sehr pointiert aus: *Leben bedeutet, jede Minute neu geboren zu werden.*

Es kommt im ganzen Leben und ganz besonders in den Phasen der zweiten Lebenshälfte darauf an, dieses *Stirb und werde* zu vollziehen.

»Und so lang du das nicht hast,
Dieses: Stirb und werde!
Bist du nur ein trüber Gast
Auf der dunklen Erde.«

J. W. Goethe[2]

Doch was hat es mit diesem *Stirb und werde* auf sich? Ist es nicht etwas Beunruhigendes, vielleicht auch Bedrohliches, dem man ausweichen sollte? In unserer Gesellschaft haben wir es ständig mit von außen kommenden Veränderungen auf den verschiedensten Ebenen zu tun, müssen uns immer wieder anpassen, sollen flexibel bleiben. Schon dies sind große Herausforderungen, die auch Angst wecken mögen. Doch Wandlungen bedeuten nicht nur Anpassung, sondern Wachstumsschritte, die unsere Persönlichkeit berühren. Altes und Gewohntes will verabschiedet werden, damit Neues Gestalt annehmen kann – stirb und werde. Ohne Unsicherheit gibt es kein Wachstum.

Dies ist eine Entscheidung, die wir immer wieder neu treffen müssen: Wage ich es, gewohnte Wege zu verlassen und mich auf die sich ergebende Unsicherheit einzulassen? Vertraue ich dem Leben genügend, dass ich das, was mir entgegenkommt, nicht im Vorhinein definieren und werten muss, sondern aufnehmen kann, was kommt, Hoffnung bewahre, anstatt das Lebendige und Aufblühende um mich und in mir selber zu beschneiden, weil es auch Risiko und Unsicherheit gibt, denen wir ausgesetzt sind? Ein hawaiianisches Sprichwort bietet eine Perspektive, wie man mit dem Leben umgehen kann, wenn man sich ihm öffnet:

Preise die Gegenwart,
vertrau dir selber,
erwarte das Beste.

Den Wendezeiten, den Zeiten von Wandlung, liegt eine gemeinsame Dynamik zugrunde, auf die ich im Folgenden näher eingehen werde:³

Gewohnte Form	Enden	Mittelphase	Neuformung
Vertrautheit	Abschied	Fremdheit	Vertrautwerden
Gewohnheit	Ablösung	Unbekanntheit	Gewöhnung
Sicherheit	Risiko	Unsicherheit	Einübung

Für diese Dynamik möchte ich zunächst ein Bild anbieten, das zum Verständnis beitragen mag:

Stellen Sie sich vor, dass Sie per Schiff auf eine große Reise auf dem Meer gehen. Bis jetzt waren Sie auf dem Land und konnten sich sicher fortbewegen. Nun haben Sie den Entschluss gefasst, eine Reise ins Unbekannte zu unternehmen. Vielleicht machen Sie sich auf zu einem neuen Kontinent oder zu einer Insel. Sie nehmen Abschied von den Menschen, vom Land, das Ihnen vertraut ist. Vielleicht drehen Sie sich noch einige Male um und winken, bevor Sie mit Ihrer Crew die Segel hissen und auslaufen. Da sind vielleicht Wehmut, Abschiedsschmerz und auch Neugier und Entdeckerlust.

Dann wird die Küste langsam versinken, und irgendwann befinden Sie sich auf hoher See. Das vertraute Ufer ist nicht mehr sichtbar und das neue noch nicht in Sicht. Vielleicht kommen nach strahlendem Wetter auch Stürme auf, und Sie wissen kaum weiter und bekommen Angst, kämpfen gegen die tobenden Wellen. Oder der Autopilot fällt aus und Sie müssen allzeit selber wachen

und das Schiff steuern. Mag sein, dass Sie sich nach den Sternen richten und sie nach dem Weg fragen. Sie sind unsicher.
Tage und Nächte vergehen. Sie können sich kaum vorstellen, dass die Reise einmal enden wird, Verzweiflung und Ohnmacht tauchen auf, dann gibt es wieder Hoffnung, Vertrauen in den inneren Kompass.
Irgendwann taucht ein schmaler Streifen am Horizont auf. Eine neue Perspektive öffnet sich: »Land in Sicht!« Sie segeln zur unbekannten Küste, wissen nicht, was genau Sie erwartet. Ihre Geschicklichkeit ist gefragt, all Ihre Fähigkeiten, die Sie schon erworben haben, und solche, die Sie eben jetzt erlernen. Es wird Zeit brauchen, an Land zu gehen und sich mit dem Neuen vertraut zu machen ...

Immer wieder verändern wir die bisher vertraute und gewohnte, Sicherheit bietende Form unserer Lebensmuster und unserer Lebensgestaltung. Es gilt, von ihnen Abschied zu nehmen und das Risiko, das mit dem Verlust von Sicherheit zusammenhängt, anzunehmen. Die Mittelphase oder der *Mittelgrund*[4], in welcher die alte Form nicht mehr und die neue noch nicht da ist, bringt Fremdheit und Unsicherheit, aber auch Neugier und Entdeckerlust mit sich. Der Mittelgrund ist gekennzeichnet durch ein aufmerksames Begleiten dessen, was werden will, bis das Neue sich zeigt, das in einer nächsten Phase der Einübung und Gewöhnung bedarf.[5]

Jeder Übergang, jede Transition beginnt mit einem *Enden*, einem Prozess des Abschieds und der Trennung. Wir trennen uns von einer Schicht oder einem Aspekt unserer Person oder von einem anderen Menschen, von einer bestimmten Situation, einem Lebensumfeld. Wenn wir innehalten und uns zurückziehen, entsteht als Chance ein Freiraum, der neue Möglichkeiten in sich birgt.

Die einzelnen Menschen reagieren sehr unterschiedlich auf Abschied und Trennung: Die einen sind neugierig, hoffnungsvoll, andere können überschwemmt werden, versteifen, komprimieren sich oder sie geben auf und resignieren. Zwei verbreitete Muster bestehen dann darin, sich entweder an Vergangenes zu klammern, das *Enden* hinauszuzögern oder sich kopfüber ins Unbekannte zu stürzen und damit zu überfordern. Es ist jedoch auch möglich, die einzelnen Phasen sorgfältig zu gestalten zu versuchen und so die Schritte ins Unbekannte zu wagen.

Gewisse Abschiedsphasen nehmen wir vielleicht gar nicht als solche wahr. Wir spüren nur, dass wir wechselnden Gefühlen ausgesetzt sind, vielleicht unsere Orientierung verloren haben, weil zunächst Trauer und Sehnsucht nach dem Vergangenen im Vordergrund stehen. Dennoch trägt jedes Enden bereits den Keim eines Neubeginns in sich, ohne dass wir ihn gleich fassen können.

Abschied ist der Anfang eines Prozesses, in dem die bisherige Form endet. Es ist, als ob der Damm des Gewohnten, Stabilen brechen würde. Eine hohe Erregung taucht auf – freudvoll oder beängstigend. Wir können beschwingt sein oder auch überfordert. Abschiednehmen mag uns vorübergehend Angst machen, uns in Not bringen oder beflügeln – und manchmal wechseln auch die emotionalen Zustände recht schnell. Doch was wir nie vergessen dürfen: Es gibt keinen Neubeginn, ohne dass etwas – eine Schicht unserer Person – zu einem Ende kommt und eine Zeit des Innehaltens und der Unsicherheit auf uns wartet. Wir mögen diesen Prozess als einen Absturz ins Chaos empfinden, weil wir den üblichen Halt nicht mehr haben – den Halt durch gewohnte Verhaltensweisen, durch den Partner, die Institution, die eigenen Kinder. Doch wir können unseren eigenen Prozess auch aufmerksam begleiten, unterstützt vielleicht von Menschen im eigenen sozialen Netz.

Abschied und Beenden sind manchmal auch Identitätskrisen: *Ich weiß nicht mehr, wer ich bin – ich weiß nicht mehr, wo ich bin.* **Diese Verunsicherung auszuhalten ist wichtig, um schließlich neue Möglichkeiten zu entdecken und zu entwickeln.**

Die folgenden Aspekte sind wichtig:
- Erkennen, dass wir uns in einem Stadium der Wende und damit zunächst in einem Stadium des Abschieds vom Bisherigen befinden;
- die hohe Erregung dieser Phase aufnehmen und sie mit einer gewissen leibhaften Festigkeit in sich halten lernen, ohne sich von ihr überschwemmen zu lassen;
- sich der Unsicherheit stellen, die mit dieser Phase verbunden ist;
- Hilfe annehmen können.

Wer einer Phase des Endes zu widerstehen sucht, gerät meist in einen schwer zu bewältigenden Stress. Es gibt Menschen, die sich versteifen, hart machen und sich entsprechend ihrem Lebensstil sagen: *Ich schaffe das ganz allein, so habe ich es schließlich immer geschafft – auf die anderen Menschen ist sowieso kein Verlass.* Andere wiederum erhoffen sich alle Rettung aus ihren Nöten allein von außen. Wieder andere haben sich ausreichend Mut bewahrt und erhalten vielleicht auch Unterstützung, um sich auf das Wagnis von Wandlung einzulassen. Was bedeutet: Jeder Mensch geht Abschiednehmen aufgrund *der eigenen Lebensmuster* an. Deshalb bietet jedes Ende auch die Chance, sich mit den bisherigen Abschiedserfahrungen und Abschiedsmustern auseinanderzusetzen, sie vielleicht umzuformen, um den Prozess des Endes selbst auf neue Weise gestalten zu können.

Dazu möchte ich ein Beispiel geben:

Eine Frau Mitte fünfzig kam zu mir, die jedes Mal, wenn es um Abschiede ging, erstarrte und nichts mehr spürte. Ich arbeitete mit ihr an diesem Erstarrungsmuster. Als sie es abzubauen begann, kam ihre Trauer zum Vorschein, vor der sie bisher Angst gehabt hatte, weil sie befürchtete, von ihr überschwemmt zu werden. Sie erinnerte sich nun daran, dass sie als Kind erlebte, wie der eigene, von ihrer Mutter geschiedene Vater zusammen mit ihrem älteren Bruder sich am Flughafen von ihr trennte, um nach Australien auszuwandern. Sie sah zu, wie die beiden einfach verschwanden. »Da bin ich vor Schmerz völlig erstarrt«, sagte die Frau. Nun ging es darum, dass sie allmählich lernte, sich in Abschiedssituationen genügend Halt und eine ausreichende Festigkeit zu geben, um nicht von Schmerz überwältigt zu werden und vor lauter Not zu erstarren, und zwar schon *vor* jedem Abschied. Sie bereitete sich im Laufe unserer Zusammenarbeit immer häufiger darauf vor, einem Abschied zu begegnen, und baute dabei schon im Vorhinein ihr Erstarrungsmuster ein Stück weit ab, sodass sie auch in Abschiedssituationen präsent bleiben und wirklich Abschied nehmen konnte. So erfuhr sie, dass nicht jeder Abschied so schmerzhaft zu sein braucht, weder derjenige von Menschen, von Situationen noch auch von eigenen Mustern und Persönlichkeitsschichten.

Nach der Abschiedsphase kommen wir in die mittlere Phase, genannt *Mittelgrund*[6], in eine Phase, in der das bisher Gewohnte nicht mehr greift. Wir sind unsicher – das Alte ist vergangen, das Neue ist noch nicht in Sicht. Doch diese Unsicherheit muss an sich nicht negativ sein, außer sie entwickelt sich zu einem steten Alarmmuster. Vielmehr lässt sich diese Phase mit dem Zustand in der Gebärmutter vergleichen: Es ist ein Prozess des Werdens, den wir liebevoll begleiten können wie eine Schwangerschaft.

Zu dieser zweiten Phase gehört eine wichtige Qualität: die *Pause*, die einen Prozess des Verlangsamens ermöglicht und die automatischen Reaktionen unterbricht. Wenn wir automatisch im alten Muster reagieren, wissen wir, was für Gefühle und Gedanken damit verbunden sind. Dies gibt uns eine Art Sicherheit – ob wir diese mögen oder nicht. Wenn wir uns zum Beispiel automatisch klein machen, dann kennen wir diese Reaktion und ihre Folgen – wir bewegen uns auf sicherem Boden. Wenn wir das Muster beenden, beginnt das Abenteuer: *Was tue ich jetzt? Wie soll ich mich verhalten, wenn das alte Verhalten nicht mehr greift?* Dann bewege ich mich auf unsicherem Boden. Doch eines ist sicher: Unsicherheit ist ein mächtiger Lehrer in unserem Leben, denn ohne Unsicherheit gibt es kein Wachstum. Können wir diese Unsicherheit aushalten, um neue Möglichkeiten zu entdecken?

Die Pause, die zu dieser Phase gehört, hindert uns daran, automatisch auf die alte Weise zu reagieren. Wir halten inne. Wir warten auf etwas aus unserem Inneren, das kommen will, etwas Unerwartetes, Unbekanntes, auf eine neue Persönlichkeitsschicht, die vielleicht schon lange darauf gewartet hat, ins Leben hineingelebt zu werden, und andere Verhaltensmöglichkeiten mit sich bringt.

Machen wir diesen Prozess wieder durch ein Beispiel konkret:

Ein 56-jähriger Mann kam im Zusammenhang mit einem Burn-out zu mir in Therapie. Ich schildere nur kurz eines seiner Themen, das mit der Veränderung eines Verhaltensmusters zu tun hatte. Bis zu seinem Burn-out war es ihm nur darum gegangen, alle Wünsche seiner Mitarbeiter und seines Chefs zu erfüllen, und dafür arbeitete er auch nach Feierabend und am Wochenende. In der Therapie wurde ihm dann deutlich, dass er eigentlich immer so funktioniert hatte, weil er glaubte, nur so im Leben überhaupt Anerkennung und vielleicht sogar Liebe zu bekommen. »Aber jetzt kann ich das nicht mehr, ich kann mich nicht mehr auf die gleiche Weise übergehen – es fehlt einfach die Kraft dazu.«

Der Mann nahm wahr, dass sein bisheriges Muster der Überverantwortlichkeit an ein Ende gekommen war, und wurde völlig ratlos, weil er über nichts verfügte, das ihm erlaubte, zu wählen, was er tun und was er lassen konnte. Er kannte nur sofortiges Eingehen auf die Anforderungen und Bitten von außen, was ihm scheinbar Anerkennung verschaffte. Doch mit der Zeit realisierte er, dass die erwartete Anerkennung gar nicht kam und er die Ziele seiner Anstrengungen immer höher schraubte. Damit setzte er sich einen immer größeren Leistungsstandard, an den sich seine Umgebung gewöhnte und ihn kritisierte, sobald er ihn nicht mehr zu erfüllen vermochte. So lernte er, seine Signale von Ermüdung und Erschöpfung zu übergehen, um noch mehr zu leisten, bis er völlig ausgebrannt war. Als er diesen Teufelskreis erkannte, übte er sich darin, innezuhalten, damit er nicht mehr automatisch in sein altes Muster zurückfiel. Er legte sich eine Haltung zurecht: »Ich werde es mir überlegen.« Das heißt, er begann, dieses Muster des sofortigen und bedingungslosen Einsatzes abzubauen und auf seine innere Stimme zu hören, die ihm bedeutete, dass er an seine Grenze gekommen war, was für ihn ein großes Wagnis bedeutete, denn es kamen auch Ängste zum Vorschein, die zu seiner früheren Geschichte gehörten, in der er nur durch Leistung Anerkennung erlebt hatte.

Dann lernte er, das, was ihm früher widerfahren war, von der gegenwärtigen Situation zu unterscheiden: Als kleiner Junge war er von der Liebe seiner Bezugspersonen abhängig gewesen, doch jetzt gab es in seinem Leben genügend Menschen, die ihm zugetan waren oder ihn liebten, ohne dass er diesen Stafettenlauf mit seinem Leistungsmuster ausführte. Dies wurde ihm allmählich bewusst, und er konnte die Stimme des kleinen Jungen von derjenigen des erwachsenen Mannes unterscheiden und seine erwachsene Form festigen lernen. Jetzt ging es für ihn darum, die Unsicherheit auszuhalten, die mit der Umgestaltung seines Überverantwortlichkeitsmusters verbunden war, bis er ein Repertoire ausgebildet hatte, das ihm ermöglichte, differenzierter auf die unterschiedlichen Anforderungssituationen zu antworten.

Ein solcher Prozess ist exemplarisch für spätere Lebensphasen, in denen die eigenen, auch körperlichen Grenzen enger werden und der Preis für die bisherigen Muster von Überverantwortlichkeit immer höher wird. Es gibt nicht nur dieses Muster, das einen Menschen ausbrennen lassen kann. Gerade begabte Menschen gehen häufig aus lauter Begeisterung und Freude an ihrer Aufgabe sehr weit und lassen sich vom Flow tragen. Dies lässt sich oft über viele Jahre durchhalten. Mit dem Älterwerden verengen sich aber die Grenzen der eigenen Kapazität – die einzelnen Menschen brauchen mehr und längere Ruhepausen. Gerade die Verbindung von Überverantwortlichkeit und Begeisterung mit großer Begabung führt – wie ich es in meiner Arbeit erfahre – spätestens beim Älterwerden oft zum Burn-out. Dann reicht es nicht aus, nur die Muster der Überverantwortlichkeit abzubauen. Es bedarf zusätzlich eines neuen Umgangs mit dem Flow, eines sorgfältigeren Regulierens der eigenen Begeisterung.

Unsere Chance ist *das Innehalten* – wir können uns mit unseren bisherigen Reaktionsweisen auseinandersetzen und sie suspendieren. Neue Möglichkeiten werden oft nicht sofort sichtbar. Deshalb verbindet sich diese Phase mit dem Bild einer Schwangerschaft, einer Inkubation, in der das Neue – noch nicht greifbar – im Innern der Person heranreift.

Wenn wir nochmals auf den Prozess im *Mittelgrund* zurückschauen, können wir sehen, dass wir ihn anhand folgender Qualitäten und Merkmale identifizieren können, die uns erkennen lassen, dass wir uns in einem Übergang befinden:

- Sensibilität, Dünnhäutigkeit und erhöhte Schutzlosigkeit oder Verletzlichkeit;
- Wechsel zwischen Zweifeln, Ängsten und Erleichterung oder gar freudiger Erwartung;
- Freiwerden von neuen, ungewohnten Kräften;
- Verfügbarwerden von Ressourcen und Entdecken verborgener Schätze und Ressourcen im eigenen Innern;
- Steigerung und Vertiefung von kreativem Potenzial.

Anschließend geht es um *Neuformung*⁷, darum, eine neue Vision zu formen, das »Kind« zu gebären. Wie gesagt, der Prozess ist ein *Stirb und werde*. Das Alte stirbt, damit Neues geboren werden kann. Es gibt einen antiken Wandlungsmythos, in dem der Vogel Phönix verbrannt wird und aus der Asche neu ersteht. Nun wird das Neue sichtbar. Wir sind dabei, eine neue innere Balance zu finden. Wir sind vielleicht tatkräftiger, konfrontativer oder weicher und zärtlicher, zurückhaltender geworden und haben mehr Möglichkeiten, uns selbst und der Welt zu begegnen – wir haben neue Verhaltensweisen und ein Repertoire an Möglichkeiten gewonnen. Nun müssen wir uns damit auseinandersetzen, was unser neues Verhalten, unsere neue Persönlichkeitsschicht mit ihren Nuancen, in uns und anderen bewirkt.

Wir lernen vielleicht, dass wir *Nein* sagen können oder *Ja*. Und wir lernen, dass wir das Nein und Ja differenzieren können. Es gibt nicht mehr nur das Entweder-oder, sondern ein Dosieren und Aushandeln, je nach Situation – ohne dass wir uns dabei aufgeben. Dies alles bedeutet, die neue Schicht unserer Persönlichkeit, die sich langsam herausgebildet hat, in die Welt zu bringen und uns dem Unerwarteten, das aus uns selber kommt, und auch den Antworten der Umgebung zu stellen.

Wir können durch Wandlung auf verschiedene Weise viel für uns gewinnen: Der Prozess der Wandlung bietet Schätze an, eine intensive Qualität von Leben, von *mit sich selbst in Berührung sein,* und die neue Wachstumsschicht, die wir herausbilden, lässt uns als Person reicher und vielfältiger werden.

Das folgende Beispiel zeigt diese Phasen des Wartens und der Neuformung:

Romy, eine 64-jährige Frau, bringt eine Zeichnung zu ihrer momentanen Lebenssituation mit. Diese zeigt eine Frau, die mit ihrem geschnürten Bündel auf einer Insel wartet. In der Ferne, am Horizont des Meeres ist eine Stadt auszumachen, »eine Mischung aus Manhattan und orientalischer Stadt«. Auf der Insel nimmt Romy mit ihren inneren Schichten Kontakt auf und entdeckt dabei

- das wilde, spontane, überschießende Mädchen;
- die neugierige, interessierte Jugendliche;

- die klare, zielgerichtete, Entscheidungen treffende junge Frau;
- die tüchtige Berufsfrau und Mutter.

Nachdem Romy diese Persönlichkeitsschichten benannt und ihnen nachgespürt hat, sagt sie unvermittelt: »Das gibt mir richtig Schub!« Dazu macht sie eine Geste, die allmählich zu einer Flugbewegung wird. Ich rege Romy an, das Brustbein etwas anzuheben. Sie versucht es und sagt: »So komme ich übers Meer! So kann ich vielleicht meine persönliche Vision von Kreativität verwirklichen.« In der Folgezeit widmete sie sich der Einübung dieser neuen Qualität.

Auch in den Märchen lässt sich die Figur von Wandlung entdecken, wie Verena Kast[8] in ihren Büchern immer wieder zeigt. Auch da finden sich die drei eben nach Keleman charakterisierten Phasen wieder: Am Anfang steht die *Trennung*, das Ausgestoßenwerden aus der bisherigen Welt. Darauf folgt eine *Zeit des Rückzugs* in eine andere Welt, eine Inkubationsphase. Meist tritt dann eine helfende Gestalt auf (ein weiser Mensch oder ein Tier) und ermöglicht es der Märchenfigur, in ihrer Verunsicherung und Orientierungslosigkeit des Übergangs wieder eine neue Ausrichtung zu finden. Schließlich folgt die Ausstoßung aus dieser Welt des Rückzugs, oft durch einen Tabubruch. Der Held oder die Heldin *geht verändert in die alte Welt zurück* – oder auch in eine neue und unbekannte – und bringen Qualitäten mit, die dieser Gemeinschaft bisher gefehlt haben.[9]

Fassen wir zusammen:

Der wendezeitliche Prozess bietet oft Schätze und Ressourcen an. Wir erfahren eine intensive Qualität von Leben, die davon geprägt ist, »mit sich selbst in Berührung zu sein«, gerade weil wir in solchen Zeiten durchlässiger und dünnhäutiger sind – beeindruckbarer durch uns selbst, unsere eigene Entwicklung und durch andere Menschen und Geschehnisse. Übergangszeiten bringen uns aber genauso in Kontakt mit unseren Einschränkungen, die wir aus unserer individuellen und

kollektiven Geschichte mitbringen. Die Begegnung mit den eigenen Lebensmustern bietet die Chance zur Umgestaltung.

Mit jedem Wandel bringen wir jedoch nicht nur für uns selber Schätze mit, sondern ebenso für die Gemeinschaft, in der wir leben. Dies gilt in besonderer Weise für die Wendezeit unseres Reifeprozesses. Wenn wir die Wende, die Krise, durchstehen, lässt uns die neue Wachstumsschicht, die wir herausbilden, als Person reicher und vielfältiger und als Mitmenschen segensreicher und für die Gemeinschaft förderlicher werden.

Ressourcen entdecken – sich mit den eigenen Kraftquellen verbinden

*Wer zur Quelle will,
muss gegen den Strom schwimmen.*

Hermann Hesse

In unserem Leben ist es von großer Bedeutung, Ressourcen[10] zu entdecken, wahrzunehmen und zu entwickeln. Die meisten Menschen nehmen aus ihrer Kindheit Ressourcen mit – und damit eine Art *Startkapital*, das ihnen in ihrem Wachstum und bei der Bewältigung ihres Erwachsenenlebens hilft, wie immer auch dieses Startkapital beschaffen sein mag. Ressourcen sind Kraftquellen – wie die Bedeutung des Wortes besagt – und sie sind auch eine Art kostbarer Schatz, den wir für unsere Lebensgestaltung von einer Wendezeit zur nächsten brauchen. Es geht darum, diese Quellen lebendig zu halten und mit ihnen verbunden zu bleiben oder sie wieder zu entdecken, wenn wir den Kontakt mit ihnen verloren haben. Diese Suche mag schwierig sein, doch sie lohnt sich. Denn wenn wir wieder lernen, auf uns selber zu hören, und uns wieder vertrauen lernen, finden wir auch den Weg zu diesen Quellen in uns zurück.

Persönliche innere Ressourcen stammen aus dem eigenen gelebten Leben. Es sind Qualitäten, die wir als positiv und hilfreich erleben; manchmal solche, die aus der Überwindung von Schwierigkeiten stammen: *Ich habe diese Krise überlebt. – Ich habe die damalige schwierige Situation meistern können.* Aber auch Menschen aus unserem näheren oder weiteren Umfeld – lebende oder bereits verstorbene Familienmitglieder, Vorbilder –, und was sie uns vorlebten, können wichtige Ressourcen darstellen. Dies sind unsere *sozialen Ressourcen*. Dazu kann auch eine religiöse oder spirituelle Ausrichtung gehören.

Ressourcen sind nichts Statisches. Sie sind hilfreich, wenn wir sie differenziert einzusetzen vermögen. So kann Flexibilität in gewissen Situationen unterstützend sein, doch manchmal brauchen wir auch eher Konsequenz und Gradlinigkeit, ja sogar Sturheit. Großzügigkeit öffnet einen Raum des Vertrauens, wenn sie nicht in Überverantwortlichkeit übergeht. Es geht also darum, Ressourcen nicht als eine Art Schubladensystem mit fest gezimmerten Eigenschaften zu verstehen, sondern sie als ein ständig zu differenzierendes Repertoire zu begreifen, das unterschiedlich eingesetzt werden kann.

Ressourcen sind ein kostbares Kapital, um den Lebensalltag zu bewältigen; sie stärken uns für das Bestehen von Wendezeiten, wenn es darum geht, Herausforderungen oder Krisen zu begegnen und Perspektiven zu bilden.

Ressourcen sind für die Gestaltung des *ganzen* Lebens wichtig. Das Besondere in der späteren Lebensphase von Reife und Vertiefung ist, dass die Ressourcen reichhaltiger und vielfältiger werden können, weil das Repertoire an Lebens- und Berufskompetenzen zunimmt, wenn wir uns darum bemühen. Auch Menschen über 50 haben manchmal Schwierigkeiten, diese Schätze wirklich an sich zu nehmen und sich mit ihnen zu identifizieren. Sie setzen sie zwar ein, ohne sich jedoch von ihnen nähren zu lassen und sich mit ihnen zu füllen. Gerade Frauen dieser Generationen haben oft noch ein Muster verinnerlicht, das ihnen nicht erlaubt, sich über eigene Qualitäten oder eigenes Können zu freuen. Sie halten das für Hochmut, für Mangel an Bescheidenheit, was meist einem verkörperten Muster des Schrumpfens und sogar der

Scham entspricht, anstatt einen weichen Stolz zu verkörpern, der ihnen erlaubt, sich aufzurichten und zu weiten und die Schätze in sich aufzunehmen und zu halten.

Dazu möchte ich ein Beispiel geben:

Eine 67-jährige Frau, die schon länger für eine Begleitung zu mir kommt, erzählt mir, dass sie sich in ihrem Leben nie über das, was sie erreicht hatte, freuen konnte. »Ich hörte immer von meiner Mutter und Großmutter: ›Bilde dir nur ja nichts ein auf deine Leistungen – sei bescheiden.‹« Während Manuela das sagt, sehe ich, wie sie unwillkürlich beginnt, in sich hineinzuschrumpfen. Ich spiegele ihr diese Haltung zurück, und sie sagt: »Das ist es ja eben – ich darf nicht aufrecht durchs Leben gehen!« Ich bitte Manuela, dieses Schrumpfen, Sich-Ducken und Die-Brust-Einziehen noch etwas zu intensivieren, damit sie es deutlich spüren kann. Sie sagt: »Das ist ja schrecklich! Ich bin nur noch ein kleines Mäuschen.« Nun rege ich Manuela an, das Schrumpfen in kleinen Schritten ganz langsam abzubauen. Ich sehe, wie sie sich aus dem Becken aufzurichten beginnt und die Schultern nach hinten unten senkt, wodurch die Brust sich weitet. »Jetzt bin ich ja richtig stolz«, meint sie und zieht sich sofort wieder zusammen. »Das darf ich nicht!«

Wir fangen nochmals an, und Manuela probiert aus, wie weit sie sich aufrichten darf, ohne zu erschrecken. Dann meint sie: »Ein wenig Stolz liegt schon drin – einfach auf mich als Frau, als Person, auch wenn ich die alte Stimme, die das verbietet, noch höre.« In der Folge übt Manuela weiter, um einen weichen, freudigen Stolz zu organisieren, den sie in ihrem Alltag als Ressource einsetzen kann, und um sich auch mit anderen Ressourcen zu identifizieren.

Einschränkende Lebensmuster können dazu beitragen, dass Menschen sich in späteren Lebensphasen mit tiefen Selbstzweifeln plagen, ihre Ressourcen und Lebenskompetenzen gar nicht spüren können oder nicht spüren dürfen. Die verkörperten Muster, die dieser Dynamik zugrunde liegen, lassen sich jedoch ändern – auch im späteren Leben! Es ist möglich, die Wahrnehmung positiver Aspekte einzuüben, etwa mit einer Art Ressourcen-Tagebuch. Am besten erkläre ich dies anhand eines Beispiels.

Silvia, eine 70-jährige Frau, kommt zu mir, da sie ständig von Selbstzweifeln geplagt wird. Sie hat das Gefühl, in ihrem Leben alles falsch gemacht zu haben. Wir arbeiten mit ihrem somatischen Muster von Schrumpfen und Aufrichten. Zusätzlich leite ich sie an, ein Ressourcen-Tagebuch zu führen, um eine positive Sicht auf ihr Leben einzuüben. Dazu erzählte ich ihr die folgende Geschichte:

Ein Mann sah zu, wie eine alte Frau immer wieder in ihre linke Tasche griff, eine Bohne hervorklaubte und sie in ihre rechte Jackentasche gleiten ließ. Er fragte, was die alte Frau da tue. Sie erklärte ihm: »Jedes Mal, wenn ich etwas Positives erlebe, nehme ich eine Bohne und lasse sie von links nach rechts gehen. Am Abend nehme ich die Bohnen in der rechten Tasche und vergegenwärtige mir all die guten Erfahrungen des Tages. Dies ist meine Stärkung für den folgenden Tag.«

Silvia nimmt die Anregung auf und beginnt, ihre positiven Erlebnisse aufzuschreiben, nachdem sie eine aufrechtere Haltung einnehmen konnte. Sie tut dies über einige Monate, schreibt alle positiven Erlebnisse auf: das, was sie selbst an Positivem, Liebevollem in die Welt gesetzt hat, und auch alles, was ihr an Gutem widerfährt. So lernt sie, auf ihr eigenes liebevolles Verhalten sowie auf die »Geschenke« des Lebens zu achten.

Für Menschen in den späten Lebensphasen brauche ich oft auch das Bild der *Lebensernte*, die es einzubringen gilt. Dabei geht es um all die Schätze, die sich während eines langen Lebens ansammelten. Das können Lebenskompetenzen, Beziehungsqualitäten, Stärken und Sichtweisen sein – gleichsam als »Proviant« für die folgende Lebenszeit. Die Frage, die sich stellt, ist, ob jemand die eigene Ernte zu empfangen vermag. Auch Empfangen ist keine abstrakte, sondern eine verkörperte Qualität. Ich habe mit vielen Menschen daran gearbeitet, zum Beispiel mit einem 63-jährigen Mann.

Er versichert mir als Erstes, dass er bisher nie Hilfe gebraucht hat: »Ich habe mein Leben allein geschafft.« Wir arbeiten zunächst an einem umrissenen Beziehungsproblem. Doch dann geht es darum, ob er überhaupt eine Form für Empfangen hat. Ich rege ihn an, seine Hände zu öffnen, doch er versteift sich und sagt: »Ich habe alles im Griff.« Ich bitte ihn, diese Haltung etwas abzubauen. Er sagt: »Wenn ich mir meine Frau vorstelle, kann ich das tun. Ich fühle mich von ihr aufgenommen.« Er öffnet ganz langsam seine Hände, die er vorher versteift hat, und formt eine weiche und klare Geste des Empfangens. Dann sagt er: »Ich erfahre erstmals, dass ich nicht alles allein tun muss, sondern auch etwas bekomme.« Das ist für ihn ein Geschenk und eine Ressource für die Gestaltung seiner Beziehung und seines zukünftigen Lebens.

Ressourcen sind ein Elixier unseres Lebens, und es lohnt sich, sie aufzuspüren und sich mit ihnen zu identifizieren. In Übergängen braucht es viel Sorgfalt und Einfühlungsvermögen, um den Zugang zu den eigenen Schätzen zu ermöglichen, die oft wie Kristalle in Steinen verborgen sind und erst entdeckt werden wollen.

Da Ressourcen jedoch keine statischen Größen sind, stimmen die bisher verwendeten Bilder nur bedingt. Wenn wir uns verändern, verändert sich auch der Blick in die Vergangenheit, und wir sehen das Bisherige in neuem Zusammenhang. Dies nennt die Psychologie *Reframing*, was bedeutet, etwas *in einen andern Rahmen zu stellen*. So lassen sich auch in alten Mustern, die wir als einschränkend erleben, Kraftquellen entdecken. Dazu das folgende Beispiel:

Ein Mann im Alter von 60 Jahren erzählt im Laufe eines heilenden Prozesses: »Ich habe immer davon geträumt, ein Held zu sein. Aber es klappte nicht wirklich. Ich war zwar stark, konnte mir über physische Kraft Respekt verschaffen. Doch ich fühlte mich immer einsam.« Ich rege den Mann an, seine Heldenpose einzunehmen. Er zieht seinen Oberkörper aus seinem Unterleib heraus und sagt: »So bin ich der Held – aber das ist eine unmögliche Position.« Er baut die Heldenformation etwas ab und meint dann: »Ich bin näher bei den Menschen. Das erleichtert mich.«

Wir arbeiten damit, das Beziehungsmuster zu differenzieren. Der Mann sagt: »Ich habe die Wahl, ein Held zu sein oder mich den Menschen anzunähern. Und ich will den Menschen nahe sein, auch wenn ich mich damit verletzlicher mache. Ich will es wagen – trotz meiner Angst!«

Die größte Ressource dieses Mannes war, sich dem Prozess der Wandlung zu stellen. Er hatte sich bisher mit seinem inneren *Helden* identifiziert und begab sich nun auf unbekanntes Terrain. Später sagte er: »Ich habe in meinem Leben viel gewagt. Ich habe auch Extremsport betrieben, und da ich die Kraft und den Mut kenne, mich auf Wagnisse einzulassen, konnte ich mich auch auf die Infragestellung meines ›Lieblingsmusters‹ einlassen.« So können aus bestehenden Mustern Ressourcen herauskristallisiert werden, die dem Betroffenen ganz überraschend vorkommen mögen.

Ressourcen wahrzunehmen und zu nutzen bedeutet immer ein Andocken an die eigenen Lebenskräfte – ob sie nun von innen oder/und von außen kommen. Es handelt sich dabei aber nicht in erster Linie um eine Technik, sondern um das Nutzbarmachen von Kräften, die in jedem Menschen vorhanden sind. Die Technik besteht nur darin, sie wieder spür- und erlebbar und damit auch einsetzbar zu machen.

Abschließend möchte ich einige Möglichkeiten aufzeigen, wie wir verschüttete Ressourcen aufspüren, sie an uns nehmen, verkörpern und damit in unsere Haltung einbringen können.

Setzen Sie sich entspannt hin und achten Sie einen Moment auf Ihren Atem. Verfolgen Sie Ihren eigenen Lebensweg in Ihrer Vorstellung und machen Sie sich auf die Suche nach verlorenen oder vergessenen Schätzen, die vielleicht irgendwo verstreut auf Ihrem Lebensweg herumliegen oder vergraben sind.

a) Schreiben Sie die entdeckten Ressourcen auf, lesen Sie sie sich laut vor und versuchen Sie, sie in sich aufzunehmen. Achten Sie dabei auf Ihre Köperhaltung: Verschließen Sie sich eventuell, indem Sie sich versteifen, sich wegdrehen, den Mund zusammenpressen, etc.? Dann können Sie dieses Körpermuster etwas intensiver organisieren und es anschließend schrittweise wieder abbauen. Vielleicht ist es Ihnen dann möglich, zu spüren, in welcher Haltung Sie die Ressource in sich aufnehmen können.

b) Suchen Sie Fotos aus Ihrem Leben heraus, die Ihre eigenen Kraftquellen zeigen (z. B. Kinderfoto, Familienfoto, Foto mit dem Partner/den eigenen

Kindern). Beachten Sie Ihre Haltung auf einem solchen Foto, ei̇
sie sich an, üben Sie sie ein.
c) Vergegenwärtigen Sie sich in einer Imagination eine nährende Bezugsperson oder ein Vorbild. Stellen Sie sich diese Person zur Seite oder in den Rücken. Nehmen Sie die Haltung wahr, die das in Ihnen hervorruft, und üben Sie sie ein. In einer schwierigen Situation (z. B. Konfliktgespräch) können Sie diese Personen in einem inneren Bild zu Hilfe holen und leibhaft spüren.
d) Finden Sie Ressourcen, die sich aus Ihren eigenen unwillkürlichen Äußerungen herauskristallisieren lassen, oder andere positive Sätze, und schreiben Sie sie auf. Lesen Sie sich die Sätze laut vor und achten Sie auf die von ihnen inspirierte Körperhaltung, z. B.:
   - Ich habe das Schreckliche überlebt und in der schweren Situation durchgehalten, also habe ich Stärke und Mut.
   - Ich habe in der Vergangenheit ein ähnliches Problem gelöst, und zwar so: ...
   - Ich habe die Fähigkeit, mir Hilfe zu holen.
   - Ich habe es geschafft, mir ein tragendes soziales Netz aufzubauen.
   - Ich habe in schwierigen Situationen in meinem Leben Unterstützung bekommen.
   - Ich stelle mir all die Menschen vor, denen ich vertraue und die unverbrüchlich zu mir stehen.
   - Ich habe Vorbilder in meiner Familie, bei meinen Ahnen und aus dem Freundeskreis, und ich lasse mich von ihnen inspirieren.

Wir mögen uns noch so sehr vornehmen, uns stets an unsere Ressourcen zu erinnern – meist geraten die Neu- oder Wiederentdeckungen wieder in Vergessenheit. Da hilft es, *Anker* zu setzen im Sinne von Zeichen und Symbolen, die uns im Alltag an unsre Schätze erinnern, etwa:

e) Den Zettel mit den aufgeschriebenen, neu entdeckten Ressourcen an einem Ort aufhängen, wo Sie sie jeden Tag sehen.
f) Ein Symbol für die Ressourcen auswählen (z. B. einen Schmuck, den man trägt oder einen kleinen Gegenstand, den man in der Tasche mit sich trägt).

g) Ein kleines Ritual finden, das man morgens oder abends zur Besinnung auf die Ressourcen vollzieht, die am vergangenen oder diesem Tag wirksam waren.
h) Fotos von sich oder von nährenden Bezugspersonen, die Ressourcen verkörpern, aufhängen oder mit sich tragen. (Ihrer Fantasie sind hier keine Grenzen gesetzt.)
i) Zu guter Letzt eine Technik aus der Traumatherapie, die sich auch für den Umgang mit schwierigen Situationen eignet: Stellen Sie sich einen Ort vor (real oder fantasiert), an dem Sie völlig sicher, geschützt und geborgen sind. Üben Sie diese innere Vorstellung immer wieder ein, bis Sie sie auch in einer schwierigen Situation abrufen können. So kann auch sie zu einer einsetzbaren Ressource werden, da wir immer wieder imaginativ an diesen Ort zurückkehren können. Zudem hilft es auch, auf die eigenen verkörperten Reaktionen zu achten wie etwa innere Weite, aufsteigende Wärme und Sichaufrichten.

Beweglich und standhaft – Gesundheit, Resilienz und formende Kräfte im Reifeprozess

Das Stehaufmännchen

Als ich ein Kind war, gab es Tierchen aus kleinen Holzperlen, die auf einem Gummifaden aufgezogen und auf einen Sockel montiert waren. Wenn man einen beweglichen Teil im Boden des Sockels nach oben drückte, gab die Spannung des Gummifadens nach, und die Giraffe oder das Zebra krümmte sich und fiel in sich zusammen. Sobald man den Druck reduzierte, spannte sich der Faden wieder an – und das kleine Tier schnellte wieder in die Höhe, zurück in seine ursprüngliche Form. Es war faszinierend, dieses Spiel immer und immer wieder zu spielen und zuzuschauen, wie sich das Tierchen oder Männchen verformte, zusammenbrach und wieder aufschnellte.

Ein Bild für Resilienz ist das oben beschriebene *Stehaufmännchen*. Ein anderes Bild, das ich immer wieder gerne verwende, ist dasjenige eines Baumes im Sturm. Es gibt Bäume, die der Sturm entwurzelt, andere, die er bricht und wieder andere, die sich dem Sturm beugen, dann wieder aufschnellen und heil bleiben. *Resilienz* beschreibt also die psychische Fähigkeit, schwierige Lebenssituationen ohne dauernde Beeinträchtigung zu überstehen.[11] Das Wort kommt von lateinisch resilire, was »zurückspringen«, »abprallen« bedeutet. Resilienz heißt also so viel wie Widerstandsfähigkeit und beschreibt die Toleranz eines Systems gegenüber Störungen. Doch diese Beschreibung von Resilienz muss ergänzt werden mit der Fähigkeit von *Beweglichkeit* oder *Flexibilität*.

Zum Konzept der Resilienz gibt es vielfältige Untersuchungen. In unserem Kontext erscheint mir die Definition von Rosmarie Welter-Enderlin als die geeignetste:

> Unter Resilienz wird die Fähigkeit von Menschen verstanden, Krisen im Lebenszyklus unter Rückgriff auf persönliche und sozial vermittelte Ressourcen zu meistern und als Anlass für Entwicklung zu nutzen.[12]

Wir können unsere eigene Resilienz vertiefen, unsere Ressourcen stärken. Die späten Lebensphasen stellen eine ganz große Chance dar, diesen Prozess zu intensivieren. Wir können auch unser Herz weiter werden lassen, um nicht mehr urteilend und wertend auf andere zuzugehen. Auch das ist ein Reifeprozess: Vertiefung der eigenen Menschlichkeit, Achtung und Respekt vor dem Geheimnis der Person.[13]

Resilienz ist ein Entwicklungsprozess, der aus einem Wechselspiel von sog. *Schutzfaktoren* und *Stressfaktoren* besteht.[14] Ein grundlegender Schutzfaktor ist eine kontinuierlich zugewandte Erziehung. Zu den persönlichen Schutzfaktoren gehören eine gute Konstitution, eine optimistische und positive Grundeinstellung dem Leben gegenüber, die Entschlossenheit, sich zu entwickeln, eine gute Selbst- und Fremdwahrnehmung, soziale Kompetenzen und Selbstvertrauen, Kommunikationsfähigkeit sowie die Fähigkeit, selbstbestimmt zu handeln und Probleme konstruktiv zu lösen.[15]

Resilienz kann sich nur dann entwickeln, wenn es auch Herausforderungen und Stressfaktoren gibt, wenn Krisen überwunden werden mussten und müssen. Die Bewältigung von Krisen stärkt die Resilienz, welche ihrerseits die weitere Entwicklung unterstützt. Es handelt sich also oft um ein »Gedeihen trotz widriger Umstände«.[16] Schutzfaktoren und Stressfaktoren beeinflussen einander wechselseitig, eine Verstärkung von Stressfaktoren kann eine Verstärkung der Schutzfaktoren bewirken.

Das Gegenstück zu Resilienz ist *Vulnerabilität*, d. h. Verletzlichkeit. Es gibt in der Kindheit allgemein Phasen größerer und kleinerer Vulnerabilität. Auch Wendezeiten des Erwachsenenalters sind sensible und verletzliche Phasen im Leben.

Da Resilienz ein Prozess ist, definiert sie sich aus ihrem Bezug zu Krisen: Was sich in dem einen Kontext als Resilienz zeigt, kann sich in einem anderen als Risikofaktor erweisen.[17] So mögen zum Beispiel Anpassungsfähigkeit und Nachgiebigkeit in einer Partnerschaft oder am Arbeitsort konstruktiv sein, können jedoch mit einem narzisstischen Partner oder einem tyrannischen Chef zum Risikofaktor werden. Umgekehrt stellen Wendepunkte und Krisen Entwicklungschancen dar, deren Bewältigung die Resilienz erhöht, was wiederum die weitere Entwicklung unterstützt.[18] Ein solch positiver Kreislauf wird beim Älterwerden als Aspekt des Reifeprozesses immer wichtiger, da häufig große Herausforderungen auf Menschen 50 plus zukommen. Wer krisengewohnt ist und seine Resilienz und die damit verbundenen Ressourcen weiter entfalten kann, vermag ein erfülltes Leben zu leben.

An diesem Punkt möchte ich das Konzept der Resilienz durch dasjenige der *Salutogenese* von Aaron Antonovsky ergänzen, um zu zeigen, wie Reifung mit Gesundheit zusammenhängt und über sie hinausreicht. Das lateinische Wort *salus* bedeutet Gesundheit, Wohlbefinden, das griechische Wort *genesis* Geburt, Ursprung, Entstehung.[19]

Der Kern seines Konzeptes ist das *Kohärenzgefühl, der Sinn für Kohärenz*. Der Begriff geht auf das lat. Wort *co-haerere* zurück. Es geht um das Erleben von wörtlich »Zusammenhänglichkeit«, um ein Grundbedürfnis nach Stimmigkeit, das laut neuen neurobiologischen Erkenntnissen in uns angelegt ist. Aus dieser Stimmigkeit lässt sich entwickeln, was wir als *Sinn* erleben mit der ursprünglichen Bedeutung von *sin (ahd.)* als *Reise*, als *Streben auf etwas hin*. So gesehen ist Sinn nicht etwas, das den Dingen oder dem Leben anhaftet, sondern etwas, das wir aktiv *tun*, das wir schaffen und entwickeln. Sinn ist auch kein Endprodukt, sondern eben ein Weg:

Wanderer, deine Spuren
Sind der Weg, sonst nichts;
Wanderer, es gibt keinen Weg,
Weg entsteht im Gehen.
Im Gehen entsteht der Weg,
und schaust du zurück,
siehst du den Pfad, den du
nie mehr betreten kannst.
Wanderer, es gibt keinen Weg,
nur eine Kielspur im Meer.

Antonio Machado

Der Autor dieses Gedichts bringt eine Sicht zum Ausdruck, in der alles im Fluss bleibt und nur das Tun selber zählt, und dies auch nicht als etwas, das festgestellt, fixiert werden kann. Tun ist ein Prozess, der niemals endet.

Im Prozess des Älterwerdens können wir vielleicht eine liebevolle und versöhnende Sicht auf das eigene Leben finden und eine Lebensbejahung bei allem Schweren, das Spuren hinterlässt. Vielleicht gelingt es zumindest, die eigenen Verletzungen ebenfalls liebevoll anzunehmen.

Die erste Komponente des Kohärenzgefühls ist die *Verstehbarkeit* dessen, was einem begegnet, also eine soziale Fähigkeit, die Realität zu beurteilen.

> »Die Person mit einem hohen Ausmaß an Verstehbarkeit geht davon aus, dass Stimuli, denen sie in Zukunft begegnet, vorhersagbar sein werden oder dass sie zumindest, sollten sie tatsächlich überraschend auftreten, eingeordnet und erklärt werden können.«[20]

Eine zweite Komponente des Kohärenzgefühls ist die *Handhabbarkeit* von etwas. Diese ist bestimmt durch

> »das Ausmaß, in dem man wahrnimmt, dass man geeignete Ressourcen zur Verfügung hat, um den Anforderungen zu begegnen, die von den Stimuli, mit denen man konfrontiert wird, ausgehen«.[21]

Es gibt Ressourcen, die man aus der eigenen Persönlichkeit heraus zur Verfügung hat oder die man aus dem eigenen sozialen Netz – der Partnerschaft, dem Freundeskreis oder seinem Glauben – schöpft und sich von ihnen nährt. Es handelt sich um Menschen, auf die man sich verlassen kann und denen man vertraut. Es geht also darum, dass wir entweder das Geschehende aus eigener Kraft, mit unseren persönlichen Ressourcen bewältigen können oder dadurch, dass wir Hilfe in Anspruch nehmen. Dazu äußerte eine Klientin Mitte 60, die sehr viele Krisen in ihrem Leben erlebt hatte:

»Sie sehen, ich lebe noch. Unkraut verdirbt nicht. Ich habe so viel durchgestanden, dass mich nicht so schnell etwas aus der Bahn wirft. Ich bin irgendwie stark geworden und habe so meine Strategien entwickelt; und dann glaubte ich lange, dass mich nichts mehr aus der Bahn werfen würde. Ich verstand mich als eine Art Kriegerin. Dann aber musste ich noch etwas dazulernen. Ich musste meine Selbstherrlichkeit aufgeben und Hilfe annehmen und auch suchen lernen. Auch dies sind Kraftquellen, aus denen ich schöpfen kann. Und mit diesen Kraftquellen – denen aus mir selbst und aus meinen Beziehungen – traue ich es mir zu, auch das künftige Leben mit seinen Herausforderungen und Schicksalsschlägen zu bestehen und Erfüllung zu finden.«

Eine solche Haltung rettet Menschen mit schweren Schicksalen vor Verzweiflung und Resignation und schenkt ihnen Zuversicht. Dafür gibt es leuchtende Beispiele, wie etwa Alice Sommer-Herz, die älteste Holocaust-Überlebende, die 2014 mit 113 Jahren starb. Sie sagte über das Altwerden: *Wenn man einmal so alt ist, weiß man um die Schönheit des Lebens.* Auch der berühmte Physiker Stephen Hawking, an der Krankheit ALS erkrankt, die ihn in immer größer werdende Immobilität zwingt, gab bis heute nie auf und arbeitet mit über 70 Jahren weiter an seinen Forschungen. Solche Lebenshaltungen zeugen von der Fähigkeit, den Lebensmut nicht zu verlieren und niemals aufzugeben.

Als dritte Komponente nannte Antonovsky *Bedeutsamkeit* als

»das Ausmaß, in dem man das Leben emotional als sinnvoll empfindet: dass wenigstens einige der vom Leben gestellten Probleme und Anforderungen es wert sind, dass man Energie in sie investiert, dass man sich für sie einsetzt und sich ihnen verpflichtet, dass sie eher willkommene Herausforderungen sind als Lasten, die man gerne los wäre«.[22]

Es geht dabei um das Vertrauen, dass sich ein tätiges und emotionales Engagement lohnt, und zwar auch dann, wenn man schwierigen Erfahrungen ausgesetzt ist. Immer wieder betonen Menschen, dass sie sich gegen Schicksalsschläge aufgelehnt hätten, um schließlich zu erkennen, dass diese trotz allem auch Lehrmeister gewesen seien und wie wichtig es gewesen sei, diese auch als – zwar belastende – Herausforderungen zu begreifen, die Wachstum ermöglichten. Dies kann ein lang andauernder Prozess sein und die betroffenen Menschen an eine äußerste Grenze führen. Ein Beispiel mag dies verdeutlichen:

Eine Frau, Mitte 50, kam in eine meiner Selbsterfahrungsgruppen. Sie war eben dabei, sich von ihrem Mann zu trennen, dem sie sich ihr ganzes bisheriges Erwachsenenleben lang untergeordnet hatte. Sie hatte nicht die Kraft gehabt, seinen übermäßigen und zum Teil absurden Ansprüchen etwas entgegenzusetzen. Nun war sie auf dem Weg, sich selbst ernst zu nehmen und Wertschätzung zu geben, und zu lernen, Standhaftigkeit auch in schwierigen Situationen zu organisieren. Als die Trennung von ihrem Mann vollzogen war, wurde sie krank. Zuerst wurde Darmkrebs diagnostiziert, ein paar Wochen später ein unabhängiger Brustkrebs. Die Frau wurde mehrmals operiert, musste sich einer Chemotherapie unterziehen, und niemand wusste, wie es ausgehen würde. Sobald es ihr möglich war, kam sie wieder in die Gruppe. Die Frage »Warum gerade jetzt?« lag in der Luft. Es schien einfach unbegreiflich, ja hinterlistig und gemein vom Schicksal, diese Frau genau zu dem Zeitpunkt heimzusuchen, als sie sich in einer tiefen Wandlung befand. Reichte es nicht, die Trennung vom Partner und ein neues Leben ohne den bisherigen Rückhalt zu wagen? Ich sah, dass sich auch die anderen Teilnehmerinnen der Gruppe irgendwie auflehnten. Nach einer Weile aber sagte die krebskranke Frau: »Es macht schon Sinn, diese Krankheit. Mir wird klar, dass ich bisher nur überlebt habe. Und jetzt – jetzt will ich natürlich auch überleben, aber um zu *leben*. Ich wusste ja gar nicht, wie tief ich das Leben liebe. Ich fühle mich trotz der Krankheit lebendiger denn je! Ich sehe die Menschen neu, die Natur ... Und ich habe viel vor. Auch wenn ich nur noch ein paar Jahre lang lebe, ich will sie nutzen, um meinen neuen Beruf als Beraterin auszuüben.«

Und als sie die vielen Behandlungen überstanden hatte, sagte sie: »So seltsam es klingt – die Krankheit, die mich so leiden machte, ist meine Freundin geworden. Sie hat mich ins Leben zurückgebracht. Und ich weiß, dass mir niemand und nichts mehr dieses Gefühl von der Sinnhaftigkeit meines Lebens nehmen kann. Ich habe auch gelernt, die Menschen anders und tiefer zu lieben.«

Dieses Beispiel zeigt nicht nur, was mit Bedeutsamkeit gemeint ist, sondern dass die drei Aspekte des Kohärenzgefühls ein Kontinuum darstellen und dass auch dieses keine statische Größe ist, sondern sich weiterzuentwickeln vermag.

Antonovsky verwendet ein weiteres Bild, um eine salutogenetische Sicht zu beschreiben:

Menschen schwimmen in einem Fluss voller Gefahren, Strudeln und Stromschnellen; in der pathogenetisch orientierten Medizin versucht der Arzt, den Ertrinkenden aus dem Strom zu reißen; in der Salutogenese geht es vielmehr darum, den Menschen zu einem guten Schwimmer auszubilden, damit er ohne ärztliche Hilfe Strudel und Stromschnellen meistert.[23]

Wir haben bisher gesehen, dass die vorgestellten Gesundheitskonzepte keine statischen Größen darstellen, sondern sich durch die Lebensspanne hindurch verändern. Menschen können im Lauf ihres Lebens resilienter werden, um diese Resilienz für ein formatives Leben einzusetzen. Eine 62-jährige Frau drückte dies nach einer lebensbedrohenden Krankheit so aus:

»Ich habe eine tiefe innere Zuversicht, die gewachsen ist, dass ich aus mir selbst heraus und mit Unterstützung anderer Menschen immer einen Weg finden werde. Dies empfinde ich als ein Geschenk meiner Lebensgeschichte.«

Ich möchte noch einen weiteren wichtigen Aspekt erwähnen, der nicht unterschätzt werden darf: Normative Übergänge im Leben, d. h. solche, die allen Menschen oder zumindest den Menschen des gleichen Geschlechts, der gleichen Generation oder in bestimmten Gesellschaften gemeinsam sind, bedeuten eine Einübung in weitere Lebensübergänge, den letzten Übergang in den Tod mit eingeschlossen. Nach und nach lernen wir unsere Übergangsmuster kennen und können sie modifizieren oder differenzieren. Die Einübung in diese Art von Übergängen hilft uns jedoch auch, individuelle krisenhafte Übergänge etwa durch Schicksalsschläge zu bewältigen.[24] So mögen Resilienz und Kohärenzgefühl sich weiterentwickeln.

Hier zeigt sich noch eine weitere Chance: Wir können typische eigene Verhaltensmuster, die wir bisher automatisch in krisenhaften Situationen und Lebenskontexten angewendet haben, so verändern, dass krisenhafte Wendezeiten selbst zu einem formativen Impuls zu werden vermögen.

Zusammenfassend lassen sich die folgenden Aspekte für Resilienz in den späteren Lebensphasen nennen:

- die Bereitschaft, Wendezeiten und Krisen anzunehmen, um sie als Entwicklungschancen zu nutzen;
- die normativen Lebensübergänge aktiv zu gestalten und Übergangsmuster selbst zu verändern und zu differenzieren;
- das Gelernte auf die nicht normativen Übergänge anzuwenden;
- eine liebevolle Beziehung mit sich selbst und anderen Menschen sowie Sorgfalt im Umgang mit den eigenen Kräften, mit den persönlichen Grenzen und mit der eigenen Gesundheit zu kultivieren;
- die Entschlossenheit, eine reife Form aus sich herauszubilden und ihr Raum zu geben;
- den grundlegenden Paradigmenwechsel zu wagen, der bedeutet, nicht mehr vom Leben gelebt zu werden, sondern es zu beeinflussen und die bisherigen angeborenen und erworbenen Verhaltensmuster persönlich zu machen.

An den Schluss dieses Abschnitts möchte ich ein Gedicht von Hilde Domin stellen, das den Prozess von Verletzbarkeit und Resilienz wunderbar beschreibt:

Bitte

Wir werden eingetaucht
und mit dem Wasser der Sintflut gewaschen
wir werden durchnässt
bis auf die Herzhaut

Der Wunsch nach der Landschaft
diesseits der Tränengrenze
taugt nicht
der Wunsch, verschont zu bleiben,
taugt nicht.

Es taugt die Bitte,
dass bei Sonnenaufgang die Taube
den Zweig vom Ölbaum bringe
Dass die Frucht so bunt wie die Blüte sei
dass noch die Blätter der Rose am Boden
eine leuchtende Krone bilden

Und dass wir aus der Flut,
dass wir aus der Löwengrube und dem feurigen Ofen
immer versehrter und immer heiler
stets von neuem
zu uns selbst
entlassen werden.

Hilde Domin[25]

WENDEZEITEN – DEM EIGENEN LEBEN GESTALT GEBEN

Gelebtes Leben integrieren – den persönlichen Reichtum vertiefen

Wenn ich nochmals beginnen könnte,
möchte ich es wagen, mehr Fehler zu machen.
Ich möchte entspannt sein, warm und wilder werden als diesmal.
Ich würde nur noch wenige Dinge wirklich ernst nehmen.
Ich möchte mutiger sein.
Ich würde mehr Berge besteigen,
mehr Flüsse durchschwimmen
und mehr Sonnenuntergänge genießen.
Ich würde mehr Eis essen und weniger Bohnen.
Ich würde mich mehr um richtige Probleme kümmern
Und weniger um eingebildete. (…)
Wenn ich neu anfangen könnte,
würde ich mit weniger Ballast reisen.
Ich würde früher im Jahr barfuß gehen
und länger im Herbst noch.
Ich würde öfter Karussell fahren
Und immer wieder mein Glück versuchen,
mehr Menschen grüßen, mehr Blumen pflücken
und viel öfter tanzen (…)

Die Psychologin Virginia Satir,
84-jährig, kurz vor dem Sterben

Es gibt verschiedene Zeiten in unserem Leben, in denen wir zurückblicken – etwa zu Beginn der zweiten Lebenshälfte, wenn die Kinder die Familie verlassen, wenn wir einen Schicksalsschlag erleiden und wenn wir älter und alt werden und realisieren, dass uns nur noch eine kurze Wegstrecke bleibt. In jedem Moment mag dieses Zurückblicken fruchtbar und hilfreich sein und eine Hilfe für den nächsten Schritt im Leben. Vielleicht würden wir anders leben, wenn wir könnten, und doch gibt es auch immer neue Möglichkeiten – und am Ende das Umarmen des unvollkommenen und doch persönlichen Lebens, welches das unsere ist. Auch das ist eine kostbare Chance.

Im Folgenden möchte ich die Phasen vor und in der Reifeze[it] wachsenen Person von verschiedenen Seiten her beleuchten.

Zu Beginn der zweiten Lebenshälfte haben viele Menschen das Bedürfnis, innezuhalten, um aus ihrer bisherigen Lebensgestaltung Bilanz zu ziehen und um daraus etwas für die Zukunft zu lernen. Es tauchen dann Fragen auf wie:

Wo stehe ich heute?
Was habe ich bisher aus meinem Leben gemacht?
Ist das denn alles gewesen?

Bilanz ziehen bedeutet nicht, die Fakten der Vergangenheit aufzurechnen, sondern sie in einem anderen Licht zu sehen. Wir eröffnen damit eine neue Perspektive, in der wir unser Leben zu begreifen versuchen. Darin liegt eine große Chance: Das bisherige Leben können wir zwar nicht verändern, aber den gegenwärtigen Bezug dazu. Das ist ein ganzheitlicher Prozess, der die Frage »Ist das alles?« in »Was will jetzt Neues in mir und aus mir werden?« umwandeln kann. Damit verwandeln wir die Lebensbilanz in eine fruchtbare Perspektive für unser weiteres Leben.

Wir begegnen in diesem Prozess etwa unseren alten automatisierten unwillkürlichen Lebensmustern. Sich mit ihnen auseinanderzusetzen und sie mit willentlichem Einsatz zu verändern ist eine wichtige Chance in dieser Wendezeit. Es kann sich dabei beispielsweise um Muster der Überverantwortlichkeit, um die Schwierigkeit, Grenzen zu setzen, und um Probleme mit Abschiednehmen handeln. Oder auch um Stressmuster, wenn wir die Warnsignale von Ermüdung nicht mehr wahrnehmen können, weil wir glauben, auch in späteren Lebensphasen dasselbe leisten zu müssen wie in den früheren Phasen, um dem gesellschaftlichen Ideal oder den eigenen Maßstäben gerecht zu werden.

In dieser Phase taucht oft auch erstmals die Erkenntnis auf, dass im Leben nicht mehr alles möglich sein wird. Die noch nicht eingelösten wichtigen Aspekte des eigenen Lebens drängen nun auf ihre Realisierung hin und die Kräfte müssen für das Wesentliche gesammelt werden: *Was ist jetzt für mich, für meine persönliche Lebensgestalt wichtig?* wird eine zentrale, herausfordernde und oft unbequeme Frage.

Welche Schichten unserer Person, die bis jetzt verborgen oder unausgeformt waren, möchten eine leibhafte Gestalt finden und in den Vordergrund kommen? Es geht jetzt darum, sowohl mit den vergessenen, verleugneten, verdrängten Schichten Kontakt aufzunehmen als auch mit den Ressourcen und Lebenskompetenzen, um sie für den Entwurf einer neuen Identität fruchtbar zu machen. Dieser Prozess braucht Zeit.

Manchmal haben ältere Menschen das Gefühl, Wichtiges in ihrem Leben verpasst zu haben. Sie sind enttäuscht von ihren Lebensumständen oder von sich selbst. Sie fragen sich erschreckt oder resigniert: *Ist das denn alles gewesen?* Eine weitere, wesentliche Frage ist, ob die Lebensbilanz eine selbst geformte Geschichte aufzeigt oder eine gescheiterte, gesellschaftlich vorgegebene nach dem Schema: *Du hast es nicht geschafft, nicht erreicht.* Hier fallen dann Äußerungen wie:

Ich habe meine Karriere verpasst.
Ich habe es nicht geschafft, einen Partner zu finden.
Ich habe es finanziell auf keinen grünen Zweig gebracht.
Ich habe es nicht geschafft, Kinder zu haben.

Dieses gesellschaftlich vorgegebene Modell ist jedoch irreführend. Das Wesentliche ist nicht in *Haben* und *Leisten* zu fassen. Es geht vielmehr darum, die eigene Geschichte zum bisherigen Leben auszuformen und dabei die wesentlichen gelebten Qualitäten zu erkennen und zu würdigen. Dies ist eine wichtige Voraussetzung, um für die späteren Lebensphasen und mitten in ihnen eine konstruktive Zukunftsperspektive bilden zu können.

Natürlich gibt es in jedem Leben auch die Erfahrung, für die eigene Lebensgestalt Wesentliches endgültig verpasst zu haben. Viele Frauen beispielsweise kommen in Not, wenn sie das *Ticken der biologischen Uhr* zu spüren beginnen und realisieren, dass es nun wirklich zu spät ist, um Kinder zu bekommen – was auch immer die Hintergründe dafür sein mögen. Andere Menschen müssen sich eingestehen, dass sich durch Trennung oder Scheidung der Traum von der »heilen« Familie nicht erfüllen konnte, da ein späterer Partner nicht zum Vater der eigenen Kinder zu werden vermag, oder wenn sie allein bleiben. Und selbst der Schmerz, mit der gesellschaftlichen Anforderungen nicht mithalten zu können, kann schwerwiegend sein für jemanden, der schon als Kind am Rand der Gesellschaft gestanden hat und nun erneut spürt, dass mit dieser Randposition auch bedeutsame Qualitäten jenseits von gesellschaftlicher Leistungsausweise auf der Strecke geblieben sind. Verpasste Erfahrungsqualitäten können nie mehr in der ursprünglichen Form nachgeholt werden, und dennoch zu einem wichtigen Wachstumsimpuls werden.

Dazu kommen weitere Erfahrungsebenen: das Altern und Sterben der eigenen Eltern und anderer Familienmitglieder der Elterngeneration fällt oft in die späteren Wendezeiten. Was auch bedeutet, sich mit der eigenen Endlichkeit und mit dem Nährenden und dem Verpassten in diesen Beziehungen auseinanderzusetzen. Auf den verschiedensten Ebenen findet also oft gleichzeitig eine Begegnung mit Vergänglichkeit und eigenem Begrenztsein statt. Die Konfrontation mit dem endgültig Verpassten bedeutet so etwas wie ein *Schicksalserschrecken*, weil vielleicht erstmals deutlich wird, dass etwas im Leben unwiderruflich und unwiederbringlich vorbei ist und auch hier die Endlichkeit in den Blick gerät.

Im Zusammenhang mit dem Thema *des Verpassens* begegnen wir auch den Wunden aus unserer individuellen Geschichte. Die Erfahrung des Verpassthabens auf den verschiedensten Ebenen und in unterschiedlichen Lebensphasen verbindet sich häufig mit der Einsicht in Kindheitserlebnisse, welche die spätere Lebensgestaltung beeinträchtigt haben. Solche Erkenntnisse, die oft mit der Beziehung zu den Eltern und zu anderen Bezugspersonen zu tun haben, sind manchmal schwer anzunehmen. Die Begegnung mit der eigenen Versehrtheit birgt aber einerseits eine Chance zur Auflösung alter Lebensmuster, andererseits auch zum liebevollen Annehmen eigener Brüche und Wunden.

Was im Lebensrückblick meist am tiefsten schmerzt, ist nicht das Gefühl, ein Soll nicht geleistet zu haben, sondern das nicht gelebt zu haben, was die eigene innere Ausrichtung, den Sinn dieses individuellen Lebens ausmacht. Deshalb lauten die entscheidenden Fragen jetzt:

- Welche Persönlichkeitsschichten in mir haben nicht zum Leben kommen können, die darauf gewartet haben, geweckt, entdeckt oder geformt zu werden?
- Wie kann ich von da aus, wo ich jetzt bin, bisher nicht gelebte Seiten meiner selbst einlösen und formen?
- Wie kann ich mein persönliches Selbst gegenüber meinem gesellschaftlichen Selbst mehr in den Vordergrund rücken?

Träume können hier Wegweiser sein, wie der Traum einer 62-jährigen Frau, die ich Franziska nenne, zeigt:

»Ich bin mit meiner Schwester und meinen Cousinen unterwegs und wir gehen in ein Schuhgeschäft. Wir probieren viele verschiedene Schuhe an und haben viel Spaß dabei. Im Hotel angekommen schaue ich auf meine Füße und sehe, dass ich zwei unterschiedliche Schuhe anhabe. Ich bin zunächst verwirrt, versuche zu rekonstruieren, wie es dazu gekommen ist. Meine Gefährtinnen reden wild auf mich ein, dass ich unmöglich mit zwei verschiedenen Schuhen herumlaufen könne, dass ich sie blamieren würde, dass es einfach nicht schicklich sei. Derweil schaue ich mir immer wieder die unterschiedlichen Schuhe an und bin zunehmend freudig gestimmt und begeistert. Schließlich finde ich, sie passten gut zu mir und bin nicht mehr gewillt, sie wieder herzugeben. Alle lachen über meinen Entschluss, und ich erwache.

Hier zeigt sich der lebendige Austausch zwischen den Mitgliedern einer Gemeinschaft von Frauen, die sich mit den Attributen von Weiblichkeit befassen. Dann tritt Franziska als Individuum hervor, sie tanzt aus der Reihe, fügt sich nicht mehr den gesellschaftlichen Normen, sondern geht ihren ganz persönlichen Weg, der von wachsender Freude begleitet ist, weil ihr die Schuhe so gut passen, auch wenn »man« nicht zwei unterschiedliche trägt. Und im Kreis der Frauen wird sie so akzeptiert. Der Traum bestärkt Franziska darin, ihren ganz eigenen Weg zu gehen. »Ich hatte immer wieder Angst, doch jetzt habe ich den Mut, mir selber zu vertrauen – und dafür werde ich nicht einmal ausgegrenzt!«

In dieser Zeit wird auch der Rückblick auf die eigene Geschichte wichtig.

Wenn wir auf unser Leben zurückblicken, erscheinen gewisse Stadien oder Aspekte des eigenen Lebens als Um- oder Irrwege. Damit verbindet sich immer die Fantasie: *Wenn ich das (nicht) getan hätte, dann ... Ja, vielleicht wäre ich eine ganz andere Person geworden. Eine, die ich hätte sein wollen oder sein sollen.* Doch genau dies ist der entscheidende Punkt: *Aber dann wäre ich ja nicht ich. Und eigentlich möchte ich trotz allem die Person sein, die ich bin.*

Vielleicht fällt es in Zeiten der Krisen und Übergänge schwer, dieses *Ich bin,* also die Person, die ich bin, anzunehmen. Wer wir heute sind, ist jedoch nicht nur ein missglückter Formungsprozess, wie viele Menschen sich zunächst verstehen: *Ich habe viele Umwege gemacht. – Ich habe mich in meinem Leben so oft verstrickt.* Auf einer ersten Ebene mag dies stimmen. In einer tiefer gehenden Auseinandersetzung können diese Wege jedoch kreativ umgedeutet und als notwendige Entwicklungsschritte verstanden werden. *Wenn ich das nicht erlebt hätte, wäre ich heute nicht da, wo ich bin ...*

Die Integration des bisherigen Lebens und die Versöhnung mit ihm sind möglich. Dennoch ist es immer auch eine Versöhnung im Widerspruch, da die versehrenden Aspekte nicht einfach verschwinden. Dieser Widerspruch ist notwendig und kreativ. In der paradoxen Einheit von Verletzungen und wachstumfördernden Erfahrungen zeigt sich nochmals, dass der Sinn des Lebens nicht eine gegebene Größe, sondern ein schöpferischer Prozess ist, in dem die eigene Vergangenheit nicht als eine Addition von Bilanzposten, sondern als Dialog von verkörperten Schichten verstanden werden kann, der sich immer wieder zu verändern vermag.

Es bleibt ein Wagnis, uns dem Wechsel unserer bisherigen Optik auszusetzen. Das Gefüge unserer bewährten Geschichten gerät ins Wanken. *Ich bin die, die ich bin/Ich bin der, der ich bin* heißt eben auch: *Ich bin eine andere/ein anderer, als ich mir zurechtgelegt habe, zu sein. Aber meine Geschichte ist bei allen Schwierigkeiten auch die Geburtshelferin meines Selbst, das ich neu zu entdecken beginne.*

Lebensbilanz ist Rückblick, doch kann sich daraus auch eine neue Perspektive ergeben. Wenn wir uns auf diesen Prozess einlassen, tauchen verschiedenste Aspekte auf: Wichtige Lebensthemen, die der Einlösung bedürfen, kristallisieren sich heraus. Verpasstes kann betrauert werden, damit wir uns von ihm verabschieden können und nicht in Bitterkeit verharren. Wir begegnen vielleicht den Brüchen und Ungereimtheiten unseres Lebens, die oft lange als *stumme Geschichten* im Verborgenen geblieben sind. Wir sind durch all diese Aspekte mit unserer Begrenztheit, mit unserer Endlichkeit und Vergänglichkeit konfrontiert. Gerade diese existenzielle Dimension ist eine radikale Herausforderung, unser Leben ernst zu nehmen. Im Chinesischen sind die beiden Wörter für *Krise* und für *Chance* nicht zufällig identisch.

Wir können wahrnehmen, dass wir uns zwar formen und gestalten können und dennoch nicht alles in der Hand haben. Dadurch können wir unserer eigenen Geschichte gegenüber gerechter, milder und versöhnlicher werden.

Je älter wir werden, desto weiträumiger kann unsere Perspektive werden:

Eine 70-jährige Frau sagte zu mir: »Ich bin dankbar, dass ich nicht mehr aufgebürdet bekommen habe, als ich zu bewältigen vermochte, dass ich die mir wichtigen Werte leben konnte und Schwierigkeiten sowie Verpasstes mich nicht bitter werden ließen. Ich habe ein ganz gewöhnliches Leben gelebt wie meine Eltern. Aber es war immer mehr mein eigenes – einfach, unspektakulär. Und jetzt kann ich sagen: Ich liebe mein Leben, das Leben überhaupt. Ich liebe es, so, wie es ist.«

Nach Beginn der zweiten Lebenshälfte in der Reifephase sind viele Menschen für ihre eigenen Übergänge stärker sensibilisiert, erleben sich oft als stabiler, mit mehr Boden unter den Füßen. Sie sind erleichtert darüber, dass sie Situationen bewältigen können, die sie früher aus der Bahn geworfen hätten. Krisen können tief gehen, und dennoch bleibt eine Art Grund, eine Lebenszuversicht, die sich laut einer 65-jährigen Frau anfühlt *wie ein inneres Netz, das mich auffängt und hält.* Das Leben findet *jetzt* statt und bekommt eine neue Tiefenschärfe:

Eine 50-jährige, krebskranke Frau, die sich schweren Operationen und einer Chemotherapie unterziehen musste, sagte: »Das ist alles für mich nicht nur schrecklich und traurig. Ich habe auch eine ganz neue Lebensqualität gewonnen. Ich lebe jetzt. Jeder Tag ist ein Geschenk für mich, weil ich Sicherheit nur für diesen einen Tag habe. Was ich heute lebe, das lebe ich – lebe es wirklich. Ich kann das Leben nicht mehr aufschieben.«

Von diesem Ort her können Menschen auch in späten Jahren nochmals Neues ins Leben bringen – für sich selbst, für die Nächsten, für die Nachkommen und vielleicht auch für einen weiteren Kreis von Menschen. Es ist oft vor allem die Qualität der Präsenz, die ein großes Geschenk zu sein vermag.

Mit dem Reifeprozess besteht die Chance, die vielen Persönlichkeitsschichten, die wir geformt haben, miteinander zu verbinden, sie zu integrieren. So kann das eigene gelebte Leben wie dasjenige, aus dem wir über Generationen kommen und das wir weitergeben, immer tiefer angenommen werden. Integration führt zu einer Vertiefung der eigenen Existenz. Sie wird erlebbar in ihrer Einmaligkeit, Vorläufigkeit und Begrenztheit. Diese neue integrative Identität hat die Qualität menschlicher Reife. Jetzt stammt das Mitwirken an den Aufgaben dieser Welt aus der Treue zur eigenen Integrität. So wird es auch möglich, die Ernte des eigenen Lebens einzubringen und weiterzugeben und das aus dem Generationendialog Mitgebrachte zu etwas Persönlichem zu machen.

2. WACHSTUM UND WANDLUNG IM SPÄTEREN LEBEN

Einführung

Wendezeiten und Wandlungen gehören – wie das letzte Kapitel gezeigt hat – zum Formungsprozess jeden Lebens. Sie auf persönliche Weise zu gestalten macht die eigentliche *Lebenskunst* aus, die uns ein erfülltes Leben auch in späteren Lebensphasen ermöglicht. Wir leben kleinste Übergänge jeden Tag, üben sie ein, um auch die größeren Wendezeiten als Entwicklungsschritte zu wagen und die großen Transitionen von einer Lebensphase zur anderen vollziehen zu können. Jede auf befriedigende Weise gestaltete Wendezeit ist für die Person, die sie vollzogen hat, ein ermutigendes Modell für die noch folgenden. So können wir von uns selbst lernen, worauf es ankommt, und uns selbst ermächtigen, die späteren Jahre lebendig und erfüllt zu leben.

Viele Menschen heute möchten alt werden, aber nicht alt *sein*. Sie haben Angst vor dem Älterwerden, tabuisieren es und sind in negativen Vorstellungen verhaftet, obwohl sich über Forschungen neue Modelle und Vorstellungen zu Älterwerden und Alter entwickelt haben.

Das zweite Kapitel stellt weitere Aspekte unseres Wachstums in den Jahren 50 plus dar. Es erfordert etwas Geduld, da es einige hilfreiche Konzepte und methodische Möglichkeiten darstellt und erklärt. Die Schilderung der formativen Methode und die praktischen Beispiele des ganzen Buches sollen helfen, den persönlichen Transfer in den eigenen Alltag zu machen. Auf dieser Basis werden wichtige Veränderungen im

Verständnis des Älterwerdens in der heutigen Zeit beschrieben, die für den Umgang mit dem eigenen Prozess entscheidend sind.

Ein erster wichtiger Gesichtspunkt ist der veränderte Blick auf die Lebensspanne, die heute allgemein als lebenslanger komplexer und keinesfalls linearer Prozess erscheint. Historische, gesellschaftliche, altersbezogene und individuelle Komponenten ergeben ein ganzes Geflecht an bedeutsamen Bezügen. Dazu kommt, dass die Lebensspanne mit der steigenden Lebenserwartung in immer differenziertere Phasen eingeteilt wird. Die Chance der jetzt älter werdenden Generationen besteht darin, dass sie sich als Pioniere an der Gestaltung der späteren Lebensphasen beteiligen und durch ihr Leben neue Modelle kreieren können.

Wichtig in der neuen Sicht auf das Älterwerden sind die Erkenntnisse der Neurobiologie, die besagen, dass wir zu lebenslangem Lernen fähig sind und deshalb bis an unser Ende entwicklungsfähig bleiben. Dies ist eine der ermutigendsten Botschaften für die Lebensgestaltung von Menschen im späteren Leben. Nicht die Tatsache des Älterwerdens, sondern die Chance, es auf persönliche Weise als Reifungsprozess zu formen, steht im Zentrum dieses Kapitels, das auch aufzeigt, wie dies möglich sein könnte.

In diesem Zusammenhang stelle ich das Reifekonzept der formativen Psychologie nach Stanley Keleman dar. *Formativ* nennt der Forscher und Therapeut sein Konzept, da es auf der grundlegenden Formungskraft und dem Formenwandel (Metamorphose) des Menschen beruht.

Die formative *Wie-Methode* zeigt eine *äußerst* wirksame Möglichkeit, die eigenen Lebensmuster im Sinne von Verhalten direkt zu beeinflussen im Sinne von *Was mache ich und wie mache ich es?*. Der Fokus liegt nicht auf der Frage *Warum?*, sondern *Wie?* und *Wozu?* – also auf dem leibhaften Formungsprozess und seiner Funktion. So können wir unser Verhalten regulieren und reorganisieren lernen. Wichtig für die Gestaltung der Reifephase ist jedoch vor allem, dass wir unsere Verhaltensmöglichkeiten differenzieren lernen, um ein reiches persönliches Verhaltensrepertoire zu entwickeln sowie neue Persönlichkeitsschichten aus uns herauszuformen. Träume sind wirksame Helfer im geschilderten Gestaltungsprozess.

Die Lebensspanne als ständiger Entwicklungsprozess

*Man muss den Dingen die eigene, stille,
ungestörte Entwicklung lassen,
die tief von innen kommt
und durch nichts gedrängt oder
beschleunigt werden kann;
alles ist austragen – und dann gebären.*

*Reifen wie ein Baum,
der seine Säfte nicht drängt
und getrost in den Stürmen
des Frühlings steht, ohne Angst,
dass dahinter kein Sommer kommen könnte.*

Er kommt doch!

*Aber er kommt nur zu den Geduldigen,
die da sind, als ob die Ewigkeit vor ihnen läge,
so sorglos still und weit …*

*Man muss Geduld haben gegen das Ungelöste
im Herzen, und versuchen, die Fragen selber
lieb zu haben,
wie verschlossene Stuben,
und wie Bücher, die in einer sehr fremden
Sprache geschrieben sind.*

*Es handelt sich darum, alles zu leben.
Wenn man die Fragen lebt,
lebt man vielleicht allmählich,
ohne es zu merken,
eines fremden Tages
in die Antwort hinein.*

Rainer Maria Rilke

Wenn wir in die Geschichte zurückblicken, sehen wir, dass für die Entwicklungsgeschichte des Menschen immer neue Lebensphasen herauskristallisiert, erfunden und bekannt wurden. Die *Kindheit* gibt es erst seit ungefähr 250 Jahren als gesellschaftliche Vorstellung. Vorher wurden Kinder einfach als Minierwachsene gesehen, wie es in den Darstellungen von Kindern in der damaligen Malerei deutlich wird. Im Laufe des 20. Jahrhunderts erarbeitete sich die Psychologie differenzierte Erkenntnisse über die Dynamik der Kindheit. Zu Beginn des 20. Jahrhunderts entstanden ein Konzept und ein Begriff für eine weitere Lebensphase, die nun *Jugendalter* genannt und dann weiter differenziert wurde. Auch die Phasen des Erwachsenenalters werden seit dem 20. Jahrhundert immer weiter ausdifferenziert.

Noch 1910 gab es nur die Unterscheidung Kindheit – Erwachsenenalter. 1950 gab es die Unterscheidung Erwachsenenalter – Ruhestand, 1990 die Unterteilung Erwachsenenalter – spätes Erwachsenenalter – Ruhestand, und später die Unterscheidung zwischen den Phasen frühes Erwachsenenalter – mittleres Erwachsenenalter – spätes Erwachsenenalter – Ruhestand – Seniorenalter.[26] Die Differenzierung geht heute stetig weiter, da die Menschen immer älter werden und die Lebenserwartung im 21. Jahrhundert weitersteigt.

Dazu kommt ein weiterer Aspekt: Ältere und alte Menschen sind heute keine Minderheit mehr. Sie können deshalb auch teilnehmen am Erfinden neuer Lebensentwürfe, Modelle und konkreter Lebensweisen für spätere Jahre.

Die Menschen 50 plus sind wesentlich daran beteiligt, wie in Zukunft Älterwerden und Alter gelebt werden können. Das bedeutet, dass diese Generation eine Art Pioniergeneration ist und als solche in gewissem Sinne Neuland betritt.

Nicht nur die Einteilung in Lebensphasen hat sich verändert und diversifiziert, sondern auch die Sicht auf den *ganzen Prozess* innerhalb der Lebensspanne. Heute wird die menschliche Entwicklung als ein *lebenslanger Prozess* verstanden, in dem es keine lineare, sondern eine Bewegung in verschiedenste Richtungen geben kann, mit Rückschlägen, Irrtümern, erfüllenden Zeiten, aber vor allem mit vielen Weggabelungen, bei denen wir Entscheidungen treffen können. Da dieser Prozess bis zum Tod nie ans Ende kommt, sind die Chancen für tief gehende Wandlungen auch in den späteren Lebensphasen sehr groß. Dazu passt der Titel eines neuen neurobiologischen Buches: *Je älter, desto besser.*[27]

Die ganze Lebensspanne ist viel beweglicher, als es die bisherigen Konzepte nahelegen. Dies bietet die Chance, die verschiedensten Komponenten für das Verständnis der Lebensgestaltung heranzuziehen und in jeder Phase die Ausrichtung des eigenen Lebens neu zu formen.

Die Gestaltung des Lebensprozesses geschieht zudem auf verschiedenen Ebenen, nämlich im Kontext von Beruf, Familie, sozialen Netzwerken, Freizeitinteressen, politischen Aktivitäten usw. Diese unterschiedlichen Funktionen, Verläufe und Lebenskontexte sind nicht unabhängig voneinander, sondern stellen ein Ganzes dar. Wenn wir also uns selber und andere Personen verstehen wollen, reicht eine lineare, eindimensionale Sicht nicht aus, sondern wir sind eingeladen, das vielfältige Lebensnetz in den Blick zu nehmen und als ganzheitliche Dynamik zu betrachten, auch im Sinne einer gesellschaftlich-historischen Perspektive. Es gibt gesellschaftliche, ökologische und historische Einflüsse auf unsere jeweilige Entwicklung. Doch wir sind nicht passive Empfänger dieser Einflüsse, sondern bilden daraus unseren eigenen Lebensentwurf.

Zu Beginn des 20. Jahrhunderts war in unserer mitteleuropäischen Gesellschaft bei der Geburt eines Kindes die Struktur seines Lebenslaufes auf dem Hintergrund der Zugehörigkeit zu einer sozialen Schicht und zum einen oder anderen Geschlecht schon vorgegeben. Machen wir es konkret (vgl. Elisabeth Beck-Gernsheim): Bürgerliche Mädchen in der Schweiz der damaligen Zeit wuchsen beispielsweise mit der Perspektive auf, Hausfrau und Mutter zu werden. Anschließend begaben sie sich entweder als Au-pair-Mädchen ins Welschland, um sich auf ihre zukünftige Bestimmung vorzubereiten, oder – wenn sie aus wohlhabenderem Hause stammten – in ein Pensionat. Nach der Rückkehr erwartete man von ihnen eine gute Heirat und dass sie Kinder bekamen und dabei mindestens einen Sohn. Sie zogen die Kinder groß, und wenn sie Glück hatten, kümmerten sie sich dann um die Enkelkinder.

Diese Art der verlässlichen Einbindung in ein soziologisches Programm löste sich zunehmend zugunsten einer Diversifizierung der Lebensläufe auf – eine große Herausforderung für heutige Menschen.

Die Spanne der möglichen Lebensentwürfe wird in unserer prosperierenden Gesellschaft immer breiter. Personen beiden Geschlechts gehen Verbindungen mit oder ohne Kinder ein, werden vielleicht wieder Singles, bilden wieder eine Patchworkfamilie oder bleiben in Partnerschaften ohne Kinder, leben in wechselnden Partnerschaften mit dem anderen oder auch mit dem eigenen Geschlecht. Die einen Paare haben früh, viele erst spät Kinder. Die möglichen Lebensvarianten nehmen ständig zu und erfordern einen flexiblen Umgang mit unterschiedlichsten Lebenssituationen.

Auch in den späteren Lebensphasen haben sich die Lebensstrukturen zunehmend vervielfältigt. Die einen Personen lassen sich frühpensionieren, andere gehen zur vorgeschriebenen Zeit in Rente oder arbeiten in einem Nebenerwerb oder – wenn sie selbstständig sind – in ihrem Beruf oder in ihrer Firma weiter, oft bis gegen 80. Doch diese Flexibilisierung muss in nächster Zukunft noch weitergehen, um der stets älter werdenden und länger gesund bleibenden Gesellschaft gerecht zu werden. Dies bedeutet, dass auch in der Lebenszeit ab etwa 50 Jahren die Chance besteht, selber neu über die berufliche und persönliche Lebensgestaltung zu entscheiden.

Gleichzeitig gibt es gesellschaftliche Vorgaben, die viel Druck erzeugen können. Wir leben in einer Leistungs- und Erfolgsgesellschaft, die auch ältere Menschen antreibt, möglichst lange jung und fit zu erscheinen, um sich einen gesellschaftlichen Wert zu sichern. Sich diesen gesellschaftlichen Definitionen mindestens ein Stück weit zu entziehen ist eine große Herausforderung, um den neuen Spielraum und die Narrenfreiheit der späten Jahre zu nutzen, die ich so ausdrücken möchte: *Wider den Strom – aber im Fluss.*

Um dies näher zu erklären, möchte ich das Konzept der *Selbstebenen* kurz skizzieren.

Wenn wir mit Kindern zu tun haben, können wir erfahren, dass sie freudige, traurige oder schmerzhafte Regungen spontan ausdrücken und dann kaum an sich halten können, und auch, dass ihre Emotionen sehr schnell wechseln.

Auf der einen Seite entzückt uns Erwachsene ihre Spontaneität, anderseits versuchen wir, den Kindern in Familie und Schule beizubringen, ihre Erregung in den Griff zu bekommen, still zu sitzen, aufmerksam zu sein und ein Verhalten aufzubauen, das den sogenannten Anstandsregeln unserer Gesellschaft entspricht. So lernen wir schon als Kinder, das sog. *instinktive Selbst* mit den genetischen Erfahrungen wie Anatomie, Geschlecht und Trieben[28] zu regulieren.

Neben dem instinktgesteuerten Verhalten gilt es also, ein *gesellschaftliches Selbst* aufzubauen, das die Vorgaben und Erwartungen der Gesellschaft erfüllt, welches die Erfahrungen aus Familie, Schule, Beruf etc. verkörpert[29].

Im Erwachsenenalter kommt dem gesellschaftlichen Selbst eine zentrale Rolle zu. Es bestimmt, wie wir uns – im Gegensatz zum privaten Raum – nach außen und in der Öffentlichkeit präsentieren. Um dies konkret zu machen, bitte ich Sie, sich einmal vorzustellen, dass Sie am Morgen aufwachen, aufstehen und sich langsam oder schneller in den Tag hinein organisieren. Wenn Sie sich nun vorstellen, dass Sie nach draußen gehen – und dass Sie dabei auch für unbekannte Personen sichtbar werden, wird sich Ihre verkörperte Haltung automatisch verändern.

Vielleicht straffen Sie sich, werden fester oder gar etwas rigide, oder Sie schrumpfen, um sich möglichst unsichtbar zu machen. Es gibt verschiedene unwillkürliche Reaktionen, je nach Ihrer eigenen Gestaltungsgeschichte. Dass Sie eine andere Haltung einnehmen, wird jedoch deutlich. Dies ist der Übergang vom privaten, vielleicht eher instinktiven, zum öffentlichen, gesellschaftlichen Selbst. Wir alle gestalten diesen Übergang automatisch, ohne viel nachzudenken. Wir straffen uns, um in Erscheinung zu treten, oder schrumpfen, um unsichtbar zu sein, uns zu verbergen, je nachdem, wie wir unser gesellschaftliches Selbst ursprünglich zu organisieren gelernt haben. Wir folgen dabei den Regeln unserer Familie und dem, wie sie uns beigebracht hat, den gesellschaftlichen Normen zu folgen (oder sie infrage zu stellen).

In der modernen Gesellschaft ist es wichtig, wie wir erscheinen, *performen*, uns inszenieren. Wir schauen uns gleichsam aus der Perspektive unserer Umgebung an und übernehmen dabei deren kritischen Blick. Das gesellschaftliche Selbst kann im Extremfall etwas Roboterhaftes bekommen, es wird, je ungebrochener der gesellschaftliche Einfluss auf es durchschlägt, zu einer gesellschaftlichen Fassade. Im *persönlichen Selbst* können wir angeborene und erworbene Muster auf unsere eigene Weise verkörpern lernen. *Die persönliche Schicht repräsentiert die Weise, wie wir uns verkörpern, (...) wie wir uns persönliche Identität geben, uns selbst gebrauchen, um in eine private und persönliche Gestalt hineinzuwachsen*[30].

Wir sind weder ausschließlich von unseren Impulsen getrieben noch von gesellschaftlich anerkannten Mustern allein geleitet. Wir haben vielmehr die Chance, auch eine eigene und damit persönliche Form in die Welt zu bringen.

Wir sind eigen-artig und verwirklichen uns, wie es uns selbst entspricht. Dieses Eigene zu finden ist ein lebenslanger Prozess. Vor allem in den späteren Lebensphasen haben wir die Chance, es mehr und mehr zu leben und in den Vordergrund zu rücken. So werden wir zu einer unverwechselbaren Persönlichkeit, die instinktives und gesellschaftliches Selbst durchdringt.

Die Haltung des instinktiven Selbst und des gesellschaftlichen Selbst sind zwei unserer leibhaften Organisationsformen, die wir jedoch auch umgestalten können. Wir können sie dadurch auch variieren und mit unserem persönlichen Selbst durchformen. Dazu möchte ich gerne ein Beispiel geben:

Eine Frau im Alter von 60 Jahren ist häufig unterwegs, um Vorträge zu halten, Workshops zu veranstalten und Podiumsgespräche zu führen. Sie fühlte sich zunehmend unter Leistungsdruck: *Ich habe immer Angst, meine bisherigen*

Standards nicht mehr erfüllen zu können und den Erwartungen nicht mehr zu entsprechen. Sarah machte einen atemlosen Eindruck und versteifte sich immer mehr, während sie sprach. *Ich muss so tun, als sei ich immer noch dieselbe perfekte Frau wie vor zehn und mehr Jahren.* Es wurde deutlich, dass ihr gesellschaftliches Selbst eine intensive, versteifte Stresshaltung war. Wir arbeiteten daran, dieses Muster Schritt für Schritt abzubauen. Als Sarah sich darum bemüht, findet sie mehr Boden unter den Füßen, mehr Ruhe und Sicherheit. *So bin ich, wenn ich mit mir allein oder mit meinem Mann zusammen bin.* Sarah hatte jetzt eine eher weiche Haltung, weitete ihre Räume und füllte sie von innen her auf. *So kann ich aber niemals auftreten*, wendet Sarah ein. Sie braucht etwas mehr Spannung, um die Qualität des gesellschaftlichen Selbst ein wenig in ihr privates gesellschaftliches Selbst einzufügen. *Das ist nicht wie früher – das muss ich aufgeben. Doch diese jetzige Haltung gibt mir mehr Selbstverständlichkeit – ich bin ich, kann besser dazu stehen, und ich vertraue den Kompetenzen, der Stärke, die ich im Laufe meines Leben aufgebaut habe.*

Dies ist eine exemplarische Entwicklung, die auch als Freiheit der späteren Jahre im Prozess des Älter- und Altwerdens bezeichnet werden kann.

Wir sind ein lebendiger Formungsprozess – unser eigenes Kunstwerk

> *Der Leib ist ein Gedicht unser selbst mit der ganzen Weisheit, die wir unserem inneren Panorama entlocken.*
>
> S. Keleman

Unser lebenslanger Formungsprozess wird unterstützt durch die Neuroplastizität des Gehirns, die lebenslanges Lernen ermöglicht. Bis vor Kurzem war man der Überzeugung, dass die Fähigkeit, zu lernen mit dem Alter abnehme. Durch die neuen Forschungsergebnisse ist diese Sicht überholt. Dadurch sind wir in der Lage, ein weit positiveres Bild des Älterwerdens zu entwerfen, wie ich anhand der folgenden Zitate noch etwas weiter ausführen möchte.

> Ältere Menschen lernen zwar langsamer als junge, dafür haben sie jedoch bereits sehr viel gelernt und können dieses Wissen dazu einsetzen, neues Wissen besser zu integrieren. Je mehr man schon weiß, desto besser kann man heute Inhalte mit bereits vorhandenem Wissen in Verbindung bringen. Da Lernen zu einem nicht geringen Teil im Schaffen solcher internen Verbindungen besteht, haben ältere Menschen beim Lernen sogar einen Vorteil! Wissen kann helfen, neues Wissen zu strukturieren, einzuordnen und zu verankern. (Manfred Spitzer[31])

Neurobiologisch gesprochen ist die Abnahme der Lerngeschwindigkeit im Erwachsenenalter als Resultat eines Anpassungsprozesses zu verstehen. Schnell lernen müssen wir, wenn es um lebenswichtige Funktionen geht wie in den frühen Jahren unserer Entwicklung. Später steht die Differenzierung der Verhaltensmuster im Vordergrund. Es handelt sich um eine Art Feinabstimmung, die uns ermöglicht, unser Handeln im Laufe des Lebens immer differenzierter und komplexer zu gestalten.[32]

Vergegenwärtigen wir uns nochmals die Möglichkeiten unseres Gehirns. Seit mindestens 100.000 Jahren haben sich unsere genetischen Anlagen nicht mehr verändert. Doch unser Gehirn hat eine längere Reifezeit. Deshalb sind wir langsam ausreifende, nie fertig werdende Alleskönner[33], was uns eine maximale Offenheit und Lernfähigkeit von Anbeginn ermöglicht. Diese wird dadurch unterstützt, dass unser Gehirn nach der Geburt mehr neuronale Verbindungen bereitstellt, als tatsächlich gebraucht werden, und so eine vielfältige Auswahl anbietet. Unser Gehirn ist auch unglaublich potent, da es – wie eine neueste Studie zeigt – etwa 800 Jahre alt werden könnte; es sind die körperlichen Einschränkungen, die uns limitieren. Unser Gehirn ist dabei kein isoliertes Organ, keine Monade, sondern eine Sozialorgan. Was wir also brauchen, um unser Gehirn zu entwickeln, ist Verbundenheit mit Menschen sowie – als Lebenselixier für das Gehirn – Neugier als besten Anreiz für lebenslängliche Lernprozesse.

Bei dem Prozess von Entwicklung und Wachstum geht es darum, sich von Lebensphase zu Lebensphase weiter zu formen, zu differenzieren und die Herausforderungen, die jede dieser Phasen bietet, anzunehmen und zu gestalten. Dies stellt uns vor die Entscheidung, vom Leben oder vom Schicksal gelebt zu werden oder es zu leben, Einfluss auf uns selbst zu gewinnen und damit das eigene Leben in die Hand zu nehmen. Sich diesen Einfluss auf sich selbst zuzutrauen ist ein entscheidender Paradigmenwechsel – ob wir ihn in der ersten oder zweiten Lebenshälfte vollziehen.

Wachsen ist immer auch Wachstum in Beziehung. Es beginnt schon an der Wurzel unserer Existenz. Kinder sind auf die Liebe ihrer Eltern oder entsprechender Bezugspersonen angewiesen, um sich zu entwickeln.

Im Erwachsenenalter geht es darum, ein tragendes soziales Netz zu gestalten, eine Partnerschaft zu bilden, in der beide Partner für sich, aneinander und miteinander wachsen, und vielleicht eine Familie zu gründen. Auch älter werdende Menschen haben Beziehung anzubieten – in Partnerschaften, als Eltern und Großeltern, als Freunde, Kollegen und Kolleginnen, als Mentorinnen und Mentoren. Diese späten Liebesqualitäten haben die besondere Chance, selbstlos und vertieft gestaltet zu werden. Sie erfüllen so eine wichtige Funktion in der Gesellschaft.

Älter- und Altwerden können uns sehr viele neue Möglichkeiten und Qualitäten erschließen. Sie kommen auch der Gemeinschaft zugute, in der wir leben. In diesem Zusammenhang stellt Manfred Spitzer die interessante Frage, warum wir überhaupt alt werden. Er beantwortet sie anhand von Beispielen, von denen ich eines gerne kurz skizzieren möchte: Spitzer erzählt von der Beobachtung, dass Elefantenherden, in denen alte Elefantenkühe die Führung haben, fruchtbarer sind als diejenigen, die von jüngeren angeleitet werden. Warum? Die Alten können Gefahren viel differenzierter wahrnehmen und Signale adäquater deuten. Deshalb wird die Herde viel weniger oft in Alarm versetzt, lebt in größerer Sicherheit, was der Fruchtbarkeit zuträglich ist.

Aus diesem und anderen Beispielen folgert Spitzer: *Wir werden alt, weil wir lernen können*[34]. Solange wir fähig sind, zu lernen, ist es uns möglich, Lebenszufriedenheit zu erlangen, erfüllt und glücklich zu sein. Dies ist nur die eine Seite der Sicht. Alt werdende, erfüllte Menschen sind auch ein gutes Modell für die Wachstumszuversicht von jüngeren. Als Mentorinnen und Mentoren sind sie ein wesentlicher Teil der Gesellschaft und können in vielerlei Hinsicht einen Boden oder ein Gefäß für die jüngeren Mitglieder einer Gemeinschaft bilden, ihnen Schutz und Geborgenheit geben, ihr existenzielles Wissen und Knowhow vermitteln und Da-Sein als Mit-Sein[35] leben.

Die modernen neurobiologischen Forschungen unterstützen also die Überzeugung, dass wir fähig sind, ein Leben lang weiterzulernen und uns zu entwickeln. Unsere Selbstgestaltung ist also ein *Tun*. Ob dies bewusst oder unbewusst, unwillkürlich oder willentlich geschieht, spielt zunächst keine Rolle. Wir sind es selbst, die unseren *Lebensstil* mit den entsprechenden Handlungsmustern ausbilden und uns weiter formen.

Alfred Adler, der Begründer der Individualpsychologie, hat den Begriff *Lebensstil* geprägt. Dieser ist so zu verstehen wie der Stil einer künstlerischen Person, die an ihrer Eigenart des künstlerischen Schaffens unverwechselbar zu erkennen ist, auch wenn dieser Stil über die Lebensspanne hinweg weiter ausgeformt und verändert wird. Wir werden nicht einfach geprägt von den Umständen, die wir antreffen, sondern wir organisieren unseren Lebensstil selbst – in der Kindheit zunächst vor allem unbewusst als Antwort auf genetisches Erbe und Sozialisation. Alfred Adler schrieb zu Beginn des 20. Jahrhunderts über die Entwicklung des Kindes, dass *jeder Mensch Bild und Künstler zugleich* sei, *Künstler seiner eigenen Persönlichkeit,* wenn auch ein unvollkommener.[36]

Jeder Mensch entwickelt seinen Lebensstil, seine individuelle Gestalt zunächst in der Kindheit. Dieser Lebensstil ist die *subjektiv* bestmögliche Komposition, die er als Antwort auf seine genetischen Anlagen und seine Sozialisation ausbilden konnte. Diese individuelle Gestalt ist sein *Kunstwerk* als Basis und Herausforderung für den weiteren, nicht endenden Formungsprozess im Erwachsenenalter[37].

Der individuelle lebenslängliche Formungsprozess ist auch für Keleman ein schöpferisches, ein künstlerisches Tun, das im Erwachsenenalter mithilfe willentlicher muskulär-kortikaler Einflussnahme realisiert wird. Hier werden die Begriffe *schöpferisch* und *poetisch* Synonyme: *In diesem Sinne ist der Leib ein Gedicht unserer selbst mit der ganzen Weisheit, die wir unserem inneren Panorama entlocken.*«[38] Die menschliche Gestalt als *self poem* – dies ist eine poetische Formel für die menschliche leibhaft-ganzheitliche Selbstformung.

Wir haben die Möglichkeit eines ständigen Wachstums im Sinne einer Veränderung und Differenzierung des Repertoires, das unseren Lebensstil ausmacht. Dies ist unser leibhaftes Künstlertum.

Diese Dynamik unseres Künstlertums als *Selbstformung* kommt im folgenden Traum zum Ausdruck:

Anna ist 66 Jahre alt und künstlerisch tätig. Nach einer Krise erzählte sie mir folgenden Traum: »Ich habe einen großen Auftrag erhalten. Ich bin der Überzeugung, ich müsse für eine bedeutende Person einen besonderen Ring mit einem Diamanten machen. Da ich mir die Erfüllung der gestellten Aufgabe nicht allein zutraue, frage ich einen Goldschmiedekollegen, von dem ich weiß, dass er handwerklich-technisch äußerst kompetent ist. Wir reisen an den Wohnort des unbekannten Auftraggebers, um die Details zu besprechen. In der Stube auf dem Tisch liegen zwei Ringe. Ich bin ganz aufgeregt, und durch Unachtsamkeit wird der eine Ring vom Tisch gewischt. Er schlägt an den Heizkörper und landet auf dem Teppich. Ich sehe einen wunderschönen, schweren, satt goldgelb glänzenden Siegelring und denke: Einen so schönen Ring darf man doch nicht einfach wegwerfen. »Der Ring ist so schön, da kann ich gar keinen schöneren machen«, sage ich zum Auftraggeber. Ich nehme den zweiten Ring in die Hände und betrachte diesen. Es ist ein kunstvolles Gebilde in Form eines alten Burgturmes. Durch die Öffnungen kann ich ins Innere schauen. Da hat es bewegliche dreieckige Lamellen. Ich kann auch durch den Turm hindurchschauen, wenn die Lamellen den Blick freigaben. Das erforderte höchste mechanisch-technische Präzision, dass sich die Lamellen bewegen konnten, und ich überlegte: ›Das müsste ich meinem Kollegen zur Ausführung geben‹. Der Auftraggeber sagte mir, dies sei ein Ring, den ich vor Jahren gemacht hätte. Wenn das so ist, dann brauche ich den Goldschmied ja gar nicht, das kann ich ja offenbar selbst, überlegte ich.«

Als sie mit ihrer Erzählung fertig war, regte ich Anna an, die Haltung beim Anschauen des Rings noch einmal einzunehmen, die technische Präzision wahrzunehmen und sich die Worte des Auftraggebers zu vergegenwärtigen. Anna richtete sich langsam auf, in einer weichen Festigkeit. Ich gab ihr den Satz: »Ich bin die Künstlerin meiner selbst. Ich bin ein Unikat. Ich habe mich selbst geformt mit vielen Schichten.«

Anna zögerte. Sie hatte Mühe, diesen Satz zu sagen. Sie brauchte Zeit, ihre eigene »Lebens-Kunst« an sich zu nehmen. Es war für sie ein Wagnis, sich als Schöpferin ihrer eigenen Form zu verstehen. »Wenn ich das annehme, kann ich nie mehr zurück«, sagte sie, »dann wird es ernst.« Nach einer Weile weitete sie sich, und es war sichtbar, wie sie sich mit sich selbst, mit ihrer eigenen Lebendigkeit und Kreativität füllte. »Jetzt bin ich bei mir angekommen, bei mir daheim. Ich bin das Schmuckstück *und* die Künstlerin.«

Selbstgestaltung und Werkgestaltung entstammen beide demselben Grund. Poesie, künstlerische Gestaltung sind deshalb ebenso Ausdruck unserer ganzheitlichen Leibhaftigkeit wie umgekehrt unsere Selbstorganisation ein *poetischer* Akt ist.[39] Nicht Vererbung und Erfahrungen allein sind also die Gestaltgeber, sondern die »schöpferische Kraft«[40] des Menschen selbst.[41] *Der Künstler/die Künstlerin* ist jedoch nicht nur der Mensch selber, sondern in letzter Konsequenz der *lebendige organisierende Prozess* selbst.

Die Chance einer neuen Lebensphase: Reifung und Vertiefung

*Deine Erfahrung einzukörpern
bedeutet,
deine somatisch-emotionale Geschichte zu überschreiten.*

*Form zu haben
bedeutet, lebendig zu sein.
Jedoch in einer Form
fixiert zu bleiben
heißt, zu stagnieren.
Unsere Bestimmung ist es,
uns weiter zu formen.
Der formative Weg
besteht darin, sich
in den Zusammenhang einer größeren Ordnung zu stellen.*

*Das Geheimnis von Wandlung ist es,
Altes zurückzulassen
und den eigenen Weg zu gehen
mit dem Ziel der Reifung.*

Stanley Keleman

Im Folgenden werde ich einige wichtige Aspekte des von Stanley Keleman erarbeiteten Lebensphasen- und Reifekonzepts darstellen. Die Lebensphasen werden aus formativer Sicht als ein leibhafter oder somatisch-emotionaler Formungsprozess gesehen. Die formative Perspektive ist ein Engagement für einen lebenslangen Prozess von Wachstum und Selbstformung bis hin zur Gestaltung des Sterbens selbst.

Nimmt man die Auffassung, Entwicklung sei ein lebenslanger Prozess, ernst, wird das Leben zu einem herausfordernden Selbstgestaltungsabenteuer, das erst mit dem Tod sein Ende findet. Die meisten Menschen erleben Zeiten, in denen diese Prozesse von Neugier, Erregung, Freude und der Berührung mit dem eigenen kreativen Potenzial begleitet sind. Es gibt jedoch auch die anderen Phasen, in denen Herausforderungen zu Verletzungen werden können. Selbst dann – in Krisen – ist es wichtig, Chancen wahrzunehmen und zu ergreifen. Das kann sich anfühlen, als würde man ständig in unvorhersehbare Stromschnellen geraten und wüsste nie, ob und wie man wieder hinauskommt. Man sehnt sich nach ruhigeren Gewässern, nach Überschaubarkeit und dem Gefühl, die Kontrolle zu haben. Doch zu langes Verweilen in seichtem Gewässer erweckt vielleicht die Sehnsucht nach Herausforderungen und neuem Aufbruch.

Wir haben bereits gesehen, dass das Leben aus Wendezeiten besteht, dass Übergänge zu gestalten Wachstum bedeutet und einen Reifungsprozess mit sich bringt, der bis ins hohe Alter und bis zum Tod weitergeht. In jedem Stadium unseres Lebens sind wir zudem eingebettet in etwas Gewohntes und Vertrautes wie im Uterus, verlassen dann diese Sicherheit, durchlaufen ein Stadium von wenig Form und Gewissheit und kommen schließlich zu einem Stadium neuer Formwerdung und zum Einüben dieser Form. Wenn wir beispielsweise von einem Neugeborenen träumen, das wir wiegen und pflegen, nähren oder auch vernachlässigen, dann träumen wir meist von einer neuen Persönlichkeitsschicht, die in uns im Entstehen begriffen ist – einer Art *Neugeborenen-Form* in Bezug auf eine neue Phase unseres Lebens. Dasselbe gilt auch, wenn wir von einem Kind, von einer jugendlichen Person träumen. *Junge* geträumte Schichten sind diejenigen, die wir gerade dabei sind zu formen oder gerade neu geformt haben. Mit der realen gelebten Kindheit haben sie nichts zu tun, außer dass die Kindheit als Referenzpunkt für unsere Erfahrung herangezogen wird.

Stanley Keleman hat ein eigenes Lebensphasenkonzept entwickelt. Der Schwerpunkt seiner Forschungen in diesem Bereich liegt auf der mittleren Lebensphase, auf dem Übergang in die Reifephase und auf der differenzierten Darstellung der Reifephase selbst, die er als eine eigene Phase versteht und die nicht einfach mit Älterwerden gleichzusetzen ist. Eines der wichtigsten Statements in diesem Zusammenhang ist das folgende:

> Ein Erwachsener zu werden ist ein genetisches Versprechen, ein persönlicher, reifer Erwachsener zu werden braucht Arbeit.[42]

Keleman wird nicht müde, darauf hinzuweisen, dass wir Reife *erarbeiten* müssen, wenn wir ihrer teilhaft werden und nicht einfach altern wollen, und er hat dafür eine Methode entwickelt, die willentliches Selbstmanagement und Wachstum ermöglicht und unterstützt.[43] Die konkrete Darstellung folgt im vorletzten Abschnitt dieses Kapitels. Ich schildere nun kurz die verschiedenen Phasen und beleuchte anschließend deren Bedeutung für den Formungsprozess in der Reifephase.[44]

Kleine Kinder haben zunächst keine Differenzierung der drei Körperräume Bauch – Brust – Kopfraum. Ihre Zeichnungen zeigen das, was wir fälschlicherweise als *Kopffüßler* bezeichnen, denn es handelt sich um eine präzise Eigenwahrnehmung, in der es keine deutliche Trennung zwischen Kopf- und Brustraum und zwischen Brust- und Bauchraum gibt. Bei Jugendlichen findet sich eine zunehmende Unterscheidung von Kopf und Torso. Im frühen Erwachsenenalter nimmt die Differenzierung der Körperräume zu bis hin zur voll ausgeformten erwachsenen Form. Keleman nennt sie das Stadium der *Alpha-Erwachsenen*. Alpha-Erwachsene werden sie deshalb genannt, weil diese Phase das Zentrum der ersten Lebenshälfte ist und die Menschen hier die Aufgabe haben, sich im besten Fall in die Umgebungswelten ihres Lebens hineinzuverwirklichen.

Nun sind nicht nur die Körperräume voneinander unterschieden und die Taille voll ausgebildet, sondern diese senkt sich etwas ab. Der Schwerpunkt dieser verkörperten Haltung befindet sich im Brustraum, und die Qualität ist eine eher mesomorphe, das heißt handlungsbetonte und hat eine feste, rigide und auch kompakte Komponente. Von diesem Zentrum im Brustraum aus greifen Menschen der *Alpha-Phase* ins Leben aus, um sich in der Welt von Beruf, Partnerschaft, Familie und im weiteren Kreis der Gemeinschaft zu verwirklichen und zu bewähren. Die Bedeutung von *Alpha* ist deshalb ganz anders zu verstehen, als wir es sonst unter diesem Begriff zu verstehen gewohnt sind. In der Alpha-

Phase sind Menschen also generell auf Weltgestaltung, auf Handeln und Bewirken ausgerichtet. Mit der Zeit wird deutlich, dass die eigene Identität aus verschiedenen somatisch-emotionalen Schichten besteht, zwischen denen hin und her gewechselt werden kann: die leibhafte Organisation etwa der *Berufsfrau*, der *Mutter*, der *Geliebten*, der *Partnerin*. Analog ist dies bei Männern. Die eigene erwachsene Identität wird zunehmend eine vielschichtig verkörperte.[45] Das, was C. G. Jung die *Lebensmitte-Krise* nannte, gehört noch zur Phase der *Alpha-Erwachsenen*. Die Frage *Was will ich jetzt noch tun?* ist zentral.

In den Jahren nach 50 bahnt sich langsam ein nochmals anderer Übergang an. Träume kündigen ihn an – es geht oft um Sterbe- und Geburtsträume. Die meisten Geburtsträume finden sich in dieser Phase eines großen, allmählichen Übergangs, in dem eine neue Form, die des reifen Erwachsenen, ausgebildet werden will. Bei Frauen ist damit im Allgemeinen der Übergang ins Klimakterium verbunden.

Der Übergang bedeutet, dass die Körpermasse absinkt und der Schwerpunkt nun im Bauch-Becken-Raum liegt. Dieser Sinkprozess zeigt sich auch in entsprechenden Träumen. Es tauchen unter anderem Träume von tiefen Brunnen, die ergründet werden wollen, von Küchen, in denen Töpfe dampfen, von Höhlen und Seen in der Tiefe auf. Häufiger als in anderen Lebensphasen erscheinen auch Geburtsträume in den verschiedensten Ausformungen (vgl. den letzten Abschnitt dieses Kapitels), die wiederum das Erscheinen neuer Persönlichkeitsschichten ankündigen. Das Absinken in ein Leben von der endomorphen Eingeweideschicht her und das Poröserwerden sind von der Biologie zwar vorgesehen, können aber auch verpasst werden. Es geht darum, diese Durchlässigkeit und das Tiefersinken zu nutzen. Dies möchte ich mit folgendem Beispiel verdeutlichen:

Eine 60-jährige Frau träumte von Schnellzügen, die sie ständig verpasste. Der Drang, ihr Lebenstempo bewahren zu müssen, kam auch in ihrer Haltung zum Ausdruck. Schließlich fand sie sich in einem Bummelzug wieder, der gemütlich durch eine sonnige Landschaft fuhr. Die Frau seufzte tief und ließ sich aus ihrem Aktivitätsmuster langsam ins Becken hinuntersinken. »Hier ist gut sein«, meinte sie, »da bin ich im Kontakt mit all meiner Kreativität.« Aber dann meinte sie: »Ich will noch nicht immer im Bummelzug sitzen!« Beim Experimentieren merkte die Frau, dass sie sich von der »Bummelzug-Haltung« her ruhiger, sicherer nach außen bewegte. Abschließend meinte sie: »Ich bin zwar präsent, aber ich behalte eine wohltuende Distanz, die mir ermöglicht, mich nicht mehr im Außenbereich zu verausgaben und doch tätig zu sein.«

Diese Phase ist nicht mit Altern zu verwechseln, sondern ist eine eigene Phase, die Keleman als eine neue mögliche zwischen der Alpha-Phase und der Phase des eigentlichen Alters im formativen Prozess entdeckt und erforscht hat und als diejenige von *Vertiefung* und *Reife* bezeichnet.

»Reifen ist weder einfach ein normaler Begleitumstand des Erwachsenseins, noch ist es das Gleiche wie Altern. Vielmehr ist es das Formen eines besonderen Stadiums des Lebens und eines besonderen Lebensstils mit einer eigenen Art von Vitalität und eigenem Ausdruck.«[46]

Unsere gesellschaftlichen Vorstellungen bieten kein solches Konzept an, sondern orientieren sich ausschließlich an der Alpha-Phase und definieren Älterwerden vor allem als Wenigerwerden. Wohl auch deshalb haben Menschen über fünfzig viel weniger Chancen, im Berufsfeld noch einen neuen Platz zu bekommen. Viele Menschen haben deshalb für die Zeit, die auf die mittlere Lebensphase folgt, auch keine erfüllende Vision mehr. Sie werden von Vorstellungen über den eigenen physischen Verfall gequält, *der Schmerz bringen wird, emotionales Leiden, Demütigung, Abhängigkeit oder den Verlust des Status. Am meisten aber fürchten wir die Unfähigkeit, unser Verhalten oder die Umstände zu beeinflussen.*[47] Vergeblich klammern sich viele Menschen dann an der Alpha-Phase fest, reißen sich nach oben und versteifen oder verdichten sich, um sich vor dem Tiefersinken in die Eingeweideschicht und vor dem Poröserwerden zu schützen. So glauben sie, den gesellschaftlichen Werten, die sich an der Alpha-Phase orientieren, doch noch entsprechen zu können. Doch der Preis ist hoch, denn wenn die Reife nicht geformt und gelebt wird, können *Verlust und Depression die Folge sein*.[48]

Keleman stellt das Formen der Reife mit der Fähigkeit zu willentlicher Einflussnahme als ein Antidot gegen Hilflosigkeit anschaulich dar[49] und schreibt: *»Das Hauptmerkmal von Reife ist das Auftauchen eines verlangsamten Herzschlags mit einer vertieften Amplitude, die eine stetige Präsenz ausdrückt und nicht so sehr die Vorbereitung für schnelles Handeln. Der Stoffwechsel verlangsamt sich und das Soma (Leib) wird poröser und formbarer, einschließender – (…) und empfänglicher. Wenn unsere verkörperte Form weicher wird und mit weniger harten Muskeln, dann wird die Reaktionszeit langsamer. Verlangsamt sich unsere Erfahrung, nimmt die Porosität zu. Das Geschenk der Porosität ist die Fähigkeit, Erfahrung zu kosten und zu genießen. Wir fließen eher wie ein mäandernder Strom als in Erregungssturzbächen. Somatisch reif zu sein bedeute eher eine Bassgeige zu sein als eine Trompete (…).«*[50]

Es findet also eine kontinuierliche Veränderung der Erregungsmuster statt, die uns unsere Lebendigkeit spüren lassen. Die Pulsation wird langsamer, indem die Amplitude der Schwingungen größer und die Frequenz meist kleiner wird. *Diese Erregung bekommt deshalb ein rhythmischeres und sanfteres Ebbe-Flut-Muster*[51]. Der Schlüssel für ein vitales und erfüllendes Leben auch in den späteren Lebensphasen liegt im bewussten Aufnehmen und Ausbreitenlassen dieser Erregungsmuster. So können wir diese Prozesse nutzen, um zu reifen, statt vorzeitig zu altern, und wir vermögen selbst das höhere Alter als lebendigen Gestaltungsprozess zu formen, indem wir unsere Verhaltensmuster weiter differenzieren und immer feiner abstimmen und die zunehmende Durchlässigkeit nicht als Bedrohung aus unserem Innern erfahren, sondern ihr mehr Raum geben. Der Reifeprozess erfordert eine kontinuierliche Zusammenarbeit zwischen dem, was gegeben ist, und dem, was wir daraus willentlich formen.

Die intensive kortikale Aktivität zur Planung der Zukunft und Entwicklung, die detaillierte motorische Spezialisierung zur Behauptung in der Welt vermindern sich zugunsten der Feinabstimmung unseres Verhaltens. Die Gegenwart vertieft sich, die Zukunft verkürzt sich. Die reife Gestalt ist das Auftauchen einer veränderten Präsenz. Keleman benutzte als Veranschaulichung dieser Veränderung ein Video von Frank

Sinatra, in dem er den Song *I did it my way* gesungen hat. Wenn er von seinen früheren Zeiten sprach, waren seine Gesten pointiert und zielgerichtet. Sang er jedoch von der Zeit seines jetzigen, späteren Lebens, waren sie runder und eher einschließend. Dabei zeigten diese Gesten nur das, was sich in der ganzen Person am Formen war. Die reife Gestalt hat – wenn wir uns darauf einlassen – *eine allgemeine Wärme und Zuneigung, ein Wohlwollen, das einer weiteren Perspektive zu verdanken ist*.[52] Diese einschließende und umfangende Qualität bringt uns näher zu Freunden und geliebten Menschen. Vom tiefen somatischen Selbst kommt ein inneres Orakel, Intuition genannt. *Dieses innere Flüstern verwandelt die unpersönliche biologische Gestalt in eine persönliche Stimme*[53].

Der Weg in die Reife und das Formen der reifen, erwachsenen Gestalt brauchen willentliches Selbstmanagement, Selbstregulation und Wachstum. Keleman hat dafür eine eigene Methode entwickelt, die ich später skizzieren werde. Sie erlaubt es, sich selbst im Sinne von *Empowerment* zu ermutigen[54]. Das wachsende reife Selbst wird uns nicht geschenkt, sondern es braucht viel Übung, es zu formen. Ein wichtiger Weg dazu ist die formative Methode.

Wir haben die Wahl, vom Leben und damit auch vom Älterwerden gelebt zu werden oder auf uns selbst Einfluss zu nehmen und den Prozess von Reifung und Vertiefung zu gestalten.

An den Schluss dieses Abschnitts möchte ich einen Ausschnitt aus der Arbeit mit einer 59-jährigen Frau, die ich Lea nenne, stellen, in der dieser Formungsprozess zum Ausdruck kommt:

Am Ende einer Sitzung erzählte sie den folgenden Traum: »Ich fahre in einem langen Zug, der ziemlich besetzt ist und in mein Heimattal unterwegs ist. Ich gehe durch den Zug und suche einen Platz für mich. Alle Sitze in Fahrtrichtung sind schon besetzt. Für einen anderen Platz kann ich mich nicht entscheiden und bewege mich durch den ganzen Zug. Während ich so gehe, sehe ich wunderbare Landschaften draußen – so wie in meinem Heimattal. Ich gehe bis nach vorn und drehe dann um.« Ich frage Lea nach ihrer Resonanz auf den Traum: »Ich bin auf Reisen und genieße die Schönheiten der Natur, die ich durch das Fenster sehen kann. Sie schaut ein wenig aus wie zu Hause.« Ich sehe ein zartes Lächeln auf Leas Gesicht, sie ist berührt. Nach einer Pause sagt sie weiter: »Einfach sein ... langsam sein.«

In der nächsten Stunde sagte Lea, sie befinde sich in einer Phase des Abschiedes. Eben hatte sie nach 25 Jahren eine Arbeitsstelle verlassen. Sie ist zunächst ziemlich ambivalent und sagt dann in entwertendem Ton: »Was habe ich schon mit meinem Leben gemacht – ich konnte ja nicht einmal eine Familie haben.« Nach einer Weile jedoch konnte sie zu sich und zu mir sagen: »Ich habe mein Bestes gegeben. Ja, das ist wahr!« Dann sagte sie leise: »Und ich liebe die Menschen. Wenn ich das sage, fühle ich eine ganz feine Zärtlichkeit und eine Leichtigkeit in mir.« Lea braucht lange Zeit, sich mit dieser Qualität zu füllen, sich zu weiten und aufzurichten.

Nach einem kurzen Gespräch bitte ich Lea nun, die Haltung vom Schluss des Reisetraumes einzunehmen. Sie tut es und sagt dann: »Außen bin ich ganz ruhig, und innen spüre ich ein sanftes Pulsieren – das ist ungewohnt und macht mich etwas unsicher.« Lea schweigt lange und sagt dann: »Nun kommt ein Impuls: *So, aber jetzt!*« Während Lea dies sagt, gibt sie sich unwillkürlich ein wenig mehr Spannung und meint dann lächelnd: »Ich habe immer noch viel Spielraum. Ich bin jetzt etwas unternehmungslustig, und es macht Freude.« Als ich sie bitte, die leibhafte Organisation etwas zu intensivieren, zieht sie sich mit einem heftigen Ruck nach oben, ballt die Fäuste und versteift sich. Ich sehe, wie sie jetzt die gewohnte Haltung ihrer Alpha-Phase einnimmt und ihre mesomorphe Handlungsqualität in den Vordergrund bringt. Dies ist ihr vertraut. Die Botschaft, die sie sich gibt, heißt: »So, aber jetzt, Meitli (Mädchen)!« Das ist eine Art Stimme, die sie aus ihrer Kindheit kennt. Ich bitte Lea, dieses Muster ein wenig zu halten. Lea meint: »So bin ich einfach die Brave, die alles tut und leistet, was sie muss oder glaubt zu müssen. Ich muss mir ganz viel Mühe geben, und ich kenne das!« Dann geht es darum, dieses Muster ganz wenig und sorgfältig abzubauen. »Ich fühle mich immer noch unter Druck – da ist dieses *Ich muss.*« Lea reduziert das Muster noch ein wenig und noch ein wenig, wird weicher und durchlässiger: »Jetzt bin ich wieder bei der Leichtigkeit. Ich fühle mich prickelnd lebendig und unternehmungslustig, aber ich muss nicht vorwärtsstürmen und leisten.« Sie bleibt eine Weile so und lässt sich noch ein wenig sinken, ohne die Aufrechte aufzugeben, wie sie es beim ersten Mal tat. »Jetzt bin ich erneut die *Reisende*, die Abschied nimmt vom Bisherigen und ruhig wird. Ich bin einfach da, offen für alles in mir und um mich.« Jetzt sitzt Lea in einer empfangenden Haltung mit offenen Händen da. Dann gibt sie sich wieder etwas mehr Festigkeit: »So, aber jetzt«, sagt sie lachend. »jetzt bin ich wieder so munter und unternehmungslustig wie eben – nur nicht so tough. In dieser Haltung muss ich nichts mehr um jeden Preis durchziehen.« Lea macht für einen Moment Fäuste, um die angesprochene Haltung zu verdeutlichen. »Behalte die Fäuste und schau, wie du darauf reagierst.« – »Jetzt bin ich ein wenig tough.« – »Wie ist das?« – »Ach, ich kenne das, aber ich möchte zurück zu mehr Weichheit.« – »Kannst du diese ein wenig toughe Schicht für dich brauchen?« – »Doch schon, aber sie ist nun nicht mehr so wichtig, obwohl ich mich sehr über sie definiert habe. Sie tritt immer mehr in den Hintergrund. Ich baue sie oft ab. Doch bis jetzt bin ich dann ein wenig eingesunken und fühlte mich irgendwie hilflos und weniger wert. Doch jetzt habe ich erfahren, wie ich mich viel feiner regulieren kann.« Lea schweigt lange und kehrt in die weichere und sanft unternehmungslustige Haltung zurück. »Wer ist das?«, frage ich. »Das ist die reife Lea«, antwortet sie leise. »Es ist stimmig, aber noch so neu, so ungewohnt, wie die Reisende auch.«

Nun hat sich Lea eine Wahl zwischen verschiedenen Schichten ihrer Person erarbeitet, mindestens zwischen der *Reisenden* im Übergang, der *Reifen*, die ein von tiefer her kommendes und weicheres Handeln verkörpern kann, und derjenigen, die einen Anflug von *Toughsein* organisiert, und derjenigen, *die alles durchzieht*. Die neuen Schichten kann sie weiter differenzieren, um eine vieldimensionale, reife Person zu formen.

Lea geht nochmals durch die verschiedenen Schichten durch, um sie sich einzuprägen, wiederholbar zu machen und weiter zu üben. Am Schluss öffnet sie wieder die Hände und sagt nach einer Pause: »Ich spüre, wie Wärme und Zärtlichkeit für mich aufsteigen.«

Lea ist auf dem Weg in die Phase von Reife und Vertiefung. Die Haltung der Alpha-Phase wird weniger wichtig, tritt allmählich in den Hintergrund, und die weichere, porösere Qualität beginnt sich anzudeuten. Auch der

Prozess des Tiefersinkens und In-sich-Ankommens zeigt sich. Lea kann eine Intimität mit sich selbst und mit anderen Menschen formen und mit mehr Durchlässigkeit fähig werden, *Erfahrung zu kosten und zu genießen*[55], wie es im Traum zum Ausdruck kommt.

Von Autobahnen im Hirn und Rennpferden mit Scheuklappen – über das Üben

Ich schiebe nun einen Abschnitt ein, der sich mit dem Üben allgemein befasst. Wir sind es heute gewohnt, Veränderungen möglichst schnell und mühelos zu erreichen, quasi per Mausklick. Doch dies funktioniert so nicht und ist letztlich auch nicht wünschenswert, da wir uns auch mit den Auswirkungen unserer Veränderungen auseinandersetzen müssen. Was ist, wenn wir beispielsweise stärker in Erscheinung treten? Können wir dann damit leben, dass wir auch gesehen werden? Veränderungen brauchen viel Zeit und bringen meist auch eine Wandlung der Art, wie wir uns verstehen und wie wir die Wirkung unserer Veränderungen aufnehmen. Lassen wir uns auf das Üben ein und geben wir uns genügend Zeit, dessen Wirkungen in unserem eigenen Innern und von außen aufzunehmen? Denn nur das Einüben neuer Verhaltensnuancen ermöglicht uns eine Wahl in konkreten Situationen. So erweitern wir unser Verhaltensrepertoire und vertiefen den inneren Reichtum.

Autobiografie in fünf Kapiteln

1.
Ich gehe die Straße entlang.
Da ist ein tiefes Loch im Gehsteig.
Ich falle hinein.
Ich bin verloren ... Ich bin ohne Hoffnung.
Es ist nicht meine Schuld.
Es dauert endlos, wieder herauszukommen.

2.
Ich gehe dieselbe Straße entlang.
Da ist ein tiefes Loch im Gehsteig.
Ich tue so, als sähe ich es nicht.
Ich falle wieder hinein.
Ich kann nicht glauben, schon wieder am gleichen Ort zu sein.
Aber es ist nicht meine Schuld.
Immer noch dauert es sehr lange, herauszukommen.

3.
Ich gehe dieselbe Straße entlang.
Da ist ein tiefes Loch im Gehsteig.
Ich sehe es.
Ich falle immer noch hinein… aus Gewohnheit.
Meine Augen sind offen.
Ich weiß, wo ich bin.
Es ist meine eigene Schuld.
Ich komme sofort heraus.

4.
Ich gehe dieselbe Straße entlang.
Da ist ein tiefes Loch im Gehsteig.
Ich gehe darum herum.

5.
Ich gehe eine andere Straße.

Sogyal Rinpoche[56]

Veränderungen, Entwicklung, Wachstum als Herausforderung gehören zu unserem Leben. Wenn wir während der letzten Lebensphasen gelernt haben, dass Veränderung im Sinne von Selbstmanagement und Selbstgestaltung fruchtbar ist und uns weiterbringt, wird es uns auch leichter fallen, neue Veränderungen zu wagen. In den späteren Lebensphasen können wir frühere Erfahrungen im Sinne von Ermutigung, von Empowerment nutzen. Wir können auf diese Weise eine Qualität von Wachstumszuversicht aufbauen. Wenn wir sie immer wieder nutzen, wächst dadurch auch diese Zuversicht weiter. Das ist die Chance der späteren Jahre.

Unser Verhalten können wir nicht auf die Schnelle nachhaltig mit Tricks und Rezepten verändern, denn unser Verhalten zu beeinflussen und uns zu entwickeln braucht Zeit und Übung. Wir brauchen beides: Mut zu Entwicklung, Geduld und eine realistische Sicht, wie Veränderung möglich ist. Wenn wir immer wieder unwillkürlich die gewohnten Verhaltensweisen wiederholen, automatisieren wir sie. Das ist nützlich und wichtig, um schnell reagieren zu können. Doch wenn wir immer dasselbe wiederholen und nicht willentlich differenzieren lernen, können wir uns auch nicht weiterentwickeln, wie dies der Neurobiologe Gerald Hüther pointiert mithilfe eines Bildes ausdrückt:

»Viel Erfolg gehört zum Schlimmsten, was einem im Leben passieren kann. Wer immer wieder mit der gleichen Strategie erfolgreich vorankommt, der wird am Ende einem Rennpferd immer ähnlicher, einem Rennpferd, das sich selbst die Scheuklappen immer fester überzieht. Er sieht immer weniger von dem, was rechts und links von ihm passiert, merkt nicht, wie sich die Rennstrecke allmählich verändert oder dass ihm jemand einen Knüppel in den Weg legt.«[57]

Es kommt also darauf an, unser eigenes Verhalten zu differenzieren, damit wir es situationsangemessen einsetzen können. Und dennoch halten wir immer wieder am Altgewohnten fest – es ist uns wenigstens vertraut – und wir gebrauchen Automatismen wie auf einer Renn- oder Autobahn. Nun greife ich auf den Text *Autobiografie in fünf Kapiteln* zurück. Vielleicht wünscht man sich, alte Verhaltensmuster einfach *loszuwerden*, so als könne man sie abschütteln; was aber nicht gelingen kann, da unser Gehirn anders funktioniert und es nicht um das Loswerden, sondern um das Differenzieren eines Musters geht. Das eigene Verhalten wird immer noch begründet, gerechtfertigt, obwohl man in einer Sackgasse gelandet ist. Übertragen wir dies auf das Beispiel des Mannes, den ich Hannes nenne und der immer wieder in dasselbe Loch im Gehsteig fällt. Dies ist ein plastisches Bild für automatisiertes Verhalten, das nicht mehr auf konkrete Situationen bezogen ist – ebenso wie das Bild vom Rennpferd mit den Scheuklappen.

Dies braucht uns nicht zu entmutigen, denn es hilft uns, die eigenen Automatismen zu erkennen und uns auf ein zunehmendes Selbstmanagement einzulassen. In der vorliegenden Geschichte gibt es verschiedene Möglichkeiten, die sich verallgemeinern lassen:

- Ich erwarte von mir selber, dass ich nie mehr ins Loch fallen werde: »Ich habe es ja eingesehen, dass da ein Loch ist!«
- Ich sage zu mir: »Da kann doch gar kein Loch sein – da war nie eines« – und ich falle wieder hinein.
- Ich beklage mich über diejenigen, die das Loch gemacht haben.
- Wenn ich wieder hineinfalle, bin ich völlig entmutigt, entwerte mich selbst und verliere den Mut.
- Ich resigniere, bleibe zu Hause und bewege mich nicht mehr, um dieser Gefahr nicht mehr begegnen zu müssen.

Was macht der Mann Hannes in unserer Geschichte? Er fällt immer wieder in dieselbe Grube. Da denkt jemand vielleicht: *Er hat es doch eingesehen, und was man eingesehen hat, kann man doch verändern!* Wir wissen heute jedoch, dass Einsicht allein nicht genügt, um uns zu verändern. Es braucht mehr. Wie oft denkt jemand: *Ich weiß, dass dieses Verhalten in diesem Moment, in dieser konkreten Situation oder in der neuen Lebensphase nicht mehr wirklich passt* – und findet sich bei der nächsten Gelegenheit in demselben Verhalten wieder. Warum? *Aus Gewohnheit,* findet der Mann heraus, der offenbar kein weiteres Verhaltensrepertoire zur Verfügung hat. Da ist dieser Autopilot, dieses unwillkürliche Verhalten, das die Führung übernimmt. Was können wir tun?

Beim Bewältigen einer Herausforderung handelt es sich um das, was wir »Empowerment« nennen, und das Üben und Lernen geben Hoffnung und Mut sowie Vertrauen zu sich selbst. In unserer Geschichte findet Hannes sich zunehmend zurecht, ohne automatisch in die alten Gewohnheiten zurückzufallen. Damit gibt er sich mit der Zeit *eine Wahl.* Er erkennt die Signale, die ihn unwillkürlich ins gewohnte Verhalten führen würden. Nun kann er zwischen verschiedenen Verhaltensmöglichkeiten wählen und einen neuen Weg finden. Die Grube bedeutet also nicht das Verhalten an sich, sondern die Unfähigkeit, darauf Einfluss zu nehmen.

Auf diese Weise können wir das Erarbeiten neuen Verhaltens beschreiben:

- Ich falle immer wieder in alte Muster, zunächst einfach unwillkürlich.
- Die Einsicht, dass ich mich beeinflussen könnte, ist der erste Schritt.
- Ich falle trotzdem immer wieder automatisch in gewohnte Muster zurück, ohne wählen zu können, aber der Bezug dazu ändert sich.
- Dann übe ich, das automatisierte Verhalten zu beeinflussen, indem ich innehalte, Verhaltensmöglichkeiten einübe und mir dadurch eine Wahl gebe.
- Mit dem Üben bilde ich schließlich ein differenzierteres Verhaltensrepertoire aus.

Durch unablässiges Üben kommen wir – wie dies die Geschichte zeigt – zu neuen Möglichkeiten, zwischen denen wir zu wählen vermögen.

In unserer Kindheit bilden wir Lebensmuster aus, die wir immer automatischer praktizieren. Doch die große Frage ist, *wie* wir sie beeinflussen können. Hier führen zunächst die Erkenntnisse der Neurobiologie weiter, wie sie etwa in den Veröffentlichungen von Gerald Hüther dargestellt werden. Im Laufe der Evolution sind die Verschaltungen im Gehirn remodellierbar, veränderbar geworden. Dafür brauchen wir nach Hüther die Alarmreaktionen, die immer wieder im Leben dafür sorgen, »*dass zunächst zwar richtige, sich später aber als Sackgassen erweisende Verschaltungen aufgelöst und neue Wege eingeschlagen werden können*«[58]. Wenn wir dieselben Verhaltensweisen immer wiederholen, weil sie erfolgreich sind, werden die Verschaltungen im Hirn immer solider. Hüther und andere brauchen dafür das Bild von *Autobahnen im Hirn*, die ursprünglich bei den ersten Versuchen nur holprige Feldwege sind und dann, mit den Wiederholungen, zu gut ausgebauten Straßen und schließlich zu Autobahnen für den Informationsfluss werden. Das ist so lange sinnvoll, wie wir wählen können.[59] Nochmals: Die Autobahnen im Hirn sind bequem und schnell, und es fahren auch *viele hier entlang, selbst dann, wenn sie gar nicht dorthin wollen, wohin sie führt.*[60] Doch wenn wir neue Nuancen ausprobieren, entstehen durch Üben neue Synapsen, d. h. neue Schaltstellen und damit neue neuronale Verbindungen. Damit bilden wir Wahlmöglichkeiten aus. Oder in der Geschichte von Hannes: Er kann die Grube umgehen oder eine andere Straße – ein anders nuanciertes Verhalten – wählen, das für eine bestimmte Situation oder einen sich verändernden Lebenskontext oder eine neue Lebensphase adäquat ist.

Je öfter wir neue Verhaltensmöglichkeiten einüben, desto mehr neue Bahnungen und Verknüpfungen entstehen in unserem Hirn und lassen unser Verhalten reicher und erfüllender werden. Und doch: Dies ist nur die halbe Wahrheit. Es geht nicht nur um unser Gehirn, sondern auch um die leibhafte Dimension, um den Dialog zwischen Gehirn und Körper, wie der folgende Abschnitt zeigen wird.

Wachstum kennt keine Pensionierung – das eigene Leben in die Hand nehmen

Kehren wir nun zum Wachstum in der Reifephase zurück, das im vorletzten Kapitel dargestellt wurde, und zur Frage, was wir dafür tun können. Zunächst besteht unser lebenslanger Prozess darin, unser Verhalten zu beeinflussen. Das ist ein entscheidender Paradigmenwechsel in der Gestaltung unseres Lebens: Denn wir können auch, wie schon dargestellt, von dem, was von innen und von außen kommt, *gelebt werden* und erleben uns dann *als Opfer* unserer Befindlichkeit. *Es geschieht mir* ist die generelle Aussage für diese Grundhaltung. Auf diese Weise »geschehen« uns dann auch die Veränderungen, die wir als Älter- und Altwerden bezeichnen.

Doch wie gelingt es uns konkret, auf uns selbst Einfluss zu nehmen, indem wir unser Verhalten beeinflussen, es regulieren, reorganisieren, differenzieren und damit die Möglichkeiten für Selbstmanagement und Wachstum erlernen? Die von der somatischen Ebene ausgehende *Wie-Methode* von Stanley Keleman bietet uns eine hilfreiche Möglichkeit an. Die von der somatischen Ebene ausgehende Methode nutzt die angeborene Funktion, *innezuhalten*. Da unsere gewohnten Verhaltensmuster so blitzschnell ablaufen, dass sie unserer willentlichen Einflussnahme entzogen sind, muss der Organisationsprozess von Verhaltensmustern verlangsamt werden, damit wir überhaupt Einfluss auf ihn gewinnen können.

Wenn wir beispielsweise gelernt haben, uns immer automatisch klein zu machen, zu schrumpfen, werden wir dies ständig wieder tun – unwillkürlich, blitzartig, ohne uns dessen bewusst zu sein. Wir finden uns im entsprechenden Verhalten wieder, ohne zu erkennen, wie wir hineingeraten sind. Oft erleben wir uns dann als *Opfer* unser selbst: *Die Angst überfällt mich! – Ich gerate in Panik. – Die Freude überschwemmt mich!* Die Passivität der Formulierungen fällt auf und zeigt, dass es sich um einen unwillkürlichen Ablauf handelt. Auch die Einsicht, dass ich mich klein mache, und der Vorsatz, es beim nächsten Mal anders zu machen, helfen nicht. Wir erleben: Unser generalisiertes Muster hat uns im Griff, und es holt uns ein. Und doch geht es darum, unser automatisches, unwillkürliches Verhalten, beeinflussen zu können. Wenn wir den Lebensstil als eine leibhaft-ganzheitliche Dynamik verstehen, ist es wichtig, die leibhaften, unwillkürlich ablaufenden Muster zu beeinflussen, da sie – im Hirn kartografiert und gespeichert – in Sekundenbruchteilen aufgerufen werden, zusammen mit den entsprechenden emotionalen und mentalen Reaktionen, die eine Feedbackschleife im Hirn sind.

Meist bemerken wir unwillkürliches Verhalten gar nicht als solches. Die formative Methode erlaubt es jedoch, solche Verhaltensmuster aufzugreifen, zu *verlangsamen* und *schrittweise auf- und abzubauen*. So können wir diesen Prozess als somatische Inspiration nutzen, dies etwa, wenn wir sagen: *Ich habe mich entschlossen,* und dabei unsere Hände mit einer bestimmenden, festen Geste begleiten. Diese Geste kann uns helfen, die Entschlossenheit nicht nur als Idee zu behandeln, sondern unmittelbar zu verkörpern und zu beeinflussen.

Ich greife nochmals die Frage auf: *Was können wir tun, vor allem, wenn wir ein Verhalten jahrzehntelang eingeübt haben und es immer wieder – ob wir wollen oder nicht – auf dieselbe automatische Weise aufgreifen?* Dies möchte ich anhand eines Beispiels einer Frau gegen sechzig zeigen. Sie erzählt mir, dass sie ein Verhalten hat, an dem sie zunehmend leidet.

»Ich ertappe mich immer wieder dabei, dass ich meine Person gar nicht ins Spiel bringen kann, obwohl ich das Bedürfnis dazu habe. Ich habe es doch nicht mehr nötig, mich zu verstecken – schließlich habe ich ein Leben gelebt, zu dem ich eigentlich stehen kann.«

Ich rege die Frau, die ich Klara nenne, an, die körperliche Haltung des Sich-Versteckens einzunehmen. Sie sagt dazu: »Wenn ich mich klein zu machen beginne, kann ich in diesem Moment innehalten und im Muster verharren. Ich nehme wahr, was ich tue – zum Beispiel bemerke ich, wie ich automatisch die Schultern nach vorn ziehe, die Brust einsinken lasse, den Kopf und damit den Blick senke.« (Schritt 1)

Dieses »Einfrieren« der Haltung ist hilfreich, um einen ersten Zugang zu dem zu finden, *was* wir machen. Dies reicht jedoch nicht aus, sondern ist nur der erste Schritt. Es geht zusätzlich darum, das Haltungsmuster zu beeinflussen, indem wir es langsam und schrittweise intensivieren, verstärken. Wir neigen meist dazu, das Muster ganz schnell »loslassen« oder korrigieren zu wollen, doch diese Reaktion funktioniert nicht – wir würden sofort wieder ins gewohnte unwillkürliche Verhalten zurückfallen. Erst die schrittweise Verlangsamung und die Intensivierung zusammen ermöglichen es, den Aufbau und die Dynamik des Musters wahrzunehmen und dann zu beeinflussen. Im schrittweisen Verstärken erleben wir nacheinander verschiedene Erfahrungsschichten und spüren im Intensivieren die Vertiefung des entsprechenden Verhaltensmusters:

»Ich entdecke mit dem Verstärken, wie ich mich immer kleiner mache und auch den Kopf und den Blick senke. Ich ziehe mich immer mehr in mich hinein, schrumpfe mehr und mehr – wahrscheinlich, um nicht gesehen zu werden.

Und ich verliere meine Umgebung völlig aus dem Blick. Ich möchte jedoch in Erscheinung treten und zu mir stehen zu können.«

So beginnen wir wahrzunehmen, *wie* wir ein bestimmtes Muster aufbauen. Jetzt können wir uns als aktiv teilnehmende Autoren oder Autorinnen unseres Selbstgestaltungsprozesses zu verstehen und zu erfahren beginnen. Wenn wir einmal verstanden haben, wie wir unsere leibhafte Organisation etwa von *klein machen* aufbauen, wird es meist auch möglich, sie wieder schrittweise abzubauen und damit zu modifizieren, zu dosieren, zu differenzieren:

»Ich entdecke, dass ich damit beginnen kann, die Brust etwas weniger einsinken zu lassen, das Brustbein anzuheben. Gleichzeitig senken sich die Schultern automatisch etwas, und ich beginne, meinen Kopf etwas anzuheben. Ich bin nun etwas weniger klein. Nach einem Innehalten kann ich das alte Muster noch etwas abbauen, bin nun noch weniger geschrumpft, sondern etwas größer und damit auch sichtbarer. Daran muss ich mich erst gewöhnen. Kann ich noch etwas weiter gehen? Ich richte mich sachte auf und mein Blick bekommt mehr Weite. Ich spüre Wärme und ein Pulsieren. Ich habe mich nach einem weiteren Schritt zu meiner vollen Größe aufgerichtet. Nun muss ich mir etwas mehr Form geben, damit ich mich nicht zu sehr ausgestellt fühle. Das ist nicht einfach. Ich neige dazu, mich wieder ein wenig zusammenzuziehen. Nach einigem Üben gelingt es mir besser. (Schritt 2/3)

Ich kann diese Übung immer wiederholen, um auch im Alltag wahrzunehmen, wenn ich die alte Haltung wieder einnehme. Dann kann ich sie mir nochmals verdeutlichen und vielleicht in einer für mich schwierigen Situation ein wenig reduzieren. Das ist ein erster Einfluss, den ich auf mich haben kann, wenn ich am Üben dranbleibe. Vielleicht kann ich es mit der Zeit noch weiter abbauen und damit das Muster regulieren von mehr zu weniger und von weniger zu mehr, wenn ich es brauche.«

In einer solchen Arbeit lässt sich ein Verhaltensmuster durch Üben so weit beeinflussen, dass wir es allmählich zu regulieren und zu dosieren vermögen. Doch Regulieren ist nur eine Möglichkeit. Wenn wir nach dem Abbauen des Verhaltensmusters warten, auf uns selber warten, initiieren wir vielleicht einen Prozess, den wir im Bild einer Inkubation oder Schwangerschaft fassen können. Wir warten auf uns, auf eine neue Persönlichkeitsschicht, die in uns bereit ist und auftauchen kann (Schritt 4). Die Frau in unserem Beispiel macht die Erfahrung, dass eine neue Qualität zum Vorschein kommt – die eines weichen Stolzes:

»Oh, das ist eine ungewohnter Zustand, fast ein wenig fremd. Bin ich das? Es tauchen eine Art Stimmen von früher auf, die mir sagen: ›Sei nicht so eingebildet, sei bescheiden!‹ Und doch bin ich neugierig auf mich. Wie wird es werden? Es ist so ungewohnt und macht ein wenig Angst, ist ein Risiko. Ich freue mich aber darauf, mit diesem Stolz in meinem Alltag zu experimentieren. Doch ich bin mir bewusst, dass ich dafür Zeit und Einübung brauche (Schritt 5). Ich weiß, dass ich für dieses Risiko bereit bin, denn in meiner Lebensphase ist es Zeit dafür!«

Die anhand des Beispiels charakterisierten Schritte lassen sich nach Keleman folgendermaßen darstellen:

Die fünf Schritte des WIE[61]
Der Ablauf des WIE geschieht in fünf erkennbaren Schritten, die durch folgende Fragen identifizierbar sind:

- 1. Was mache ich?
  Wie bin ich jetzt da?

- 2. Wie mache ich es?
  Verstärken der verkörperten Haltung Schritt für Schritt

- 3. Wie höre ich damit auf?
  Schrittweises Abbauen der aufgebauten Haltung

- 4. Was geschieht, wenn ich damit aufhöre?
  Inkubation – was will werden?
  Was für eine neue Persönlichkeitsschicht taucht auf?

⇢ 5. Wie wende ich das an, was ich gelernt habe?
Wie nehme ich die neue Schicht in meinen Alltag, um sie einzuüben und mit ihr vertraut zu werden?

Erst die Verlangsamung und die schrittweise Intensivierung und deren Abbauen zusammen ermöglichen es, den Aufbau und die Dynamik des Verhaltens wahrzunehmen und dann zu verändern, da diese Verhaltensmuster mit den entsprechenden emotionalen Qualitäten und Geschichten, die wir uns unwillkürlich erzählen, verbunden sind. Im verlangsamten Verstärken und Abbauen in sehr kleinen, abgemessenen Schritten und einem Innehalten zwischen diesen kleinen Schritten bilden wir neue Erfahrungsschichten innerhalb eines bestimmten Verhaltens, wie *sich klein machen,* in unserem Beispiel aus. Dadurch kann die Frau Verhaltensschichten entwickeln, die ihrer Lebensphase angemessener sind und mehr Durchlässigkeit zulassen. Diese vermag sie nun eher so zu leben, dass sie auf eine persönliche Weise sich selber und andere empfangen kann.

Auf diese Weise können wir uns als aktiv teilnehmende Autoren und Autorinnen unseres Selbstgestaltungsprozesses zu verstehen beginnen. Wir geben uns – wie schon betont – eine Wahl. Wir können in bestimmten Situationen zum bisherigen Verhalten zurückkehren und auch versuchen, die neu sich bildende Form oder Persönlichkeitsschicht – hier den weichen Stolz – einzuüben – immer wieder, damit sie uns schließlich zu einer vertrauten wird. In jedem Moment unseres Alltagslebens können wir uns fragen: *Wie bin ich jetzt da?,* um mit der Organisation von Dasein in Kontakt zu kommen und unsere Präsenz zu beeinflussen. So können wir als *Autoren,* als *Künstlerinnen* aktiv und bewusst an unserem eigenen Gestaltungsprozess teilnehmen, weiterwachsen und immer wieder neue Persönlichkeitsschichten in diese Welt hinein verkörpern. Jeder Mensch kann so lernen, seine angeborenen und erworbenen Verhaltensmuster zu beeinflussen, um vor allem im späteren Leben eine reiche Palette an Schichten zu formen. Dazu Keleman:

Wir werden als individuelle Unikate geboren, und wenn wir am formativen Prozess teilnehmen und uns weiter formen, werden wir bis zum

Ende unseres Lebens immer mehr zu persönlichen Unikaten, weil es niemand anderen gibt, der sich genau gleich geformt und differenziert hat.[62]

Dazu möchte ich ein weiteres Beispiel geben:

Als ich mit einem über 67-jährigen Psychologen am Thema Präsenz in der Begleitung von Menschen in Beratung und Therapie arbeitete, geriet er sofort in ein Alarmmuster, um sich – wie er sagte – nichts entgehen zu lassen und sich zu beweisen, dass er noch immer kompetent genug sei. Er verdichtete sich, um die von ihm erwartete Kompetenz zu verkörpern und dem Sinkprozess und der Durchlässigkeit, die zu seiner Lebensphase gehörten, zu widerstehen.

Im Laufe des Prozesses gelang es ihm, das Alarmmuster stufenweise abzubauen. Ich sah, dass Peter, wie ich den Mann nenne, in eine empfangende Haltung von Präsenz überging. Er war von ihr selber sehr berührt und sagte: »Ich bin mit mir in einem sehr nahen Kontakt. Von hier aus verändert sich meine Beziehung auch zu meinen Klienten und Klientinnen.« Er schwieg lange und meinte dann: »Mein Dasein ist jetzt wirklich ein empfangendes MitSein. Mein innerer Horizont weitet sich, und ich kann mehr an menschlichem Schicksal fassen und halten als bisher ... Ich bin dankbar, Menschen noch diese neue und erweiterte Art von Präsenz schenken zu dürfen.«

Die Frage *Wie bin ich jetzt da?* lässt sich in jeder Situation anwenden. Ob wir nun warten, Unsicherheit verspüren, eifersüchtig sind, uns beeilen, Abschied nehmen, geben und empfangen – immer lässt sich die Frage stellen: *Was tue ich jetzt und wie tue ich es?,* und nicht in erster Linie: *Was fühle ich?* So können wir in den verschiedensten Lebenssituationen differenzierter auf uns einwirken, um zu reifen.

Es braucht eine gewisse Zeit, bis wir uns daran gewöhnen, vor allem auf die leibhafte Organisation eines Verhaltens zu fokussieren und nicht in erster Linie auf die Gefühle, Bilder, Erinnerungen und Gedanken, welche die leibhafte Organisation begleiten.

Wenn wir uns verpflichten, uns zu »empowern«, indem wir unsere somatische Form beeinflussen, wenn wir lernen, muskuläre, neuronale und emotionale Muster zu desorganisieren, die nicht länger nützlich sind, und wenn wir uns aktiv daran beteiligen, Formen und Verhaltensmuster neu zu organisieren, die für unser Alter angemessen sind, dann lassen wir eine Zukunft wachsen. Willentlicher Einfluss wird dann die Basis von Hoffnung und Optimismus.[63]

Ich möchte nun ein weiteres Beispiel anführen, um das Gesagte zu illustrieren:

Eine 67-jährige Frau suchte mich auf und erzählte mir zunächst folgende Geschichte, die ihr inneres Dilemma zum Ausdruck brachte: »Bis vor zwei Jahren habe ich in meinem Beruf als Körpertherapeutin gearbeitet, dann gab ich den Beruf auf, weil ich dem Stress nicht mehr gewachsen war – vor allem dem Druck so vieler Weiterbildungen. Ich habe es eigentlich nicht bereut, doch ich hatte den Eindruck, mich als Pensionierte nicht mehr so breit machen zu dürfen.« Während sie sprach, sah ich, wie Vera sich zusammenzog. Sie sprach weiter: »Ich gab sehr viel von meinem Besitz weg und zog in eine kleine Wohnung, die ich dann für angemessen hielt. Doch ich bin da sehr unglücklich und finde wegen des Lärms keine Ruhe. Die Wahrheit ist: Ich habe mich aufs Abstellgleis gestellt! Ich ergreife jede Gelegenheit, wegzugehen und mich nützlich zu machen, vor allem in meiner Familie. Ich war immer sehr tüchtig.« Vera hielt an ihrer Tüchtigkeit fest – als Körperorganisation schützte diese sie vor der zunehmenden Durchlässigkeit und dem Abnehmen der Muskelmasse. Etwas später äußerte sie: »In meiner Herkunftsfamilie galt das Motto: ›Zuerst die Arbeit und dann das Vergnügen!‹ Ich strenge mich noch immer an.« Während sie sprach, sah ich, wie sie sich weiter zusammenzog, unter Druck setzte. Nach einer Pause fügte Vera hinzu: »Ich war immer so beherrscht, und nun bin ich so irritierbar. Manchmal kommen mir einfach die Tränen ...« Es wurde immer deutlicher, wie sich Vera gegen ihre eigene Porosität wehrte, indem sie sich kompakt machte, zusammenzog.

Ich bat Vera nun, dieses Muster einen kleinen Schritt zu verstärken. Sie tat es und sagte dann: »Jetzt bin ich beherrscht. So kenne ich mich. Ich bin tüchtig und unverwundbar. Aber lange halte ich das nicht aus.« Ich bat Vera nun, das Kompaktmachen ein klein wenig abzubauen. Sie tat es und schwieg dann eine Weile. Anschließend sagte sie: »Noch immer muss ich beweisen, dass ich noch zu gebrauchen bin – ich will nicht einfach zum alten Eisen gehören. Ich habe mich schon genug dafür bestraft, weniger leisten zu können als vorher.« Während sie sprach, baute sie das Muster unwillkürlich wieder auf, um sich gegen ihre eigene Bewegtheit zu schützen. Dennoch ließ sie sich wieder darauf ein, den Druck auf sich selbst schrittweise zu verringern, hielt dann inne und schwieg eine Weile. Dann meinte sie: »Jetzt wallt etwas in mir auf, so eine Bewegung und Wärme.« Dabei wurden ihre Augen feucht – sie war berührt von sich selbst. Nach einer Weile sagte sie: »Ich muss nicht mehr alles im Griff haben. Es wächst eine Art Zuversicht in mir und der Satz kommt: *Es gibt sich schon!* Und nach einer Weile: ›Ich habe so viel gearbeitet, doch jetzt darf ich mir vielleicht etwas gönnen.‹« Vera sagte es sehr zögerlich. Dann wartete sie und nahm diese Worte in sich auf. Ich sah, wie Vera sich etwas weitete und sagte: »Jetzt kommt so ein seltsamer Satz in mir auf: *Ich darf mir Raum nehmen.* Das ist schön.«

Allmählich lernte auch Vera, sich weniger gegen ihre eigene Durchlässigkeit zu schützen und sie auch zu genießen: »Es ist eigentlich auch schön, älter zu sein, wenn man das schätzen kann, was diese Phase anzubieten hat, und weiß, wie man mit sich selbst in ihr umgehen kann. Ich habe nicht mehr die Vorstellung, mich wie eine jüngere Frau verhalten zu müssen, *ich bin eine gute ältere und reife Frau.*«

Diese Schilderung bringt zum Ausdruck, dass der Prozess, der mit dem Durchlässigerwerden verbunden ist, oft als bedrohlich empfunden wird. Personen versuchen dann oft, die zunehmende Porosität und die Abnahme der Muskelmasse, der Beweglichkeit und Stärke durch Rigidität und Kompaktheit wettzumachen, die versucht, die verlorene Stabilität zu kompensieren und Schutz vor der eigenen inneren Bewegung zu geben. Die instinktive Reaktion sich nach innen zu ziehen und zusammenzukauern schränkt unsere Fähigkeit, eine neue Form zu organisieren und in neuer Weise auf sich verändernde Lebensumstände zu reagieren, ein.[64]

Neu eingeübte Verhaltensweisen schaffen auch *neue motorische Erinnerungen*. Diese Denkweise ist ungewohnt, da wir *Erinnerungen* meist mit visuellen Bildern identifizieren. Doch wenn wir auf die geschilderte Weise mit unseren Verhaltensmustern üben, sie schrittweise regulieren, differenzieren und reorganisieren, schaffen wir neue Verhaltensschichten, die wir in unserem Gehirn kartografieren und später von dort wieder aufrufen können. Neue Erinnerungen sind also vor allem neue im Hirn gespeicherte Verhaltensschichten mit entsprechenden Gefühlen, Bildern und Gedanken, die sie begleiten mögen und die wir in entsprechenden Situationen nutzen können. Die emotionale Sprache unseres Gehirns ist eine körperliche.[65]

Im lebenslangen Formungsprozess wollen immer wieder neue Schichten unserer Persönlichkeit ins Leben hineingebildet werden – Schichten, die vielleicht lange in uns warten, um von uns wahrgenommen und willentlich leibhaft organisiert zu werden.

Ich schließe diesen Abschnitt mit einem letzten Zitat von Keleman ab:

> Zu reifen heißt, uns willentlich zu formen, empowered und optimistisch zu sein, ein vielfältig geschichtetes und reiches persönliches Leben zu leben, das für unser Alter angemessen ist, und es heißt, das Geschenk des Selbst-Formens anderen anzubieten. Das ist die Verheißung der Reife.[66]

Neue Persönlichkeitsschichten ins Leben gebären – Träume als Wegweiser

> *Sag' Poete, sag' Prophete, was bedeutet dieser Traum ...«*
> J. W. Goethe[67]

Träume haben die Menschheit seit je fasziniert. In alten Kulturen wurden sie als Botschaften der Götter verstanden, und in vielen psychologischen Schulen wird der Symbolgehalt von Träumen ergründet, um sich selbst besser verstehen zu können.

Träume sind flüchtige Gebilde. Wir mögen Bruchstücke erinnern, vielleicht eine Szene oder nur die Stimmung beim Aufwachen. Oder wir haben eine klare Erinnerung unmittelbar nach dem Traum, dann aber entschwindet er *wie etwa ein Gegenstand, der tief ins Wasser hinuntersinkt*. Wenn wir aufwachen, versuchen wir, diese flüchtigen Gebilde in erzählbare Geschichten zu überführen. *Zuerst geschah dies, dann folgte das ...* Diese Geschichten sind eine Rekonstruktion des Traums im Wachzustand, um dessen Dynamik im Gedächtnis behalten und für uns selber als Träumende verfügbar und kommunizierbar zu machen. Vielleicht schreiben wir den Traum sogar auf, um uns weiter mit dem Geträumten auseinanderzusetzen und ihm etwas für unser Leben abzugewinnen.

Wir können von der Geschichte des Traumes ausgehen, die eine Folge von Handlungen in Bildern darstellt sowie zugehörige Stimmungen und Gefühle vermittelt. Die Folge der Bilder kann als symbolische Botschaft unserer Seele verstanden werden, die es zu entschlüsseln gilt. Oder es ist eine Art Flaschenpost unserer unbewussten Dynamik, wie sie nach Maßgabe der jeweiligen psychologischen Schule interpretiert wird.

Wir können beispielsweise unsere gegenwärtigen lebensstiltypischen Verhaltensmuster träumen – und Träume sparen nicht mit drastischen Überhöhungen, die uns im Gedächtnis bleiben. Es ist oft ein spannender Dialog zwischen unserer Tages- und unserer Nachtexistenz, zwischen Traum und Wachen.

Zu ihrem lebensstiltypischen Verhalten träumte eine Frau, die sich stets die Verantwortung für alle und alles auflud, den folgenden Traum:

Ich ziehe mein Auto an einem Strick hinter mir her – anstatt in ihm zu fahren. Die Frau lächelte, als sie diesen Traum erzählte. Sie musste nicht lange herumrätseln. »O je«, sagte sie, »so kenne ich mich – ich mache nicht nur alles, was ich von mir verlange und was andere von mir wollen. Das ist schon zu viel und völlig überverantwortlich. Ich schlage auch noch alle Hilfen aus und lade mir noch viel mehr auf als nötig. Besser kann ich es nicht ausdrücken als in diesem Traum, der mich natürlich auch ärgert, weil er so penetrant mein Muster darstellt. Im Traum war es ganz selbstverständlich, aber beim Aufwachen musste ich lachen und habe mich gleichzeitig geärgert. Doch der Traum hat mir eine Lektion erteilt, die ich nicht so schnell vergessen werde!«

Alfred Adler – Zeitgenosse von Freud und Jung – richtete sein Augenmerk vor allem auf die Gefühle, welche die Trauminhalte begleiten – Freude, Unsicherheit, Verzweiflung –, als Botschaft an die Träumenden, wie im eben geschilderten Beispiel. Wie die Kindheitserinnerungen, die wir erinnern, bringen sie Aspekte des Lebensstils zum Ausdruck. Dieses *Aha, das bin ja ich* mag uns weiterhelfen und eine Reflexion über die habituellen Muster initiieren.

Wenn wir nicht auf unsere Träume achten, können sie auch immer aufdringlicher werden – sei es als Wiederholungsträume oder als Träume, die auf ein bestimmtes wichtiges Thema fokussieren mit der Botschaft: *Wenn du nicht auf mich hörst, werde ich immer krasser und zwinge dich, deine Aufmerksamkeit auf mich zu richten.* Dies zeigt, dass Träume nicht von unserem alltäglichen Leben abgehoben sind, sondern uns mit der Nase immer wieder darauf stoßen, bis wir die Botschaft ernst nehmen – auch wenn sie sich zunächst in einer für uns befremdlichen Bildersprache ausdrücken. Doch manchmal sind sie auch unmittelbar verständlich. Das heißt im zitierten Beispiel: *Kannst du endlich wahrnehmen, wie absurd dein Verhalten eigentlich ist, wenn du dir immer alle Verantwortung auflädst?* Es gibt also einen eigentlichen Dialog zwischen einem Traum und der alltäglichen Realität unserer Verhaltensmuster. Wie penetrant Träume zu sein vermögen, zeigt sich auch darin, dass sie die Botschaften mit Variationen im selben Traum oder in Traumsequenzen wiederholen und zuspitzen. So können wir die Träume als unermüdliche Stimmen, als eine Art Wächter und Mahner aus unserer unbewussten Schicht verstehen oder als Botschaft einer neuen Lebensschicht, die Gestalt annehmen will.

Ich brauche oft noch ein anderes Bild, um die Dynamik von Träumen zu verdeutlichen: Wir sind unsere eigenen *Traumregisseure und -regisseurinnen.* Wir laden gewisse Figuren ein, unser inneres Drama auszudrücken, und leihen sie uns aus unserem Alltag oder aus früheren Zeiten, um uns die Botschaft zu vermitteln, die jetzt wichtig ist. Wir können uns fragen, warum und wozu wir gerade *diese* Personen und Situationen ausgewählt haben. Was wollten wir uns damit vermitteln? Außer unseren gewohnten Mustern zeigen wir uns neue, noch nicht gelebte Möglichkeiten oder Varianten auf und können diese auch als Wegweiser im eigenen Wachstumsprozess verstehen.

Ein Mann träumte, dass er einem Widersacher begegnete, der alle seine Kräfte einsetzte, um ihn zu besiegen. Dieser war von einem unglaublichen Imponiergehabe getrieben. Der Träumende legte sich zunächst mit ihm an, um dann zu beschließen, ihm nur mit seiner Präsenz Widerstand zu bieten. Er erlebte, dass er ihn dadurch in die Flucht trieb.

Als seinen Widersacher wählte er in seinem Traum unbewusst eine Person aus seinem beruflichen Umfeld aus. Er lieh sich diese Person aus, um sich das äußere und innere Drama zu illustrieren. Der Mann erkannte, dass er gegenüber auf Macht bedachten Personen immer wieder reagierte, indem er sich auf einen Machtkampf einließ, den er manchmal gewann und dann auch wieder nicht. Schließlich erkannte er, dass sich dieses Drama auch in seinem Innern abspielte.

Es gab in diesem Mann eine Seite, die immer kampfbereit war. Und er realisierte, dass er diese Kampfsituation vielleicht auch bewältigen konnte, indem er seine Präsenz mit der Qualität einsetzte, wie er sie geträumt hatte. Bisher war er nicht im Kontakt mit dieser seiner mächtigen Präsenz gewesen, doch sie kam ihm aus dem Traum entgegen, damit er diese an sich nehme und sich mit ihr identifiziere und sie auch verkörpere. Dies konnte er tun, indem er den Mann, der er im Traum war, leibhaft imitierte und ihn dadurch in seinem alltäglichen Leben einsetzen und nutzen konnte.

Die formative Sicht von Stanley Keleman fokussiert vor allem darauf, einzelne Traumfiguren zu wählen und zu verkörpern. Das ist hilfreich, weil jede Traumfigur eine Schicht unserer Person ist und damit Ausdruck unserer vielschichtigen Selbstbewegung. Wenn wir die Haltung einer Traumfigur zudem weiter variieren, differenzieren, erweitern wir das Repertoire unserer Verhaltensmöglichkeiten. Zudem zeigen uns Träume auch, welche Personschichten dabei sind, sich neu formen zu wollen, und nur darauf warten, dass wir sie aufnehmen und in unser

Leben bringen. Dies ist in den späteren Lebensphasen von besonderer Bedeutung und eine Chance, unsere Möglichkeiten auf der Basis unseres bisher gelebten Lebens nochmals zu erweitern und zu vertiefen.

Träume sind flüchtige Gebilde – sie tauchen auf und vergehen. Die meisten unserer Träume vergessen wir wieder, oder wir erinnern uns an den Zustand beim Aufwachen – und dieser Moment gehört noch zum Traum: *Ich war wie gelähmt – Eine große Ruhe war in mir.* Träume sind unser ganzheitliches Wissen, eine Botschaft aus unserem inneren Formungsprozess.

Träume kündigen oft auch einen Übergang an und zeigen uns eine neue Perspektive:

Ich bin zunächst auf einem Schiff, das in Kriegswirren verstrickt ist. Dann komme ich an Land – nach Neuseeland, wo ein neues Haus für mich bereitsteht.

Dies sind die sogenannten Initialträume, welche die *Geburt* einer neuen Persönlichkeitsschicht ankündigen. Träume sind auch eine Art persönliche Mythen. Dabei ist jede träumende Person ihr eigener Traumregisseur und benutzt Figuren für den Traum, die geeignet sind, die eigene innere Dynamik zum Ausdruck zu bringen, seien dies Verwandte, Freunde, Unbekannte oder selbst Tiere. Im Traum inszenieren wir den Dialog zwischen verschiedenen Schichten unser selbst. Zum Teil identifizieren wir uns mit ihnen, sie sind ich, oder wir lagern sie aus in andere Traumfiguren, von denen wir uns distanzieren, mit denen wir noch nichts zu tun haben wollen, die aber darauf warten, als Schichten von uns selber angenommen und verkörpert zu werden.[68]

Wie können wir Träumen Dauer verleihen und sie für uns nutzen? Wir können zu diesen Schichten Assoziationen entwickeln und versuchen, die Traumgeschichte zu interpretieren, ihre Bedeutung zu erfassen, zum Beispiel: *Aha, ich mache es wie im Traum. Statt mein Auto anzuhalten, fahre ich mit platten Reifen weiter – ich übergehe meine Ermüdungssignale und bin so im Burn-out gelandet.* Eine weitere Möglichkeit besteht – wie eben dargestellt – darin, die Figuren eines

Traumes nicht nur zu interpretieren, sondern sie zu *verkörpern*, ihnen eine leibhafte Realität und damit Dauer zu verleihen. Diese Methode vermag neue Aspekte zu eröffnen, die durch Interpretation allein nicht berührt werden können: Wir können die Traumfiguren als Anweisung für unsere Selbstgestaltung nutzen und schließlich in unser konkretes Leben einbeziehen. Etwa: Wie ist es, wenn ich die Haltung des Chefs, meiner Freundin, meines Kindes, einer unbekannten und befremdlichen Person, die Gestik einer Figur einnehme? Was erfahre ich dadurch über meine Lebensmuster und die neuen Perspektiven, die sich auftun?

Im reifen und späten Erwachsenenalter ist es besonders hilfreich, auf die eigenen Träume zu achten, um mit ihrer Hilfe ein erfüllendes Leben zu gestalten. Der Sinkprozess im eigenen Körper in der Reifephase spiegelt sich in Bildern und Prozessen der Träume. Da ist die Sicht auf tiefe Brunnen, auf Kellergewölbe, die sich auftun und neue Räume freigeben, auf Türen, die im eigenen Haus plötzlich entdeckt werden, auf Seen, die in der Tiefe liegen, auf sinkende Schiffe, auf dampfende Küchen; da ist das Erleben von Sinken, Fallen, Auf-und-nieder-Schweben, da sind die Motive von kostbarem Geschmeide, das die Person entdeckt und an sich nehmen kann. Und da sind die Geburtsträume, die zeigen, dass eine neue Persönlichkeitsschicht ins Leben gerufen werden möchte und vielleicht nur darauf wartet, aufgenommen zu werden. Dies ist das Stirb und Werde, das Wandlung ausmacht.

Auch dazu möchte ich ein Beispiel geben:

Eine Frau gegen 60 erzählt folgenden Traum:
»Ich befinde mich in einem schlossartigen Gebäude. Im großen Raum sind viele Kerzen. Ich lösche alle Kerzen ganz sorgsam und halte meine Hand jeweils hinter die Kerze, damit das Wachs nicht spritzt. Mein Vater schläft im Nebenraum.«

Ich rege die Frau an, die Geste, die sie beim Löschen der Kerzen machte, aufzunehmen. Sie steht auf und versetzt sich in die Situation. Es ist eine ganz sorgfältige, zärtliche Geste, die sie organisiert. Ich bitte sie, diese Geste zu verlangsamen. Sie ist ganz versunken in das, was sie tut, und sagt dann: »Ich bin berührt. Es ist eine intime Geste.« Durch das Verkörpern dieses entscheidenden Moments ihres Traumes lernt diese Frau, wie sie sich selbst berühren, mit sich eine intime Beziehung formen kann. Anschließend meint sie: »Ich will den Ballast aus meinem Leben nicht hinwerfen, sondern liebevoll ablegen und die neue Frau, die ich jetzt wahrnehme, berühren, für sie sorgen.

Auf diese Weise lassen sich Träume als eine Art Gebrauchsanweisungen im Prozess von Selbstregulation und Selbstformung nutzen. Dazu ein weiteres Beispiel:

Ulla ist 63 Jahre alt, eine sehr aktive Frau. Es wird deutlich, dass sie sich in einer Wandlungsphase befindet. Sie bereitet sich auf ihre Pensionierung vor und setzt sich mit weiteren Perspektiven – auch privaten – auseinander. Sie hat folgende Träume:
»Ich befinde mich mit einem kleinen Kind unter der Erde in einer Art Gallertschicht. Das Kind ist nahe bei mir und ganz zuversichtlich. Ich weiß, dass das Kind eine Aufgabe erfüllen muss, weiß aber nicht, welche. Dann kommen wir durch einen Erdschlitz hinaus ins Freie! Ich spüre, dass das Kind seine Aufgabe erfüllt hat.«
»Ich bin in einem Flugzeug. Dieses fliegt durch eine Art Gallertkorridor und kommt dann auf der anderen Seite wieder heraus.«
Wir nehmen den Moment auf, als Ulla ins Freie kommt. Sie richtet sich auf, weitet sich, fühlt sich warm und voll werden und ist zutiefst dankbar, dass »es« gelungen ist. Ich sehe, dass Ulla dabei ist, die Geburt einer neuen Persönlichkeitsschicht zu vollziehen.

In Übergangsträumen ist – wie schon geschildert – ein Kind sehr oft eine neue persönliche Schicht, die ins eigene Leben hineingeboren werden will.

Auch den Sinkprozess im Übergang zur Reifephase möchte ich anhand eines Beispiels schildern:

Christa, eine Frau gegen 60, Künstlerin, kommt zu mir in Therapie.

Gegen Ende der Stunde, sagt sie überraschend: »Eigentlich habe ich ein Thema, das ich kaum auszusprechen wage. Es heißt: *Ich bestimme über mein Leben!* Das ist aber eher vermessen.« Und doch kommt der Satz ohne Zögern aus ihr heraus und lässt eine Entschlossenheit ahnen, die Christa kurz ausdrückt, aber dann gleich von ihrer Körperhaltung her wieder zurücknimmt. Ich sage zu ihr: »Das ist ein gutes Thema.« Dieser Satz ist wie ein Kompass für die folgenden Stunden, in denen wir mit Träumen arbeiten. Die hinter allem stehende Frage, die Christa so nicht stellen kann, heißt: *Was für eine Person bin ich dabei, aus mir heraus zu formen?* Schritt für Schritt findet sie den Mut zu Selbstbestimmtheit, zu einem persönlichen Lebensentwurf. In diesem Zusammenhang hat Christa einen Traum, der diesen Prozess zeigt:

»Ich wohne in einem Dorf und fahre mit dem Auto nach Baden. Ich erfahre, dass Baden im Umbau und nicht wiederzuerkennen ist. Ich solle nicht erschrecken. Auch unterwegs sind viel Schlamm und Wasser. Auf dem Weg sehe ich auf der linken Seite einen Bauernhof. Da beginnt dieser Bauernhof zu sinken wie die Titanic im Film – richtet sich auf und sinkt dann langsam in die Tiefe. Ich sehe zu. Dann fahre ich weiter, steige dann vor einer Unterführung aus. Es hat viel Schlamm. Ich habe blaue Schuhe an, die nicht ganz für diesen Boden passen, aber es macht mir kein Unbehagen. Ich weiß, dass ich durch diese Unterführung gehen muss – es ist selbstverständlich für mich. Der Höhepunkt des Traumes ist das Sinken des Bauernhofs. Es ist nicht schrecklich, sondern faszinierend, majestätisch und ganz langsam.«

Wir kehren nach einem längeren Gespräch zum langsamen, würdevollen Sinken des Schiffes zurück. Ich bitte Christa, aufzustehen und mit einer Geste das Sinken ihres »Körperschiffes« zu vollziehen. Zunächst geht sie einfach in die Knie und droht zu kollabieren. Ich bitte sie, nicht so stark in die Knie zu gehen und mit den Armen das Sinken zu formen. Sie hält nun die Hände nahe gegeneinander und führt sie ganz langsam nach unten bis auf Beckenhöhe. Dann dreht sie die Hände so, dass die Handinnenflächen zur Decke schauen, die Finger weich gekrümmt sind und eine empfangende Geste bilden. Sie hält die Hände dort und gibt ihnen etwas Form. Dann sagt sie auf meine Frage, wie sie sich fühle: »Ich bin irgendwie tief in mir drin angekommen wie das Schiff im Meer. Das gibt mir eine neue Art von Sicherheit.«

Es wird deutlich, dass dieser Traum auch das Sinken des reifen Erwachsenen zum Ausdruck bringt. Ab dem Alter von 50 Jahren beginnt unsere Körpermasse und damit der Körperschwerpunkt zu sinken. Wir können uns versteifen und nach oben ziehen, um diesem Sinken zu widerstehen, oder wir können kollabieren. Oder wir können – wie das Schiff im Traum – uns langsam hinunterbegeben in eine neue Art »somatischer Heimat«. Dies ist das große Thema von Christa. Deshalb hat sie auch keine Angst vor der »Unterführung«.

In der Folge sagt Christa, sie habe sich immer an einer alten Geschichte festgehalten. »Ich konnte und durfte nie gut sein. Jetzt habe ich die Chance auf eine neue Geschichte.«

Wenn wir auf die geschilderte Weise mit unseren Träumen Kontakt aufnehmen, haben wir die Chance, unseren eigenen formenden Prozess zu fördern und unsere Reife zu gestalten.

Entwicklungsprobleme und Lebenskrisen bewältigen

Wir wissen heute aufgrund neurobiologischer Forschungen, dass wir durch die Neuroplastizität des Gehirns zu lebenslanger Entwicklung fähig sind. Persönlichkeitsentwicklung bedeutet, sich immer wieder auf Wachstum einzulassen, Wandlung zu wagen. Dazu braucht es das Entdecken, Aufnehmen und Aktivieren der eigenen Ressourcen, das Stärken von Selbstvertrauen, Selbstwertgefühl und Eigenverantwortlichkeit sowie das Fördern von Kreativität und eigenem Potenzial.

Vor allem ist die Fähigkeit zu Selbstmanagement und Selbstregulation im Entwicklungsprozess von Bedeutung. Es geht dabei um die Entscheidung, einen Paradigmenwechsel zu wagen. Wir haben die Wahl, entweder von unseren automatisierten, unwillkürlichen Verhaltensweisen gelebt zu werden oder zu lernen, auf uns selbst, auf unser Verhalten, unsere Lebensgestaltung Einfluss zu gewinnen. Dies bedeutet, unsere angeborenen und erworbenen Verhaltensmuster zu regulieren, zu differenzieren, umzugestalten und situations- sowie personenbezogen einzusetzen und damit ein Repertoire an beeinflussbaren Verhaltensmustern auszubilden.

Je nach Lebensalter sind wir in den verschiedenen Lebensphasen des Erwachsenenalters mit unterschiedlichen Herausforderungen und Chancen konfrontiert. In jedem individuellen Leben verbinden sich lebensphasenbezogene Themen mit individuellen und mit historischen Gegebenheiten innerhalb einer bestimmten Gesellschaft

Im jungen Erwachsenenalter geht es darum, sich in die Welt hinaus zu entwerfen, eine Lebensvision zu entwickeln, sich für eine Berufsausbildung zu entscheiden und dann diesen Beruf allmählich auszufüllen. Beziehungen werden erprobt und erste Partnerschaften eingegangen, manchmal bereits mit einer Vision von Familie. Es sind meist die Jahre zwischen 25 und 35 Jahren, in denen Frauen und Männer einen vorläufigen Lebensentwurf realisiert haben und ihn weiterführen, umgestalten oder gegen die Lebensmitte hin sich nochmals neu besinnen. Um die Lebensmitte herum geht es oft um Bilanz und vielleicht um neue Lebensvisionen. Dabei geht es um Fragen wie:

- Was habe ich bisher gelebt? – Wie war es?
- Wie viel Eigenes habe ich gelebt, und wie viel habe ich mich fremdbestimmen lassen?
- Wie sehr habe ich die Muster meiner Familie oder der Gesellschaft gelebt? War das alles? – Was habe ich verpasst?

Viele Menschen wollen sich nun mit ihren Verhaltensmustern auseinandersetzen, weil sie sich auf eine neue Weise auf ihre Geschichte beziehen möchten oder sich in einer massiven Lebenskrise befinden. Manche sind in einer negativen Lebensbilanz gefangen. Dann geht es darum, dass sie in Kontakt mit ihren Ressourcen kommen und ihre verkörperten Muster umgestalten. Von daher können sie auch eine neue Geschichte ihres bisherigen Lebens entwerfen, die eine Chance auf den Entwurf einer positiven Zukunftsperspektive beinhaltet.

Zwischen etwa 50 und 60 Jahren findet der Übergang zum reifen oder *vertieften Erwachsenen* statt. Das *Sein* bekommt mehr Gewicht als das *Tun* im Sinne von Leistung, Erfolg und Karriere. Viele der bisherigen Themen finden sich auch jetzt wieder, vor allem die immer wichtiger werdenden Fragen:

- Wer bin ich, und wer möchte ich noch werden? – Was für Persönlichkeitsschichten möchte ich noch aus mir heraus formen?
- Was macht Sinn für mein Leben?
- Wie verkörpere ich mich angesichts meiner Vergänglichkeit?

Viele Menschen fürchten sich vor dem Älterwerden, weil sie nur negative Bilder von diesem Prozess haben und sich ihm hilflos ausgeliefert fühlen. Sie versuchen vielleicht, ihn – vergeblich – zu stoppen. Die einen verfestigen sich in einer Art Kampfbereitschaft, andere werden hilflos oder resignieren. Dies alles sind verkörperte Stressmuster als Antwort auf den Prozess des Älterwerdens.

Die Chance in den späteren Lebensphasen besteht darin, die Herausforderungen als einen Prozess der Reifung zu leben. Es geht darum, die letzten Jahre im Beruf auf befriedigende Weise zu gestalten, den Übergang ins Rentenalter vorzubereiten oder eine Form zu finden, um danach eine adäquate und erfüllende Gestaltung von Lebensqualitäten zu finden. Auch die private Lebensgestalt mit ihren vielschichtigen Beziehungen will umgewandelt werden.[69]

Persönlichkeitsentwicklung ist ein lebenslanger multidimensionaler Prozess. Die einzelnen Entwicklungsschritte finden in kleineren und größeren Transitionen statt. Diese sind Chancen und Herausforderungen für Wachstum, deren Bewältigung Mut und Wachstumszuversicht gibt.

Einige dieser Übergänge bemerken wir kaum, andere sind so schwierig, dass sie kaum zu bewältigen scheinen und zu tiefen Krisen führen, die jedoch meist auch eine Chance darstellen, das Leben umzuformen und neu zu gestalten. Wichtig ist das Vertrauen auf all die Kompetenzen und Ressourcen, die in den früheren Lebensphasen gewonnen werden konnten.

Entwicklungsprobleme entstehen, wenn eine Person die nötigen Bewältigungsstrategien (noch) nicht erworben hat oder wenn sie grundsätzlich Mühe mit Veränderungen oder mit einer bestimmten Phase einer Wende hat – etwa aufgrund früherer Erfahrungen, die etwa besagen: *Jede Veränderung ist gefährlich – also vermeide ich sie.* Doch wenn wir versuchen, den Entwicklungsprozess aufzuhalten, werden wir von den äußeren Gegebenheiten oder von unseren unwillkürlichen Mustern gelebt. Gerade in späteren Lebensjahren ist der Mut zu Veränderungen auch das Versprechen, noch Qualitäten zu leben, die bis jetzt keinen Raum hatten, um zur Entfaltung zu kommen. Das eigene Repertoire will vertieft, differenziert und neue Verhaltensmöglichkeiten und Sichtweisen wollen gefunden werden. Vielleicht geht es auch darum, bisherige ererbte und erworbene Verhaltens- und Lebensmuster umzugestalten. Manche Menschen brauchen deshalb in gewissen Übergängen eine Unterstützung, um herauszufinden, wie sie *diesen* konkreten Übergang, diesen Entwicklungs- und Wachstumsschritt bewältigen können. Und zuletzt können wir spätestens jetzt die Fähigkeit, uns Hilfe zu holen, einüben, denn dies ist auch eine Vorbereitung auf das Alter. Vielleicht wird dieses später mit sich bringen, dass andere Menschen uns ihren Körper ausleihen; doch die Fähigkeit der Selbstgestaltung im Sinne der Herausformung neuer Persönlichkeitsschichten bleibt auch dann noch bestehen und damit auch die Chance von Freiheit im Alter. So können wir die Schätze aus dem bisher gelebten Leben heben und als Ernte einbringen und uns darauf besinnen, welche neuen Qualitäten wir für die eigene Zukunft benötigen.

Wendezeiten und Übergänge werden vor allem dann krisenhaft, wenn eine tief greifende Lebensänderung ansteht und die bisherigen Lebensstrategien nicht mehr hilfreich sind, wenn kein entsprechendes Repertoire an Bewältigungsstrategien zur Verfügung steht, weil vielleicht über eine längere Lebenszeit hin Wachstumsschritte vernachlässigt wurden. Oft stellt sich irgendwann heraus, dass anstehende Wachstumsschritte verpasst worden sind, vor allem dann, wenn bisher scheinbar alles gleichsam rund lief. Wenn dann unvorhergesehene einschneidende Ereignisse dazukommen – etwa eine Trennung, der Tod einer nahen Bezugsperson oder Schwierigkeiten im Beruf, wenn eine Wende ansteht, macht sich das Verpasste bemerkbar. In diesem Fall braucht es oft eine *Wachstumsbegleitung* – vielleicht auch durch eine Fachperson.

Umfassende Lebenskrisen sind oft tief greifende Übergangsschwierigkeiten in mehreren Bereichen und stellen das bisherige Leben in Frage: *Nichts ist mehr, wie es war!* **Trennung vom Partner oder der Partnerin, Versagen im Beruf, Verlust der Arbeit, schwere Krankheit – eigene oder von nahen Menschen –, bevorstehender Tod; dies sind Ereignisse, die Lebenskrisen auslösen können. Wenn mehrere Lebensebenen gleichzeitig betroffen sind, wenn also zum Beispiel der Tod eines Kindes und der Verlust der Partnerschaft oder eine schwere Krankheit und finanzielle Not zusammentreffen – dann sind die meisten Menschen zunächst überfordert. Sie selbst und die nahen Menschen brauchen jetzt Geduld und Verständnis. Häufig stehen am Anfang Fassungslosigkeit, Schock und Hilflosigkeit, und es stellen sich existenzielle Grundfragen nach dem Sinn des Lebens und seiner Handhabbarkeit. Diese Prozesse brauchen Zeit – viel mehr Zeit, als wir zunächst in unserer Gesellschaft bereit sind, uns selber und den Menschen in unserem Beziehungskreis zuzugestehen.**

Die folgenden Aspekte sind entscheidend für das Verständnis von Krisen:

- Eine Krise ist eine Chance für eine Wandlung von Aspekten der Persönlichkeit.
- Entwicklungsprobleme können zu Krisen werden – vor allem, wenn zunächst keine positive Perspektive kreiert werden kann.
- Lebenskrisen greifen tiefer und sind umfassender und betreffen meist verschiedene Ebenen (z. B. Beruf und wichtige private Beziehungen).

- Sie betreffen meist normative und nicht normative Aspekte (z. B. Pensionierung und Verlust einer nahestehenden Person, evtl. auch eigene Krankheit).
- Der eigene Lebensentwurf ist infrage gestellt.
- Die Bewältigungsstrategien greifen nicht mehr.
- Eine Sinndimension ist nicht mehr fassbar, entschwindet.
- Die Krise scheint unüberwindlich – die Kräfte fehlen, die Zuversicht und Hoffnung schwinden.
- Die betroffene Person braucht Unterstützung, Hilfe (Freunde, Angehörige, professionelle Beratung oder Therapie).
- Im Lauf dieser Krise kann ein neuer Lebensentwurf mit einer neuen Sinndimension erschaffen werden.

Sowohl bei Entwicklungsproblemen als auch in Lebenskrisen spielt es eine Rolle, ob es sich dabei um eine Wiederholung früherer Krisen und Verletzungen handelt; ob also die gegenwärtige Krise eine Art Retraumatisierung bedeutet. Aber selbst in diesem Fall braucht die Krise nicht zu einer umfassenden Lebenskrise zu werden. Es gibt sogar Menschen, die von sich sagen, dass sie mit den Schlägen des Lebens umgehen gelernt und genau dadurch ihre Lebenssicht positiv verändert hätten.[70] Vielleicht ist gerade diese Fähigkeit, zuversichtlich mit Krisen umzugehen, eine Chance für die Gestaltung der späteren Lebensphasen und damit der Reifung. So können wir Lebens- und Wachstumszuversicht hochhalten.

Wenn Wendezeiten erkannt und gestaltet werden, sind sie Teil des Wandlungsprozesses. Dieser besteht aus Selbstregulation und Selbstformung, welche im Laufe des Lebens so verfeinert werden kann, dass wir ein reiches Repertoire an persönlichen Verhaltensnuancen entwickeln. Wenn wir zur Welt kommen, sind wir genetische Unikate, die jedoch bereits intrauterin viel gelernt haben. Während des ganzen Lebens haben wir die Chance, persönliche Unikate zu werden.[71] So gelingt es, Entwicklungsprobleme, Krisen und gar Lebenskrisen in Wachstumschancen zu verwandeln.

Um die bisherigen Ausführungen nochmals zu veranschaulichen, beziehe ich mich auf ein erstaunliches Buch: *Holy shit – Meine Weltenreise von der Querschnittlähmung zum aufrechten Gang*. Edith Gloor, die Autorin, schildert ihren Lebensprozess vom Moment ihres Unfalls, der zur Querschnittlähmung führte – sie ist Ende sechzig –, bis sie nach einem Jahr wieder aufrecht stehen und gehen konnte, obwohl ihr die Ärzte nur eine Chance von fünf Prozent gegeben hatten, dies je wieder zu können. Als Schlüssel für ihre Gesundung bezeichnet sie ihre Grundhaltung dem Geschehen gegenüber. Sie versteifte sich nicht darauf, ihr Ziel zu *erreichen*, sondern konzentrierte sich darauf, das Gehen wieder zu *erlernen* oder mit ihrer Lähmung leben zu lernen. Alle Aspekte, die ich als Wachstumschance und Formungsprozess bisher dargestellt habe, erscheinen bei Edith Gloor in der Darstellung ihres unermüdlichen Einsatzes für den Heilungsprozess.

Zu den häufigsten Ausdrücken, die sie benutzt, gehören *Ich lerne viel* und *Ich übe und übe*. Sie verbietet sich eine Opferhaltung und eine damit verbundene Resignation. Sie nimmt von Anfang an jede Gelegenheit zum Üben wahr. Dabei nutzt sie auch die Erkenntnisse der Neurobiologie, etwa diejenigen von Gerald Hüther, der betont, dass positiv geladene Botenstoffe Dünger für neues Lernen sind, also Neugier, Freude und Begeisterung. Diese Qualitäten sind beim Üben eine Quelle der Ermutigung. Auf dieser Basis nutzt Edith Gloor zudem die Möglichkeit, sich die Prozesse im Hirn und die Verbindung Hirn – übriger Körper und das Wachstum von Nervenfasern fortlaufend vorzustellen, zu visualisieren. Sie entwickelt das fruchtbare und dynamische Bild *mit dem Hirn tanzen* und wendet es auf ihren Genesungsprozess an. Doch dieses Bild gilt für jeden Wachstumsprozess allgemein – als Dialog oder Tanz zwischen den verschiedenen somatischen Ebenen und Persönlichkeitsschichten, die allmählich ausdifferenziert werden –, die große Chance des Reifungsprozesses, den auch die Autorin im Lauf ihres radikalen Einsatzes für ihre allmähliche Genesung erlebt.

Es ist ein unglaublich harter und gleichzeitig abenteuerlicher Weg, der auf Edith Gloor zukommt, doch sie erfährt bei jeder Etappe nach ausdauerndem Üben, dass *es geht*, dass sie *selbst handeln* kann, indem sie übt und sich so ein intensives *Empowerment* gibt. Sie willigt ein, vieles von Anfang an neu zu lernen:

»*Es ist, als müsste ich alle Stadien vom Schwimmen in der Fruchtblase bis zur Entlassung in die erwachsene Selbständigkeit im Zeitraffer nochmals durchleben.*«[72]

Sie erfährt, was es bedeutet, Bewegungsabläufe durch ständige willentliche neuromuskuläre Einflussnahme einzuüben: »Übung im Alltag ist mein Hauptprogramm.«[73] und nennt dies zutreffend *Selbstschöpfung* und betont damit im formativen Sinn, dass *Selbstformung* ein schöpferischer Akt und eine Selbstermächtigung ist.

Die Autorin lässt keine Gelegenheit zum Üben aus – vom Handhaben des Rollstuhls, zum bis zum Aufstehen, obwohl sie die Füße noch nicht wirklich spüren kann, vom Gehen mit millimeterweisen Fortschritten bis zum Treppensteigen und bis zur Rückkehr in ein Leben draußen im Alltag. Jeder Bewegungsablauf wird für sie zu einer *immer differenzierteren Dramaturgie*. Dieser Prozess des millimeterweisen Übens mit der Möglichkeit, das eigene Verhalten immer mehr zu differenzieren, ist vergleichbar mit dem Einüben neuer Verhaltensmuster, mit dem Formen neuer Persönlichkeitsschichten, wie ich dies in den letzten Kapiteln dargestellt habe.

Das Gehenlernen ist – wie alles formativ ausgerichtete Üben – kein isoliertes mechanisches Üben, sondern eines, das die *ganze Person* umfasst. Die Autorin ist auf alles ausgerichtet, was sie »*wachsen lässt*«[74] Sie versteht ihr Üben als ein grundlegendes »*Transformationspotential*« und orientiert sich bewusst an Menschen, die ihr ein Modell zu sein vermögen.

Das Üben ist auch bei Edith Gloor eingebettet in ihre Grundhaltung, die ihr erlaubt, dem, was ihr wiederfahren ist, einen *Sinn* zu geben. Sie ist zunehmend überzeugt, dass sie diese Krise als Chance für ihr persönliches Wachstum brauchte. Diese Haltung wurde in den vorangehenden Kapiteln im Rahmen der Konzepte von Resilienz und Salutogenese dargestellt und erscheint hier als gelebte Realität, als ein eindrückliches Vertiefen der eigenen Resilienz und als erlebtes Kohärenzgefühl.

Die Autorin greift immer intensiver auf all ihre Ressourcen zurück, auf ihre Imaginationskraft, auf ihre Träume, ihre intime Beziehung zum kulturellen Erbe, zur Kunst – sie ist selbst Theaterautorin und schreibt Filmdrehbücher. So unterstützt sie das Ausformen der neuen Frau, die zu werden sie mit der Rückkehr zum aufrechten Gang im Begriff ist.

Das Buch zeigt auf berührende und eindrückliche Weise, was es bedeutet, das Wagnis der Selbstschöpfung und Neuformung einzugehen.

3. UNSER KÖRPER IM WANDEL

Einführung

In den beiden Anfangskapiteln war es mir wichtig, zu zeigen, dass Menschen – auch die älter und alt werdenden – ihr eigenes Leben und ihre Lebensmuster entscheidend beeinflussen und gestalten können. Es gibt Studien, die zeigen, dass selbst sehr alte Personen sich noch entscheidend verändern und ihr Leben umzugestalten imstande sind. Dies bedeutet einen grundlegenden Wandel in unseren Vorstellungen über das Älterwerden und schließt auch das ein, was wir unseren *Körper* nennen, auf andere Art und Weise zu verstehen.

In unserer Kultur haben wir ein Trennungsmodell von Körper (= Materie) einerseits und Seele und Geist (immateriell) andererseits entwickelt:

Wir reden von unserem Ego. Wir verwenden das Wort ich. Es hat mich schon immer sehr gewundert, was die Leute mit dem Wort ich meinen, denn es kommt in ihren Reden auf eine merkwürdige Weise zum Ausdruck. Wir sagen zum Beispiel nicht: Ich bin ein Körper.« Wir sagen: »Ich habe einen Körper.« Wir scheinen uns irgendwie nicht mit allem von uns zu identifizieren. Ich sage: »Meine Füße«, »meine Hände«, »meine Zähne«, als ob sie außerhalb meiner selbst liegen würden. Und soweit ich sehen kann, haben die meisten Leute das Gefühl, ein ungefähr in der Mitte zwischen den Ohren, hinter den Augen im Kopf liegendes Etwas zu sein, und der Rest baumelt irgendwie aus diesem

Zentrum heraus. Und das Herrschaftsprinzip da drinnen ist, was wir das Ego nennen. Das bin ich! (Alan Watts[75])

Doch gibt es auch – seit der Antike – Modelle, die den Körper nicht von den übrigen Ebenen abtrennen, sondern eine ganzheitliche Sicht des Menschen vertreten. Für diese Ganzheit gibt es kein in unserer Sprache selbstverständlich verankertes Wort, doch immerhin verfügen wir über die beiden Wörter *Körper* und *Leib*. Ich verwende hier den Begriff *Leib,* wie es zum Teil in der Philosophie üblich ist und auch deshalb Sinn macht, weil das Wort sich aus dem germanischen *leiba = leben* herleitet. Insofern kann man Leib als das *Lebendige* verstehen, das wir wie eine pulsierende Symphonie betrachten können.

Je älter wir werden, desto problematischer wird das Trennungsmodell, weil sich dann im subjektiven Erleben eine Kluft zwischen dem, was wir als *mein Körper*, und dem, was wir als *Ich* bezeichnen, auftut – ob es sich nun um das eigene Aussehen handelt, um spürbare Veränderungen des Körpers, um Einschränkungen oder Schmerzen. Dabei vergessen wir, dass die Art und Weise, wie wir uns auf uns selbst beziehen, diese Trennung schon aufhebt, da wir sehr schnell Alarm-/Stressmuster *verkörpern*, und damit den Blick auf uns selbst und unsere Selbstwahrnehmung insgesamt verändern. Wenn wir also das Lebendige, unser leibhaftes Sein, beeinflussen und regulieren können, verändern wir die Beziehung zu uns selbst.

Sobald wir auf diese Muster achten und uns von den gesellschaftlichen Botschaften verabschieden, die uns hinsichtlich sog. körperlicher Veränderungen ein Defizitmodell vermitteln, können wir den Dialog mit uns selbst auf unsere eigene, persönliche Weise gestalten.

Mein Körper bin ich

> *Verkörpert zu sein bedeutet, an einer Wanderung von einer Körperform zur nächsten teilzunehmen. Jeder von uns ist ein Nomade, eine Welle, die eine gewisse zeitliche Dauer hat und dann eine neue somatische Form annimmt.*
>
> Stanley Keleman[76]

Stellen Sie sich einmal das chinesische Wort *shing* vor und dessen Bedeutung *mind and heart*, Intellekt, Denken und Herz. Was passiert in Ihrem Gehirn, wenn Sie diese Bedeutung realisieren möchten? Vermutlich wechseln Sie blitzschnell hin und her zwischen der Bedeutung *Intellekt/Denken* und derjenigen von *Herz*, weil Sie die beiden nicht gleichzeitig zusammendenken können.

Sie bleiben getrennt, ja sind in unserer Kultur Gegensätze. Wir kennen die Vorherrschaft der Vernunft und andererseits die Kultur des Herzens. Ähnlich steht es mit der Entgegensetzung von *Körper* einerseits und *Geist/Seele* andererseits. Für das Ganze, das sie sind, gibt es in unserer Sprache kein treffendes Wort. Wir müssen die aufgetrennten Bereiche immer wieder gedanklich zusammenfügen, und damit verbindet sich eine Wertung: Seele und Geist sind das Eigentliche, das Unsterbliche, und der Körper das Vergängliche.

Entsprechend wurde der *Körper* identifiziert mit Materie, die Seele oder die Vernunft als das Immaterielle, wie es Descartes in den berühmten Begriffen *res extensa (Materie)* und *res cogitans (Denken)* zum Ausdruck brachte. Lange Zeit wurde der Körper auch als etwas Statisches verstanden. Man stelle sich nur die Forscher der Renaissance wie etwa Leonardo da Vinci vor, die ihre anatomischen Kenntnisse beim Sezieren von Leichen erwarben und von Totem auf Lebendiges schließen mussten. So war es nicht einfach, sich das zu vergegenwärtigen, was wir heute anhand der bildgebenden Verfahren vermögen: den Körper als Prozess zu sehen und zu verstehen, dass wir eine Ganzheit sind, die ich deshalb im Buch meist als als *Leib* bezeichne[77] und in diesem Zusammenhang auch von unserer *Leiblichkeit* spreche.

Oder ich nenne den Prozess im Sinne Kelemans *somatisch-emotional-mental*.

Dazu kommt eine weitere Sichtweise, die das, was wir Körper nennen, entwertet: der Gegensatz zwischen Denken, Vernunft und Körper, zwischen Materie und immateriellem Denken. Alan Watts, ein früher Kenner der östlichen und westlichen Kultur, brauchte das Bild, dass wir im Westen unseren Körper behandeln wie der Lastwagenchauffeur sein Gefährt[78] – es hat zu funktionieren, und wenn es das nicht mehr tut, seinen Dienst nicht mehr versehen kann, wird es bestenfalls in die Reparatur gegeben. Dies ist eine mechanistische Sichtweise und ein Konstrukt, das uns vor allem in den späten Lebensphasen zum Verhängnis werden kann und sich als Falle erweist. Dann kann in diesem Konzept der Körper, der uns bisher zu Diensten war, zum Feind werden, weil er nicht mehr so funktioniert, wie er sollte. Die einen Menschen versuchen mit allen Kräften, die Oberhand zu behalten, aktivieren ein Kampfmuster, versteifen oder verdichten sich, andere beginnen, sich als Opfer ihrer Körperlichkeit zu erleben, fühlen sich ausgeliefert und resignieren.[79] Wenn der Körper nur ein Anhängsel des Gehirns ist, wäre er vernachlässigbar. Doch neurobiologische Erkenntnisse zeigen, dass jeder Mensch ein Dialog zwischen Körper und Gehirn *ist*. Was wir tun und wie wir unser Tun differenzieren, wird im Gehirn kartografiert und bei Wiederholung der Handlung als neuronale Verbindung gefestigt. Dieser Dialog schließt Gefühl und Denken ein.

Man stelle sich ein Kleinkind vor, das sich auf den Rücken drehen möchte. Es versucht dies mit hin- und herschaukeln, bis ihm die Drehung zufällig gelingt. Dann beginnt es, diese Bewegung zu regulieren. Bei diesem Prozess bilden sich Synapsen und neue neuronale Verbindungen, die durch Üben gefestigt werden.[80] So formt auch unser Körper sein *Gehirn*, wie umgekehrt unser Gehirn unseren Körper formt.[81] Dieses Gehirn gibt die gespeicherten Muster seinerseits als Handlungsimpuls an den Körper zurück. Alle Regulation unseres Handelns, alle Differenzierung kommt durch den Dialog zwischen Gehirn und Körper zustande – wir *sind* dieser leibhafte Dialog mit den entsprechenden

Gefühlen, Gedanken, mit Bildern, Erinnerungen und den Geschichten, die wir uns über uns und unser Leben erzählen.

Wir haben nicht einen Körper – wir sind *leibhaft*. Das bedeutet, dass wir einerseits nicht einfach die Herrschaft über unseren Körper haben und andererseits auch nicht sein Opfer zu sein brauchen. Dies hängt damit zusammen, dass das, was wir normalerweise *Körper* nennen, nur eine Reduktion auf unsere physischen Funktionen ist. Weder sind wir einfach nur unsere Biologie, noch sind wir erhaben über sie, sondern wir sind ein lebendiger, sich organisierender und sich umgestaltender ganzheitlicher Prozess, ein vielschichtiger Dialog.

Die menschliche Aufgabe besteht darin, zunächst die erwachsene Form auszubilden, dann sie weiterzuentwickeln und zu füllen, sie zu vertiefen und zu vollenden. Dieser Prozess hat eine biologische Basis – doch *wie* sie individuell ausgestaltet wird, ist der persönliche Gestaltungsprozess, in dem das, was gegeben ist, differenziert und umgestaltet werden kann. Unser Verhalten ist biologisch programmiert und wird zunächst unwillkürlich aufgerufen. Doch wir haben die Fähigkeit, dieses programmierte Verhalten durch willentlichen muskulär-kortikalen Einsatz zu beeinflussen und dadurch alternative Möglichkeiten zu kreieren, neue leibhafte Schichten zu bilden. Keleman unterscheidet zwei Weisen zu leben: das unwillkürliche *bodied life*, unter dem man all die automatisch aufgerufenen Verhaltensweisen versteht, die so blitzschnell ablaufen, dass wir sie zunächst nicht beeinflussen können. Dem steht das willentlich gestaltbare *embodied life* als formativer Prozess[82] gegenüber. Wir können lernen, die unwillkürlichen Muster, von denen wir gelebt werden zu beeinflussen, indem wir das bisherige Verhalten mit willentlichem Einsatz verlangsamen und stoppen, um neue Möglichkeiten aufzubauen. In diesem Zusammenhang spricht Keleman auch von der *somatic soul*[83], von einer Qualität, die schwer zu beschreiben ist und meist als immateriell gilt. Doch in der umfassenden Sicht Kelemans ist die Seele Teil des ganzen leibhaften Prozesses.

In den Spiegel schauen – die Chancen eines »anderen« Blicks

*Spieglein, Spieglein an der Wand,
wer ist die Schönste im ganzen Land?*[84]

Die Beziehung, die wir zu uns selber haben, ist für viele von uns eine große Herausforderung, weil es oft schwierig ist, uns so anzunehmen, wie wir sind. Wir träumen davon, anders zu sein – klüger, intelligenter, gewandter, sportlicher, schöner. Wir können unsere Liebesgeschichte mit uns selbst oder das, was ich unsere »Unliebens-Geschichte« nennen könnte, auch mit unserem Aussehen verbinden. Mit dem Älterwerden klammern sich in unserer Gesellschaft viele Menschen an Qualitäten, an leibhafte Organisationsformen, die sie in früheren Lebensphasen gelebt haben. Vielleicht sagen sie zu sich: *Ich bin immer noch die schnelle, powervolle, superaktive, alles beherrschende Person – ebenso schön, geschmeidig, jung aussehend wie früher.*

Beginnen wir mit dem Thema, das viele Menschen ab etwa 40 zu beschäftigen beginnt: das eigene Aussehen.

Die Geschichte mit dem eigenen Aussehen beginnt lange vor dem ersten grauen Haar und den ersten Andeutungen von Falten im Gesicht. Es kann eine Geschichte der Freude und des Genießens oder – was sehr oft der Fall ist – eine von Schmerz, Demütigung, Scham und Verbergen sein. Viele junge und jüngere Frauen verpassen buchstäblich wegen quälender Stressmuster die Freude an ihrer Jugendlichkeit. Jungen, die kein athletisches Aussehen haben und sich später als nicht männlich genug erleben, tragen ebenfalls eine unliebsame Geschichte mit sich durchs Leben.

Solche Geschichten können aber glücklicherweise im Laufe des Lebens verändert werden. Wenn wir uns beispielsweise selber anschauen, ist dies keine objektive Sicht, sondern die je individuelle Weise, mit uns selbst Kontakt aufzunehmen. Dies ist spätestens dann wahrnehmbar, wenn wir uns im Spiegel anschauen und dadurch die Möglichkeit haben, nicht nur uns anzuschauen, sondern zu schauen, *wie* wir uns anschauen! Wir können aufmerksam werden auf die Organisation unseres Blicks und der damit verbundenen leibhaften Gesamthaltung. Viele Frauen und Männer verengen beispielsweise ihre Augen, nehmen eine kritische Haltung erhöhter Aufmerksamkeit und Wachsamkeit an – fühlen sich alarmiert. Sie ziehen sich aus sich heraus oder in sich hinein, drehen sich von sich weg, erstarren oder schrumpfen und resignieren schließlich. Es kann sein, dass das ganze Spektrum von Alarm und Stress aufgerufen wird. Dies bedeutet, dass wir über unser Aussehen uns selbst zur Bedrohung werden können, zum Feind oder zur Feindin unserer selbst, weil wir auf unser eigenes Bildnis – oder mehr noch, auf unsere innere Vorstellung davon – feindselig reagieren.

Wir können uns auch vorbereiten und uns so organisieren, dass wir vor allem das *gesellschaftliche Selbst*[85] in den Vordergrund stellen, unser öffentliches Lächeln aufsetzen, uns vielleicht straffen, um für uns selbst so vorteilhaft zu erscheinen, wie wir es auch nach außen im öffentlichen Raum tun. Dann begegnen wir unserer gesellschaftlichen Maske und können uns vielleicht akzeptabel finden. Aber dann bleibt meist eine gewisse Enttäuschung oder gar Leere zurück. *Das bin ich – und bin es doch nicht,* sagen Menschen immer wieder. Es ist zu keiner persönlichen Begegnung mit uns selbst gekommen, die uns anrühren würde, denn das gesellschaftliche Selbst entwickeln wir, nicht um *uns* zu entsprechen, sondern um den Regeln der Gesellschaft entsprechen zu können.

Eine ganz andere Art der Begegnung findet statt, wenn ich irgendwo unterwegs bin – vielleicht in einem Geschäft oder in einem Hotel. Ich bin nicht mit mir beschäftigt, sinne über etwas nach oder bin auf die Umgebung ausgerichtet. Ich weiß nicht, dass irgendwo ein Spiegel auf mich wartet, den ich noch gar nicht sehen kann. Plötzlich – völlig unvorbereitet – fällt mein Blick in diesen Spiegel. Und da sehe ich ein ganz anderes Gesicht.

Solche Begegnungen mit sich selbst sind gar nicht so selten. Was ist so besonders daran? Wir können uns nicht auf die gewohnte Weise organisieren in Vorbereitung auf unseren Anblick, und er trifft uns überraschend. Es ist fast eine Art Erschrecken, das viele verspüren: Das bin also ICH? Manchmal reagieren wir ähnlich, wenn wir Fotos von uns sehen. Wir können uns schön oder hässlich finden, vorteilhaft oder unvorteilhaft – das Wesentliche ist, dass wir ein gleichsam fremdes Gesicht sehen, eines, das wir so noch nicht gesehen haben. Diese Begegnung kann etwas fundamental verändern. Es ist eine ins Innere gehende Erfahrung. Sie kann ein Schock sein – *Ich nehme dich, die/den ich da sehe, nicht an* – oder sie kann *ein Sich-selbst-Begegnen* sein. Die entscheidende Frage lautet: *Kann ich den Menschen, den ich sehe, in mir empfangen?*

Im Grunde hängt viel davon ab, wie jemand die Organisation des eigenen Blicks zu beeinflussen vermag. Wir können uns nur aus den Augenwinkeln anschauen, wir können den Blick starr machen, Skepsis oder Ablehnung zum Ausdruck bringen. Dabei verändern wir nicht nur unseren Blick, sondern unsere ganze verkörperte Haltung, die in ein Alarmmuster übergehen kann. Durch die Art unseres Schauens und Hinsehens beeinflussen wir also, *wie* wir uns selber im Spiegel sehen. Oder anders ausgedrückt: Wir sehen, wen wir durch die Art unseres Sehens kreiert haben. Dies gilt für den Blick auf uns selbst wie auch für den Blick auf unser Gegenüber. Wir haben also mit unserem Blick an der Kreation von subjektiver Realität teil, ob wir einen kontrollierenden, streng fokussierenden, lauernden oder einen weiten, empfangenden Blick verkörpern.

Gut aussehen, schön sein wollen ist ein natürliches Verlangen. Zu allen Zeiten haben sich Menschen geschmückt, um sich selber und dem anderen Geschlecht zu gefallen, aber auch, um sich Achtung zu verschaffen und zu imponieren. Das ist in uns angelegt und scheint ein allgemeines genetisches Programm zu sein, das wir für oder gegen uns verwenden können. Dieses wiederum ist kulturell eingefasst und unterliegt gewissen Normen.

Wenn wir uns mit diesen Normen identifizieren, kann dies dazu führen, dass wir uns nur unter gewissen Bedingungen weniger oder gar nicht mehr mögen. Diese gesellschaftlichen Normen werden zunächst familiär vermittelt, oder aber eine Familie widersetzt sich ihnen, beachtet sie nicht. Oder eine Familie hat interne Probleme mit Körperlichkeit und Schönheit. So entstehen oft frühe Einflüsse, die sich auf Aussehen und Körperempfinden auswirken. Dazu möchte ich ein Beispiel geben. Eine 70-jährige Frau erzählte:

»Im Rückblick sehe ich, wie ich als junge Frau meine Weiblichkeit erlebte.
Meine Mutter war eine sehr herbe Frau, fleißig, tatkräftig – eine Art Matriarchin. Ihre Beziehung zu ihrem Körper war vor allem zweckgerichtet. Der Körper war für sie zum Leisten und Funktionieren da. Ich sah sie nie in schönen Kleidern, und sie schminkte sich nicht. Sie schien an ihrem Körper keine Freude zu haben. Als ich in die Pubertät kam, wurde sie mir und meinem Körper gegenüber abweisend, manchmal richtig böse. Sie verleugnete es, als meine Brüste zu wachsen begannen, und ließ mich in Kinderbadehöschen ohne Oberteil schwimmen gehen. Sie erschrak, als ich meine erste Mens hatte, und instruierte mich knapp, wie ich mit mir umzugehen hätte. Sie suchte weiterhin betont kindliche Kleider für mich aus und verbot mir alle Kosmetika. So lernte ich nicht, wie ich mich pflegen, schminken und kleiden könnte. Ich unterschied mich deutlich von den anderen Mädchen und kapselte mich ab.
Meine Mutter gab mir ständig zu verstehen, wie viel schöner die anderen gleichaltrigen Mädchen seien, dass ich mich nicht zierlich bewegen könne, sondern hässlich große Schritte nehme... Ich fühlte mich hässlich und unattraktiv, traute mir keinen Flirt zu. Doch ich hatte einen Schatz, den ich lange nicht als solchen erkannte: mein gutes Körpergefühl, meine Beweglichkeit und Bewegungsfreude. Ich tanzte gerne und gut, war sportlich, geschmeidig und voller Körperlust. Nur wenn's ums Ausgehen ging, war ich ratlos. Ich fand schließlich Freundinnen, die sich meiner erbarmten, die mich berieten, schminkten und frisierten. Da saß ich dann vor dem Spiegel und sah zu, wie ich in ein für damaliges Verständnis modernes Mädchen verwandelt wurde. Dabei wurde ich mir immer fremder. Eine schöne Maske starrte mir mit gefrorenem Lächeln entgegen. Dann trug ich mich selbst vor mir her, steif und hölzern, und wartete angestrengt und krampfhaft, bis ich zum Tanzen aufgefordert wurde. Sobald ich jedoch den Rhythmus der Musik spürte, war alles andere vergessen...«

Es gibt Ressourcen, die mit der Beziehung zur eigenen Leiblichkeit zusammenhängen, nicht aber auf das vielleicht als problematisch erlebte

Aussehen bezogen sind. Nicht für alle Frauen und schon gar nicht für alle Männer hat das Aussehen den höchsten Stellenwert. Vor allem im jungen und mittleren Erwachsenenalter ist die Freude an der eigenen Beweglichkeit, an sportlichem Können und körperlicher Ausdauer, an Geschicklichkeit und Geschmeidigkeit eine sehr bedeutsame Ressource.

Die tiefste Quelle der Zufriedenheit ist das In-Kontakt-Sein mit der eigenen Lebendigkeit in ihren vielfältigen Formen – und das ist nicht abhängig von Schönheit und Alter. Sich lebendig zu fühlen ist eine befriedigende und erfüllende Erfahrung. Oder wir können auch sagen: Lebendigkeit, mit sich selbst in Kontakt sein hat eine eigene Schönheit, die damit zu tun hat, dass wir uns als von uns selber erfüllt erleben mit Qualitäten von leibhafter Wärme und Weite.

Abschied von der Jugendlichkeit – gesellschaftliche Botschaften und persönliche Erfahrungen

> *Es war einmal ein Blatt, das fühlte, wie sein Stiel sich löste von dem Ast, an dem es angewachsen war. Es war ein ungewohntes Gefühl, das Blatt kam sich leichter vor, aber es fürchtete sich auch. Und je mehr der Stiel sich löste, desto fester klammerte sich das Blatt an den Ast, mit dem es noch verbunden war. Es schwankte hin und her und hatte nur noch einen Gedanken: Soll ich loslassen oder soll ich festhalten?*
> *Da kam ein sanfter Wind, und der Baum schüttelte sich ein wenig. Da fiel das Blatt von selbst vom Ast.*
>
> Elisabeth Schlumpf[86]

Vor einiger Zeit begegnete ich einer Frau, die ich schon lange kenne, aber lange nicht mehr gesehen habe. Vielleicht könnte ich einfach sagen: Sie ist älter geworden. Ihre Haare sind grau – aber das greift viel zu kurz. Die Haare sind nicht grau, sondern silbern, und das gibt ihr, zusammen mit einer feinen und milden Ausstrahlung, eine Art lichten

Glanz. So zeigt sich, dass es außer Jugendlichkeit auch noch ganz andere Kriterien für Schönheit und Ausstrahlung gibt. Sie erzählte mir, dass sie nun, im Pensionsalter, eine neue Sichtweise auf ihre Vergangenheit gefunden habe. Oft hatte sie sich über die Einschränkungen, die ihr der Beruf und die Familie auferlegt hatten, beklagt und war sich erst spät bewusst geworden, dass sie diese einengenden Strukturen gebraucht hatte. Jetzt ließ sie sich auf eine neue Freiheit ein und lernte, sich selber die ihr gemäßen Strukturen zu geben; ein Prozess der in ihrer besonderen Ausstrahlung sichtbar wird.

Schönheit muss also nicht unbedingt mit Jugendlichkeit gekoppelt sein, ist es aber meist in unserer Vorstellung. Irgendwann sehen wir an uns Zeichen des Älterwerdens. Vielleicht spielen diese ersten Zeichen noch kaum eine Rolle. Ein Frau um die 87 erzählte: *Als ich mit etwas über 30 das erste graue Haar entdeckte, lachte ich und riss es frohgemut aus. Weiter machte ich mir keine Gedanken.* Dann aber mehren sie sich, die sogenannten Makel. Frauen – und heute auch zunehmend Männer – fangen an, sich zu beobachten und zu belauern, wenn sie es nicht schon immer getan haben. Da sind die ersten Fältchen und Falten im Gesicht, und es beginnt vielleicht ein Spiel mit der Fantasie, sich liften zu lassen ... Die einen entdecken erste Altersflecken, Krähenfüße, Besenreiser, Krampfadern. Der samtene Glanz der Haut verschwindet, die Körpersilhouette ist nicht mehr so straff, es beginnt sich ein Bäuchlein abzuzeichnen, der Gang ist nicht mehr so geschmeidig. Das mag die Eitelkeit kränken, sich mühelos zu bewegen. Diese Kränkung kann zentral und verletzend werden. Der Kampf, jünger auszusehen, beginnt. Und wiederum können wir uns fragen, wie wir uns selbst, die Spuren des Älterwerdens anschauen – wie wir unseren Blick auf uns selbst organisieren.

Nicht zu unterschätzen sind die vielen medialen Botschaften, die täglich auf uns einstürmen. Es gibt Produkte für die *reife Haut* und gegen alles, was wir an Makeln entwickeln könnten. Das Geschäft mit der Angst vor dem Alter boomt und wird raffiniert verschleiert, etwa mit der Botschaft *Weil Sie es sich wert sind*, die überall in der Werbung für Schönheitsprodukte auftaucht. Es ist wichtig, diese verbrämten negativen Botschaften zu erkennen und sich nicht von ihnen entwerten zu lassen.

Gespielt wird mit der Idee, dass all die Cremes, Salben, Gels und Nahrungszusätze unsere Jugendlichkeit retten können. Die Kosmetikindustrie, die Ernährungs- und Fitnessprogramme winken als große Verheißung ewiger Jugend. Es ist nicht negativ, gute Produkte zu verwenden, sich zu bewegen und gesund zu ernähren. Es sind vielmehr die Atemlosigkeit und der selbst auferlegte Zwang, mit dem alles ausprobiert wird.

Wenn wir den defizitorientierten, stresshaften Blick vermindern können, wird noch etwas anderes möglich. Wir können innehalten und – vielleicht mit Wehmut – von unserer eigenen Jugendlichkeit und von der Jugendschönheit Abschied nehmen. Das bedeutet eine ganz andere Qualität des Mit-sich-selbst-in-Beziehung-Sein.

Von der eigenen Jugendlichkeit Abschied zu nehmen ist wichtig und bedeutet, sich einzugestehen, dass sich die eigene Körperlichkeit verändert. *Ich bin nicht mehr die Person, die ich einmal war.* Dies kann sich allmählich entwickeln oder plötzlich bewusst werden. Je nach Lebenszusammenhang geschieht es früher oder später. Es kann sich am Aussehen festmachen, an sportlichen Leistungen, an Gesundheit, Beweglichkeit etc. Die Grunderfahrung ist ein *Ich kann nicht mehr mithalten.* Der Blick des anderen Geschlechts wandert auf jüngere Menschen, oder die sportliche Leistung ist nicht mehr zu erbringen. Kinder überholen ihre Eltern, Sportlerinnen und Sportler sehen das Ende ihrer Karriere näher kommen, Models sind nicht mehr gefragt. Dies geschieht schon früh und ist immer ein Abschied von einer Identität und manchmal auch von einer bestimmten Lebensform, der krisenhaft sein kann, es aber nicht zu sein braucht. *Ich habe diese Phase zu Ende gelebt und jetzt kommt etwas Neues* – dies ist eine andere mögliche verkörperte Einstellung.

Es besteht die Gefahr, Jugendlichkeit zu idealisieren und die Chancen des Neuen gering zu schätzen. Ich habe selber einmal die Fotos einer fast 30 Jahre älteren Freundin angeschaut und festgestellt, dass sie mit dem Älterwerden immer schöner wurde, dass eine Person in Erscheinung trat, die nicht mehr vom gesellschaftlichen Selbst dominiert war, sondern eine Persönlichkeit mit einer Ausdruckskraft der Reife, das heißt mit einem unverwechselbaren persönlichen Selbst. Damit wurde für mich erstmals der gesellschaftliche Maßstab fragwürdig.

Es geht darum, uns einzugestehen, dass es um einen Abschied von der Jugendlichkeit geht, dass dieser Abschied gelebt werden will, damit Neues Gestalt annehmen kann – immer wieder. Das heißt, dass es sich um Wandlungen handelt, die gestaltet werden wollen.

Eine Frau Ende 50 erzählte:

»Die letzten zehn Jahre waren – zu meiner Überraschung – gute Jahre. Die anstrengende Familienphase war im Abklingen. Ich konnte mich beruflich wieder unbekümmerter engagieren, und meine Partnerschaft hat eine neue Qualität bekommen. Ich fühle mich noch fit genug für vieles, aber ich sehe natürlich, wie mein Körper älter wird, und ich muss mich an mein neues Spiegelbild gewöhnen. Ich kann nicht mehr so leicht vom Boden aufstehen, schnelle nicht mehr elastisch hoch, nehme nicht mehr zwei Stufen auf einmal, wenn ich die Treppe hinuntereile, bin schneller außer Atem ... Ich habe Probleme mit meinem Rücken und einem Knie. Ständig und sehr konsequent bin ich dabei, die Schmerzen auszublenden. Ich beklage mich nicht, es geht mir wie gesagt verhältnismäßig gut. Ich spüre nur einfach so etwas wie Wehmut. Manchmal schaue ich meine Töchter an, freue mich daran, wie schön und geschmeidig sie sind – und sie wissen es nicht. Es ist so selbstverständlich. Manchmal schaue ich auch alte Fotos an, etwa mit den erwachsenen Kindern zusammen. »Wie schön du doch warst, Mama!«, sagen sie dann. Und ich sehe auf das Mädchen und die junge Frau, die es sich so schwer gemacht hatte mit sich selbst – aus heutiger Sicht völlig ohne Grund. Da habe ich mir geschworen, dass ich meine jetzige Lebensphase nicht wieder verpassen möchte. Ich will die werden, die ich bin und sein kann, und nicht diejenige, die ich mir vorstelle, sein zu müssen.«

So ist der Abschied vom gesellschaftlichen Konzept der Jugendlichkeit mit seinen Illusionen zugleich ein Übergang zu einem neuen Dialog mit sich selbst. Das persönliche Selbst[87] kommt oft stärker in den Vordergrund, das gesellschaftliche wird allmählich weniger wichtig.

Jugendlichkeit ist in unserer Gesellschaft etwas anderes, als jung zu sein, sie ist eine Vorstellung, ein Ideal, das wir kultivieren. Jugendlich sein wird gleichgesetzt mit Leistungsfähigkeit, Fitsein, Lebendigkeit, Lebensfreude, Frische und mit einen Aussehen, dem sich die Spuren des Älterwerdens nicht anhaften können. Dies führt zu Äußerungen wie *Innerlich fühle ich mich viel jünger und jugendlicher, als ich bin. – Im Geist bin ich noch jung, obwohl ich schon alt bin.* Übersetzt könnte dies heißen: *Ich fühle mich lebendig, frisch, lern- und aufnahmefähig, habe Freude am Leben, auch wenn mein Körper nicht mehr derselbe ist wie früher.* Aber warum dies denn jugendlich nennen?

Was hier vor allem auffällt, ist das bekannte Trennungsmodell: Hier Geist – dort Körper. Zudem findet eine subtile Enteignung des reifen, vertieften Erwachsenen statt, indem die positiven Selbsterfahrungen der späteren Lebenszeit einer vergangenen Lebensphase zugeschrieben werden: *Ich bin* trotz *meines Alters immer noch jugendlich.* So kreieren wir eine Spannung, vielleicht gar einen Kampf. Verräterisch ist dieses »immer noch«, das sich am Konzept von Jugendlichkeit orientiert.

Diese Enteignung in der Reifephase bringt uns um die Chance einer neu zu bildenden Identität, in der wir uns aus unserem jetzigen Erleben und unserem Formungsprozess heraus verstehen. Wir können auch fragen, was für Qualitäten wir leben, die zu unserer neuen Lebensphase gehören, als deren Geschenk. Das könnte heißen: *Ich fühle mich lebendig, mit mir verbunden, wach und kreativ … und nehme wahr, dass ich sorgfältiger mit meinem Körper, mit meiner Leiblichkeit umgehen will. Ich habe körperliche Einschränkungen, die meine liebevolle Zuneigung erfordern.* – Hier gibt es keine enteignenden Vergleiche, keine Konstruktion von Gegensätzen, sondern eine mögliche einschließende verkörperte neue Geschichte.

Zärtlicher und intimer Dialog mit sich selbst

Neuer Morgen
Sonne im Gesicht
Meine Lungen füllen sich
Ich atme und bin.

Elisabeth Schlumpf[88]

Es geht mit der eigenen Körperlichkeit, mit dem Aussehen, mit dem Körpergefühl, dem Körperausdruck und allen diesbezüglichen Qualitäten so wie mit unserer ganzen Persönlichkeit: Wir verändern uns immer wieder, leben und gestalten Übergänge oder werden von ihnen überrascht. Dies bedeutet, dass wir uns immer wieder an uns selbst gewöhnen müssen, uns immer wieder fremd und erneut vertraut werden – dies ist das Geheimnis von Wandlung.

Die körperlich-hormonellen Veränderungen bis zur Mitte des Lebens – Pubertät, Sexualität und Erotik, leibhafte Beziehungserfahrungen, Schwangerschaft, Geburt und Stillen sowie die Verkörperung als Frau/Mann in allen Bereichen – können auch als Einübung in die weiteren zentralen Übergänge verstanden werden. Es sind intensive Wendezeiten, in denen wir uns stets neu empfangen können. Die einen mögen stärkend, kraftspendend sein und Ressourcen darstellen, andere wieder sind eher schmerzhaft, vielleicht zunächst gar entmutigend – bis wir ihnen einen Sinn zu geben vermögen. Es ist also nicht nur der physische Körper, der sich wandelt, sondern die ganze Person.

So haben wir Menschen zu Beginn der zweiten Lebenshälfte schon eine Palette reichhaltiger Erfahrungen auch in Bezug auf unsere Leiblichkeit gemacht, haben Ressourcen gewonnen, Lebenskompetenzen erarbeitet. Wir sind also meist auf die weiteren Übergänge vorbereitet – auf die Veränderungen, die mit Reife und Älterwerden verbunden sind –, so individuell die Erfahrungen auch sein mögen.

Eine dieser Veränderungen für Frauen ist die Zeit der Wechseljahre, der ein eigener Abschnitt gewidmet sein wird. Jede Frau wird dann bis in jede einzelne Zelle »neu«, und zwar auf eine sehr intensive

Weise, während dieser Übergang bei Männern weniger offensichtlich verläuft.

Es geht darum, den sich wandelnden Körper immer wieder an uns zu nehmen, um leibhafte Identität zu stiften. Dieses Empfangen bezieht sich auf die verschiedensten Aspekte. Dazu erzählte eine Frau gegen 60:

»Mit etwas über 50 Jahren träumte ich Folgendes: Ich sah, wie mir eine ältere Frau entgegenkam. Sie hatte grau-silbernes Haar, das sie licht umgab. Als sie näher kam, erkannte ich mich selbst. Wir standen einander schließlich Auge in Auge gegenüber. Sie hatte etwas Mildes und Liebevolles in ihrem Blick. Ich verstand, dass ich meine eigene Zukunft sah, die Frau, die von mir ins Leben gerufen werden wollte. Ich empfand ihr Gesicht mit all den Spuren des Älterwerdens auf eine nicht beschreibbare Weise als schön. Sie blieb einfach stehen und sagte nichts. Plötzlich sah ich wie durch ihr Gesicht hindurch und erblickte in der Tiefe das Gesicht meiner Mutter und meiner weiblichen Vorfahren, nur für einen Augenblick – dann sah ich wieder nur die Frau, die ich werden würde. Sie winkte mir, ihr zu folgen und ging mir voran – und verschwand. Ich aber sah einen kleinen, hellen Pfad vor mir, der einen Fluss entlang in ein tiefes Tal führte.

Dann erwachte ich. Die Symbolik war mir klar. Doch ich versuchte, diesem Traum Dauer zu verleihen, indem ich mich zunächst immer wieder dieser Frau gegenüberstellte und mich von ihrer Gegenwart berühren ließ. Ich richtete mich auf, während ich gleichzeitig tiefer in mein Becken sank und weicher wurde. Dann nahm ich die Haltung dieser Frau ein – meines neuen Selbst – und spürte dabei eine süße Zärtlichkeit und Intimität in mir aufsteigen, ein sanftes Pulsieren, eine Liebe zum Leben, die auch etwas Melancholisches hatte. Ich spürte die Schichten meiner Ahninnen in mir und machte mich auf den Weg ...

Die Verkörperung dieses Traumes hat mir viel Kraft und Zuversicht gegeben. Manchmal gelingt es mir, diese Frau in mein Leben hinein zu leben, ihr Körper zu geben und diese neue Selbst-Intimität zu formen.«

Hier geht es nicht mehr um das äußerliche Aussehen, sondern um eine neue Persönlichkeitsschicht, die gelebt werden möchte, und um den zärtlichen, intimen und liebevollen Dialog mit sich selbst. Dieser jedoch hat eine lebendige Qualität, wie viele Zeichen des Alters unser Körper auch haben mag. Es geht darum, diesen intimen Kontakt mit sich zu gestalten. Immer wieder wartet eine unbekannt-bekannte Frau in uns, die ins Leben hinein geformt und geliebt werden möchte, oder ein Mann, der darauf wartet, als neue Lebensschicht ausgeformt und gelebt zu werden.

Nicht immer ist dieser Dialog so zärtlich – er kann auch unmutig, hadernd, zornig oder kritisierend sein. Es hat keinen Sinn, dies zu verleugnen. Viele Frauen gegen oder über 60 sagen mir etwa:

»Wenn ich mich morgens nach dem Aufstehen im Spiegel anschaue, erschrecke ich. Diese alternde Frau, die nur abstoßend ist. Ich weiß nicht, soll ich wütend oder enttäuscht sein. Das Neonlicht des Badezimmers macht alles noch schlimmer. Da bin ich froh, wenn ich mich zurechtgemacht und gut gekleidet sehe. Und alle Äußerungen, die versuchen, mir das Älterwerden als Reife zu verkaufen, können mir geradewegs gestohlen bleiben.«

Auch Männer beklagen den Verlust eines elastisch-jugendlichen, sportlichen Körpers mit seiner selbstverständlichen sexuellen Potenz.

Egal, ob es diese Augen-Blicke gibt und wir wissen, wie wir uns anschauen – dem Hauch der Vergänglichkeit entkommen wir nicht. Auch ihm müssen wir uns stellen. Wir können im Blick auf uns selbst in ein Alarmmuster gehen – und damit wird der Blick in den Spiegel ebenfalls alarmiert. Wir starren uns an, verengen die Augen, fokussieren auf die Details, die wir nicht akzeptieren können. Solche Alarmmuster erscheinen oft, wenn das gesellschaftliche Konzept von dem, was wir Alter zu nennen pflegen, als Defizitmodell oder gar als *Krankheit Alter* übermächtig ist. Aus diesem Grund bekommen so viele Menschen Angst und verdrängen alles, was sie ans Älterwerden erinnern könnte, anstatt die Möglichkeiten und Chancen des Reifungsprozesses wahrzunehmen und zu leben. Dieser Reifungsprozess lässt uns neue Lebensqualitäten entdecken, wie etwa eine neue Intimität mit sich selbst. Gelingt uns dies, ist auch die eigene Vergänglichkeit umschlossen von etwas, das größer und umfassender ist als die lebendige Form, die wir sind – eine pulsierende, sich wandelnde Welle innerhalb eines Ozeans vieler Wellen, die auftauchen und wieder verschwinden.

»Ich saß einmal am Sonntagmorgen am Bettrand und wartete. Worauf? Ich sah meine Hände an, die auf den Knien ruhten. Sie waren feingliedrig wie seit meiner Jugend. Aber übersät von Altersflecken. Die Adern aufgeschwollen, wie vor vielen Jahren an den Händen meines Vaters. Ich betrachtete sie – zuerst etwas erschrocken. Einst war ich stolz auf meine schönen, ebenmäßigen Hände, auf ihre ausdrucksvolle Feingliedrigkeit. Jetzt sah ich nur die Altersspuren. Zuerst war ich wütend, dann traurig. Diese Altershände, die bei meinem Vater ab und zu leise knackten. Sie wurden allmählich zittrig und etwas ungeschickt, obwohl sie immer noch etwas Elegantes und Lebendiges hatten. Ich schaute weiter auf meine Hände – und plötzlich tauchte etwas ganz anderes auf. Meine Hände kamen mir vor wie etwas müde Vögel, die auf meinen Knien ausruhen, und ich begann, mit ihnen Zwiesprache zu halten. Sie hatten mich ein Leben lang begleitet und zeigten mir die Spuren dieses gelebten Lebens. Ich schaute sie an, meine Beine, meinen Körper mit der faltigen, weichen Haut – und plötzlich durchströmte mich eine zärtliche Liebe für diesen Körper, der so lange schon mein Begleiter war. Das bin ich, eine Frau mit den Spuren eines langen gelebten Lebens. Mein lieber Leib – du bist ich. Ich spürte, wie ich weicher wurde, meine Hände nicht mehr anschaute, sondern in meinem Blick aufnahm, mich selber empfing, meine sanft aufsteigende Wärme, das Pulsieren, in dem ich mich allmählich aufrichtete und weitete. Ich spürte, wie die pulsierende Welle durch mich hindurchging und mich gleichzeitig umgab, und fühlte mich geborgen in mir.«

Unsere Chance besteht also darin, für unseren sich ständig wandelnden Leib immer wieder neu empfänglich zu sein und einen sanften, intimen Dialog mit uns zu gestalten.

Dazu schildere ich die folgende Erfahrung:

»Ich sitze in der Sonne, spüre die Wärme auf meinem fast nackten Körper, empfange die klare Welt mit den fern gezeichneten Hügelsilhouetten, die grün-silbernen Blätter des Olivenbaums, das Glänzen des Kamelienbaums, das Klappern der Palmblätter im Wind, das Rauschen des Flusses, den Duft der Kräuter im Garten. Ich empfange mich selbst, indem ich die Erinnerung in Wellen schweifen lasse – Körpererinnerungen über Jahrzehnte ...

Es steigen Wahrnehmungswellen auf – die sportliche Selbstmeisterung der jungen Frau im eiskalten Wasser von Bergseen, die Freude an einer vermeintlichen Unversehrbarkeit, die fast unstillbare Sehnsucht nach Berührung, das Drängen der Sexualität und der verzweifelte Blick in den Spiegel, umsonst um Gefallen bittend. Viel Kraftvolles, Biegsames, die Lust am Tanzen, am Theaterspiel – an jeglichem Körperspiel. Erfüllte sexuelle Lust und viel Schmerz und viele Trennungen. Mein Körper war eine selbstverständliche Freundin in den Wogen und Wellen des Lebens, Wildheit, instinktives Leben, Kraft und Meisterung meines leibhaften Ausdrucks ... So viele Schichten erscheinen und verschwinden wieder – ein Bad von Wahrnehmungen, auch schmerzhafte, wie zwischendurch der Hass auf den verschmähten, zurückgestoßenen Körper. Seltsam, ich mochte mich nicht, wenn ich mich an gesellschaftlichen Maßstäben orientierte. Ich schaffte es nicht, durchgehend ungebrochen so auszusehen, wie es damals vor 45 Jahren üblich war. Ich wurde zur Gefangenen meines gesellschaftlichen Selbst.

Und dann kam eine der größten Wendezeiten – ich wurde schwanger. Dieses unendliche Körper-Glück in all seinen Nuancen! Ich spürte, dass ich schwanger war, bevor ich es wusste. Mir war, als sei ein Schleier von der Welt – oder von mir selbst – weggezogen. Dieses mir unbekannte allmähliche Schwerer-Werden und dann das erste ganz leise Etwas wie die Bewegung eines winzigen Fischleins in den Gewässern meines Bauches. Ich war nicht mehr allein. Ich war bewohnt, »ein Schiff beladen bis an sein höchstes Bord«. Und dann die Geburt – diese mächtigen Wogen, die schmerzten, und ich lenkte mein Schiff hindurch, umgeben von Menschen, die den »Geburtskörper« bildeten. Ja, es tat weh, sehr weh, aber Welle um Welle rang ich mich mit meinen Kind hindurch, bis eine Kraft von noch größerer Intensität mich von innen erfasste und mein Kind Welle um Welle an Land spülte. Die Welt drehte sich einmal um sich selbst, als meine Tochter auf meinem Bauch ankam – das Wunder und Geheimnis des Lebens. Und dann der erste Blick in die Augen, das Streicheln, das erste Saugen an der Brust. Ich liebte diese blass schimmernde Milch, die ausströmte wie das Wasser Moses' aus dem Felsen, obwohl die riesigen Brüste, der schlaffe Beckenboden und Bauch mich irritierten. All die Zärtlichkeit, die Nähe und die quälenden Schlaflosigkeiten. Und nach einigen Jahren auferstand mein Körper wieder als der meine, weniger straff, aber mitgeformt von meiner Mütterlichkeit. Ich war eine andere geworden.

Ich suchte meine neue Weiblichkeit, weicher, runder – ich fand Gefallen an mir wie nie zuvor. Und da war ich schon Mitte vierzig und gegen fünfzig.

Die Wechseljahre – eine neue Welle – holten mich früh ein nach einer Operation. Und sie kamen heftig mit den Hitzewallungen. Kaum war ich aus der Stillzeit zu einer eigenen Frau wiedererwacht, kam diese neue Überraschung. Ich fühlte mich dünnhäutig, verletzlich, aber anders als in der Schwangerschaft. Ich hatte wieder, wie Jahre zuvor, tiefe Träume, die mir zeigten, dass ich mit einer neuen Schicht meiner selbst schwanger ging. Ich verlor einen Mann, den ich tief geliebt hatte, und lernte einen neuen Mann lieben. Ich musste lernen, mich vor den Augen dieses geliebten Mannes zu entkleiden, meine sanftere Leidenschaft zu leben, nicht den gesellschaftlichen Vorurteilen zu erliegen. Es war schön, reifer zu werden, gegründeter im Leben zu sein. In all den Jahren erfuhr ich, was späte Liebe sein kann, wenn keine Leistungsmuster im Spiel sind.

Und dennoch gab es auch eine Zeit, in der ich mich gar nicht mehr spürte, mich verlor. Ich nahm nur wahr, dass ich älter wurde ... Ich fühlte mich müde, alt, so, wie ich mir Alter vorstellte. Mein Körper schmerzte – zu den äußerlichen Zeichen kamen die körperlichen Einschränkungen. Es war mir, als habe mir das Schicksal meine Geschichte weggenommen. Ich verlor nahe Menschen, die starben, geriet aus dem Gleichgewicht, befand mich in einer tiefen Krise. Jetzt bin ich wieder eins mit meiner Körperfreundin, empfange ihr pulsierendes Leben, die Gezeiten meiner inneren Meere, finde meine neue Geschichte, die ich eben mit diesen Seiten begonnen habe.

Was für ein Reichtum an Körpererleben in all den Jahrzehnten, neues Empfangen der sich wandelnden Leiblichkeit! Und das habe ich gelernt: den Rhythmus von Abschied und Neubeginn, von Geben und Empfangen. So gelingt es auch, die eigene leibhafte Lebensgeschichte neu zu schreiben und ihren Reichtum zu integrieren.

Und schließlich empfange ich jetzt den Reichtum an gelebtem Leben, geformt Schicht um Schicht; und diese Schichten haltend und behütend, umfangend, wie die dicke äußere Schicht einer Babuschka. Ich brauche eine zarte und feste Kraft, um mich zu halten ...«

Es geht darum, uns selber in unserer ganzen gelebten Leiblichkeit aufzunehmen und die zugehörige Geschichte immer wieder zu erfinden, zu halten und zu integrieren. Aus leibhaften Stressmustern entsteht eine Stressgeschichte, aus einer liebevollen und empfangenden Beziehung zu uns selbst eine Liebesgeschichte. Wenn wir also unsere leibhaften Muster beeinflussen und vielleicht umgestalten, formen wir eine andere Geschichte zu uns selbst.

In einer tiefen Beziehung – Partnerschaft oder Freundschaft –, die lange gelebt wurde, sind die gelebten Schichten des Gegenübers ebenfalls anwesend, so wie unsere eigenen. Dann sind wir auch fähig, miteinander zu reifen und uns nicht in die gesellschaftlichen Muster von Jugendlichkeit versus Alter zu verstricken, die uns ganz spezifische Botschaften vermitteln wie etwa: *Nur als jugendliche oder jugendlich erscheinende Person bist du wertvoll. Setze also all deine Kräfte ein, dich an der Jugendlichkeit festzuklammern. Oder: Das Alter ist Schicksal und eine Art Krankheit, die dich einfach einholt und minder wertvoll macht. Finde dich damit ab, dass du aus dem öffentlichen Leben verschwindest.*

Wir können uns selber eine Wahl geben und – trotz zunehmender physischer Einschränkungen – eine Liebesgeschichte mit uns selbst und mit der Partnerin oder dem Partner formen und leibhaft gestalten, die zu Reife und Wandlung führt. Dann wird es auch möglich, sich zu sich selbst eine neue Geschichte zu erzählen, wie es eine fast 80-jährige Freundin von mir tut:

»Ich bin so etwas wie ein Oldtimer, der einmal schnell und leistungsfähig war. Es liegt an mir, ob ich mich wie einen Schrottkarren oder wie eine Antiquität behandle, die Sorgfalt und viel Pflege braucht, ihre eigene Schönheit hat und einfach kostbar ist.«

Die Wechseljahre gestalten – Frauen im Übergang

Nur Reisen
Ist Leben, wie
Umgekehrt
Leben
Reisen ist.
Jean Paul[89]

Es gibt nicht *die* Wechseljahre der Frau, sondern so viele Formen, wie es Frauen gibt. Die Wechseljahre sind auch kein isoliertes Geschehen, sondern ein Begleitprozess der Reifungsphase. Die einen Frauen spüren in den Vierzigerjahren die ersten Anzeichen, andere sind fünfzig und wesentlich mehr Jahre alt.

Es ist von entscheidender Bedeutung, den Zusammenhang zwischen den Lebensphasen und den Wechseljahren zu erfassen. Wir haben gesehen, dass unsere Gestalt darauf angelegt ist, sich zu erfüllen, zunächst hin zur Gestalt der »Alpha-Erwachsenen« in der Mitte des Lebens (siehe Seite 72 ff.). Das ist kein automatisches Geschehen, sondern fordert einen ständig sich differenzierenden Gestaltungsprozess. Im Inneren der Alpha-Erwachsenen beginnt sich allmählich die reife Erwachsene auszubilden. Dies ist wiederum kein automatisches Geschehen, sondern ein Angebot unserer biologischen Dynamik, das wir aufgreifen können. Wir leben so nicht mehr nur von unserem Handeln in die Welt hinein – unsere Muskelmasse verringert sich und der Körperschwerpunkt sinkt tiefer.

Dieser Prozess gilt auch für Männer, ist bei den Frauen jedoch verbunden mit den Wechseljahren, diesem großen Übergang, der alle Schichten des Selbst erfasst. Ein Teil der Frauen kommt schon früh in die Wechseljahre, was anders ist, als wenn der Übergang Mitte 50 stattfindet. Frühe Wechseljährige mögen vielleicht damit hadern, vor allem auf dem Hintergrund eines unerfüllten Kinderwunsches oder aus Angst, frühzeitig – allzu früh – in eine Dynamik zu kommen, die sie mit Altwerden verbinden. Andere erleben es als Abenteuer einer Wende, wie dies erstmals das Buch »Feuerzeichen Frau« von Julia Onken beschrieb, als Abenteuer einer neuen Freiheit. Schon hier zeigt sich, dass es wesentlich darauf ankommt, was für eine Geschichte sich eine Frau zu ihren Wechseljahren formt. Irgendwann zwischen vierzig und fünfundfünfzig Jahren beginnt der Rhythmus der Menstruation sich aufzulösen. So wie jede Frau ihre je persönliche Form des Zyklus hatte, ist auch dessen Zuendegehen, Klimakterium genannt, etwas sehr Persönliches. Es gibt so viele Klimakterien und Menopausen wie Frauen, da jede Frau ihre eigene Leib- und Menstruationsgeschichte, eine je unterschiedliche Einstellung zum Fruchtbarkeitszyklus und zum Älterwerden mit sich bringt. In unserer erfolgs- und produktorientierten Gesellschaft werden die Wechseljahre jedoch auf dem Hintergrund medizinischer Definitionen oft defizitär gesehen.

Auch hier macht es die Gesellschaft den Frauen nicht leicht, diese Übergangszeit anzunehmen. Schon die Menstruation erscheint, wie Emily Martin aufzeigt,[90] als eine Art monatlicher *Degeneration*. Im üblichen Rahmen tradierter Denkmodelle erscheint also die Menstruation als *Störung*. Frauen geben sich meist auch alle Mühe, sie zu verbergen und weder ihren veränderten Gemütszustand noch gar das Blut sichtbar werden zu lassen. Dasselbe gilt von Klimakterium und Menopause. Pointiert könnte man die gesellschaftliche Botschaft so formulieren: *Die Menstruation ist eine Störung, aber deren Ausbleiben ist ein endgültiger Defekt.*

Der Bericht der Weltgesundheitsorganisation (WHO) für 1981 definierte die Menopause noch als eine Östrogenmangelkrankheit:

> Diese Periode, in der die Menstruation aufhört und die weiblichen Geschlechtshormone sich schnell bis zum gänzlichen Fehlen vermindern, wird Menopause genannt, Die Ursache der Menopause ist das Erlöschen der Eierstöcke. Östrogene werden in einer unterhalb der kritischen Grenze liegenden Zahl noch für kurze Zeit nach der Menopause produziert, doch während der folgenden Jahre, in denen die verbliebenen Follikel atretisch verwachsen, geht die Östrogenproduktion der Eierstöcke fast auf null zurück.[91]

Wieder ist die hinter dem Inhalt vermittelte Botschaft durch eine entsprechende Wortwahl bestimmt, die um den Begriff des *Mangels* kreist und – ohne dass dies bewusst zu werden braucht – zum Ausdruck bringt: *Du als Frau wirst durch Klimakterium und Menopause immer mangel- und fehlerhafter, unproduktiv.*

Als Perspektive wird denn auch formuliert:

> Zur Zeit der Menopause muss eine Frau ihr Leben umstellen von einer Lebensweise, die durch die Produktion von Östrogen und Progesteron stimuliert worden ist, zu einer, in der diese Stimulierung weggefallen ist.[92]

Diese Perspektive operiert nochmals mit der Mangelerscheinung, mit der die Frau sich einfach abzufinden hat als mit der *Krankheit des Alterns*. Es kommt einem vor, als ginge es darum, mit dem »Ausgedienthaben« fertig zu werden. Wieder versucht unter anderen Emily Martin eine andere, Sinn stiftende Ebene in den Vordergrund zu bringen – auch durch die Wahl der Sprache für eine neue mögliche Geschichte:

> Obwohl der Östrogenspiegel bei Frauen nach der Menopause niedriger ist, als er zur Aufrechterhaltung der Fortpflanzungsfunktionen sein müsste, scheint Östrogen weder nur in einem zu vernachlässigenden Maße vorhanden zu sein noch ganz zu fehlen. Es scheint auszureichen zur Erhaltung des Stützgewebes. Die Menopause könnte also gelten als ein physiologischer Vorgang, der eine Aufgabe des Schutzes hat – er schützt vor unerwünschter Fortpflanzung und der damit verknüpften Stimulierung von Wachstum.[93]

Wenn Menopause ein Schutz ist, bekommt eine Frau durch die Befreiung von der ihr eigenen Möglichkeit, eine neue Generation ins Leben zu bringen, einen neuen Spielraum zur Förderung *anderer Möglichkeiten*. Dazu gehört beispielsweise, diejenigen Aspekte der eigenen Person ins Leben zu rufen, die bis dahin im Hintergrund bleiben mussten. Die Menopause kann also als Geburtshelferin der neuen Selbst-Ebenen, die zum Reifeprozess der zweiten Lebenshälfte gehören, verstanden werden.

Gleichzeitig ist die Menopause auch eine direkte Gestaltgeberin. Bis in jede Zelle hinein wird eine Frau *neu,* indem sich die Hormonzusammensetzung verändert, die diese Zellen durchtränkt. Die Hormone sind eine machtvolle Schicht unseres organismischen Seins, denn *Hormone sind flüssige Anatomie*[94].

Die hier angesprochene Wendezeit bringt sich auf unterschiedliche Weise zum Ausdruck, etwa durch Schlaflosigkeit, Müdigkeit, vorübergehendes Nachlassen des Gedächtnisses und Hitzewallungen. Diese Phänomene werden oft als mehr oder weniger somatisch-emotionale Störungen erlebt. Doch braucht es Zeit, bis der ganze Organismus sein neues Gleichgewicht gefunden hat – wie in der Zeit der Pubertät und Adoleszenz oder in der Zeit von Schwangerschaft, Geburt und Stillen. Meist bringen Hormonumstellungen auch Unannehmlichkeiten mit sich. Wenn jedoch eine positive und kreative Perspektive damit verbunden ist, sind solche Störungen nur Begleiterscheinungen, die dem Prozess selbst untergeordnet sind. Wird jedoch der Prozess nur als Störung und Defekt erlebt, steht er als ganzer unter negativen Vorzeichen. Als Vergleich drängt sich der Wehenschmerz während der Geburt auf. Er mag in gewissen Phasen heftig und sogar überwältigend sein. Wenn eine gebärende Frau ihn jedoch als Begleitung des Geburtsprozesses erfährt, ist sie mit ihm nicht völlig identifiziert, sondern vor allem mit der Gestaltung der Geburt, die den Schmerz umfasst und dessen öffnende und vorwärtsdrängende Funktion aufzunehmen vermag.

Ich arbeitete mit einer Frau, die sich ständig gegen ihre Wallungen versteifte, den Mund zusammenpresste, um das Aufwallen der Hitze zu bekämpfen. Ich bat sie, mit dieser Haltung Kontakt aufzunehmen und dann diese nur ein wenig abzubauen, dann noch mal ein wenig. Sie wirkte verunsichert. »Jetzt breitet sich die Hitze doch ungehindert aus«, sagte sie. Ich begriff, dass sie große Mühe hatte, sich nicht gegen ihre inneren Bewegungen zu wehren und sich gegen sie zu schützen. Dasselbe war ihr damals mit den Wehen passiert und manchmal auch mit dem Orgasmus. Ich bat sie nun, die Hände so vor sich hin zu halten, dass sie sich vorstellen konnte, einen weichen Ball zu halten, und regte sie an, ganz sanft dagegenzudrücken. So festigte sie ihre Körperwand, ohne sich zu versteifen, gab damit aber der Aufwallung eine Art Gefäß. »Ich wusste gar nicht, dass ich mit meinen inneren Bewegungen leben kann, wenn ich sie mit etwas mehr Halt umgebe. So kann ich sie aufnehmen, ohne Gegenwehr.«

In Kulturen, die den Frauen einen neuen Status nach der Menopause anzubieten haben, tauchen viel weniger schwerwiegende Begleiterscheinungen auf, und die noch verbleibenden werden anders wahrgenommen. Die leibhaften Erregungen und Wellen stellen kaum eine Bedrohung dar, da sie dem Selbstwert einer Frau keinen Abbruch tun. Gerade deshalb ist es notwendig, dass Frauen dieses Geschehen in einen neuen, kreativen Zusammenhang einbinden können. Der Ausdruck *auf neue Weise fruchtbar*[95] bringt dieses Anliegen auf den Punkt und ermöglicht dadurch auch eine neue Perspektive und eine neue Geschichte zu den Wechseljahren.

Für das Klimakterium gilt alles, was wir allgemein über Wendezeiten sagen können. Viele Frauen realisieren erst im Klimakterium, wie viel ihnen das Aufgehobensein im Monatszyklus wirklich bedeutet hat. Abschied zu nehmen ist ein wichtiger Aspekt auch dieses Prozesses, aber auch die mögliche Erleichterung, die damit verbunden ist. Das Klimakterium bringt – wie alle Übergänge – Dünnhäutigkeit, Empfindlichkeit, schwankende emotionale Gestimmtheit sowie den Kontakt mit den eigenen Tiefenschichten mit sich und die Frage taucht auf: *Wer bin ich als Frau, danach?*

Es ist die unbekannte, die neue Frau, die erst langsam in den Vordergrund kommen wird. Man kann darüber keine generellen Aussagen machen, denn jede Frau hat ihre persönliche postklimakterielle Identität erst zu formen. Sie lässt sich jedoch nur entdecken, wenn die gesellschaftlichen und familiär vermittelten Wertungen verlassen oder differenziert werden können.

Die Wechseljahre sind also so wenig wie Schwangerschaft, Geburt und selbst das Sterben, eine Krankheit. Sie sind ein natürlicher Prozess, den wir jedoch gestalten und damit persönlich machen können. Die möglichen Beschwerden der Wechseljahre sind ebenfalls nicht der Prozess selbst. Dieser besteht aus dem Abbau des *Fruchtbarkeitskörpers,* der Fortpflanzung ermöglicht, um einer anderen Form von Existenz Raum zu geben. Würden wir weiter und weiter Kinder gebären können, so würden unsere Kräfte darin aufgehen. Früher waren die Frauen dankbar, wenn die Zeit der Fruchtbarkeit ein Ende nahm, weil sie diese nicht beeinflussen konnten wie heutige Frauen, die Sexualität auch ohne Schwangerschaften leben können. Doch die Wechseljahre bedeuten nicht nur das Ende einer Funktion, die von einem Teil der Frauen gar nicht gelebt wurde, sondern eine leibhafte Wandlung, die – ob eine Frau nun Kinder hatte oder nicht – Raum für den Prozess persönlicher Vertiefung gibt und eine Geschichte über die Chance von Reifung anbietet.

Wir leben mit der Chance, jede Phase unseres Lebens zu gestalten und zu erfüllen. Das ist ein wunderbares Angebot, das wir aufnehmen oder verpassen können. Viele Menschen leben aber – trotz neuer Modelle – noch immer mit der Idee, dass Lebendigkeit mit Jugendlichkeit gleichzusetzen sei und dass Älterwerden nur ein Prozess von Verlusten bedeute. Wir befinden uns jedoch – wenn wir die Chance aufnehmen – in einem Prozess möglichen Wachstums von Lebensphase zu Lebensphase. Wir möchten vielleicht die Zeit anhalten, um jung zu bleiben, und doch weiterwachsen. Von hier aus gesehen, leben wir wie auf zwei Ebenen – und es geht auch darum, dies wahrzunehmen, um nach dem Abschied von früheren Lebensphasen und von alten gesellschaftlichen Modellen bereit zu werden, auf die neue Frau, die werden will, neugierig zu sein.

Wir können unsere Stressmuster abbauen lernen, unsere körperlichen Reaktionen nicht als aus dem *Feind-Körper* entstammend erleben, sondern als Teil unserer ganzheitlichen Leiblichkeit. Damit wird der Raum frei, uns eine formative Geschichte zu unseren Wechseljahren zu erzählen, etwa: *Meine Beschwerden sind nicht der Prozess der Wechsel-*

jahre selbst, sondern Nebenprodukt eines Formwandels, der eine neue, von körperlicher Fruchtbarkeit unabhängige Gestalt aus sich gebiert. – Ich bin nicht weniger, sondern anders – ich habe als Frau eine neue ganzheitliche Fruchtbarkeit.

Die Wechseljahre sind, verbunden mit dem allgemeinen Reifeprozess, eine Chance, das neue Paradigma der Freundschaft mit unserem Leib und mit unserem Wandlungsprozess einzuüben – als Modell für weitere Prozesse, die mit fortschreitender Reife und mit dem Älterwerden, auf uns zukommen.

Verkörperte Stressmuster abbauen

> *Gelassenheit kann man lernen.*
> *Man braucht dazu nur Offenheit, Motivation,*
> *ein bisschen Ausdauer und vor allem Bereitschaft,*
> *sich von alten, eingefahrenen Bahnen*
> *zu lösen, in denen unser Denken*
> *und Handeln sich häufig bewegt.*
>
> Ludwig Bechstein[96]

Was kann man tun, um mit der sich wandelnden Leiblichkeit umzugehen? Eine erste Antwort gibt wiederum die *Wie-Methode*: Wir können innehalten, unsere Alarm-/Stressreaktionen beeinflussen und vermindern. Während des Übens können wir lernen, nicht ständig hyperadrenalisiert zu sein oder – am Ende des Tages – zu kollabieren, um uns am anderen Morgen wieder in ein Alarmmuster hochzureißen – bis zur totalen Erschöpfung. Ich habe oft mit Klientinnen und Klienten daran gearbeitet, solche Alarmmuster zu vermindern.

Beispielsweise arbeitete ich mit Theo, einem Mann, der sein Leben lang ein Perfektionist gewesen war und sich kaum Freizeit gegönnt hatte. Sein Antreiber hieß: »Beiß auf die Zähne, dann geht's schon.« Seit einigen Jahren ist er jedoch atemlos geworden. Er jagt sich selber hinterher. Er kommt zu mir nach einem leichten Herzinfarkt, der ihn aufgerüttelt hat.

Ich sehe einen Mann vor mir, der sich völlig aus dem Becken hochgezogen hat, das Zwerchfell in der Einatemstellung blockiert, währen der Nacken ganz eingezogen ist. Seine Kiefer presst er in einer mahlenden Bewegung aufeinander. Ich spüre Theos Dilemma. Er strengt sich so sehr an und hat gleichzeitig Angst vor seinem Stressmuster sowie Angst, es abzubauen. Er kommt mit dem Muster in Kontakt, indem er es ein wenig verstärkt. Doch bevor ich etwas sagen kann, lässt er es los und fällt in sich zusammen. Er hat kein Repertoire an Verhaltensnuancen, sondern nur: entweder – oder.

Ich bitte Theo, sich ein wenig aufzurichten, und schon schießt er wieder hoch. Nun erkläre ich ihm, dass es darum geht, ganz winzige Schritte zu machen. Ich leite ihn an, seine Kiefer ein wenig zu lösen und dann zu warten. Er spürt, wie sein Atem etwas tiefer wird. Nun baut er die Spannung in den Lippen etwas ab und nimmt wahr, dass sich die Schultern etwas senken und auch die Brust. Beim nächsten Schritt senkt er sich tiefer in sein Becken. Ich bitte ihn, vom Bauchinnern her einen sanften Druck auf die Bauchwand zu geben und diesen zu halten. Er tut dies in kleinen Schritten, atmet tiefer und richtet sich dabei ganz langsam auf, weitet die Brust. Theo schaut mich halb irritiert, halb amüsiert an und sagt dann: »Es gibt ja noch andere Möglichkeiten, als auf die Zähne zu beißen. Ich bin da und schaue, was mir möglich ist, und nicht mehr, was ich meine zu müssen.«

Das ist eine mögliche neue Geschichte und der Anfang einer intensiven Arbeit des Übens, in der der Alltag zur Übung wurde und die dazu führte, dass Theo sein Pensum reduzierte, öfter wandern ging und erstmals eine intensive Lebensfreude entwickelt. Auch seine Ehe bekam eine neue Qualität liebevoller Zugewandtheit.

Viele Menschen stoßen beim Älterwerden nochmals deutlicher auf eingeschliffene Lebensmuster, die sich als Alarm- und Stressmuster identifizieren lassen. Sie zu beeinflussen und zu reduzieren ist eine wichtige Aufgabe in den späteren Lebensphasen, da die Kräfte weniger werden und wir uns noch schneller erschöpfen, wenn wir nicht sorgfältig mit uns umgehen. Eine 60-jährige Frau erzählte:

»Ich musste mich intensiv mit einem lebensstiltypischen Muster auseinandersetzen, das sich sehr oft zu einem Alarmmuster steigerte. Ich fasste es in die Worte: ›Es reicht nie – du musst immer mehr tun, als verlangt wird.‹ Vor drei Jahren schrieb ich dazu:

Plötzlich erkenne ich, was ich immer beschrieben habe: Ich muss innehalten. Ein wesentlicher Übergang kündigt sich an. Ich brauche nur eines: Ruhe und Besinnung, Muße. Jetzt bin ich in den Bergen, lebe fast nur draußen. Noch immer tickt eine innere Uhr schnell, aber ich dringe langsam zu mir durch, spüre meinen Atemrhythmus wieder deutlicher, die Dehnung meiner Brust, die Wärme im Becken. Noch schmerzen die Glieder, aber die Wärme auf meiner Haut nimmt zu. Ich lasse mich schrittweise tiefer in mein Becken sinken und gebe mir dabei Halt. Ich tue dies Tag für Tag, vermindere damit mein Stressmuster, und langsam spüre ich mich wieder deutlicher – meine Haut, mein Nervenkostüm, meine Muskulatur und mein Skelett sowie die Tiefe meiner Eingeweide. Ich komme bei mir an. Und dann ist mir, als lichte sich meine Umgebung, und meine Blick wird weiter, einschließender. Und ich übe diesen Blick – Tag für Tag.«

Etwas im Leben bewirken und bewegen zu wollen ist ein normales und wichtiges Bedürfnis, das auch im späteren Leben bestehen bleibt, sich jedoch verändert und neue Bedürfnisse hervorbringt. Forcierte Leistungsmuster führen jedoch dazu, dass Menschen ihre Ressourcen ausbeuten und ihre Grenzen übergehen, oft mit Lebensmustern wie *Ich habe nur eine Existenzberechtigung, wenn ich mein Letztes gebe* oder *Man liebt mich nur um meiner Leistungen willen*. So wird die Gefahr, sich ständig zu übergehen und in Alarmmustern zu landen, immer größer. Wer einer stresshaften Übertreibung von Leistung frönt, wird versuchen, sein Tempo zu überhöhen, und gerät so in Übereilung und Hetze und übergeht die eigenen leibhaften Signale, die eine Warnung bedeuten. Darüber hinaus kann es auch zu sozialer Verarmung kommen, da kaum Zeit und Kraft bleiben, ein Beziehungsnetz zu pflegen. Der Druck des immer enger werdenden Lebensrahmens führt häufig zu einem permanenten Gefühl von Bedrohung.

So geht es darum, dass Menschen unter permanentem Stress wieder lernen, die ersten Warnsignale auf- und ernst zu nehmen, und innezuhalten. Dann wird es auch möglich, die somatische Organisation solcher Alarm/-Stressmuster zu beeinflussen.

Während des ganzen Lebens ist es wichtig, Alarm- und Stressmuster zu regulieren. In späteren Lebensphasen können Stressmuster darüber hinaus gefährlicher und belastender werden, da sie der Organismus weniger zu bewältigen vermag.

Dazu möchte ich ein Beispiel geben:

Ein Mann kam im Alter von 55 Jahren zu mir, weil er einen Hörsturz erlitten hatte. Er war braun gebrannt, sehr sportlich und empfand das, was ihm da widerfuhr, als Kränkung durch seinen Körper und durch das Leben überhaupt. Er lebte in einem extrem leistungsbetonten Anspruch, hatte bisher immer Bestqualifikationen für seine Lehrtätigkeit in der Wirtschaft erhalten. Die erste Phase unserer Arbeit bestand darin, dass er mit seiner verminderten Hörleistung umgehen lernte, das Muster der Scham abbauen und die Studierenden auffordern konnte, sich deutlicher zu äußern, lauter zu sprechen, was ihn viel Kraft kostete. Schließlich begriff er, dass Stress seine Hörfähigkeit zusätzlich beeinträchtigte, und er begann, sorgfältiger mit seinem hohen Leistungsmaßstab umzugehen. Das bedeutete viel Arbeit für ihn, vor allem in Hinsicht auf sein Lebensmuster, dass er nur mit Höchstleistungen aufgenommen und geliebt sei.

In diesem Prozess hatte er einen bemerkenswerten Traum: Er kletterte an einem Träger der Golden Gate Bridge hinauf, immer höher, bis er ganz oben war. Dort überblickte er alles, fühlte sich eine Zeit lang glücklich und mächtig. Dann aber merkte er, dass er ganz weit von allen anderen Menschen entfernt war, was ihn erschreckte. Er wollte wieder hinuntersteigen, aber plötzlich gab es keine Verbindung mehr zur Basis des Pfeilers. Er hing da oben und fand keinen Weg mehr.

Wir arbeiteten mit diesem Traum, in dem es darum ging, dass er sich nicht weiter in einem dauernden Stressmuster nach oben zog und keine Verbindung mit seinem Bauch-/Beckenraum mehr hatte und sich so von sich selbst trennte. Schließlich gelang es ihm leibhaft, etwas intensiver »unten« anzukommen und sich in sich selbst zu verankern. Der Mann wusste allerdings noch nicht, wie er dies in seinem Alltag umsetzen sollte. Einige Monate später kam er und sagte: »Ich weiß nicht, warum ich jetzt noch alle meine Kräfte für die Firma einsetzen soll. Ich bringe mich damit um mein eigenes Leben. Ich werde den bisherigen Maßstab von Leistung relativieren und mehr für mich schauen, denn ich möchte auch nach meiner Pensionierung noch eine Leben für mich und meine Partnerschaft haben.« Das war eine wichtige Wende in seinem Reifeprozess. So konnte er sich dann im Alter von 65 Jahren gut von seiner beruflichen Tätigkeit verabschieden, sich eine angemessene Sorgfalt angedeihen lassen und sein Rentenalter sinnvoll gestalten. Das bedeutet: Dieser Mann hatte über seine körperliche Einschränkung die Herausforderung zu persönlichem Wachstum angenommen.

Viele Menschen haben sich heutzutage der Fitness-Kultur verschrieben. Ich möchte hier nicht die ganze Diskussion darüber aufgreifen. Vor allem für ältere Menschen muss aber hinterfragt werden, was oft deutlich sichtbar wird: Die Menschen an den Fitness-Maschinen führen ihre Bewegungen mechanisch aus, haben oft noch einen IPod bzw. ihr Smartphone in Betrieb und bewegen sich eigentlich in völliger Abspaltung von ihrer Wahrnehmung. Doch was wir mit unserem Leib tun, das lernt dieser. Diese Art des Bewegens fördert also den Selbstkontakt nicht, sondern die Trennung von dem, was wir tun, was wieder zu einem permanenten leibhaften Muster von Abspaltung zu werden vermag.

Es gibt also zweierlei Arten zu trainieren: eine mechanische und eine fühlende, im Kontakt mit den eigenen Bewegungen. Vor allem älter werdende Menschen können andere Umgangsformen mit ihrem Körper wählen, darauf achten, mit der Organisation ihrer Bewegungen in Kontakt zu bleiben, als ein neues Einüben von Selbstkontakt beim Trainieren von Beweglichkeit, Kraft und Ausdauer. Das bedeutet, mit den eigenen Bewegungen fühlend mitzugehen. Der nächste Schritt ist zu fragen: *Wie* gestalte/organisiere ich meine Bewegungen? Damit können wir unsere Grenzen besser wahrnehmen, sorgfältiger sein, und das Tempo sowie die Dauer des Übens ebenfalls nach unserem Vermögen regulieren.

Daraus entwickelt sich eine neue Form von Training, die nicht mehr primär auf Leistung, sondern auf eine dem Individuum mit seiner Konstitution, seinem Lebensstil entsprechende Form zur Erhaltung des Selbstkontaktes und von Beweglichkeit, Kraft und Ausdauer in angemessener Weise ausgerichtet ist. Diese Art des Umgangs mit sich selbst ist auf jede Alltagshandlung anwendbar.

Die Sorgfalt im Umgang mit den eigenen Verhaltensmustern lohnt sich. Wir bleiben länger gesund, üben einen sorgfältigen Umgang mit den eigenen Grenzen ein, nehmen Signale der Ermüdung und Überforderung eher wahr. Wenn wir Alarmstressmuster beeinflussen und damit abbauen lernen, werden wir auch fähig, uns eine andere Geschichte zu uns und unserer Lebensgestaltung zu erzählen.

Den Puls von Geben und Empfangen gestalten

Gestern und heute

Gestern
als es hell wurde,
haben mich zum ersten Mal wieder die Amseln geweckt
in der kühlen Morgenluft und die Freude
hat mich beinahe zersprengt

Heute
erwache ich durch mich selber
Jemand hat während der Nacht meine Knochen vertauscht
mit denen einer alten Frau
und mein Herz schwer gemacht.

Ursula Hohler

Untersuchungen zeigen, dass beim Älterwerden die Beziehung zum eigenen Körper immer wichtiger wird. Das Konzept, dass es ein Ich gibt, das einen Körper hat, wird zunehmend untauglicher. Es besteht die Gefahr, den Körper als Widersacher, als Feind zu erleben oder als eine bloße Hülle, mit der nur Unannehmlichkeiten, Einschränkungen und

Schmerzen verbunden sind. Der Körper, der als etwas Abgetrenntes von der eigenen Person erfahren wird, beginnt, ein bedrohliches Eigenleben zu führen.

Viel besser zurecht kommen Menschen beim Älter- und Altwerden, wenn sie davon ausgehen, dass *ich mein Leib bin*. Das ist – wie schon betont – ein völlig anderes Konzept, das davon ausgeht, dass wir nicht nur unser physischer Körper sind, sondern eine lebendige, untrennbare Ganzheit, ein sich wandelnder Prozess, der alles einschließt, was in der Tradition die Aspekte von Körper – Seele – Geist umfasst. So gesehen, ist der Körper als physischer Körper Teil unseres Selbst, Aspekt unserer lebendigen Ganzheit, von der er nicht abgetrennt werden kann. Alles andere ist schon wieder ein Trennungsmodell. In diesem Sinn ist es auch leichter, im Älterwerden mit dem eigenen Köper verbunden und befreundet zu sein, obwohl die Irritationen und Anfechtungen bleiben.[97]

Die in unserer Gesellschaft herrschenden Normen von Jugendlichkeit, Effizienz, Leistungsfähigkeit und Geschwindigkeit, denen ältere Menschen nur mit Mühe, kaum oder gar nicht mehr entsprechen können, tragen zu einer Abspaltung des Körpers bei und dazu, die eigenen Grenzen nicht zu beachten und Stressmuster zu entwickeln, um noch mithalten zu können.

In diesem Zusammenhang ist eines der mächtigsten Muster die *Scham* über das eigene Unvermögen, die eigenen Begrenzungen. Ältere und alte Menschen – vor allem Frauen – schämen sich dafür, dass sie nicht mehr so gut aussehen, dass sie – dies vor allem Männer – nicht mehr so leistungsfähig und schnell sind, dass ihre Beweglichkeit, ihr Gedächtnis, ihre Kontrolle über ihren Körper geschmälert sind, dass sie nicht mehr ohne Weiteres mithalten können. Die Muster von Verbergen und Scham fügen sich zusammen. Menschen verbergen oft sowohl ihr Unvermögen wie auch ihre Scham. Dies bedeutet körperlich ein Schrumpfen – in sich hinein oder von sich weg.

Sie können einmal die leibhafte Form von Scham einnehmen, als ein Schrumpfen in sich hinein, von sich weg. Und Sie können sich auch hier fragen, *wie* Sie es tun und dafür Ihr Scham-Muster intensivieren, um es sich deutlich zu machen und es dann schrittweise wieder zu reduzieren, bis Sie an Ihre eigene Grenze kommen. Vielleicht halten Sie es nicht aus, es ganz abzubauen, weil Sie sich dann ausgestellt fühlen. Wie weit können Sie gehen? Mit der Zeit gelingt es vielleicht, sich etwas mehr Fassung zu geben, um die eigene Grenze zu spüren. – Wenn Sie die Organisation von Scham aufgelöst haben, stellen Sie sich die Frage, wie Sie jetzt da sind. Vielleicht nehmen Sie den Übergang zu einem weichen Stolz wahr – einen Stolz auf sich selbst, auf Ihr Leben.

Scham und Stolz liegen auf einem Kontinuum, sind eine leibhafte Organisation. Es gibt einen »harten« Stolz, der ein Stressmuster darstellt und oft auch dazu gebraucht wird, die Scham zu verbergen: *Ich zeige meine Verletzlichkeit, für die ich mich schäme, nicht – ich versteife mich und weise z. B. alle Hilfe von mir, kann alles selber …* Die Eigenmächtigkeit ist funktional, wenn jemand die eigenen Möglichkeiten realistisch einschätzen kann. Dann handelt es sich nicht um verhärteten Stolz. Es ist menschlich, Herausforderungen aus eigener Kraft zu bestehen und ebenso, Hilfe zu bekommen und anzunehmen, wenn die eigenen Kräfte nicht ausreichen. Beides gibt Sicherheit und Zuversicht.

Eine 70-jährige Frau äußerte dazu, nachdem sie einen Unfall hatte: »Ich muss mich trauen, andere um Hilfe zu bitten, mich nicht im Stolz versteifen, wie ich es von mir kenne. Immerhin kann ich mir sagen, dass ich meine Selbstständigkeit wieder zurückgewinnen werde. Und ein Stück Humor brauche ich auch, um komische Situationen zu überbrücken. Die andere Gefahr wäre, mich in Hilflosigkeit fallen zu lassen, was nicht so zu mir passt, aber durchaus eine Falle sein kann. Die Ungeduld macht mir zu schaffen – die alltäglichen Dinge brauchen viel mehr Zeit, und ich brauche genügend Erfindungsgeist, um mir einen Spielraum von Autonomie zu bewahren. Es ist eine Art ›Grenzschlängeln‹.

Auch wenn ich wieder schneller sein werde, beweglicher, sicherer, effizienter – die Themen sind angesprochen: Langsamkeit, Verlust gewisser körperlicher Kontrolle, Leben mit Einschränkungen und engeren Grenzen, angewiesen sein darauf, dass andere mir ihren Körper ausleihen, Geduld mit mir haben. Ich spüre eine gewisse Einsamkeit mit mir selbst inmitten von leichtfüßigerem Leben jüngerer Menschen. Ich realisiere, dass die körperliche Ebene stärker in den Vordergrund rückt, mehr Sorgfalt und Aufmerksamkeit beansprucht.

Da ist aber auch diese andere Erfahrung mit mir: meine Ungeduld. Irgendwie platze ich noch immer aus allen Nähten vor Ideen und Tatendrang – aber mein Körper hält im Moment nicht mehr mit. Ich komme mir selber nicht mehr nach. Ich bin wie ein Vollblutpferd mit einer Verletzung, das losgaloppieren möchte. So war ich schon immer. Das gehört zu mir. Jetzt muss ich herausfinden, was ich mit diesem unbändigen, temperamentvollen Pferd mache, damit es nicht durchbrennt und mich abwirft. Ach, diese Leidenschaft, die mich immer vorwärtsgedrängt hat! Ich muss sie nicht nur zügeln, sondern auch umwandeln. Ich erfahre, dass ich sie bündeln, aufs Wesentliche ausrichten kann. Die Zeit, in der ich meine Kräfte unbesehen ausgeben konnte, ist vorbei – nicht nur für ein paar Wochen, sondern endgültig. Dieses Bündeln wird in den nächsten Jahren – wenn sie mir gegönnt sind – meine Aufgabe sein. Es geht nicht darum, dieses lebendige Pferd zu töten, sondern es auf andere Weise zu lenken, und schließlich werde ich in diesem Prozess immer mehr Hilfe brauchen.«

Hier zeigt sich noch eine andere Dimension: Einerseits sind wir verkörperte Wesen, andererseits geht es auch darum, dass wir nicht unsere Beschwerden, unsere Einschränkungen und Behinderungen *sind*. Diese sind nicht unsere Person, sondern ein Teil von uns, mit dem wir einen liebevollen und funktionalen Umgang finden können. Menschen sind nicht als Ganzheit *behindert* – das ist nur ein Etikett. Unsere Ganzheit ist mehr als die Einschränkungen, mit denen wir zu leben und mit denen wir einen Umgang zu finden haben – spätestens beim Älterwerden. Das gilt im Übrigen auch für junge Menschen, die mit diesem Problem konfrontiert sind.[98]

Es gibt aber nicht nur den verhärteten Stolz, sondern auch die Besinnung auf die eigenen Ressourcen, Fähigkeiten und gestalterischen Möglichkeiten. Diese liegen vielleicht nicht mehr immer im Bereich der gesellschaftlich anerkannten Qualitäten, sondern erfordern eine Definition *wider den Strom*. Sie mögen die geltenden Normen infrage stellen, Langsamkeit hat einen eigenen Wert, Dasein kann eine andere Form von

Präsenz bedeuten, existenzielle Themen können sichtbar werden. Dies bedeutet, dass auch ältere und alte Menschen einen *weichen* Stolz auf sich entwickeln können und damit ein Bewusstsein, dass auch sie wertvolle Mitglieder der Gemeinschaft zu sein vermögen, in der sie leben.

Dies allerdings ruft nach einem Paradigmenwechsel unserer Gesellschaft. Es braucht eine Differenzierung in der Definition der Fähigkeiten und Beiträge, die Menschen in unterschiedlichen Lebensphasen der Gesellschaft zu geben vermögen. *Alle* Menschen sind Teil dieser Gemeinschaft und müssen ihren Platz darin haben, sonst schneiden wir uns als menschliche Gemeinschaft von wesentlichen Ressourcen ab, die Menschen in allen Lebensphasen beizutragen vermögen. Selbst Menschen, die älter oder sehr alt sind, oder sogar Sterbende sind Gebende und Empfangende.

Wir verstehen den Puls von *Geben und Empfangen* meist als *etwas* geben und empfangen. Dies ist nur ein eingeschränkter Aspekt. Geben bedeutet auch, dass eine Person sich selber gibt – in dem, was sie *ist*. Ein Säugling gibt sich mit seinem Hunger, mit seinem Bedürfnis nach Geborgenheit und Wärme, nicht im Sinne einer Leistung. Ein alter Mensch hat ebenfalls die Möglichkeit, sich zu geben, nicht so sehr in seinem Handeln nach außen, sondern in seinem Sein – in seiner Langsamkeit, seiner Empfänglichkeit, seiner Gebrechlichkeit, seiner Verletzlichkeit, seiner Milde und Liebe sich dadurch auch selber zu empfangen. So bekommen die Qualitäten von Menschen in unterschiedlichen Lebensphasen ihren unverwechselbaren Wert, der sie selbst und das Ganze der Gemeinschaft bereichert.

Als ich etwas über dreißig Jahre alt war, durfte ich eine Frau begleiten, die an einer schweren Erbkrankheit litt. Schließlich lebte sie in einem Pflegeheim, konnte nicht mehr aufstehen und war völlig auf Hilfe und Pflege in allen Belangen angewiesen. Und doch leuchtete mir bei meinen Besuchen eine Person entgegen, ein intensives Strahlen, das ihren gebrechlichen und kranken Körper umgab. Die Ganzheit ihrer Person schloss den kranken Körper mit ein und verwirklichte eine sanfte Präsenz, durch die ich mich beschenkt fühlte. Solche Vorbilder und

Modelle machen Mut, den Weg ins eigene Älter- und Altwerden zu gehen, es zu formen. Auch wenn Gesundheit ein kostbares Gut ist, sie ist nicht das letzte gültige Kriterium für späte Erfüllung.

Jüngere Menschen suchen nach Modellen für Reifen und Altwerden; ältere Menschen erfahren manchmal, dass sie in ihrem Sosein angenommen sind und sich auch als Gebende erfahren dürfen. Sie sind eingebettet in den lebendigen Puls von »Stirb und werde«. Sie lernen von jüngeren Menschen und jüngere von ihnen, dass Lebendigkeit viele Ausdrucksformen hat und Menschen jeder Lebensphase zum Facettenreichtum des Lebens beitragen. Dies ist nicht selbstverständlich, sondern ein gestalterischer Prozess.

Eine der großen Herausforderungen besteht darin, das allgemeingültige Allmachtsparadigma unserer Gesellschaft zu hinterfragen. Spätestens angesichts reif und alt werdender Menschen wird es fragwürdig. Auch die Kontrolle über den eigenen Körper nimmt im Alter ab, meist allmählich und schrittweise. Das betrifft verschiedenste Aspekte wie Beweglichkeit, Gedächtnis, selbstständige Bewältigung des Alltags. Noch immer gibt es auch für alte Menschen kluge Strategien, mit diesem Mangel zurechtzukommen, doch das Angewiesensein auf Hilfe nimmt grundsätzlich zu. Wenn wir die menschliche Gemeinschaft als umfassend verstehen, können und sollen jüngere Menschen ihre eigenen körperlichen Fähigkeiten *ausleihen*, um alte Menschen mitzutragen. Dafür bekommen sie manchmal als Geschenk die ganz andere Art von Präsenz und Verbundenheit älterer Menschen mit den existenziellen Themen des Lebens: die Weite des Lebenshorizontes, die Dankbarkeit für das gelebte Leben und vor allem auch die Endlichkeit unserer Existenz, mit Sterben und Tod, mit dem was darüber hinausgeht, vielleicht auch mit dem grundlegenden Mut, irgendwann selbst in diese neuen Dimensionen hineinzuwachsen. Dies ist die Botschaft, dass Wandlung und Wachstum die Chance haben, bis zum Lebensende anzudauern – ob wir nun früher oder später aus diesem Leben gehen.

Eine über 80-jährige Frau sagte mir vor etwa 30 Jahren, dass sie jetzt die spannendste Wachstumsphase ihres Lebens erlebe – ich habe dies nie vergessen, sondern als Verheißung mit auf meinen Weg genommen.

Als meine 30 Jahre ältere Halbschwester gegen 90 langsam dement wurde, habe ich erlebt, dass sie noch ein lebendiges Innenleben hatte, das sich in Fantasien – Träumen gleich – äußerte, die nicht mehr einem realistischen Weltbezug entsprachen. Doch in ihrer eigenen Welt, zu der ich als Schwester einen Zugang hatte, wuchs sie auf ihre Weise weiter. Es war ihr beschwerlicher und doch sinnvoller Weg zum Tod hin. Nur in naher Berührung mit sehr alten Menschen können wir dieses Geheimnisses teilhaftig werden und eine Spur für unseren eigenen Prozess finden.

Viele alte Menschen, die ich begleiten durfte, haben mir die Zuversicht gegeben, dass es jenseits gängiger gesellschaftlicher Werte ein neues – noch weithin unbekanntes – Land gibt, von dem wir durch alte und sterbende Menschen Kunde erhalten können.

Aus solchen Begegnungen hat sich bei mir eine Zuversicht entwickelt, dass wir bis zum Tod noch die Chance haben, Aspekte und Schichten von uns neu zu leben, die bisher nie Raum dafür haben durften, ins Leben hinein entworfen zu werden.

Geben und Empfangen gestalten immer neue Möglichkeiten und Chancen. Wir können sie – von beiden Seiten – wahrnehmen oder verpassen. Viele Menschen machen solche Erfahrungen auf individueller Ebene. Es geht jedoch auch darum, dass diese Wechselseitigkeit zu einer neuen Haltung in unserer Gemeinschaftlichkeit wird, denn wenn wir unsere Gemeinschaft und Gesellschaft als großen, umgreifenden Organismus begreifen, beruht die Lebendigkeit auf Ausgleich, Kompensation und Unterstützung – und damit auf dem Puls von Geben und Empfangen.

Teil II

LEBENSGESTALTUNG IN DEN VERSCHIEDENEN LEBENSFELDERN

Haben wir im ersten Teil grundlegende Aspekte dargestellt, wie wir unseren Prozess des Älterwerdens auf persönliche Weise formen können, geht es im zweiten Teil um die jetzt anstehenden wichtigsten Lebensaufgaben: um die Gestaltung sowohl der nahen Beziehungen wie auch der Kontakte zu anderen Menschen in entfernteren Beziehungsfeldern; um den Umgang mit den späteren Berufsphasen und den Übergang in die nachberufliche Phase. Das letzte Kapitel ist dann existenziellen Themen und den Lebensaufgaben, die sich nun neu ergeben, gewidmet.

Der erste Teil des Buches bildet die Voraussetzungen dafür, die Gestaltung der Lebensfelder zu bewältigen. Deshalb empfiehlt es sich, bei der Auseinandersetzung mit den Themen des zweiten Teils auf die im ersten dargestellten Aspekte zurückzugreifen.

4. DAS EIGENE BEZIEHUNGSNETZ WEBEN UND PFLEGEN

Einführung

Von Anfang bis Ende unseres Lebens sind wir in unterschiedliche Beziehungsfelder eingebunden. Beziehungen vermitteln uns die Erfahrung, beheimatet zu sein, dazuzugehören und einen Beitrag zum Wohl unseres sozialen Netzes zu leisten. Damit sind auch große Herausforderungen und Wachstumschancen für die Beteiligten verbunden. Nahe Beziehungen sind so lange fruchtbar, als man sich miteinander und aneinander entwickeln kann.

Für das Beziehungsnetz in den späteren Jahren ist es wichtig, bereits in früheren Lebensphasen lebendige Beziehungen aufgebaut zu haben, um sie dann zu pflegen, zu vertiefen und vielleicht auch gewisse Beziehungen zu beenden.

Im Bereich von Partnerschaften gilt es für Paare, einschneidende Veränderungen wie etwa die Ablösung der eigenen Kinder, Krisen und Krankheiten durchzustehen und sich neu zusammenzufinden oder eigene Wege zu gehen und sich vielleicht auf neue Beziehungen einzulassen, die neue Herausforderungen und Chancen bieten. Die von mir im ersten Teil dieses Buches vorgestellten Gesichtspunkte hinsichtlich von Veränderungen und Wandlungen in der zweiten Lebenshälfte mögen in diesen Wendezeiten hilfreich sein.

Zu den wichtigen Themen gehört in diesem Lebensabschnitt, mit den eigenen Kindern eine erwachsene Beziehung aufzubauen, Paarbeziehungen umzuformen, damit Intimität, Erotik und Sexualität auf eine der Lebensphase angemessene Weise gelebt werden können. Neue Beziehungen in späteren Jahren können alte Muster wieder aufleben lassen, es besteht jedoch auch die Chance, aus bisherigen Erfahrungen zu lernen und erfüllende und weniger krisenanfällige Beziehungen zu formen. Eine weitere Herausforderung besteht darin, nach einer Trennung oder nach einem Verlust ein Leben als Single zu leben. Hilfreich in all diesen Prozessen sind die eigenen Ressourcen – etwa das Durchleben und Gestalten bisheriger Wendezeiten mit ihren Herausforderungen und Krisen sowie das Umformen und Differenzieren von Lebensmustern.

Eine weitere Hilfe vermag die Auseinandersetzung mit Familien- und Generationenmustern zu sein, die neben Einschränkungen auch neu zu entdeckende Ressourcen in sich bergen.

Das Lebensfeld Beziehung stellt meist die größte Chance für Glück, Entwicklung und Erfüllung dar.

Dasein ist Mitsein

Beziehungen haben in unserem Leben im besten Fall eine tragende, Geborgenheit und Erfüllung gebende Qualität. Sie fallen uns vor allem im Erwachsenenalter jedoch nicht ohne Engagement zu, auch wenn uns Zuneigung und Liebe, gegenseitiges Verstehen und Unterstützung immer wieder als Geschenke entgegenkommen und wir große Dankbarkeit dafür empfinden mögen. Gleichzeitig ist es wichtig, unsere Beziehungen zu pflegen, wozu auch gehört, Konflikte auszutragen und Lebensprobleme miteinander zu bewältigen. Wir lernen, unsere eigenen wachstumsfördernden Lebensmuster auszugestalten und hinderliche zu hinterfragen und zu verändern. Dies ist eine große Chance vor allem auch im Reifeprozess der späteren Jahre, der uns erlaubt, aufgrund unserer Lebenserfahrungen, Beziehungen zu vertiefen und zu differenzieren und Qualitäten wie Großzügigkeit und Offenheit für Begegnungen mit Menschen zu fördern. Der persönliche Horizont wird auf diese Weise erweitert, Toleranz und Verständnis können wachsen, der Puls von Geben und Empfangen vertieft sich.

Schon Kinder und Jugendliche haben, falls ihre Entwicklung sich entsprechend gestaltete, das Bedürfnis, einen Beitrag zu einem größeren Ganzen – Familie, Schule, weiterer gemeinschaftlicher Kreis – zu leisten. Alles, was sie dazu brauchen, sind Lebensfelder, in denen sie sich einbringen und betätigen können; sich dem Leben zuzuwenden, sich zu engagieren sind die Voraussetzungen für ein subjektiv sinnvolles Leben. Sinn ist nicht etwas, das dem Leben anhaftet – wir sind es selbst, die immer wieder neu Sinn stiften, nicht zuletzt dadurch, dass wir im Leben unsere Beziehungsfelder stets neu gestalten und umformen.

In allen Zeiten, Kulturen und Gesellschaften haben Menschen über Beziehungen nachgedacht, sie unterschiedlich geformt und gelebt und ihnen Bedeutung verliehen. Dazu möchte ich ein Zitat zur hawaiianischen Kultur anführen:

> Das traditionelle Ho'oponopono geht davon aus, dass alle Menschen einer Sippe miteinander einen größeren »Sippenkörper« darstellen und dass jeder Einzelne die Verantwortung dafür trägt, dass es dem Ganzen gut geht. Wann immer es Schwierigkeiten gab, beispielsweise weil jemand »aus der Reihe tanzte« oder krank wurde, betrachtete die Sippe dies nicht als Problem des Betreffenden, sondern als Problem jedes Einzelnen im Stamm. Um die Dinge in Ordnung zu bringen, wurde nicht der Außenseiter oder Kranke verurteilt, im Gegenteil, jeder Einzelne suchte in sich die Ursache für die Schwierigkeiten und baute für den Außenseiter so eine Brücke zum großen Ganzen. Die »Brandmarkung«, die wir heute nur allzu leicht vornehmen, wird den »Außenseitern« erspart. Der Betroffene wird stattdessen integriert, und seine seelischen Kräfte werden angeregt.[99]

Die Sippe als eine Form von Gemeinschaft betont deren einschließende und umfassende Qualität und nennt sie einen Körper, ein lebendiges Ganzes. Ähnlich drückt sich auch der französische Mathematiker und Philosoph Blaise Pascal im 17. Jahrhundert im Rahmen seiner christlichen Grundhaltung aus:

> Gott hat Himmel und Erde geschaffen, aber es fehlt ihnen die Fähigkeit, das Glück ihres Seins zu verstehen. Dann brachte Gott Kreaturen hervor, die das Glück ihrer Existenz begreifen und einen einzigen Körper aus all ihren denkenden Teilen schaffen konnten. Alle Menschen sind die Glieder dieses einen Körpers; um glücklich zu sein, sollen sie in Einklang mit demjenigen Willen leben, der ihre Leben beherrscht. Lasst uns im Einklang mit dieser großen Seele leben und sie mehr als uns lieben!"[100]

Der Psychologe Alfred Adler betonte ebenfalls die Wichtigkeit der Gemeinschaftsidee. Er verstand sie als die notwendige Basis menschlichen Zusammenlebens. *Gemeinschaftsgefühl* oder *Gemeinschaftssinn* ist für Adler die Voraussetzung für ein erfüllendes Leben. Er betrachtete *Einfühlung* und *Verstehen* als wichtige Qualitäten des Gemeinschaftssinns. In anderen Zusammenhängen spricht er von *Identifizierung*:

> ... mit den Augen eines anderen zu sehen, mit den Ohren eines anderen zu hören, mit dem Herzen eines anderen zu fühlen. Das scheint mir eine vorläufig zulässige Definition von dem zu sein, was wir Gemeinschaftsgefühl nennen."[101]

Martin Buber hat in seinem Büchlein *Ich und Du* einen eigenen Begriff für dieses Phänomen kreiert: *Realfantasie.* Dieser paradoxe Begriff bringt die beiden Pole zusammen, welche auch die von Adler beschriebene Qualität der Einfühlung ausmachen: die Realität des anderen in ihrer Eigenart erfassen und gleichzeitig die Person aus der eigenen intuitiven Schau heraus verstehen. Mit Einfühlung oder im buberschen Sinn mit Realfantasie ist ein dialogisches Verstehen im Rahmen des adlerschen Gemeinschaftsgefühls gemeint[102].

Es gibt verschiedene Facetten von Gemeinschaftssinn, die für unser Verständnis von Beziehung hilfreich sind:

Das *Zugehörigkeitsgefühl* ist getragen vom Bedürfnis nach Verbundensein, Geborgen- und Aufgehobensein und hat eine ähnliche Bedeutung wie das *Urvertrauen* nach Erik Erikson und weitet sich zur Überzeugung, Teil eines größeren Ganzen zu sein, und zum Bedürfnis, einen persönlichen Beitrag zu diesem Ganzen zu leisten. Es geht also um Zugehörigkeit zu einem Du, zu einer größeren Gemeinschaft, zur menschlichen Spezies, zur Natur, zu unserer Welt und schließlich zum Kosmos.

Auch *Selbstwertgefühl* und *Selbstakzeptanz* gehören als der andere Pol zum Gemeinschaftssinn und bestehen in der Überzeugung, einzigartig zu sein und sich im Leben durch das Einbringen der eigenen Möglichkeiten und Fähigkeiten zu verwirklichen.

Ein weiterer Aspekt sind das *Verantwortungsgefühl* für die eigene Person und das eigene Leben sowie die Mitverantwortung für die verschiedenen Beziehungsfelder, ohne die Eigenverantwortung anderer Menschen anzutasten. Verantwortung umfasst auch, sich um unsere Welt zu sorgen und zum Wohlergehen zukünftiger Generationen im Sinne eines Generationenvertrags beizutragen.

Schließlich geht es noch um eine weitere Grundüberzeugung, nämlich den Wert, der uns durch unsere einfache Existenz zukommt und der sich auch auf alle anderen überträgt, als Menschen, die einander *gleichwertig* und *ebenbürtig* sind. Dies bleibt in unserer globalisierten Welt eine große und wichtige Herausforderung.

Das Gemeinschaftsgefühl umfasst also viele Ebenen und ist eine positive und lebensfördernde Perspektive. Es ist zu unterscheiden vom kollektiven Druck, sich in einer Gruppe konform zu verhalten, die keiner persönlichen Autonomie Raum lässt und damit auch keine Verbundenheit ermöglicht, denn diese ist nur auf dem Boden von Eigenständigkeit möglich. Der Gemeinschaftssinn ist auch nicht zu verwechseln mit individueller Überverantwortlichkeit, die Gefahr läuft, sich für andere aufzugeben, und damit deren Selbstverantwortung unterläuft.

Gemeinschaftssinn ist auch für älter werdende Menschen sehr wichtig, denn er ist im Hinblick auf die Gesellschaft Werte schaffend und Werte erhaltend. Ältere Personen haben zunächst die Aufgabe, für die positiven traditionellen Werte einzustehen, da sie sich derer stärker bewusst sind als die jüngeren Generationen. Zugleich ist es auch eine zentrale Aufgabe, die Zukunft im Blick zu behalten. Immer wieder sagen Menschen in späteren Lebensphasen: *Ich werde ja die Zukunft nicht mehr erleben.* Und doch ist es von großer Bedeutung, sich auch für das Wohl der kommenden Generationen einzusetzen, Mentor und Mentorin zu werden, die eigenen Kompetenzen und Lebenserfahrungen großzügig weiterzugeben und gleichzeitig den jüngeren Generationen Raum und Verantwortung für die Gestaltung der Zukunft zu übergeben. So kann ein lebendiges Geben und Empfangen zwischen den Generationen gebildet werden, ein Dasein und Mitsein.

So ist auch das adlersche Gemeinschaftsgefühl nicht nur ein Gefühl, sondern eine ganzheitliche leibhafte Realität, die sich zwischen den Polen von Verschmelzung oder Symbiose mit dem Gegenüber und völliger Isolation von ihm befindet und die Gleichzeitigkeit von Verbundensein und Autonomie bedeutet.

Ich komme noch einmal auf den jüdischen Religionsphilosophen Martin Buber zurück. 1910 veröffentlichte er ein schmales Bändchen mit dem Titel *Ich und Du*. Gemeinschaftsgefühl ließe sich ein Stück weit mit seinem *Grundwort Ich-Du*[103] vergleichen, *das mit der ganzen Person gesprochen* werden muss und einen unmittelbaren Dialog zwischen zwei Menschen oder zwischen Menschen und anderen Lebewesen meint und als Begegnung zu verstehen ist. Die *Ich-Es-Beziehung*[104] hingegen besteht aus einer in gewissen Zusammenhängen wichtigen Haltung, die das Gegenüber zu einem beobachtbaren Objekt macht, wie es die Wissenschaften kennen.[105] Im Grundwort *Ich-Du* kann ich mich auch befinden, wenn es um die Natur geht. Auch hier kann ich das Gegenüber objektivieren oder ihm begegnen. Dazu möchte ich einen Text von Buber zitieren:

> Ich betrachte einen Baum.
> Ich kann ihn als Bild aufnehmen: starrender Pfeiler im Anprall des Lichts, oder das spritzende Gegrün von der Sanftmut des blauen Grundsilbers durchflossen.
> Ich kann ihn als Bewegung verspüren: das flutende Geäder am haftenden und strebenden Kern, Saugen der Wurzeln, Atmen der Blätter, unendlicher Verkehr mit Erde und Luft – und das dunkle Wachsen selber.

> Ich kann ihn in eine Gattung einreihen und als Exemplar beobachten, auf Bau und Lebensweise (...)
> In all dem bleibt der Baum mein Gegenstand und hat seinen Platz und seine Frist, seine Art und Beschaffenheit.
> Es kann aber auch geschehen, aus Willen und Gnade in einem, dass ich, den Baum betrachtend, in die Beziehung zu ihm eingefasst werde, und nun ist er kein Es mehr. Die Macht der Ausschließlichkeit hat mich ergriffen. Dazu tut nicht not, dass ich auf irgendeine der Weisen meiner Betrachtung verzichte. Es gibt nichts, wovon ich absehen müsste, um zu sehen, und kein Wissen, das ich zu vergessen hätte. Vielmehr ist alles, Bild und Bewegung, Gattung und Exemplar, Gesetz und Zahl, mit darin, ununterscheidbar vereinigt. (...)
> Kein Eindruck ist der Baum, kein Spiel meiner Vorstellung, kein Stimmungswert, sondern er leibt mir gegenüber und hat mit mir zu schaffen, wie ich mit ihm – nur anders.
> Man suche den Sinn der Beziehung nicht zu entkräften: Beziehung ist Gegenseitigkeit. (...)[106]

Dies ist Beziehungsqualität von Begegnung, die wir vielleicht nur momentweise halten können. Und doch sind diese Augenblicke in Beziehungen zu einem Du eine Kostbarkeit, die einer Beziehung Tiefe und Tragfähigkeit zu geben vermag und wie eine musikalische Komposition nicht in Töne zerlegbar ist, sondern nur als ganze Musik zur Begegnung wird, die uns bereichert und bewegt. Wir erfahren das Gegenüber nicht, sondern stehen in Beziehung zu ihm. Wenn wir mit einem geliebten Menschen zusammenleben, können Konflikte diese Qualität von Begegnung verunmöglichen. Und doch gibt es, wenn wir die Beziehung trotz allem durchhalten, *Kippmomente*[107], in denen wir unser Gegenüber ganz anders erleben – es in neuem Licht erfahren. Diese Augenblicke sind kostbar und geben uns Mut zur Weitergestaltung einer noch so schwierigen, konflikthaften Beziehung. So können wir auch in lange dauernden Verbindungen immer wieder für Augenblicke offen sein, die zu tiefen und beide Personen umfassenden Begegnungen zu werden vermögen und uns erfüllen und nähren.

In den letzten Jahren haben sich auch die Neurobiologie und darauf basierend auch wieder die Psychologie ausführlich mit dem Thema von Beziehung befasst. Mit dem Buch *Warum ich fühle, was du fühlst* von Joachim Bauer wurde die Theorie der Spiegelneuronen eingeführt. Diese Neuronen ermöglichen uns Einfühlung in andere Menschen, garantieren sie aber nicht. Die Fähigkeit, wahrzunehmen, was eine andere Person fühlt, kann konstruktiv eingesetzt oder für Manipulationszwecke missbraucht werden. Die Biologie determiniert uns nicht, sondern gibt eine Basis, macht sozusagen ein Angebot, das wir auf unterschiedliche Weise nutzen können. Das Buch *Wer wir sind und wer wir sein können* von Gerald Hüther beispielsweise zeigt auf, wie wir mit unserer biologischen Ausstattung umgehen können, um sie grundsätzlich zum Wohl von Gemeinschaft einzusetzen, und auch das formative Konzept widmet sich dieser Aufgabe.

Zum Schluss zitiere ich deshalb einen Text von Hüther:

> So ist in den letzten Jahren deutlich geworden, wie eng und untrennbar das Gehirn und der Körper miteinander verbunden und voneinander abhängig sind und sich wechselseitig auf allen Ebenen beeinflussen. Gehirn und Körper bilden eine untrennbare Einheit, und jeder Versuch, das eine zu beschreiben, ohne das andere einzubeziehen, muss daher als unzulässige Reduktion betrachtet werden. Das Gleiche gilt, auch das machen die Erkenntnisse der Neurobiologie deutlich, in gleicher Weise für alle Versuche, das Gehirn eines Menschen außerhalb seines sozialen Kontextes zu betrachten, in dem der betreffende Mensch aufgewachsen ist und lebt. (...) Unser Gehirn ist also in viel stärkerem Maß als bisher angenommen ein soziales, kulturell geformtes Konstrukt.[108]

Beziehungen aufbauen, halten und umformen

Der Tiefenpsychologe Alfred Adler hat im Zusammenhang mit seinem Verständnis von Gemeinschaftsgefühl auch die wichtigen *Lebensaufgaben* für erwachsene Menschen benannt:

- Nahe Beziehungen, d. h. Partnerschaft, Liebe, Ehe und Familie.
- Der größere Kreis der Gemeinschaft, Freundschaft, Kollegenschaft, gemeinschaftliches Leben in verschiedenen Lebenskreisen.
- Arbeit und Beruf, Arbeitsbeziehungen, Teams, Mitarbeiterkreis.

Die verschiedenen Lebensaufgaben variieren in ihrer Bedeutsamkeit je nach Person und Lebensphase, und es findet deshalb eine ständige Schwerpunktverschiebung zwischen den einzelnen Bereichen statt. Einmal mag der Beruf, dann eine Partnerschaft oder die Familie am wichtigsten sein. Im späteren Leben geht die Familienphase zu Ende, mit der Pensionierung kommt es zum Abschied vom Beruf, und Enkel können die Familie auf neue Weise bedeutsam werden lassen. In einem Leben als Single werden oft weitere Beziehungsnetze, verbunden mit einem anderen persönlichen Einsatz, oder die beruflichen Lebensbereiche besonders wichtig.

Adler sah die Lebensaufgaben vor allem als Beziehungsaufgaben, auch im Bereich des Berufes. Das ist bemerkenswert, vor allem auch als Botschaft an unsere Zeit. Was wir tun, wie wir uns in unseren Lebensfeldern verhalten, ist ein Beitrag zum allgemeinen Wohl, wie klein die Zelle auch sein mag, in der wir uns bewegen. Gleichzeitig ist es so, dass wir nur als Teil von Gemeinschaften existieren können, auch wenn wir ganz allein leben. Selbst Einsiedler hatten in den verschiedensten Kulturen immer auch eine gesellschaftliche Bedeutung und Aufgabe.

Für junge Menschen ist es vor allem wichtig, sich in die Welt hinaus zu entwerfen, sich eine Existenzgrundlage zu schaffen, Freundschaften zu pflegen und eine Zukunftsperspektive mit oder ohne Partnerschaft/Familie zu kreieren. Da es heute kein lineares soziologisches Lebensmodell mehr gibt, haben Paare früh oder spät Kinder, leben in wechselnden partnerschaftlichen und familiären Modellen, und selbst der Beruf ist keine feste Größe mehr. In diesem dynamischen Feld gilt es, sich weiterzuentwickeln und die Lebensaufgaben ebenfalls als sich ständig verändernde Herausforderungen zu begreifen.

So ergeben sich in der ersten Lebenshälfte immer wieder folgende Themen und Fragestellungen, mit denen auch Klientinnen und Klienten in eine Beratung oder Therapie kommen:

- Wozu bin ich geeignet? Identitätskrisen im Beruf: Ein neuer Job? Eine Weiterbildung?
- Burn-out. Neuorientierung in Beziehung und Beruf (ohne Kinder).
- Familiengründung oder Karriereplanung? Welches ist mein/unser nächster Schritt in der Gestaltung der Lebensaufgaben?
- Wie soll es weitergehen mit uns? Krisen in der Partnerschaft – Trennung oder Zusammenbleiben?
- Die biologische Uhr tickt! Kinderwunsch, biologische Grenze, Partnerschaft und Beruf.
- Wie bringe ich alles unter einen Hut? Umgang mit Mehrfachbelastung durch Familie und Beruf.
- Wer nimmt wie an der Alltagsarbeit teil? Partnerschaftskrisen zwischen Berufs- und Familienarbeit.
- Du gibst immer nach! Partnerschaft im Spannungsfeld der Erziehung.
- Womit haben wir das verdient? Große Krisen im Zusammenleben mit Kindern – Zusammenhalten in der Partnerschaft, Überforderung und Trennungsgefahr.
- Wieder allein. Lebensgestaltung nach einer Trennung oder Scheidung mit und ohne Kinder.
- Jetzt wird alles gut! Wagnis einer neuen Beziehung – Hoffnungen und Ängste. Wie kann ich meine bisherigen Beziehungserfahrungen umsetzen, ohne ständig alte Muster zu wiederholen?

Der Übergang in die Reifephase der zweiten Lebenshälfte wird ebenfalls sehr unterschiedlich gestaltet. Da haben die einen Paare noch unmündige Kinder, andere bereits Enkelkinder, die eigenen Eltern sind noch rüstig oder bereits gebrechlich, die einen sind gesund, andere haben schon Krankheiten oder Schicksalsschläge erlebt. Früher oder später geht es immer um tief greifende Veränderungen in der Gestaltung der Lebensaufgaben mit den Hintergrundfragen:

- Was ist mir dort, wo ich bin, für mein Leben wichtig?
- Wie möchte ich mein Leben weiter gestalten?

- Wie möchte ich jetzt mein Beziehungsnetz gestalten?
- Was für eine Person möchte ich aus mir herausformen?

Diese Fragen wirken sich auf die Gestaltung der verschiedenen Lebensaufgaben aus. Auch dafür habe ich entsprechende mögliche Themen und Fragen formuliert:

- Die Kinder gehen – und jetzt? Einen neuen Lebenssinn finden.
- Berufliche Perspektiven – wie soll das gehen? Wiedereinstieg – Neuorientierung – Weiterbildung – Frühpensionierung?
- Jetzt geht's um mich! – Identitätskrisen, Identitätsfindung im Prozess des Älterwerdens.
- Du bist nicht mehr die Frau/der Mann die/den ich geheiratet habe! Neugestaltung und Wachstum der Beziehung – wie?
- Wollen wir zusammen alt werden? Lebensperspektiven unter dem Blickwinkel von Alter und Vergänglichkeit.
- Die alten Wunden: Umgang mit Verletzungen aus verschiedenen Phasen des persönlichen und partnerschaftlichen Lebens.
- Wenn die Kräfte begrenzter werden: einen neuen Kräftehaushalt in Bezug auf die verschiedenen Lebensbereiche ausformen.
- Ungleichzeitigkeit in Beruf und Privatleben im Hinblick auf das Rentenalter: Ängste und Hoffnungen in Bezug auf eine neue Form des Zusammenlebens ohne berufliche Tätigkeit von Partner oder Partnerin.
- Ein neues Lebensgeschenk: Enkelkinder.
- Wie weiter? Neuer Lebenssinn und neue Lebensgestaltung in der nachberuflichen Phase.
- Allein leben? Alleinsein im späteren Leben und die Bedeutung des sozialen Netzes.

Das Wichtigste ist es, die Lebensaufgaben als dynamische Gestaltungsfelder, als Beziehungsnetze zu verstehen und zu gestalten, in denen wir uns engagieren, Herausforderungen aktiv angehen, Erfüllung finden und in gegenseitigem Geben und Empfangen leben können.

Die folgende Zusammenstellung mag zur Gestaltung der reifen Erwachsenenphase weitere Anregungen geben:

Beziehung zu sich selbst
- Beziehung zur *genetischen Mitgift* neu betrachten
- Den verkörperten Lebensstil weiter- und umformen
- Bilanz ziehen und neue Lebensperspektiven schaffen
- Ressourcen finden und einbeziehen
- Das eigene Potenzial entwickeln
  Die Person aus mir herausformen, die ich zu sein vermag

Beziehung in der Partnerschaft
- Abschied vom romantischen Liebesideal
- Arbeit an den verkörperten Paarmustern
- Abschied von der unmittelbaren Familienaufgabe als Eltern
- Erotik – Sexualität – Intimität neu gestalten
- Den Rhythmus von »Geben – Empfangen« sorgfältig formen
- Die Beziehung aus der neuen Lebensphase heraus gestalten
- Partnerschaftliche Perspektiven für das Alter bilden
  Durch gemeinsames Wachstum eine reife Beziehung formen

Beziehung zu den eigenen Kindern
- Begleitung der eigenen Kinder ins Erwachsenenalter
- Ablösung von den Erziehungsaufgaben
- »Die Kinder in die Welt hinaus gebären«
- Evtl. Zurücktreten ins *dritte Glied*
  Eine Beziehung »Erwachsene zu Erwachsenen« mit den eigenen Kindern formen

Beziehung zu den eigenen Eltern
- Endgültiger Abschied von unerfüllten Beziehungswünschen
- Sich von der Erwachsenenebene her auf die Eltern beziehen
- Die Eltern ins Alter/Sterben begleiten
- Abschied von den Eltern

- Auseinandersetzung mit dem inneren und äußeren Erbe
  Eine reife Beziehung zu den eigenen Eltern formen

Beziehung zu den Vorfahren und Ahnen
- Generationenmuster aufnehmen und umformen
- Einschränkende Generationenmuster abbauen
- Gestaltungskräfte und Ressourcen aufnehmen
- Eine eigene Sicht des familiären Kontinuums gewinnen
  Den Generationenrhythmus von »Empfangen – Umgestalten – Weitergeben« bewusst gestalten

Beziehung zur näheren Gemeinschaft
- Das persönliche soziale Netz pflegen und Erfahrungen miteinander teilen
- Lebensfreundschaften erhalten und nährende Beziehungen bewusst wählen
- Für den Rhythmus *Geben – Empfangen* Sorge tragen
  Gegenseitige Unterstützung im Wachstumsprozess von einer Lebensphase zur nächsten aufbauen

Beziehung zum eigenen Beruf
- Bilanz ziehen
- Was will ich jetzt noch tun? Was ist mir wichtig?
- Neue Prioritäten setzen
- Evtl. Neuorientierung im Berufsfeld oder Wiedereinstieg in den Beruf (für Frauen)
  Berufsfeld, wenn möglich, nach eigenen Bedürfnissen, Begabungen und neu sich bildenden persönlichen Qualitäten wählen und bilden

Wenn wir uns diesen Themen im Prozess des Älterwerdens als Chance von Reifung und Vertiefung stellen, haben wir die Möglichkeit, ein erfüllendes Leben zu gestalten.

*Ein eigenes Leben nach der ersten Lebenshälfte
und der Familienphase aufnehmen*

Beziehungen können heute auf die verschiedenste Weise gelebt werden. Es gibt nicht mehr – wie noch vor hundert Jahren – eine festgelegte Abfolge der soziologisch bestimmten Lebensphasen, in welche die Menschen eingebunden waren. Sie können heute ihren Lebenslauf individuell gestalten, was einen größeren Spielraum und auch mehr Selbstverantwortung bedeutet. Nun können sich beide Geschlechter erlauben, Singles zu sein, ohne diskriminiert zu werden. Kinderlosigkeit ist zu einer echten Option geworden, während andererseits zunehmend technologische Verfahren bei einer biologisch begründeten Unfruchtbarkeit Abhilfe schaffen können. Frauen und auch Männer warten oft immer länger, bis sie sich entschließen, eine Familie zu gründen. Die genannten Aspekte bringen es mit sich, dass immer mehr Menschen beider Geschlechter in mehr als einer Beziehung Kinder haben. Die Zahl der Patchworkfamilien nimmt ebenso zu wie die Einelternfamilien und die Lebensform als Single.

Die Auflockerung der alten Strukturen brachte aber auch eine rasch zunehmende Flexibilisierung der Lebensläufe mit sich. So kommt es, dass heute Menschen beider Geschlechter zeitweise Singles sind, in einer Partnerschaft leben, vielleicht sogar eine Familie gründen, sich trennen, wieder als Singles leben und nochmals eine Verbindung eingehen – mit einem neuen Partner/einer neuen Partnerin mit oder ohne Kinder. Zudem können heute auch gleichgeschlechtliche Paare ganz offen zusammenleben und ihre Beziehung legalisieren. Sie haben zunehmend auch Kinder in verschiedensten Konstellationen. So kenne ich einen Mann, der mit einem Partner zusammenlebt und ein Kind von einer Frau hat, die in einer lesbischen Beziehung lebt. Auf diese Weise entstehen heute immer mehr neuartige Beziehungsformen mit und ohne Kinder.

Deshalb gibt es keinen soziologisch festgelegten Lebenslauf mehr, sondern viele mögliche gelebte Lebensgestaltungen innerhalb der Lebensspanne. So kann die eine Frau bereits Mitte 40 Großmutter sein, während eine andere noch Kleinkinder hat. Oder eine Frau von 60 Jahren kann bereits Enkel in der Adoleszenz haben, während eine andere Kinder im selben Alter oder beides im Rahmen einer Patchworkfamilie hat. Ebenso denkbar ist, dass sie als Single, alleinerziehend, in einer Lebenspartnerschaft oder in einer neuen Beziehung lebt. Frauen können heute ältere, aber auch jüngere Partner haben. Dadurch ist es, gesellschaftlich gesehen, für beide Geschlechter einfacher, Single oder geschieden zu sein, Beziehungen zum eigenen und anderen Geschlecht zu haben oder beides zu leben. Lebensläufe werden nicht mehr linear gesehen und gelebt, sondern multidirektional.

Zu den wichtigen Themen gehört in familialen Bezügen die Besinnung auf das eigene Leben nach der Kindheitsphase der eigenen Kinder. Sie wird von Eltern unterschiedlich gestaltet, je nach der Lebensphase, in der sie sich befinden, je nach familiärem und gesellschaftlichem Hintergrund. Früher oder später stellen sich Fragen wie etwa die folgenden:

- Habe ich meine bisherige Lebensvision und Pläne erfüllen können?
- Wie geht es mir als Mutter oder Vater mit meinen nun erwachsenen Kindern?
- Was haben die Kinder bisher aus dem gemacht, was ich ihnen mitgeben wollte?
- Haben die Kinder das, was ich/wir für sie wollten, genutzt, verworfen, dagegengearbeitet? Muss ich Sorge haben, dass sie es nicht oder nur sehr schwer schaffen? Oder haben sie einen völlig neuen Weg gefunden?
- Bin ich dabei, mein eigenes Leben zu gestalten – auch wenn es anders ist als das, was ich erwartete?
- Bin ich stolz auf die Kinder, habe Freude an ihnen? Oder empfinde ich Enttäuschung, Scham, Schmerz, Trauer?
- Wie fühle ich und was für eine Körperhaltung nehme ich ein, wenn ich zurück auf die Familienzeit blicke? Wie sehe ich Gegenwart und Zukunft ohne Kinder in unmittelbarer Nähe?

Es ist wohl einer der größten Wünsche von Eltern, dass die Kinder *es schaffen*. Dabei haben sie oft mehr oder weniger präzise Vorstellungen davon, wie die Zukunft der Kinder aussehen, oder wenigstens, wie sie *nicht* aussehen sollte. So kann der Weg, den die Kinder einschlagen, nochmals eine Herausforderung für die Eltern sein. Sie sehen sich konfrontiert mit Ängsten, Zweifeln oder mit Wut und Enttäuschung, vielleicht auch mit eigener Engherzigkeit. Sie begegnen eventuell ihren Vorurteilen, den eigenen unerfüllten Wünschen und Träumen oder quälen sich mit Schuldgefühlen, während andere Eltern in ihren Augen scheinbar nur stolz und glücklich sein können. Die Mutter einer psychisch kranken Tochter sagte mir dazu:

»Es tut mir so weh, wenn andere Eltern die Fotos ihrer erwachsenen Kinder zeigen und von deren Ausbildungen und Erfolgen erzählen und dann fragen: »Und was studiert Ihre Tochter?«

Eine große Herausforderung ist es, die eigenen erwachsenen Kinder in ihr Leben zu entlassen, auch wenn dieses Leben so anders verläuft, als wir es uns vorgestellt haben, und uns vielleicht auch Schmerz bereitet. Die wohl größte Schwierigkeit vor allem von Müttern besteht darin, nicht in die Falle großer Schuldgefühle zu geraten. Dies heißt nicht, dass wir Geschehenes nicht bedauern können. Hier ist es wichtig, sich auch den Gesprächen und Auseinandersetzungen mit den erwachsenen Kindern zu stellen, um eine neue erwachsene Beziehung mit ihnen aufzubauen und vom Kind, das sie waren, Abschied zu nehmen.

Nach dem äußeren wie inneren Abschied geht es noch einmal darum, sich intensiv den persönlichen Lebensvisionen zuzuwenden und sich mit den eigenen gewohnten Lebensmustern auseinanderzusetzen, sie vielleicht auf neue Perspektiven hin zu verändern.

Vielleicht besteht die Versuchung, über die erwachsenen Kinder, über ihre Tüchtigkeit, Intelligenz, ihren Erfolg eine Art Selbstbestätigung zu finden. Die Freude und Genugtuung über ein gelingendes Leben der Kinder sind menschlich, werden aber zu einer Bürde, wenn die erwachsenen Kinder die Aufgabe haben, die Eltern zu stabilisieren und aufzuwerten. Es ist eine Herausforderung für die Eltern in der nachfamiliale Phase, sich weitgehend aus sich selbst heraus zu stärken und jedes der Kinder ins eigene erwachsene Leben zu entlassen. Das gilt auch für diejenigen Kinder, die nicht den Erwartungen der Eltern entsprechen, vielleicht weil sie einen schwierigen Weg gehen, Umwege machen. Sie zu entlassen bedeutet jedoch nicht, sie fallen zu lassen, sondern mit ihnen eine fruchtbare Form der Verbindung zu finden, die auf Gegenseitigkeit beruht. Selbst getrennte Paare bleiben Eltern – auch im nachfamilialen Leben.

Eine andere Herausforderung besteht darin, dass Eltern oder auch nur ein Elternteil manchmal vom eigenen erwachsenen Kind weiterhin auf die Rolle der »Kindheitsmutter« oder des »Kindheitsvaters«, also der Eltern, die sie in der Familienphase waren, festgelegt bleiben. Diese Eltern haben dann die Aufgabe, trotz solcherart Zuschreibungen in die Haltung als Mutter oder Vater eines erwachsenen Kindes hineinzuwachsen. Oder eine Tochter, ein Sohn bleibt selber in Kindheitsmustern stecken. Dann stellt sich die Frage, was für eine Grundhaltung dieses Kind von den Eltern braucht, damit es die Chance hat, den Schritt in eine erwachsene Haltung zu wagen – und was die Eltern für sich selber brauchen, um ihr eigenes Leben zu leben.

Die Ablösungsschritte der Kinder nicht nur in der Jugendzeit, sondern auch im Erwachsenenalter gehen in Etappen vor sich – schneller oder langsamer, als die Eltern es sich vielleicht wünschen, und mit mehr oder weniger Konflikten. Auch die Art und Weise, *wie* Kinder den Weg in die Welt hinausgehen, mag eine Herausforderung sein. Es gibt junge Leute, die sich nur mit einem Bruch der Beziehung zu ihren Eltern verabschieden können und erst einige Zeit später wieder etwas von sich hören lassen. Andere ziehen in Wohngemeinschaften, mit Freund oder Freundin zusammen, ziehen um in andere Städte, gehen ins Ausland oder wandern aus. Manche Kinder kommen zwischendurch zurück, wohnen als Übergangslösung wieder für Wochen oder Monate »daheim«, vielleicht um vor einem Neustart durchzuatmen oder um sich in einer Krise zu fangen. Es ist eine Übergangslösung, vielleicht eine Zeit des Zur-Ruhe-Kommens oder des Sichfangens in einer Krise. In dieser Situation tauchen fast unabwendbar alte Verhaltensmuster auf, verbunden mit der Versuchung, sich wieder an eine Art Alltagsbeziehung oder Hintergrundbeziehung zu gewöhnen. Es geht hier vor allem darum, sich nicht erneut zu verlieren, sondern neue Verhaltensweisen, wie sie unter Erwachsenen angemessen sind, zu formen und zu halten. Manchmal ist es auch nötig, erwachsenen Kindern länger als erwartet Halt zu geben. In diesem Zusammenhang arbeite ich immer wieder mit den Mustern von Festhalten oder Klammern, und wie sie beeinflusst werden können.

So etwa mit einer Mutter, die es der erwachsenen Tochter, die wieder nach Hause zurückgekehrt war, so bequem machte, dass diese hängen blieb und sich verwöhnen ließ. Bald zog auch ihr Freund ein. Nach geraumer Zeit wurde die Mutter ärgerlich, denn das junge Paar ließ sich gemütlich nieder, besetzte Küche und Wohnzimmer, nahm aber kaum Notiz von der Mutter. Als diese sich zu wehren begann, kam es zu Konflikten, die eskalierten. So kam diese Frau zu mir, um mit den Streitereien besser umgehen zu können. In unserer Arbeit stießen wir schließlich auf das Klammermuster der Mutter. »Ich habe einfach Angst, dass meine Tochter geht, obwohl ich weiß, dass es Zeit ist.«

Ich ließ die Frau mit den Händen das Muster von Festhalten und Klammern aufbauen und intensivieren. Sie nahm wahr, dass sie nicht nur mit den Händen, sondern mit ihrem ganzen Körper festhielt und klammerte, bis ein eigentlicher Spasmus entstand und sie sich völlig verengte. Als sie damit begann, die Intensität zu reduzieren, von Klammern zu Festhalten, dann zu Halten, machte sie die Erfahrung, dass sie weiter, weicher und wärmer wurde. Als sie bei einem sanften Halten angekommen war, kamen ihr die Tränen und sie meinte: »Ich habe sie doch gern, meine Tochter – und ich habe das gar nicht mehr gespürt. Es ging nur noch um mich. Jetzt kann ich ihr sagen: In mir werde ich immer einen Halteplatz für dich haben. Ich habe dich lieb. Geh deinen Weg. Ja, das werde ich mir immer wieder sagen und diese Übung machen.« Einen Monat später zog die Tochter mit ihrem Freund in eine eigene Wohnung. Und die Frau fand allmählich eine neue, lebendige Beziehung zu sich und einen neuen Lebensentwurf.

Auch wenn Kinder junge und mittlere Erwachsene sind, mag es Zeiten geben, in denen sie Unterstützung brauchen, die jedoch nicht wieder zu einer inneren Abhängigkeiten führen darf. Weitere Schritte ins Erwachsenenleben, welche die Beziehung zwischen Eltern und Kindern umgestalten, geschehen, wenn die Kinder feste Bindungen eingehen und allenfalls sogar heiraten und wenn dann die eigene Tochter Mutter oder der Sohn Vater wird. Diese Entwicklungsschritte können mehr oder weniger Nähe bedeuten, das Aufweichen oder nochmalige Verhärten alter Beziehungsmuster. Und doch ist diese Wendezeit eine Chance für die leibhafte Ausgestaltung einer erwachsenen Beziehung, in der die früheren Beziehungsmuster umgestaltet werden und die Beteiligten allmählich eine neue lebendige Form zu finden vermögen. Wenn Eltern Großeltern werden, ist dies ein Geschenk ihrer eigenen Kinder, und sie treten damit in ein anderes Glied der Generationenkette. Dasselbe geschieht auf andere Weise, wenn die eigenen Eltern krank werden und sterben.

Heute gestalten Männer und vor allem Frauen ihre postfamiliale Lebenszeit sehr unterschiedlich, weil es diese nie zuvor da gewesene Diversität an Lebensentwürfen gibt. Die Vielfalt an Startpositionen nach der Familienphase ist also groß, doch immer bleibt die Herausforderung, nach einem Leben für die Familie einen neuen und eigenen Entwurf zu gestalten. Dies betrifft jedoch nicht nur Eltern, sondern auch Personen, die als Paten oder Wahleltern Kinder begleitet haben. Auch für sie beginnt ein neuer Lebensabschnitt.

Manchmal stellt sich die Frage – für Frauen wohl immer noch dringlicher als für Männer – wie viel eigenes Leben sie sich herausnehmen können im *Sandwich* zwischen eigenen Bedürfnissen, Partner/Partnerin, Kindern mit Enkeln und eigenen, bedürftig werdenden Eltern und Schwiegereltern. Dazu möchte ich ein Beispiel geben:

Eine Frau um die 60, Lena, kam zu mir, weil sie sich sehr bedrängt fühlte. Sie hatte nach der Familienphase angefangen, Kindern mit Lernschwierigkeiten Nachhilfeunterricht zu geben, was sie sehr erfüllte. Da wurde ihre Schwiegermutter krank. Lena wollte ihre neu errungene Freiheit nicht aufgeben und behielt trotz Pflege der Schwiegermutter ihre berufliche Tätigkeit bei. Als diese starb, nahmen sie und ihr Mann den Schwiegervater bei sich auf. Unterdessen gebar die älteste Tochter ihr erstes und ein Jahr später ihr zweites Kind. Natürlich engagierte sich Lena als Großmutter neben der Pflege des Schwiegervaters und ihrer beruflichen Tätigkeit. Als dann ihre eigene Mutter ebenfalls krank wurde, kam es bei Lena zu einem Kurzschluss. Sie konnte plötzlich nicht mehr funktionieren. Natürlich dachte sie zu allererst daran, ihre Arbeit aufzugeben. Als sie aber ihre innere Revolte gegen diese Absicht wahrnahm, wurde sie nachdenklich. Sie traute sich, die Frage zu stellen: »Was will *ich* eigentlich? Ich habe für meine Familie gelebt, und jetzt? Ich bin immer noch fast ausschließlich für die anderen da und richte mein Leben nach ihnen. Ich frage nicht: Was hat in meinem Leben neben meinen eigenen Plänen noch Platz, sondern: Wie hat mein persönliches Leben neben meinen Pflichten noch Platz? Und dies ist das Muster, das ich schon immer gelebt habe. Vielleicht gibt es ja noch andere Möglichkeiten.«

Wir befassten uns daraufhin mit dem Muster von »auf Abruf, auf dem Sprung sein«.[109] Lena hob sich automatisch aus sich heraus nach oben und nach vorn und versteifte sich mit angespanntem Schulterbereich und zum Sprung ansetzenden Beinen. Als sie dieses Muster nur ein wenig intensivierte, kam sie an einen Punkt, an dem sie das helfend-einspringende Handeln kaum noch zurückhalten konnte. Da bat ich Lena, das Muster etwas abzubauen. »Hier kann ich mir überlegen, was ich zu tun gedenke«, sagte sie. »Ich kann selbst entscheiden, bin nicht mehr ferngesteuert.« Dann nahm sie das Muster noch etwas zurück und meinte: »Ich bin weiter und aufrechter. Ich kann durchatmen. Das befreit mich. Die einseitige Ausrichtung auf Tun ist nicht mehr da. Es fallen mir Möglichkeiten ein, bei denen ich einen Teil der Verantwortung anderen lassen kann – meinem Mann, meinem Vater, meinen Geschwistern, der Pflege ... Ich bin nicht für alles zuständig.« Lena lachte: »Es gibt noch Hoffnung für mein spätes Leben.«

Es brauchte einige Zeit, um die neue Haltung einzuüben und sie dann in Alltagshandlungen umzusetzen – aber es gelang ihr, das eigene Leben in die Hand zu nehmen. Sie sagte: »Ich habe mein altes Muster durchbrochen. Wenn ich mich einsetze, ist es nicht mehr automatisch, sondern kommt, wenn ich mich geprüft habe. Ich wähle selbst und bin nicht mehr das Opfer meiner Impulse, ›es‹ für andere zu tun.«

Als ich Lena später einmal wieder begegnete, sagte sie: »Es ist seltsam – ich helfe weniger im landläufigen Sinn, aber ich habe mehr Zuneigung und Liebe für die Menschen, mit denen ich in Beziehung bin.«

So vermochte Lena, ihr Muster von Überverantwortlichkeit Schritt für Schritt abzubauen, und sich neu zu erfinden.

Wenn wir die Herausforderungen annehmen, die mit der stufenweisen Ablösung der Kinder besonders im Erwachsenenalter verbunden sind, haben wir die Chance, in diesen Wendezeiten unserer Kinder auch uns selbst nochmals zu wandeln und entsprechend neue Perspektiven zu entwickeln. So können Eltern und Kinder einander gegenseitig noch einmal zu einem wichtigen Wachstumsansporn werden.

Lebensbeziehungen neu erfinden und späte Liebe wagen

*Lass uns zusammenarbeiten,
ohne uns krampfhaft zu umklammern,
uns gegenseitig wertschätzen,
ohne einander zu beurteilen,
aufeinander eingehen,
ohne sich aufzudrängen,
uns gegenseitig einladen,
ohne sich übermäßig zu beanspruchen,
sodass wir uns gegenseitig kritisieren können,
ohne anzuklagen,
und uns gegenseitig helfen,
ohne uns zu beleidigen,
sodass wir uns auch wieder trennen können
ohne Schuld.
Wenn diese Vorstellungen auf Gegenseitigkeit beruhen,
so können wir uns wahrhaftig begegnen
und uns wechselseitig bereichern und befruchten.*

Virginia Satir

In Wendezeiten drängt sich die Frage auf, was für eine Zukunftsperspektive die einzelnen Menschen für sich entwerfen können. Für Frauen ist irgendwann nach 40 der Traum, noch – oder nochmals – eigene Kinder zu bekommen, zu Ende; anders als für Männer, die noch spät mit einer wesentlich jüngeren Frau eine Familie gründen können. Wenn der Wunsch nach eigenen Kindern erfüllt wird, haben die einen Eltern um die 50 schon erwachsene, andere noch jüngere Kinder. Und doch gibt es etwas, das sich für alle Menschen verändert hat: Wir werden in unserer Gesellschaft immer älter, können mit 50 – wenn wir gesund bleiben – noch 30 und mehr Jahre leben. Und wir haben die Chance und sind mit der Herausforderung konfrontiert, diese Lebensspanne auf eine eigene, persönliche Weise zu gestalten, wie dies die vorangehenden Kapitel gezeigt haben.

Das Erwachsenwerden und Weggehen der Kinder schenken Spielraum für das eigene, persönliche Leben. Manche Paare erleben in dieser Phase eine Wandlung in ihrer Partnerschaft, andere trennen sich, wenn die familiäre Aufgabe zu Ende geht.

Es geht immer um individuelle und gemeinschaftliche Entwürfe, die neu erfunden und gestaltet werden wollen. Wichtig ist, dass wir uns nicht von gesellschaftlichen Vorurteilen übers Älterwerden bremsen lassen: wie »Dafür ist es jetzt zu spät – Ich bin zu alt – Es lohnt sich nicht mehr...«

Die einen Paare verbleiben in einer Lebenspartnerschaft, andere gehen neue Bindungen ein, wieder andere bleiben allein. Viele haben für die späteren Lebensphasen noch kein Modell, wie sie ein neues Leben beginnen können oder wollen – mit einem neuen Partner, einer neuen Partnerin, mit den eigenen Enkelkindern, mit einem Freundesnetz? Die eigenen Eltern eines Paares blieben vielleicht ein Leben lang zusammen in einer guten oder schwierigen Partnerschaft. Viele der Mütter aus dieser Zeit resignierten, blieben nach einer Trennung allein und fanden den Weg in ein eigenes Leben nicht mehr, sondern schickten sich in ein vorzeitiges Alter. Das muss heute nicht mehr sein – wir können reifen, statt vorzeitig zu altern.

Es lohnt sich oft, den Lebensentwurf der eigenen Eltern nochmals zu reflektieren, um die übernommenen Vorurteile und die damit verbundenen leibhaften Muster abzubauen und in der Phase des Älterwerdens ein selbstbestimmtes und persönliches Leben zu wagen.

Mit einem geliebten Menschen in einer lebendigen und liebevollen Beziehung ins Alter zu gehen ist eine stärkende, unterstützende Perspektive. Es gibt jedoch auch Frauen und Männer, die nach einer langen und entfremdenden Partnerschaft aufatmen, aufblühen und eine andere Lebensform wagen.

Wenn ältere Menschen keine Visionen mehr haben, werden sie blind für die Chancen der späteren Lebensphasen. Es gibt auch Menschen, die keine Vision, sondern eine fixe Vorstellung von dem haben, was sie nicht verlieren wollen, und von dem, was noch sein soll. Sie klammern sich ans Bisherige, scheuen jede Veränderung und werden so das Opfer unfreiwilliger Veränderungen, die mit ihnen geschehen. Entweder wir wandeln uns aktiv oder wir klammern uns am Gewohnten fest, ohne es wirklich festhalten zu können.

Viel wird möglich, wenn man eine Art Weitwinkelobjektiv kreiert und damit offen für die Angebote des Lebens bleibt. Hier möchte ich ein Beispiel geben:

Eine Frau, die ich Hilde nenne, kehrte nach einem jahrzehntelangen Leben in den USA ihrer alten Mutter wegen in die Schweiz zurück. Sie war damals über 60 Jahre alt. Da begegnete sie einem wesentlich jüngeren Mann, mit dem sie eine neue Beziehung einging. Sie sagte sich immer wieder: »Es wird nicht lange dauern, ich muss diesen Mann freilassen.« Dank der Unterstützung einer Gruppe von Frauen gelang es ihr, diese Beziehung nicht vorschnell abzubrechen. Jetzt ist diese Frau 80 Jahre alt – und die Beziehung besteht noch immer. Vielleicht deshalb, weil sie sich selber treu blieb und dem geliebten Mann auch ihre kräftemäßig enger werdenden Grenzen zugemutet hat, ihn in seinen Visionen unterstützt und daneben ein eigenes Leben jenseits der Beziehung führt.

Selbstverständlich gibt es in jeder Lebensphase Grenzen, doch die meisten definieren wir selbst. Gesellschaftliche Grenzen können – vor allem in der Reifephase – überschritten werden, wenn es sich jemand zutraut, den persönlichen Spielraum der späteren Jahre zu nutzen.

Es gibt weniger altersbedingte Grenzen, als wir glauben – sowohl beruflich als auch privat. Wir bekommen vielleicht nicht immer, was wir uns vorgestellt haben, dafür aber vielleicht Neues und Überraschendes, das wir weder geplant noch erwartet haben. Wir können uns von uns selbst und vom Leben überraschen lassen und das gestalten, was das Leben uns anbietet, oder uns auf ungewöhnlichen Wegen auf die Suche machen. Entscheidend ist, dass wir Perspektiven und Visionen zu entwickeln wagen, diese verfolgen und gleichzeitig für Unvorher-

gesehenes offen bleiben. Dies gilt auch für Partnerschaften im späteren Leben.

Viele Menschen führen heute sogenannte Lebensabschnittspartnerschaften. Das bedeutet, dass viele Frauen und Männer nach einer Trennung nochmals eine neue Beziehung eingehen, vielleicht nachdem sie lange allein lebten. Beziehungsschicksale sind sehr unterschiedlich. Jede Beziehung kann ein Lernprozess sein, der – rückblickend – Einsicht bringt in die eigenen Beziehungsmuster und sichtbar macht, worauf es im Leben und in einer Partnerschaft wirklich ankommt.

Jede Beziehung kann deshalb eine Chance für Wachstum bedeuten, und sie ist so lange sinnvoll, wie Entwicklung und Wandlung in der Beziehung, miteinander und aneinander möglich sind. Dies hilft, einen individuell sinnvollen Entscheid zu treffen.

»Ich bin bei meinem Mann geblieben«, sagte eine 64-jährige Frau, »weil mir klar war, dass ich mich selbst in die nächste Beziehung mitnehmen und bald wieder am selben Punkt sein würde. Ich weiß, dass ich Verletzungen aus meiner Geschichte mittrage und diese in die Beziehung einbringe – wie mein Mann auch. Ich wollte und will mit ihm zusammen durchhalten. Und jetzt, mit Anfang 60, haben wir eine viel tiefere Beziehung gewonnen. Wenn ich meinen Mann ansehe, überkommt mich eine große Zärtlichkeit, in der alles drin ist, was wir über die Jahrzehnte miteinander erlebt und durchgemacht haben. Wir haben einen intimen Raum des Miteinander kreiert.«

Eine andere Frau meinte mit 72 Jahren: »Ich bin froh, dass wir es endlich gewagt haben, uns zu trennen. Endlich konnte ich die Schuldgefühle und die Angst, versagt zu haben, hinter mir lassen. Doch wir beide hatten kein Modell dafür, wie man eine unglückliche Beziehung beendet, denn wir stammen aus Familien, in denen man unter allen Umständen zusammenbleibt. Nach einigen schwierigen Jahren haben wir jetzt eine Freundschaft und können Eltern und Großeltern bleiben. Vielleicht ist dies ein Modell, das wir auch weitergeben können.«

Der Titel des Buches *Lieben ein Leben lang*[110] bedeutet nicht, dass Paare unter allen Umständen zusammenbleiben müssen, sondern dass Menschen lernen können, sich ihre Liebesfähigkeit zu erhalten. Es kann eine wunderbare Erfahrung sein, miteinander durch die Stürme des Lebens zu gehen und zu reifen. Und dies bedeutet auch, um die Wunden des anderen zu wissen und behutsam mit ihnen umzugehen. Die Arbeit an sich und an der Beziehung erfordert Zeit und Geduld; sie beschert Schmerzen, aber auch Momente eines tiefen Glücks. In Krisen ist es oft nicht mehr möglich, die Liebe zueinander zu spüren, doch wer nicht aufgibt und vom anderen mindestens weiß, dass auch er oder sie nicht ganz aufgibt, wird immer wieder sogenannte *Kippmomente* erleben.[111] Dies sind Momente, in denen es gelingt, den eigenen Blick auf das Gegenüber zu verändern, das heißt, den Partner oder die Partnerin neu zu erleben, und in denen sich ein Blick auf zukünftige Möglichkeiten auftut. Es sind Momente, in denen es vielleicht erstmals gelingt, ein altes verkörpertes Beziehungsmuster abzubauen, sei es ein Hartwerden, Sich-in-Trotz-Zusammenziehen, ein Muster ständiger Verunsicherung, Bitterkeit oder eine Vorwurfshaltung. Wenn solche Muster zu einer Stressverfassung werden, haben die Betroffenen nur Alarmreaktionen, ziehen sich etwa aus sich heraus, verengen den Blick und sind auf Bedrohung ausgerichtet. Sind sie fähig, diese Muster allmählich abzubauen, können sie einen anderen Blick auf den Partner oder die Partnerin richten und sehen sie neu. Auch wenn sie diese Haltung erst nur für Augenblicke halten können, lässt sie sich durch Üben vertiefen und wird wiederholbar. Damit schaffen sie neue Erinnerungen, die einen Beitrag zum weiteren Gelingen einer Beziehung darstellen und Mut schaffen.

Älter werdende, langjährige Paare haben sich meist auch vom *romantischen Liebesideal* verabschiedet[112]**, welches das weitestverbreitete Paarideal in unserer Gesellschaft darstellt, jedoch niemals über Jahre aufrechterhalten werden kann. Wenn ein Paar dieses Ideal jedoch hinter sich gelassen hat und miteinander einen langen Weg gegangen ist, geben ihm die gegenseitige Liebe, tiefe Vertrautheit und das Wissen umeinander mehr als jede Idealvorstellung.**

Das Geheimnis von Lebenspartnerschaften lässt sich aber nie völlig ergründen, wie die Geschichte von Mina, einer etwa 70-jährigen Frau zeigt:

Sie hat aufgrund einer Imagination ihr Lebenspanorama gemalt. Links sieht man die junge Mina aus einem schwarzen Loch, das ihre Kindheit symbolisiert, aufsteigen. Mina sagt, es war ihr zukünftiger Mann, der ihr damals, im Alter von 19 Jahren, half, aus dem Loch rauszukommen. Sie erzählt, dass sie und ihr Mann sich bei einer Bergtour kennengelernt haben. »Ich hatte an einer schwierigen Stelle Mühe, weiterzuklettern. Und da war ein junger Mann, der mir die Hand entgegenstreckte und mich sanft nach oben zog. Das war für mich so berührend, denn ich hatte zuvor nie erlebt, dass jemand mir so etwas anbot. Es mag wohl für den jungen Mann ein Gefühl von Stärke bedeutet haben, einer jungen Frau zu helfen. Wir sahen einander in die Augen, wir trafen uns wieder und waren bald ein Paar.«

Beide hatten eine belastende Kindheit gehabt und waren einander eine lebendige Stütze. 50 Jahre lang gingen sie einen gemeinsamen Weg. Auf Minas Lebenspanorama gibt es viele Berge, die zu bewältigen sind, einer nach dem andern. »Und wenn ich hochgeklettert bin, zeigt sich dahinter der nächste Gipfel – so geht es immer weiter. Doch da ist auch ein Fluss. Der gibt mir Wasser. Vielleicht ist das mein Mann, der an meiner Seite ist und mich auch unterstützt. Er war die ganze Zeit über mit mir und ist es noch. Zum 50. Hochzeitstag waren wir wieder auf dem Berg oben und haben uns dort umarmt, wo er mir damals vor Jahrzehnten die Hand gereicht und mich hochgezogen hatte. Wir waren so berührt und haben beide geweint, und beim Niedersteigen haben wir uns wieder und wieder umarmt, wenn es ein Bergabsatz erlaubte. Wir haben uns aber auch gegenseitig herausgefordert. Ich fand mich zum Beispiel nicht attraktiv, sondern hässlich. Da sagte mir mein Mann, wie sehr ich ihn mit dieser Haltung verletzt hätte, denn ich sei das Kostbarste, was er habe, und ich dürfe mich niemals so entwerten.« – Das Zusammensein über so viele Jahrzehnte hat dem Paar viele Herausforderungen gebracht und viel Arbeit bedeutet. »Doch das war es uns wert.« Die beiden sind miteinander, aneinander und jeder für sich gewachsen und haben eine reife Beziehung entwickelt. Und dies trotz der Verletzungen, die sie aus ihrer Kindheit mitgebracht hatten. Sie spornten einander an, zum Teil heftig, dann wieder sanfter. Sie konnten aus Stroh Gold machen oder als Hänsel und Gretel die Prüfungen gemeinsam bestehen. Sie nahmen die Wandlungsangebote an.

Im späteren Leben geschlossene Beziehungen können manchmal die Funktion haben, das romantische Liebesideal noch einmal aufleben zu lassen, etwa dann, wenn Männer sich einer viel jüngeren Frau zuwenden oder zunehmend auch Frauen einem viel jüngeren Mann. Manchmal ist sogar die Illusion dabei, nochmals völlig von vorn beginnen zu können. Es gibt auch Beziehungsformen, die nicht mehr so eng sind und ab und zu auch getrenntes Wohnen einschließen, in denen beide Partner begrenzte Möglichkeiten miteinander leben – vielleicht Sexualität, gemeinsame Unternehmungen, Austausch, Geborgenheit. Später entstandene Beziehungen können auch von dem profitieren, was zwei Menschen im bisherigen Leben in ihrer eigenen Entwicklung und in anderen Beziehungen gelernt haben, und davon, dass für die meisten die unmittelbare Familienzeit vorbei ist und es nur noch um die beiden Menschen geht, die sich miteinander verbinden und eine persönliche Zukunft zu gestalten wünschen. Dazu möchte ich etwas aus meiner eigenen Geschichte erzählen:

Ich hatte die Ehe meiner Eltern erlebt, die sehr harmonisch war, für meinen Vater die zweite Verbindung. Als Kind und Jugendliche war ich sehr streng gehalten worden und entbehrte jene Erfahrungen, die junge Menschen mit dem anderen Geschlecht machten. Aus Unerfahrenheit heiratete ich einen viel älteren Mann, mit dem ich völlig überfordert war, und ich trennte mich nach wenigen Jahren wieder von ihm. Es folgte eine unruhige Zeit mit wechselnden Beziehungen in den 70er-Jahren. Ich hatte allzu hohe Erwartungen an einen Mann, war leidenschaftlich und unduldsam, kritisch und rebellisch und hoffte doch – ohne es mir einzugestehen – auf eine romantische Beziehung. Ich glaubte zweimal, sie gefunden zu haben, doch keine der Beziehungen hielt sehr lange – ich verließ oder wurde verlassen. Schließlich gründete ich eine Familie.

Mit etwas über 50 Jahren begegnete ich nochmals einem Mann, in den ich nicht so glühend verliebt war, den ich aber in den folgenden Jahren tief lieben lernte. Er war alleinerziehender Vater und ich eine alleinerziehende Mutter. Wir verstanden uns auf diesem Hintergrund auch im Alltag. In der Begegnung mit diesem Mann verlernte ich, was vorher so typisch für mich war, nämlich das bohrende Diskutieren über meine Befindlichkeiten, das jeweils schnell in Vorwürfe ausgeartet war. Ich kämpfte nicht mehr allzu beredt um Verständnis und hörte auf mit zermürbenden Beweisführungen. Ich hatte nicht mehr das Gefühl, mein Gegenüber ändern zu müssen.

Ich lernte dies, weil mein neuer Freund und Partner mich unverwandt anschaute, wenn ich zum Argumentieren ansetzte. Er konnte mir nicht folgen, weil er seit früher Kindheit schwerhörig war. Er verstand meine Worte einfach nicht, wenn ich so hektisch sprach. Doch er verstand *mich* aus den vielen anderen Signalen, die er von mir aufnahm, und er zeigte mir, dass er bereit und fähig war, mich als Person aufzunehmen. Allmählich lernte ich eine andere Sprache, eine tiefe Kommunikation ohne Worte. Ich brauchte einige Jahre, bis ich diesen Mann verstand und mit seiner Schwerhörigkeit umgehen lernte. Er war sehr verschlossen – und nur langsam öffnete er manchmal ein kleines Fenster auch in die verletzten Winkel seiner Seele. Ich lernte, sanftmütiger und großzügiger zu sein. Wenn er sich zurückzog, akzeptierte ich das und ließ ihn gewähren. Er machte keine expliziten Liebeserklärungen, sondern sagte: »Auf die Liebe«, mit einem Glas Wein in der Hand. Er hat mich nie tief verletzt und ich ihn wohl auch nicht. Wir waren manchmal verärgert oder enttäuscht. Das Vertrauen aber wuchs über die Jahre. Ich hatte keine Vorstellungen und Ideologien mehr, mit denen ich mich und mein Gegenüber quälte.

Wir waren beide mit unserer Lebensgeschichte gekommen, die uns viel abverlangt hatte. Und wir hatten beide auch viel in die Welt gebracht. Mein Freund ist Mime gewesen – die Körpersprache verstand er wie keiner. Er hatte seine Karriere abgebrochen, um seine Tochter großzuziehen.

Einmal lud ich ihn in eine meiner Vorlesungen ein, um eine seiner Inszenierungen als Mime vorzustellen. Er stand vor den Studierenden – und während er seine mimische Kunst zeigte tauchte aus seinem Inneren plötzlich der Meister auf, mit seiner jahrzehntelang gelebten Bühnenpräsenz, mit der ganzen Strenge und Konzentration des Künstlers. Ich war tief berührt und inspiriert zugleich. Er war ein sehr männlicher, stolzer Mann, der dies so selbstverständlich, bestimmt und sanft lebte, dass mir als Frau ein weiter Raum blieb, mich zu entfalten –

im Vertrauen, empfangen und geliebt zu sein. Ich musste nicht mehr darum streiten, so geliebt zu sein, wie ich die Erwartungen aus meinen kindlichen und erwachsenen Schichten aufgebaut hatte. Ich lernte, die Liebe zu entziffern, die er mir schenkte – und das brauchte Zeit, viel Zeit. Ohne den Druck, etwas aus meinem Leben machen zu müssen, zu leisten, aufzutreten, mich ständig entscheiden zu müssen, wurde ich offen für die Überraschungen der Gegenwart.

Dies ist der Reichtum der späten Jahre in Beziehungen: Wenn wir aufmerksam sind, können wir all die vielen lebendigen Schichten des geliebten Gegenübers erleben und aufnehmen und uns davon inspirieren lassen – vorausgesetzt, beide sind bereit, den Prozess von Wachsen und Sich-weiter-Formen zu leben. Dann wird es möglich, sich differenzierter aufeinander zu beziehen und inniger miteinander umzugehen.

Natürlich gab es auch mit meinem Freund die sich wiederholenden Muster, auch die Verletzungen, doch wir lernten, sorgfältiger mit dem anderen zu sein. Ich musste mich nicht mehr innerlich bewaffnen. Und mit den Jahren gelang es uns, milder sowohl mit unseren eigenen Fehlern als auch denen des Gegenübers umzugehen. Der Prozess des Vertrautwerdens hielt an. Manchmal dachte ich an den Fuchs im *Petit Prince*[113], der zum Prinzen sagte: »Apprivoise-moi – zähme mich!«, was eigentlich bedeutet: »Mach, dass wir – ich dir und du mir – vertraut werden.« Dazu musste der Prinz jeden Tag um dieselbe Zeit zuverlässig erscheinen – und jeden Tag durfte er dem Fuchs etwas näher kommen. So war es auch bei uns.

Menschen in der Reifephase haben oft auch das Bedürfnis, sich zurückzuziehen, mit sich selbst zu sein[114], und brauchen Freund oder Partnerin nicht so sehr, um frühere Bedürfnisse zu erfüllen, sondern um auf einer Ebene der Gleichwertigkeit ein »Mitsein« zu leben im Puls von Geben und Empfangen.[115]

Wer sich in der Partnerschaft um Wandlung und Wachstum bemüht und die erbten und erworbenen Verhaltensmuster persönlich macht, hat in den späteren Lebensphasen ein weites Spektrum an Verhaltens-

und Gefühlsnuancen zur Verfügung. So wird auch Liebe reicher und differenzierter, obwohl es die alten einengenden Muster immer auch noch gibt, in die man sich verstrickt; doch man hat gelernt, sie zu beeinflussen. Aber auch in diesen späten Phasen des Lebens braucht es immer wieder die Auseinandersetzung mit den eigenen Liebesmustern.

Wir lernen, Seiten von uns anzunehmen, die wir nicht so leicht verändern können, ohne dies als Ausrede zu missbrauchen. Wir können uns nicht völlig neu entwerfen, sondern lernen, mit der Person zu leben, die wir sind und die wir weiter formen können; dann wird es auch für das Gegenüber einfacher, die sich verändernde Beziehung mitzugestalten. Im Spiegel des liebenden Angenommenseins lernen wir vielleicht, uns selber nochmals tiefer anzunehmen.

Falls wir bereit sind, miteinander und aneinander zu wachsen, ist es eine tröstliche und bereichernde Aussicht, miteinander auch alt zu werden. Man kann in einer Lebenspartnerschaft gut alt werden. Die Pensionierung stellt dabei oft eine große Herausforderung dar, ebenso Krankheiten.

So sagte ein 70-jähriger Mann: »Ich denke immer, dass es gut ist, am Ende alt zu werden, wenn man das gelebte Leben als Übung in sich trägt und gelernt hat, auch mit der schicksalhaften Dimension des Lebens umzugehen – gemeinsam und vielleicht auch einer für den andern.«

Ich kenne nicht nur Frauen, die ihre Männer hingebungsvoll begleitet haben, sondern auch Männer, wie zum Beispiel John Bailey, den Ehemann der bekannten englischen Autorin Iris Murdoch, der einen berührenden Bericht über das Zusammenleben mit seiner an Alzheimer erkrankten Frau schrieb.[116]

Wenn eine tiefe Liebe und Partnerschaft nicht mehr möglich sind, kann man vielleicht auch als Freunde zusammenbleiben oder eine neue Lebensform finden. Mag sein, dass man sich so tief verletzt hat, dass Sexualität, Berührung, Zärtlichkeit nicht mehr gelebt werden können. Vielleicht ist es dann besser, getrennt zu wohnen und gemeinsame Zeiten zu haben, oder miteinander zärtlich zu sein, ohne oder auch mit Sexualität. In den späteren Lebensphasen ist es oft eine zu große Hürde, sich endgültig zu trennen, außer wenn die Partnerin oder der Partner sich neu verliebt, was oft große Verletzungen mit sich bringt. Eine professionelle Begleitung kann helfen, die alten Verletzungen zu verarbeiten, alte Muster abzubauen und eine neue gemeinsame Perspektive oder einen Weg für sich allein zu finden.

Für Liebe ist es nie zu spät. Davon sind auch die beiden Autorinnen von *Lieben ein Leben lang* überzeugt. Wenn wir in Beziehungen einmal gelernt haben, uns weiterzuentwickeln und zu wandeln, kommen uns diese Fähigkeiten nicht einfach wieder abhanden. Viele Menschen verlieren ihren Partner oder die Partnerin in einer späteren Lebensphase – nicht nur durch eine Trennung, sondern durch den Tod. Eine der großen Aufgaben ist es dann, den Verlust zu verarbeiten.[117] In diesem Prozess oder anschließend wird es vielleicht wieder möglich, sich für eine neue Beziehung zu öffnen oder das eigene weitere Beziehungsnetz zu stärken.

Ich denke da an eine Frau, die ihre große Liebe der späten Jahre durch einen jähen Unfall wieder verlor. Nach einem Jahr intensiven Trauerns fand sie sich mit einem Mann zusammen, der etwa zur gleichen Zeit seine Partnerin durch Krankheit verloren hatte. »Ich spürte zu meiner Überraschung, dass ich plötzlich etwas für diesen Mann empfand. Es war ganz intensiv und stand nicht im Widerspruch zu meiner Beziehung zum Verstorbenen.« Und dann meinte sie lächelnd: »Ich war einfach zu alt, um noch lange zu warten. Ich wagte es, auf diesen Mann zuzugehen.« So wurden die beiden ein Paar, und sie konnten auch ihren Schmerz um die verlorene Beziehung und später das liebevolle Gedenken miteinander teilen.

Es sind oft die Vorurteile in unserem Kopf, unsere Konzepte und die unbewussten, vielleicht geschlechtsspezifischen Meinungen sowie die zugehörigen Verhaltensmuster, die uns von einem mutigen Schritt abhalten. Die Frau im vorigen Beispiel spürte wohl auch das innere Zögern, dieses »*Man kann doch nicht ...!*«, und dann sagte sie sich: »*Worauf warte ich noch?*« Sie begann also, das rigide gesellschaftliche Selbst etwas abzubauen. Das Entscheidende ist, gerade hier den gesellschaftlichen Botschaften das Eigene entgegenzusetzen, das persönliche Selbst zu stärken, ungewöhnliche Schritte zu wagen und sich keine entmutigenden Botschaften zu geben, sondern das Spektrum zu erweitern mit ermutigenden Sätzen wie:

- Ich lebe meine Zeit, und die ist kostbar.
- In meinem Alter darf ich es wagen – ich mache mich frei von Vorurteilen.
- Ich liebe meine eigene Lebendigkeit und darf sie ins Spiel bringen oder gar ausspielen.
- Ich lebe die Narrenfreiheit der späten Jahre.

Wenn wir unsere verkörperten Haltungen verändern, bilden wir auch neue Geschichten. Sogar das hohe Alter kann eine Beziehung bescheren, wie ich dies nach dem Tod meiner Mutter auch bei meinem 90-jährigen Vater erlebt habe.

In diesem Zusammenhang lohnt es sich, die eigene Ahnengalerie zu betrachten und diejenigen Ahnen und Ahninnen ausfindig zu machen, die positive späte Lebensentwürfe als mögliche Modelle vermitteln – für gemeinsames Älter- und Altwerden, für späte Aufbrüche, neue Liebesbeziehungen oder ein glückliches hohes Alter im Kreis von Familie oder Freunden. Bei dieser Suche ist es allerdings wichtig, sich nicht auf die tradierten Familienmeinungen zu verlassen, sondern die gelebten Geschichten mit eigenen Augen anzuschauen.

Sexualität und Intimität – die Leuchtkraft später Leiblichkeit

Die Verinnerlichung der eigenen Körperlichkeit ist eine wichtige Ressource für die Gestaltung von Erotik, Sexualität und Liebe in der Reifephase, die ebenso erfüllend und lebendig sein können wie in den vor-

angehenden Lebensphasen und eine Qualität zu gewinnen vermögen, die bisher nicht möglich war – eine tiefe Intimität, die sowohl mit sich selber wie auch mit der Partnerin oder dem Partner aufgebaut werden kann. Dies gilt auch in der Lebenszeit nach sechzig.«[118]

Wie Menschen sexuelle Beziehungen in der zweiten Lebenshälfte erfahren und gestalten, hängt zunächst wiederum mit der vorangehenden Liebesgeschichte der Kindheit und mit den eigenen Lebensstilmustern zusammen. Wer in einer liebevollen und zärtlichen Familienatmosphäre aufwachsen durfte und Eltern hatte, die eine lebendige Partnerschaft lebten, bringt eine Ressource mit, die das Gestalten eigener Beziehungen als Erwachsene unterstützt und ihnen Boden gibt. Manchmal wird erst viel später deutlich, an welche Quellen aus der eigenen Kindheit wir uns bisher unbewusst angeschlossen haben. Ein Mann äußerte sich:

»Ich habe erst mit etwa fünfzig Jahren realisiert, was für ein Geschenk die Vitalität und ungebrochene Bejahung von Sexualität, die mein Vater lebte, für mich immer gewesen war.«

Im Prozess des Älterwerdens haben wir also die Chance, uns bisher nicht beachtete Ressourcen nochmals bewusst und leibhaft anzueignen – etwa die Sinnenfreude von Mutter oder Vater, die Freude an der Sexualität oder die Fähigkeit, zu genießen, die Familienmitglieder gelebt haben. Wir können zum Beispiel die verkörperten Haltungen der entsprechenden Personen einverleiben und auf eigene Weise verkörpern und als leibhafte Ressourcen nutzen.

Wir können aber auch trotz einer Kindheit, in der wir nicht lernten, was Liebe bedeutet, langsam lieben lernen und fähig zu erfüllenden Beziehungen werden. Dennoch bleibt es ein schmerzlicher Prozess, den eigenen Verletzungen ins Gesicht zu schauen und Verpasstes betrauern zu müssen und anzuerkennen, dass Spuren bleiben können.

Eine fünfzigjährige Frau drückte diese Erfahrung so aus:

»Ich habe lange gehofft, dass ich eines Tages all die Verletzungen hinter mir lassen könnte. Nun aber sehe ich, dass Wunden und damit auch Einschränkungen bestehen bleiben. Manchmal kann ich das annehmen, doch immer wieder spüre ich auch Wut und Schmerz. Langsam lerne ich jedoch, mich selbst auch mit diesen Reaktionen anzunehmen. Dadurch beginnt sich jetzt auch die Beziehung zu meinem Mann, die immer so schwierig war, zu verändern. Wir kämpfen nicht mehr um das, was unmöglich ist, und schieben einander nicht mehr gegenseitig die Schuld zu. Wir beginnen, das gemeinsam gelebte Leben als einen Boden zu sehen, als einen Reichtum, der langsam und unbemerkt gewachsen ist. Unsere sexuellen Begegnungen bleiben fragil und anfällig, und manchmal muss ich nachher immer noch weinen. Doch oft ist auch eine tiefe Innigkeit da, die ich als Geschenk empfinde. Die gelebte Geschichte ist zu Humus geworden, auf dem unsere Beziehung gedeiht.«

Es gibt Frauen und Männer, die in Beziehungen leben, in denen sie sich keine Sexualität mehr vorstellen können, und die sie sich auch nicht mehr wünschen. Sie haben sich mit Enttäuschungen abgefunden, sich arrangiert oder sie haben resigniert, das Bedürfnis nach Sexualität ist nicht mehr wahrnehmbar. Eine 55-jährige Frau, die seit acht Jahren ohne Partner lebte, sagte dazu: *Es ist alles schon so weit weg. Ich kann mir Sexualität gar nicht mehr richtig vorstellen. Und ich bin so anders geworden, dass all meine alten Muster auch nicht mehr passen würden.* Menschen schaffen es, ihren Hunger nach Berührung und Sexualität zu vermindern und schließlich gar auszulöschen. Damit opfern sie auch einen Teil ihrer Lebendigkeit. Doch *eine* wichtige Chance besteht darin, sich auch im Hunger und in der Sehnsucht als lebendig zu erfahren, selbst wenn diese im Augenblick ungestillt bleibt.

Auch eine unerfüllte oder unerfüllbare Liebe bringt mindestens die eine wesentliche Erfahrung mit sich, die eine Frau so ausdrückte: *Ich habe gar nicht mehr gewusst, dass ich noch solche Gefühle haben kann. Ich bin so froh, auch wenn es mir wehtut.* Wenn ich mit Frauen und – seltener – mit Männern arbeite, die ihre Sexualität gleichsam verloren haben, ist es wichtig, dass sie ihren eigenen Körper wieder spüren und bejahen lernen. Dann werden Erotik und Sexualität wieder zu einer

Dimension des eigenen Lebens, und es wird vielleicht möglich, sich sexueller Erregung wenigstens für sich allein zu erfreuen. Auch dies ist eine Möglichkeit, wenn Menschen allein und ohne Liebesbeziehung leben oder wegen Krankheit Sexualität nicht mehr möglich ist. Eine herausfordernde Möglichkeit besteht darin, dass man die Partnerin oder den Partner für eine Außenbeziehung zum Leben der Sexualität freigibt – dies erfordert aber viel Vertrauen in die angestammte Beziehung.

Zu Beginn der zweiten Lebenshälfte oder vor allem im Zusammenhang mit Klimakterium und Menopause gilt, dass sich auch die Sexualität wandelt. Frauen, die in freudlos-festgefahrenen Beziehungen leben, verweigern manchmal plötzlich die Sexroutine, andere brechen aus, um eine neue, oft bisher unbekannte Intensität oder überhaupt die erste sexuelle Erfüllung zu erleben. Vor allem Frauen sprechen davon, dass sie endlich ihre eigenen Bedürfnisse äußern und ihr eigenes Begehren ausdrücken können. Oder sie erleben eine Qualität vertiefter Sexualität, mit der sie sich von bisherigen Zwängen und Vorstellungen lösen. Es kommt vielleicht eine Innigkeit oder Verspieltheit zum Vorschein, die verschüttet gewesen war oder nie ein Recht hatte, ausgelebt zu werden. Einige Frauen haben einen älteren Freund, der sie nicht mehr mit unerfüllbaren Erwartungen überhäuft und bedrängt, sondern gewillt ist, im Augenblick zu sein und ihn zu vertiefen. Andere Frauen haben – immer häufiger – einen jüngeren Freund oder Mann. Sie leben mit ihm vielleicht Qualitäten, die sie sich früher nicht gestattet haben, Verspieltheit, Leidenschaft, Verrücktheit, Abenteuerlichkeit. Und es gibt diejenigen Paare, die durch alle Stürme der verschiedenen Lebensphasen hindurchgegangen sind und auch ihre Liebe und Sexualität immer wieder neu zu gestalten wagen.

Ich möchte keine Aussagen über die Sexualität der Frau in der Wendezeit der Lebensmitte oder von Klimakterium und Menopause festschreiben, denn die Aussagen von Frauen sind auf dieser Ebene sehr unterschiedlich. Frauen haben jedoch in dieser Phase oft die Chance, bisher von ihnen tabuisierte, verschüttete, unterdrückte Qualitäten zu leben, indem sie entsprechende alte Muster verändern. Sie nehmen sich selber oft ernster und geben sich gleichzeitig mehr Spielraum, sind anspruchsvoller, unnachgiebiger.

Gerade in diesem Prozess haben sowohl Frauen als auch Männer die Chance, einander in Reife und Vertiefung auch im Bereich der Sexualität und Intimität zu unterstützen und aneinander zu wachsen. Männer können lernen mit wechseljährigen Frauen, Frauen mit Männern im Prozess des Älterwerdens anders umzugehen. Intime und den anderen einschließende Sexualität ist eine Erfahrungsqualität, die sich in den späteren Jahren auftun mag, wenn unser leibhafter Lebensausdruck sich verändert.

Heute, da die starren Normen ins Fließen gekommen sind, begegnen viele Frauen und Männer neuen und ungeahnten Möglichkeiten in sich selber im Prozess von Abschied und Aufbruch. Der Mythos der Frau ohne Begierde jenseits der Lebensmitte und in der Menopause ist beseitigt und befreit auch Männer von behindernden Vorurteilen und gibt neue Gestaltungsmöglichkeiten frei. Vielleicht lässt es sich auch so formulieren: Frauen und auch Männer erleben vor allem die Vertiefung und Intensivierung sexuellen Erlebens, wenn das gesellschaftliche Selbst nicht mehr dominiert und eine *persönliche* Form für Liebe und Sexualität aufgebaut wird. Dazu möchte ich ein Beispiel geben:

Eine 64-jährige Frau erzählte mir, dass sie im Alter von 51 Jahren – von ihrem Mann seit einigen Jahren geschieden – zu einem Tanzabend ging. Sie tanzte den ganzen Abend und genoss es, ihren Körper zu spüren, obwohl sie alles andere als schlank war. Aber das alles war jetzt nicht wichtig. Sie sah zudem, dass die jungen Frauen gelangweilt dasaßen.»Die Welt stand für mich auf dem Kopf.« Dann, gegen Morgen, fand sie sich mit einem fremden Mann im Auto.»Alles in mir brodelte. Doch ein Punkt in mir war völlig still. War wie ein Teich, spiegelklar. Und ich spürte: Das bin ich! Es war ein wildes und zugleich meditatives Erleben. Als ich dann Stunden später nach dem Bad vor dem Spiegel stand, musste ich lachen und sagte zu mir: Leila – du! Es war ein zärtliches und staunendes Lachen ...« – Die Verbindung von ausgelassener Kraft und gehaltener Zentriertheit empfand diese Frau als die neue Dimension in ihrem Leben.»Das wäre früher undenkbar gewesen.« Um den ruhenden Punkt in ihrem Innern begann sie etwas zum Wachsen zu bringen, eine neue Dimension, die aber noch nicht stabil war. Doch der innere Punkt blieb. In diesem Zusammenhang erzählte Leila auch von einer Beziehung zu einem jüngeren Mann. In ihrem Innern entstand damals ein Dialog:»Du ziehst mich an. Doch meinem Körper sieht man die Kinder, das Alter, meine Vergangenheit an. Du bist so viel jünger. Du erwartest eine Jüngere. Du hast das Recht darauf ... Ich bringe es nicht fertig, mich vor dir auszuziehen.« Leila sagte aber auch, sie habe sich die Antwort des Mannes innerlich vorstellen können:»Wenn du recht hättest, würdest du mich nicht anziehen.« Doch sie gab dem Mann keine Chance für diese Antwort. Sie war damals vierundfünfzig Jahre alt, der Mann war vierzig.

»Dann merkte ich immer mehr«, sagte sie,»dass ich meine Altersspuren wahrnahm, wenn ich mich mit den Augen eines anderen anschaute. Und ich begriff, dass es fremde Maßstäbe waren. Der ›innere Punkt‹ in mir, den ich damals im Morgengrauen zum ersten Mal gespürt hatte, und der pulsierende Raum um ihn herum, halfen mir, mich immer mehr von innen her zu orientieren.« Leila realisierte schließlich – wie viele andere Frauen auch –, dass ihr sinnenhaftes und auch sexuelles Erleben nicht weniger intensiv war als dasjenige jüngerer Frauen.»Vielleicht ist es sogar umgekehrt. Ich war den Normen früher viel stärker verhaftet, war unsicherer, gehemmter. Ich wollte mir etwas beweisen, wollte Bestätigung. Jetzt kann ich – meistens – die sein, die ich bin.«

Neue Perspektiven des eigenen Erlebens können sich auftun: Vertiefung, Zentrierung, aber auch Intensivierung. Das gelingt jedoch nur, wenn Frauen und Männer bereit sind, sich auch den unsicheren, den schmerzlichen Gefühlen auszusetzen, ihre wertenden Muster wahrzunehmen und sie immer wieder auch abzubauen, ohne Hader mit ihrem wiederkehrenden Auftauchen. Es ist ein anspruchsvoller Prozess, überkommene, wertend-vergleichende Muster gerade in Wendezeiten aufzulösen, in der die Gesellschaft sie einem so überdeutlich zuschreibt.

Viele Frauen, die ihrer Erfahrung, ihrem Erleben trauen, finden die uralten Normen widerlegt. Das ist beunruhigend und herausfordernd zugleich:

Eine Frau erzählte von ihrer Liebeserfahrung, als sie etwa fünfzig Jahre alt war: »Ich war eine Frau, die Sexualität liebte und genoss. Und es machte mir Spaß, an den verrücktesten und schönsten Orten zu lieben. Zum Glück war mein Mann verspielt, erfinderisch. Wir hatten beide Vertrauen in unsere Körper. Obwohl ich mich nicht gerade schön fand, war ich eins mit meiner Leidenschaft, mit meiner Ausdruckskraft. Aus derselben Quelle stammte auch unser Wunsch nach Kindern. Ich ging als Mutter in meinem völlig neuen Körpererleben auf – in der Zärtlichkeit für die Kinder, in der Stillbeziehung, im Schmusen und Kosen. Unsere Sexualität war nicht mehr so stürmisch, sondern sanfter, inniger geworden. Als das zweite Kind kam, hatten wir immer weniger Zeit füreinander und tauchten im Familienstress unter, vernachlässigten unsere Beziehung. Die jahrelange Entfremdung führte schließlich zur Trennung.

In den nun folgenden Jahren straffte ich meinen Rücken und biss auf die Zähne, richtete mich ganz auf meine Familie aus und ging keine weitere Beziehung mehr ein. Als ich neunundvierzig Jahre alt war, begann das Klimakterium mit seinen Hitzewellen, mit dem allmählichen Versiegen der Menstruation. Da fing ich an, meine Aufmerksamkeit wieder auf meinen Körper zu lenken. Ich war dabei, eine andere Frau zu werden. Ich schaute mich an und sah eine ältere Frau, betrachtete kritisch die äußeren Veränderungen, die Falten, das schlaffer werdende Gewebe, die ersten Altersflecken, die ersten grauen Haare ... Es war ein kritisches Erkunden der Landkarte meines Körpers, die so viel Neues und Beunruhigendes zeigte. Und plötzlich dachte ich: Wie kannst du je wieder einem Mann begegnen, seinen Blick auf deinen nackten Körper ertragen? Du wirst in seinem Blick unbarmherzig dein Altern ablesen können. Diese Verletzung wirst du nie aushalten. Und dann dachte ich, wie anders mein Körper geworden war, wie anders meine ganze Person. Nie würde ich auf dieselbe Weise lieben können wie damals. Ich kannte die Frau, die jetzt lieben würde, nicht. Und ich müsste sie kennen, um einem Mann zu begegnen. Doch dann verliebte ich mich in einen Mann, den ich schon eine Weile kannte. Wir wussten um die gegenseitige Anziehung – und zögerten beide, da wir wussten, dass unsere gemeinsame Zeit begrenzt sein würde. Nach einiger Zeit fand die erste körperliche Begegnung statt. Ich wartete auf den Blick, in dem ich mein Ältersein, meine Unzulänglichkeit würde ablesen können – aber er kam nicht. ›Du solltest sehen, wie schön du jetzt bist, wie voll und lebendig‹, sagte er mir und führte mich zart und liebevoll vor den Spiegel. Und da sah ich mich: eine volle Frau mit runden Formen und einem weichen, strahlenden Gesicht. Eine Frau, die ich nie zuvor erblickt hatte. Ich wendete den Blick ab. ›Nein, schau dich an, das bist du‹, sagte er. Ich sah mich und seinen liebenden Blick in der Tiefe des Spiegels. Allmählich lernte ich mich im Spiegel seiner Liebe neu zu sehen. Ich empfing mich selbst in allen Facetten meines Seins aus seinem Blick. Und ich lernte, mich selber so zu sehen. Und dann wurde ich eins mit dieser Frau, konnte sie spüren, auch unabhängig von meinem Geliebten, Er hatte mir den Weg zu mir gezeigt, mich gelehrt, wer ich jetzt war. Das war sein Geschenk.

Ich lernte auch nochmals und neu, meinen Geliebten und mich selbst mit allen Sinnen aufzunehmen. Ich verstand das Geheimnis von Intimität auf einer tieferen Ebene. Ich empfand, was es heißt, sich zu geben, sich dem anderen in aller Lust, in der Ekstase und in den besinnlichen, zarten Seiten ohne Rückhalt zu offenbaren. Das Spektrum der Liebe war größer geworden. Das Abenteuer, ein Kind zu zeugen, fiel weg. Da waren auch Wehmut, Abschied. Aber auch das Fordernde war verschwunden. Wir konnten verweilen und uns Raum geben. Eine andere Form von Intimität nahm Gestalt an. Wir lebten eine Liebe, für die es in unserer Gesellschaft noch kaum eine Sprache gibt. Und manchmal lächelten wir darüber.«

Etwas Ähnliches äußerte auch ein Mann um die 60 Jahre:

»Ich war immer ein schmaler und eher zierlicher Mann und dachte, ich müsse mir und den anderen meine Männlichkeit beweisen. Dies bezog sich auch auf meine Sexualität. Ich genoss sie, doch blieb immer ein Rest – diese Angst, ich könnte versagen und doch kein ganzer Mann sein. Nichts konnte sie von mir nehmen, auch meine Erfolge bei den Frauen nicht. Stets musste ich mir meine Männlichkeit aufs Neue beweisen. Dann hatte ich erstmals im Leben wirkliche Orgasmusprobleme, und in mir stürzte eine Welt zusammen. Ich versuchte alles, bis mir ein Berater sagte, mein Problem sei nicht die Sexualität sondern der Druck, den ich mir mache, um mir meine männliche Potenz zu beweisen. Es gehe nicht um Techniken, sondern vor allem um eine neue Beziehung zu mir selbst.

So fand ich allmählich heraus, was für ein Mann ich aus mir selber sein kann – nicht ein athletischer, sondern eher ein feingliedriger, sensitiver Mann. Als ich mich so neu entdeckte, begegnete ich einer Frau, die genau diese Qualitäten an mir schätzte. Ich konnte den Druck abbauen, der so lange auf mir gelastet hatte, und bin nun offen für die Art von Sexualität, die ich in Zukunft noch werde leben können – zwar mit ein wenig Bangen, aber zuversichtlich.«

Zwei reife Menschen können einander viel geben und viel voneinander empfangen, denn oft bestehen nicht mehr radikale und unnachgiebige Forderungen und Ansprüche an eine Beziehung. Das Spektrum an Verhaltensmöglichkeiten kann sich erweitern und vertiefen. Es wird oft leichter, Partner oder Partnerin in ihrem Sosein anzunehmen. Dies gilt auch für Menschen, die in einer Lebenspartnerschaft sind und lange Zeit schwere Krisen miteinander ausgetragen haben und zu einer neuen Form von Gemeinsamkeit gefunden haben, jenseits von gesellschaftlichen Vorstellungen und Bildern. Die Sexualität kann dadurch ebenfalls in einen neuen und liebevolleren Beziehungsraum eingebettet werden. Nicht mehr der überwältigende sexuelle Drang steht im Vordergrund, sondern die Verbindung in Intimität, welche die Sexualität umfasst – in gegenseitiger Übereinstimmung.

Es gibt die Möglichkeit eines Kontakts zum eigenen Frausein, zum eigenen Mannsein, zur eigenen Liebesfähigkeit und zur liebevollen Beziehung mit der gelebten Geschichte, die nicht allein davon abhängig ist, ob jemand in den späten Lebensphasen noch eine Beziehung hat oder nicht. Zunehmend wird es auch wichtig, die eigene Geschichte anzunehmen mit all ihren Wunden und Ressourcen, um sich eine Perspektive zu öffnen, die sich weder an das Wunschbild vom Prinzen, der doch noch kommen wird, oder der Traumfrau, der man begegnen wird, klammert noch in Resignation aufgibt. Ich möchte dazu ein Beispiel erzählen.

Eine Frau, gegen sechzig Jahre alt, kam in einer Imagination in Kontakt mit ihrem frühen Mädchensein. »Es war etwas ganz Selbstverständliches. Buben und Mädchen waren gleichwertig. In meinem Gefühl spielte es keine Rolle, ob wir Buben oder Mädchen waren. Aus der Zeit, als ich etwa acht Jahre alt war erinnere ich mich, dass mein um etwa fünf Jahre älterer Cousin zu Besuch kam. Jedes Mal ging ich auf ihn zu und fragte ihn: ›Rate, was für eine Farbe haben meine Unterhosen.‹ Ich war richtig kokett und hob mit der einen Hand mein Röcklein ein wenig an. Es bereitete mir auch Vergnügen, dass er verlegen wurde.«

Während die Frau diese Erinnerung erzählte und die Geste des Mädchens machte, erschien es vor unseren Augen – ein lebendiges, vergnügtes, verspielt-kokettes Mädchen, dessen Gesicht sich rötete. Die Frau lachte und sagte: »Ja, ich spüre jetzt, das ist eine wirkliche Ressource für mich, die ich an mich nehmen und umwandeln kann.« Dann, wieder ernster werdend, sagte sie: »Ich kann es brauchen, dieses Mädchen. Gestern Abend habe ich die Frau, die ich bin, aus Ton geformt. Es ist eine schöne, runde Frau geworden, mit zwei Brüsten.« Hier hielt sie inne, und Tränen traten ihr in die Augen. »Ich habe mich gefragt, warum ich denn zwei Brüste gemacht habe. War es einfach Wunschdenken? Ich habe ja nur noch eine Brust, die andere musste vor Jahren amputiert werden.« Jetzt überkam sie ein tiefes Weinen. Dann sagte sie: »Ja, die Verletzung ist noch immer da. Ich habe es nicht klar gewusst. Und es stimmt auch, dass ein Riss durch die Frau hindurchgeht. Ich habe nur eine Kerbe gemacht, aber beim Trocknen ist ein Riss daraus geworden. So ist es.« Ich sagte zu der Frau: »Ich glaube nicht, dass die Frau mit den zwei Brüsten nur ein Wunschdenken ist. Du trägst eine ganze und unverwundete Frau in dir. Sie ist da. Und auch die andere, die verletzte, ist da. Sie gehören beide zu dir.« Die Frau nickte und sagte: »Es stimmt, ich spüre es. Und jetzt brauche ich die Qualität dieses Mädchens in mir, um der erotischen Frau wieder Raum zu geben. Ich habe sie mir versagt – eigentlich habe ich sogar gedacht, es gebe sie gar nicht mehr. Es gibt sie – sie ist in mir gegenwärtig geworden.« Wie sie so dasaß, trat diese Schicht langsam in den Vordergrund. Die Frau lächelte. Es war ein junges Lächeln, ein zartes, verlockendes und gleichzeitig dasjenige einer reifen Frau, die sich selber zärtlich empfängt.

Auch Männer haben ihre Wechseljahre, sind herausgefordert, eine neue Identität – auch eine sexuelle – zu bilden, denn in der Reifephase verändert sich Sexualität für beide Geschlechter. Die explosiven Peak-Erfahrungen werden anders, sanfter und runder, und die Bedeutung von

Intimität als die Sexualität umfassende Qualität vertieft sich. Dies ist keine Gesetzmäßigkeit, sondern eine von der biologischen Entwicklung angebotene Chance, die wir aufnehmen und gestalten, aber auch verpassen können. Mit dieser Entwicklung verändert sich auch die Orgasmuskurve. Für Männer besteht oft die größte Herausforderung darin, dass Sexualität nicht mehr ein stets zuverlässig abrufbarer Vorgang ist. Selbstbestätigung als Mann beruht manchmal auf Omni-Potenz. Eine instabil werdende Erektion beispielsweise stellt oft eine Bedrohung der Männlichkeit dar.

Ein Mann Mitte 60 kam zu mir in Therapie, weil er sich verunsichert fühlte. Er war schon vorher aufgrund einer Erkrankung schwerhörig geworden, was sein Selbstwertgefühl beeinträchtigt hatte. Vor zwei Jahren hatte er sich einer Prostataoperation unterziehen müssen. Dadurch war seine Potenz nicht mehr so stabil wie früher. Er war ein feuriger und erfolgreicher Liebhaber gewesen. Vor einigen Jahren war er einer Frau begegnet, in die er sich verliebt hatte und die nun seine Freundin war. »Vor meiner OP war es eine schöne und aufregende Beziehung. Seit der OP aber habe ich mehrmals versagt.« Der Mann war sichtlich erschüttert. »Wie gehen Sie damit um?«, fragte ich. Traurig entgegnete der Mann: »Ich weiche aus, vermeide die Gelegenheiten, bei denen es zu einer sexuellen Begegnung kommen könnte. Ich habe Angst.« – »Weiß das Ihre Freundin« – »Nein, ich habe Angst, sie zu verlieren.« Als der Mann zusammen mit seiner Freundin zu mir kam, sagte sie im Laufe der Sitzung: »Ja, ich habe das schon bemerkt, und ich bin der Sexualität ebenfalls ausgewichen, um dich nicht zu kränken. Doch eigentlich könnte es so schön sein. Wir hätten mehr Zeit, ich müsste nicht mehr eilig nach meinem eigenen Orgasmus haschen. Eigentlich habe ich das Gefühl, dass wir eine kostbare Möglichkeit verpassen.« Diese Haltung der Freundin ermutigte den Mann. Er lernte es, sich einzubringen, sich durch die labile Erektion nicht entmutigen zu lassen, sondern mit dem Liebesspiel weiterzufahren, sich auch seiner Freundin anzuvertrauen, die das Liebesspiel mitgestaltete. Beide mussten über ihre Grenzen gehen. Auch die Frau gestand, dass es ihr nicht immer leichtfalle, von den früheren Liebesformen Abschied zu nehmen. »Manchmal sehne ich mich nach der überwältigenden, atemberaubenden und selbstverständlichen Sexualität von früher.

Manchmal träume ich davon.« Das Paar fand jedoch neue Ausdrucksformen seiner Liebe und Sexualität, die das Fragile einbezogen und auch der überraschend aufwallenden Leidenschaft Raum geben konnten.

Das Wichtigste ist, dass von unseren Lebensübergängen auch unsere Sexualität betroffen ist, die ebenfalls umgeformt werden will. Manchmal ist die Sexualität in einer langjährigen Beziehung auch gleichsam gestorben. Es kann die Gewohnheit sein, die überhandnahm. Oder die sexuelle Ebene der Beziehung war durch eine sie einschränkende oder beschädigende Kindheits- und Jugendgeschichte während Jahrzehnten ohne Chance. Dann kann es sinnvoll sein, sich mit der eigenen Liebesgeschichte in den verschiedenen Lebensphasen von der Kindheit an auseinanderzusetzen und die Erfahrungen mit der Partnerin oder dem Partner zu teilen. So wird sichtbar, wo beide miteinander behutsam umgehen lernen können und wie sich tiefe Verletzungen vermeiden lassen. Genauere Anweisungen können Sie im Buch *Lieben ein Leben lang* nachlesen.

Eine über siebzigjährige Frau meinte:

»Wir waren beide so unbedarft. Es konnte nicht gut gehen. Wir begehrten einander, mussten dies aber bis zur Heirat unterdrücken. In der Hochzeitsnacht fiel mein Mann so ungeschickt über mich her, dass er mein sexuelles Empfinden für ihn ein für alle Mal zerstörte. Wir fanden nie einen Ausweg. Mein Mann ging fremd, und ich distanzierte mich verletzt.« Doch das Paar vermochte es, einem jahrzehntelangen Leiden eine Ende zu setzen und eine freundschaftliche Beziehung aufzubauen – ohne Sexualität, jedoch mit zunehmender zärtlicher Nähe. »Wir konnten akzeptieren, dass wir damals keine Chance für andere Beziehungsqualitäten hatten, und versöhnten uns miteinander und mit unserer Geschichte.«

Manchmal lässt sich auch in der zweiten Lebenshälfte und in späten Lebensphasen eine sexuelle Beziehung neu beleben, wenn beide Partner sich darauf einlassen können, diese nicht mehr an der früheren Beziehung zu messen, sondern neue Qualitäten zu entdecken. Es gibt ein weites Spektrum zwischen Zärtlichkeit, Körperkontakt verschiedenster Art, Erotik und einer Sexualität, das in den späteren Jahren ausgeschöpft werden kann, wenn man einander darin unterstützt.

Ein 75-jähriger Mann formulierte dies so: »Ich bin so frei wie nie zuvor. Der Druck männlicher Performance ist von mir abgefallen. So kann ich mich neu entdecken, unverkrampfter. Meine Frau ist glücklich darüber – und ich jetzt auch. Es hat eher lange gedauert und wir mussten eine große Schwelle überwinden. Sex war lange für mich gekoppelt mit Leistung.«

Wir alle haben diese Chance eines neuen Spielraums, wenn wir alte leibhafte Muster umzugestalten und Vorurteile abzubauen vermögen. So ist es gerade für diejenige Generation, die noch die patriarchalen Muster und deren Infragestellung durch die Frauenbewegung erlebt hatte, eine Herausforderung, die subtilen gegenseitigen Entwertungen auch im Bereich der Sexualität zu überwinden.

Dazu kommt etwas Weiteres. Wenn wir Gleichaltrigen begegnen, begegnen wir schließlich auch uns selbst mit den eigenen Spuren des Älterwerdens. Wer davor Angst hat, wird vielleicht das Gegenüber entwerten und denselben lieblosen Blick auf ihn oder sie werfen wie auf sich selbst.

Eine liebevolle Beziehung kann historische, familiäre und persönliche Vorurteile überwinden, wenn beide Partner sich mit ihren Mustern, ihren Ängsten und Vorurteilen auseinandersetzen und ihr eigenes Älterwerden anzunehmen vermögen. So kann auch eine neue Leichtigkeit entstehen, eine liebevolle Pflege auch von Erotik und sexueller Lust, vielleicht auch von Zärtlichkeit und Intimität – mit oder ohne Sexualität.

Freundschaften als Halt und Bereicherung

GEMEINSAM

Vergesset nicht
Freunde
wir reisen gemeinsam

besteigen Berge
pflücken Himbeeren
lassen uns tragen
von den vier Winden

Vergesset nicht
es ist unsre
gemeinsame Welt
die ungeteilte
ach die geteilte

die uns aufblühen lässt
die uns vernichtet
diese zerrissene
ungeteilte Erde
auf der wir gemeinsam reisen

Rose Ausländer[119]

Tiefe, lange Freundschaften sind vor allem ein gegenseitiges Geschenk. Gerade deshalb gilt es, sorgfältig mit ihnen umzugehen.

Es gibt jahrzehntelange Beziehungen, welche die vielen Herausforderungen und Veränderungen des Lebens überstehen. Man kann sich jahrelang kaum sehen – und wenn man sich wieder begegnet, ist es, als hätte man sich erst gestern getroffen. Im besten Fall ist eine tragende Vertrautheit da, die auch unterschiedliche Lebensentwürfe nicht zu beeinträchtigen vermögen. Manchmal werden die Begegnungen während der Familienphase rarer, weil die Freundinnen beide zu engagiert sind, die Freunde zu weit auseinander wohnen oder weil die eine davon eine Familie hat, die andere nicht. Dann stehen jeweils andere Themen im Vordergrund, die eine vorübergehende Distanz bewirken. Es gibt allerdings auch langjährige Beziehungen, die irgendwann überholt sind, in denen die Entwicklung der beiden Freunde oder Freundinnen in vollständig verschiedene Richtungen gegangen ist. Erinnerungen allein halten eine Beziehung nicht am Leben. Der Abschied von solchen Beziehungen mag schmerzhaft sein, ist aber wichtig, um sich neuen, nährenden Freundschaften zu öffnen.

Auch später geschlossene Freundschaften können eine vertiefte Qualität haben. Vielleicht braucht es hier mehr Beziehungsarbeit, bis der Boden des Vertrauens gewonnen ist. Doch in jedem Alter, in jeder Lebensphase, können neue Freundschaften eingegangen werden, die dann ebenfalls eine lebensbegleitende Qualität haben mögen.

Das Stichwort *lebensbegleitend* ist zentral, vor allem im Prozess des Älterwerdens. Dies gilt nicht nur für Zweierfreundschaften, sondern auch für solche in Gruppen, die sich immer wieder zusammenfinden, um etwas gemeinsam zu unternehmen oder zu gestalten.

Ich leite eine Gruppe in Deutschland, die sich ursprünglich als Weiterbildungsgruppe zusammenfand. Mit der Zeit trat dieses Ziel völlig in den Hintergrund, und die Gruppe fand für ihre Qualität eine neue Definition. Sie wurde zu einer »lebensbegleitenden Gruppe«, in der das Wachstum ins Älterwerden hinein das verbindende Thema war. Es ist wichtig, einen Kreis von Vertrauten zu haben, bei denen diese Themen einen Ort finden, wo die dazugehörigen Erfahrungen, Gefühle und Gedanken ohne Rückhalt geäußert werden dürfen, wo Strategien für die Lebenskunst Älterwerden entworfen werden und befreundete Menschen miteinander neue Verkörperungsmöglichkeiten für Reife »erfinden« können. Auch Gruppen, in denen Frauen und Männer verschiedenen Alters anwesend sind, können in diesem Prozess fruchtbar und hilfreich sein. Der Generationendialog ist gerade in der heutigen Zeit, in der die Generationen einander nicht mehr selbstverständlich begegnen, so unendlich wichtig.

Das Geheimnis guter Freundschaften bedeutet immer wieder etwas anderes. Es kann ein Geheimnis von tief empfundener Seelenverwandtschaft, ein Geheimnis der Ergänzung oder der Gemeinschaftlichkeit im Widerspruch sein. Im besten Fall ist eine Freundschaft ein Prozess, in dem man voneinander und miteinander lernen und gemeinsam weiterwachsen und sich wandeln kann.

Dies bedeutet *Tapferkeit vor der Freundin, dem Freund*. Manchmal braucht es viel Mut, gegenseitige Verletzungen anzusprechen und miteinander zu bereinigen, die gegenseitigen Wunden und Schwächen anzunehmen. Wir können lernen, einen Menschen nicht nur zu idealisieren oder innerlich abzuwerten, sondern seine verschiedensten Seiten in sich selbst zu vereinigen, sodass wir unser Gegenüber – wie uns selbst – als *ganze Person* mit ihrem Spektrum wahrzunehmen vermögen[120]. Dies gehört zum Reifeprozess eines Menschen. In Freundschaften braucht es eine einschließende Zuneigung, welche die Schattenseiten des anderen Menschen – ebenso wie die eigenen – zu integrieren vermag, statt sie auszublenden. Die negativen Seiten eines Freundes, einer Freundin auszublenden oder ihn zu idealisieren und entsprechende Projektionen anzustellen führt unweigerlich zu bitteren Enttäuschungen, wenn die Projektionen nicht aufgelöst und Schwierigkeiten nicht besprochen werden können.

Eine Freundin oder ein Freund kann – wie ein Partner oder eine Partnerin – niemals alle Ebenen und Bedürfnisse der mit ihr befreundeten Person abdecken. Die eine Freundin mag besonders heiter, humorvoll sein, ein Freund unbeschwert, mit der einen Person lassen sich tiefe Gespräche führen, eine andere wieder strahlt Wärme oder Besonnenheit aus. Vielleicht hat eine weitere Person ein weites Herz durch Schweres, das sie erlebt hat, ist leidensprobt und verständnisvoll. Immer gibt es eine gemeinsame Schnittmenge und Verschiedenheiten, die uns nähren, in Frage stellen, irritieren, enttäuschen ... Eine Frau Mitte fünfzig erzählte:

»Ich habe eine Freundin, die sich aus meiner Sicht immer rücksichtslos durchgesetzt hat, in der Familie und im Beruf. Sie wusste, wie sie sich einen Vorteil verschaffen konnte. Manchmal war ich ärgerlich und dachte: ›Egoistin!‹ Sie sagte immer ›gerade heraus‹, was sie dachte. Doch dann begann ich nachzudenken, warum mir das so auf die Nerven ging, und schließlich fand ich heraus, dass ich selbst genau das nicht konnte, was ihr leichtfiel: Ich konnte kaum Nein sagen, Grenzen setzen. Ich ließ mich ausnutzen und begann schließlich, den entsprechenden Menschen zu grollen. Da verstand ich, dass ich etwas von ihr lernen konnte und dass mein Ärger nicht nur ihr, sondern vor allem auch mir selber galt. Seit mir dies klar wurde, erlebe ich meine Freundin als Herausforderung und lerne von ihr, mein eigenes Handeln infrage zu stellen und zu differenzieren. Dann machte ich eine weitere Entdeckung: Ich hatte dieser Freundin lange nicht zugetraut, dass sie mir beistehen könnte, wenn es mir schlecht ging. Ich hatte mir von ihr ein fixes Bild gemacht. Als ich jedoch in eine Krise geriet, stand sie mir auf eine direkte und unverblümte Weise bei und sagte mir Dinge, die andere mir nicht zu sagen gewagt hätten.«

In Freundschaften wie in Partnerschaften ist es wichtig, den eigenen Anteil an einer Beziehung im Positiven wie im Negativen und damit die individuellen Verhaltensmuster zu sehen, anzuerkennen, zu verstehen und beeinflussen zu lernen. Insofern ist auch dies eine wichtige Herausforderung. Freundschaften als Herausforderungen und nicht nur als Wohlfühlprogramm zu erleben ist die Chance von Wachstum, vor allem auch im späteren Leben, wenn das soziale Netz einen neuen, wichtigen Stellenwert bekommt.

In einer Krise ist jeder Mensch verletzlicher, dünnhäutiger als in einer stabilen Phase. Sich in dieser Verletzlichkeit einem anderen Menschen anzuvertrauen ist ein Wagnis. Dafür eignen sich nur vertraute Freunde oder Partner und Partnerinnen. Man merkt deutlicher, wenn das Gegenüber versucht, das Gespräch möglichst schnell zu beenden oder abzuwehren, sei es durch vorschnelle Ratschläge, durch eine nur kühle Distanziertheit, durch sofortiges Überschwenken auf eigene Probleme. Distanziertheit und rationale Analysen oder eine Ausleeordnung der Probleme mögen sehr hilfreich sein, doch die zentrale Qualität, die sich ein Mensch in dieser Verfassung meist wünscht, ist, als Person mit allen Gefühlen empfangen und begleitet zu werden. Das ist etwas anderes als

Mitleid. Im *Empfangenwerden* bleibt die Würde beider gewahrt, und die Begegnung findet auf Augenhöhe statt. Dazu folgende Geschichte einer 60-jährigen Frau:

»Ich befand mich in einer Krise, die durch eine tiefe Verletzung entstanden war. Ich kannte mich nicht mehr, verlor den Boden und die Orientierung. Niemals hätte ich das erwartet. Ich verkroch mich und war der festen Überzeugung, meinen Freundinnen und Freunden wären meine Probleme nur lästig. Doch dann rief mich eine meiner engsten Freundinnen an. Sie ließ meine ausweichenden Antworten nicht gelten. Und auch nicht meine gefassten, rationalen Erklärungen. Sie blieb einfach da und sprach mit einer Mischung von Mitgefühl und Festigkeit, gab nicht nach, bis ich wieder weicher und offener geworden war und mich selbst wieder spürte. Ich war sehr dankbar, dass sie nicht nachgegeben und mein Muster von ›Ich mache es mit mir selber ab‹ geduldig geknackt hatte. So lernte ich, Hilfe anzunehmen.«

Wir brauchen Freunde und Freundinnen, um das Schöne und Schmerzliche zu teilen. Der alte Spruch stimmt: Geteilte Freude ist doppelte Freude – geteiltes Leid ist halbes Leid. Freundschaften brauchen das weite Spektrum zwischen gemeinsamen Freuden, Spaß, unbeschwertem Zusammensein, den Nuancen von Humor, Ausgelassensein, Austausch über das, was beide bewegt und beschäftigt, Anvertrauen von Dingen, die man sonst niemandem sagen mag, und Teilnahme an Problemen, an Infragestellungen, Schmerzvollem und Krisen. Dieses Spektrum gilt auch für Freundschaften mit dem anderen Geschlecht.

Manchmal – vor allem in Lebenskrisen – lässt sich dieses Spektrum nicht aufrechterhalten. In dieser Situation kann jemand sehr bedürftig sein und ist zu stark mit den eigenen Problemen beschäftigt. Aber auch in dieser Situation ist es wichtig, sich dem anderen weiter öffnen zu können bzw. anzusprechen, dass man dazu gerade nicht in der Lage ist. So fühlt sich eine Freundin oder ein Freund immer noch gesehen und gemeint. Wenn eine Krise lange andauert, kann nicht nur *eine* Freundschaft die einzige mittragende sein. Es braucht dann die Aktivierung eines umfassenderen sozialen Netzes. Dies bedeutet allerdings, ein solches Netz in stabilen Zeiten aufzubauen. Viele Menschen können nur geben, nur sich selbst geben und laufen dann Gefahr, sich in diesem Geben zu verlieren, hören immer nur zu oder versuchen, das Gegenüber mit Ratschlägen zu überschwemmen. Dies ist nicht Mitsein und Mitgefühl, sondern Überverantwortlichkeit.[121] Oft glauben Menschen in diesem Muster, nur geliebt zu werden, wenn sie sich für andere aufgeben, und erleben dann, dass der Freundeskreis sich daran gewöhnt. So entstehen Groll und Enttäuschungen.

Dahinter können alte verkörperte Lebensmuster stehen:

- Ich muss alles alleine machen – niemand hilft mir.
- Hilfsbedürftigkeit bedeutet Schwäche – ich will keinesfalls schwach sein.
- Nur wenn ich alles gebe, bin ich – vielleicht – aufgenommen.
- Wenn ich etwas annehme, muss ich es doppelt und dreifach zurückgeben.

An den eigenen Mustern von Geben und Empfangen zu arbeiten ist eine Voraussetzung für gute Partnerschaften und Freundschaften, für den Aufbau eines lebendigen Beziehungsnetzes. Gerade in Krisenzeiten ist ein solches Beziehungsnetz oft die Kraft, die ein Mensch braucht, um Schicksalsschläge wie Verlust, Krankheit, Arbeitslosigkeit oder tiefe Verletzungen durch das Mittragen anderer Menschen zu überstehen und sich wieder aufzurichten.

Ganz nahe, vertraute Freundschaften haben die meisten Menschen nur wenige. Dazu kommen aber auch lockere, weniger nahe Beziehungen, Kolleginnen und Kollegen aus unterschiedlichen Lebenskreisen. Auch von ihnen können Menschen in Krisen Anteilnahme bekommen. Ein lebendiges soziales Netz außerhalb der familiären Bindungen braucht Differenzierung – ein Spektrum, das die Qualität der je einzelnen Beziehungen einzuordnen vermag. Wir können auch erfahren, dass wir uns in den verschiedenen Freundschaften je unterschiedlich verkörpern und damit einen Reichtum an eigenen Verkörperungsschichten aufbauen können – manche gefestigt und entschlossen, andere warmherzig, weich, wieder andere mit einem weiten menschlichen Horizont.

In Notzeiten bekommt ein tragendes soziales Netz, das auch früher gepflegt wurde, eine tragende und stützende Qualität, wie folgendes Beispiel einer 60-jährigen Frau zeigt:

»Aufgrund diffuser Beschwerden ging ich zum Arzt und erfuhr, dass ich Krebs hatte. Ich war wie betäubt, obwohl berechtigte Hoffnung bestand, dass er entfernt werden könnte. Auch mein Mann hatte einen Schock. Ich verstand, dass ich mich nicht auf ihn allein stützen konnte – schließlich war er wie meine übrige Familie mit betroffen. Mir wurde klar, dass ich mehr Unterstützung brauchte. Ich zögerte, zog mich zurück, begriff aber dann, dass ich mich meinen Freundinnen zumuten wollte. Ich schrieb Mails, in denen ich meine Krankheit und meine emotionale Not offenlegte. Dies brauchte Mut. Bis jetzt hatte ich mein Leben – trotz Krisen – einigermaßen gut gemeistert. Ich nahm wahr, wie ich mich zunächst in Stolz verhärtete. Doch dann spürte ich, dass ich dieses Muster nicht aufrechthalten konnte, dass ich im Gegenteil zusammenbrechen würde. Ich begann, mich weicher zu machen. Dies war die Wende. Ich gestand mir ein, dass ich einen Kreis von Menschen brauchte – und ich wurde überrascht. Ich bekam viele warme, anteilnehmende Mails und Briefe, kleine symbolische Geschenke – Anker für die bevorstehenden Eingriffe. Freundinnen besuchten mich, waren einfach da. Sie waren unterschiedlich präsent – je nach Qualität unserer Beziehung und den Möglichkeiten ihrer Persönlichkeit. Das war ein unerwarteter Reichtum. Was ich von der einen Freundin nicht bekam, schenkte mir eine andere. Es war wirklich wie ein ausgespanntes Netz, welches mich auffing. Ich hatte es schwer, aber ich fühlte mich nie ganz verlassen und verloren. Vor und nach den Behandlungen und selbst mittendrin blieben die Wärme und Zuversicht des Getragenseins. Heute bin ich wieder gesund und dankbar, nicht ins Bodenlose gefallen zu sein. Doch ich musste den ersten Schritt machen und mich öffnen und anvertrauen. So wurde ich von einer warmen Welle getragen.«

Dieser Prozess zeigt eindrücklich, dass es zu den Lebensaufgaben gehört, ein soziales Netz aus Familie, Freundschaften und Kollegen aufzubauen, in das wir eingebettet sind und andere einbetten. Ein solches Netz bewahrt uns auch davor, einzelne Freundinnen oder Freunde zu überfordern und von ihnen zu verlangen, was sie nicht zu geben vermögen. Der Mut besteht jedoch auch darin, sich zuzumuten. Zu-Mutung ist ein wunderbares Wort: Wir trauen dem andern Menschen den Mut zu, mit uns zu sein.

Wir können die Zumutungen zwar auf verschiedene Menschen aufteilen, doch eine generelle Schonhaltung schwächt jedes Gegenüber. Viele Menschen hoffen auch, dass das Gegenüber schon merken werde, was man braucht – eine große Überforderung, die oft als Test für wahre Liebe oder Freundschaft ge- und missbraucht wird. Daraus entsteht dann der stumme oder ausgesprochene Vorwurf: *Ich hätte dich gebraucht – aber du warst nicht da.* Es geht also darum, Freundinnen und Freunden eine echte Chance zu geben. Sonst kann die Überzeugung »Wenn ich jemanden brauche, ist niemand da« zu einer selbsterfüllenden Prophezeiung werden. Und umgekehrt: Wenn wir wissen, dass eine Freundin oder ein Freund Mühe hat, sich uns zuzumuten, können wir uns auch ein Stück weit aufdrängen: »Ich weiß, dass du mich brauchst, und ich bin da. Ich lasse mich nicht einfach ausbooten!« Auch das kann zu einer persönlichen Herausforderung werden, wenn wir uns schnell überflüssig und auf Zeichen des Gegenübers angewiesen fühlen. Es gibt also Herausforderungen für beide Seiten und damit die immer wieder auftauchende Einladung, die eigenen Lebensstilmuster zu überschreiten, abzubauen oder zu differenzieren; zu wachsen. Die Zuneigung zu einer Freundin oder einem Freund mag eine Einladung sein, uns diesen eigenen Mustern zu stellen. Auch hier begegnen wir einer formativen Aufgabe. Dazu möchte ich ein Beispiel geben:

Es geht dabei um einen Prozess, in dem zwei Frauen mit ihren eher rigiden Lebensmustern konfrontiert waren, mit denen sie sich Selbstbeherrschung, Haltung und einen ziemlich harten Stolz auferlegten. Die eine der beiden Frauen, etwas über 56 Jahre alt, erzählt: »Es ist nicht so, dass ich den Austausch mit meiner engsten Freundin nicht gebraucht hätte. Wir haben uns immer vieles anvertraut. Doch wir waren immer beide sehr gefasst, signalisierten einander, dass wir letztlich alles im Griff hätten. Auch meine Freundin machte das meiste allein. Wenn sie in Not war, zog sie sich zurück und vertraute mir ihre Nöte erst an, wenn diese bewältigt waren. Dies war so eine Gesetzmäßigkeit, der auch ich folgte. Ich wollte nicht hintanstehen, nahm die Botschaft auf: ›Die Krise bewältige ich allein und bewahre die Fassung.‹ Diese Freundin erinnerte mich an meine Mutter, die alles immer selbst bewältigt hatte. Ich wollte also der Freundin in nichts nachstehen. Beide hatten wir eigentlich das Gefühl, ehrlich miteinander zu sein. Doch ich befand mich in einer Art ›Wettkampf‹. Ich wollte niemals weniger tapfer sein als sie. Manchmal hatte ich ein schmerzliches Gefühl, wenn meine Freundin mir erst im Nachhinein erzählte, was sie in letzter Zeit alles durchstehen musste, wovon ich keine Ahnung hatte. Ich hätte ihr gerne geholfen, aber ich kam meist zu spät. Ich bewunderte sie dafür und eiferte ihr nach. Von meiner eigenen Mutter hatte ich ebenfalls gelernt, dass man die Zähne zusammenbeißen muss. ›Mit dem Willen kann man alles‹, war ihr Leitspruch. Also versteifte ich mich, um mich zu beherrschen, obwohl wir trotz allem sehr tiefe und existenzielle Gespräche hatten. Doch einmal erwischte mich die Freundin in einer desolaten Situation. Ich konnte die gewohnte Haltung nicht mehr bewahren. Und sie reagierte anders als erwartet. Sie war einfach da, ohne Rückhalt. Dadurch vertiefte sich unsere Freundschaft. Wir mussten einander nichts mehr beweisen und erkannten, dass wir dasselbe Muster von ›Haltung bewahren‹ verfolgt hatten, das wir nun zunehmend abbauen konnten.«

Je älter wir werden, desto kostbarer werden Freundschaften, lebensbegleitende Beziehungen. Wir wissen nie, wer zuerst sterben wird. Doch es ist eine lebendige Zuversicht, zu wissen, dass eine Freundin oder ein Freund da sein wird, wenn wir sterben werden. Umgekehrt ist es berührend, zu erfahren, dass ein Mensch das Vertrauen hat, dass auch wir ihn in seiner letzten Lebensphase begleiten werden. Die gegenseitige Versicherung, auf der letzten Wegstrecke da zu sein, ist sehr tröstlich, wer immer zuerst aus dem Leben gehen wird.

Wir fragen wohl ab und zu, wen wir an unserem Bett haben möchten, wenn wir den letzten Übergang zu bewältigen haben. Oft ist es der Partner, die eigene Frau, sind es die eigenen Kinder.

Doch nicht nur für uns, sondern auch für die Angehörigen ist es eine große Hilfe, wenn sie diesen Abschied nicht allein zu bewältigen haben. Auch sie brauchen Freunde und Freundinnen, die mittragen. Vielleicht sind es gerade sie, welche die sterbende Person besser kennen, mit ihr vertraut sind, während der eigene Partner oder die eigene Partnerin fassungslos und die eigenen Kinder vor allem mit ihrem Leben in Partnerschaft und Familie beschäftigt sind. Sie haben oft nicht die Kraft, sich mit dem Sterben der Mutter oder des Vaters intensiv auseinanderzusetzen. Viele erwachsene Kinder haben sich auch vom Leben des sterbenden Elternteils distanziert oder sehr entfremdet, während wahre Freunde oft ein tiefes Wissen um den Prozess einer Freundin oder eines Freundes haben. Und sie können die sterbende Person auch deshalb anders begleiten, weil sie selbst dem Sterben näher sind als die eigenen Kinder, die dem zukünftigen Leben zugewandt bleiben müssen und mit *ihrem* Abschied von den Eltern beschäftigt sind. So gibt es verschiedene Qualitäten von Begleitung. Freunde und Freundinnen sind ebenso unersetzbar wie Mitglieder der Familie – nur anders. Freunde und Freundinnen können die Familie nicht ersetzen, aber sie können ein Netz bilden für die sterbende Freundin oder den Freund und vielleicht auch für die Angehörigen.

Dazu möchte ich eine persönliche Erfahrung anfügen:

Meine um 30 Jahre ältere Halbschwester ist im Alter von 36 Jahren nach dem Zerbrechen ihrer langjährigen Beziehung und nach dem Tod ihrer Mutter nach Kanada ausgewandert und hat dort ein neues Leben aufgebaut. Solange sie konnte, kam sie in die Schweiz, um mich und meine Familie zu besuchen. Als sie zu alt war, besuchte ich sie, um ihr in Wendezeiten ihres Lebens beizustehen. Viele ihrer Freundinnen starben nach und nach – und der Kreis ihrer ursprünglichen Beziehungen engte sich ein. Wir telefonierten oft und lange. Später wurde meine Schwester leicht dement, und ich konnte in den letzten zwei Jahren ihres Lebens nicht mehr sehr viel für sie tun. Sie hatte aber noch eine Freundin, die sich täglich um sie kümmerte, sie auch aus den Tagen kannte, als die beiden sich nahe waren – zunächst am Arbeitsplatz, dann auch in der Lebensphase nach der Pensionierung. Sie war wesentlich jünger als meine Schwester. Sie hatte so viel Gutes mit ihr erlebt, die immer humorvoll und zuversichtlich war, dass sie ihr treu blieb, auch als sie zunehmend behindert und eingeschränkt war. Sie rief meine Schwester jeden Tag an, besuchte sie, auch als sie in ein Pflegeheim wechseln musste. Ich konnte ruhig sein, dass sie für meine Schwester auf eine Weise da war, die ich ihr von einem anderen Kontinent her nicht geben konnte. Das war nicht nur für mich, sondern auch für meine Schwester ein großes Geschenk.

Am Ende konnte ich meine Schwester nicht mehr anrufen, da sie nicht mehr fähig war, das Telefon zu bedienen. Ich wusste sie aber in guten Händen und konnte mit ihr Kontakt haben, wenn ihre Freundin sie im Pflegeheim besuchte. Im letzten Jahr war kein normales Gespräch mehr möglich, meine Schwester konnte nur noch ganz einfache Sätze aufnehmen, aber wir konnten einander über unsere Stimme berühren und nahe sein, und über ihre Freundin wusste ich immer, wie es ihr ging. Schließlich bekam ich die Nachricht, dass meine Schwester wohl in den nächsten Tagen sterben würde. Ich buchte einen Flug, um sie noch zu sehen. Die Freundin bot mir an, während ihres Besuches im Pflegeheim mein Telefon abzunehmen. So rief ich meine Schwester an, und ihre Freundin reichte ihr das Telefon. Ich hörte den etwas erregten Atem meiner Schwester. Sprechen konnte sie nicht mehr. Ich dankte ihr mit einfachen Worten für alles, was ich von ihr empfangen hatte, drückte all meine Zuneigung aus. Ihr Atem wurde ruhiger und ruhiger, kurz darauf starb sie friedlich. Ihre Freundin war mit ihr und sagte mir – als ich in Kanada eintraf –, sie habe wohl auf mich gewartet und diese letzte Begegnung am Telefon gebraucht, um gehen zu können.

Diese Freundin war jahrelang die wichtigste Brücke zu meiner geliebten Schwester – in einer Zeit, in der sie ohne Hilfe den Kontakt mit mir nicht mehr hätte halten können. Sie hatte ihr gegeben, was ich als die letzte Angehörige nicht mehr geben konnte: ein tägliches Dasein mit viel Fürsorge und Wärme. – Diese Erfahrung hat mich nochmals eindrücklich gelehrt, dass Freunde anderes zu geben vermögen als Angehörige.

Manche Menschen haben früher oder später keine präsente Familie mehr. Dann sind Freundschaften umso kostbarer. Wenn Menschen älter werden, sind die einen mehr auf die Familie eingestellt, andere mehr auf ihre Freundschaften. Dies hat viel mit der eigenen Lebensgeschichte zu tun. Die Lebensentwürfe lassen sich nicht gegeneinander ausspielen. Vor allem verheiratete Frauen der älteren Generationen entscheiden sich manchmal, vor allem für die eigenen Enkel da zu sein, und finden in diesem Engagement ihre Erfüllung, andere wieder konzentrieren sich auf die Partnerschaft, auf das gemeinsame Älterwerden, wieder andere verbinden Partnerschaft oder Familie mit eigener Berufstätigkeit – auch über das Pensionsalter hinaus. Andere müssen ihr Leben völlig neu einrichten, wenn sie den Partner oder die Partnerin verlieren. Dann werden Freundschaften oft erneut zentral wichtig. Familiäre Beziehungen können große Geborgenheit geben – doch dies ist nicht immer der Fall. Für die einen sind sie einfach gegeben und stimmig, für andere aber sehr belastet.

»Meine Familie habe ich nicht gewählt – sie ist da, und ich komme mit ihr zurecht. Aber meine Freundschaften habe ich selbst gewählt. Wenn es drauf ankommt, kann ich mich vor allem auf meinen Freundeskreis verlassen. Deshalb setze ich ganz viel ein, um ihn mir zu erhalten. Ich vertraue ihm irgendwie mehr als den familiären Beziehungen. Es ist eine Wahlfamilie geworden.«

Dies sagte mir eine Frau um die 60 Jahre. Eine andere aber äußerte:

»Freundschaften sind mir wichtig, ich pflege sie, doch die familiären Beziehungen sind für mich das eigentlich Unverbrüchliche.«

Lebenslange Freundschaften, die bis in die eigene Kindheit zurückreichen, vermögen im Alter eine wichtige Rolle zu spielen. Man kennt seine Stärken und Schwächen, hat Krisen gemeinsam durchgestanden, kurzum: Eine solche Freundschaft trägt eine ganze Welt in sich, auch wenn man zeitweise keinen oder nur wenig Kontakt hatte. Mit dem Älterwerden können sich solche Freundschaften wieder intensivieren und von der alten Vertrautheit leben, zu der nun auch das Teilen des eigenen Reifeprozesses hinzukommt. Dies ist eine der schönsten Erfahrungen, die wir mit nahen und langen Freundschaften und im Übrigen auch mit Geschwistern, die mit uns älter geworden sind, machen können. Wir können unsere Zweifel, unsere Ängste, unsere Fragen miteinander teilen, Entdeckungen austauschen, einander trösten, ermutigen, Wahrnehmungen und Handlungsweisen überprüfen, voneinander lernen.

Freunde und Freundinnen, die um einiges älter sind, sind auch Wegbereiter, ermutigende Vorreiterinnen, deren Spuren wir folgen mögen. Und wir selbst haben diese Funktion jüngeren befreundeten Menschen gegenüber.

Eine Freundin oder einen Freund durch Tod zu verlieren ist schmerzhaft. Je älter wir werden, desto wahrscheinlicher werden solche Verluste. Vor allem wenn Freunde aus unserer Kindheit und Jugendzeit sterben, verlieren wir nicht nur einen kostbaren Menschen, sondern mit ihm auch eine ganze Welt. Während ich dieses Buch schreibe, ist meine Jugendfreundin, die Pianistin war, unerwartet gestorben. Wir hatten so viel miteinander geteilt – Erinnerungen, bis in die frühe Jugend zurückreichend, eine selbstverständliche Gefährtinnenschaft im Abenteuer von Reifung und Vertiefung sowie eine mögliche Zukunft mit spannenden gemeinsamen Projekten. Noch immer ist der Tod dieser Freundin für mich nicht fassbar. Ihre Stimme, ihre Gegenwart, ihre Musik sind plötzlich mitten in meinem Alltag da – unerwartet, überraschend. Und langsam, ganz langsam beginnt die Verwandlung der lebensbegleitenden Freundschaft in eine innere Welt in mir, wird Dankbarkeit möglich. Und neben Schmerz und Wehmut bekommt eine neue Präsenz Raum. Diese Präsenz mag immer wieder von Wehmut begleitet sein, bedeutet aber, dass wir auch verstorbene nahe Menschen in unserem inneren Kosmos lebendig werden lassen können.

Generationenübergreifende Muster umformen und Ressourcen aufnehmen

LEBENSORDNUNGEN

Ein großer Meister, der zugleich ein meisterhafter Kalligraf war, bekam Besuch von einem Reichen. Dieser bat ihn, in seiner wunderbaren Schrift einen Text zu schreiben mit einer erfreulichen Botschaft, einer fröhlichen Weisheit für die Familie. Der Meister sagte: »Du kannst den Text in drei Wochen abholen.« Als der Reiche wiederkam, erhielt er eine Schriftrolle. Er las den Text und erbleichte: »Wie kannst du mir so etwas antun? Ich habe etwas Erfreuliches bestellt und lese hier: ›Großvater stirbt, Vater stirbt, Enkel stirbt‹? Diese traurige Wahrheit soll ein Trost sein für meine Familie?« Der Meister blieb gelassen: »Der Text weist auf die wahre Lebensordnung hin. Bedenke was du empfinden würdest, wenn die Reihenfolge umgekehrt wäre.«[122]

Wenn wir uns mit Beziehungen auseinandersetzen, gibt es nicht nur diejenigen in den gegenwärtigen Lebensfeldern, die wir zu gestalten haben, sondern auch diejenigen mit den familiären Generationen vor uns.[123] Wir alle haben Lebensmuster und Lebensentwürfe in uns aufgenommen, die unser Leben mitgeformt haben. Wir haben nicht nur eine äußere, sondern auch eine innere Familie. Diese können wir, anders als die reale äußere Familie, umformen

Der Prozess des Älterwerdens gibt uns deshalb die Chance, eine neue – oft liebevollere – Beziehung zum bisherigen Lebensentwurf zu finden und uns dabei der verschiedenen Schichten unserer Person bewusst zu werden, sie nutzbar zu machen oder umzugestalten, um eine neue Perspektive zu bilden. In diesem Prozess begegnen wir auch jenen Schichten in uns, die mit unserer Familie, unseren Vorfahrinnen und Vorfahren im Zusammenhang stehen.

Damit verbindet sich die Aufgabe, einschränkende alte Muster aufzulösen oder umzugestalten, aber auch, Ressourcen, die in ihnen verborgen sind, zu entdecken, »als Schätze zu heben« (vgl. S. 32 ff.) und in unsere weitere Selbstgestaltung einzubeziehen. Auf diese Weise können wir unseren *inneren Generationendialog* verändern. Wir können die Polarität von Individualität und Verbundenheit in ein Gleichgewicht bringen – uns deutlicher abgrenzen, ein weiteres Stück Ablösung vollziehen und gleichzeitig anerkennen, dass wir von Eltern und Vorfahren auch formende Kräfte, Ressourcen bekommen haben und weitere empfangen können, um sie zu etwas Eigenem zu formen. Dadurch ist innere Versöhnung möglich, die auch die äußere Beziehung zu den eigenen alt werdenden Eltern zu beeinflussen vermag und spätestens dann eine erwachsene Tochter-Sohn-Eltern-Beziehung Gestalt annehmen lässt. Diese Veränderungen wirken sich auch auf die Beziehung zur nächsten Generation, zu derjenigen der eigenen Kinder, aus. So fällt es eventuell leichter, sie zuversichtlich in die Welt hinaus zu entlassen und auch ihr Erwachsensein wahrzunehmen und zu respektieren.

In diesem Prozess geht es auch darum, dass die Eltern die Verkörperung als die Eltern, die sie in der Familienphase waren, auflösen können, die von Fürsorge, Anteilnahme, Austausch und Kooperation als Beziehungsstadien[124] in Bezug auf Kinder und Jugendliche geleitet war. Die Beziehungsgestaltung in Bezug auf erwachsene Kinder nimmt das Kind als erwachsenes Gegenüber ernst. Das ist grundsätzlich eine andere Haltung: *Du bist meine erwachsene Tochter/mein erwachsener Sohn. Ich traue dir die Verantwortung für dein Leben zu, entlasse dich in die Freiheit und bin für dich da!*

Ebenso haben die erwachsenen Kinder die Aufgabe, die eigenen Eltern aus der Vorstellung zu entlassen, diese seien immer noch dieselben wie damals, als sie noch Kinder waren. Die Botschaft lautet etwa: *Ich unterscheide die Eltern, die ihr mir gegenüber gewesen seid, als ich ein Kind war, von denjenigen, die ihr heute seid, da ich mein eigenes Leben lebe.*

Es kann allerdings sein, dass die Eltern die erwachsenen Kinder nicht als Erwachsene akzeptieren und die Kinder ihre Eltern in den Mustern der Eltern aus ihrer Kindheit festhalten. Dann geht es darum, diese Muster von beiden Seiten aufzulösen. In der Beziehung Erwachsene zu Erwachsene gibt es auch – wie etwa in einer Paarbeziehung – die Qualitäten von Fürsorge, Anteilnahme, Austausch und Kooperation, jedoch auf beiderseitigem Respekt vor der erwachsenen Beziehung aufbauend.

Im Reifeprozess eines Menschen vertieft sich einerseits das Gefühl dafür, viele innere, miteinander in Verbindung stehende Persönlichkeitsschichten – gleich einer Babuschka oder wie die Jahresringe eines Baumes – zu haben und eine unverwechselbare Person zu sein. Andererseits wird das überpersönliche Lebens- und Generationenkontinuum immer wichtiger.

Je stärker wir erfahren, dass wir endlich und vergänglich sind, desto eher können wir unsere Sicht über unser individuelles Leben hinausgehen lassen in den Gesamtzusammenhang, in dem wir uns befinden. In ihm ist schließlich auch die Erfahrung unserer Endlichkeit aufgehoben.

Folgende Aspekte sind also für die Selbstgestaltung in den späteren Lebensphasen wichtig:

- Die einschränkenden Aspekte aus der eigenen Geschichte, aus der inneren Familie und dem inneren Generationenkontinuum wahrnehmen und umgestalten.
- Die Ressourcen aus der eigenen Vorfahren- und Vorfahrinnenreihe als Geburtshelfer und Hebammen des neu sich bildenden Selbst einsetzen.
- Lebensweisen aus den vorangehenden Generationen aufnehmen und zu etwas Eigenem machen, um das persönliche Selbst zu erweitern und zu vertiefen.
- Über Generationen im Verborgenen gebliebenes Potenzial der Vorfahrinnen und Vorfahren als Geschenk und damit auch als Wachstumshilfe für das eigene Leben aufnehmen und ihm eine eigene Form geben.

Einverleibt haben wir uns mindestens teilweise die Lebensmuster unserer Eltern und anderer familiärer Bezugspersonen. Es gibt deshalb nicht nur die äußere Familie, auf die wir uns auch als Erwachsene beziehen, sondern ebenso eine *innere Familie*. Diese familiären Muster, die wir im eigenen Innern auf unterschiedliche Weise aufeinander beziehen, können wir als Ressourcen, als Stärkung erleben oder auch das Bedürfnis empfinden, sie umzugestalten, sodass sie zu Ressourcen werden. Diese Wandlung hat auch eine versöhnende und bereichernde Qualität.

In der Auseinandersetzung mit dem eigenen Lebensentwurf werden vielen Menschen auch einschränkende, hinderliche familiäre Muster bewusst. In diesem Prozess der Umgestaltung können familiäre, Eltern- und Vorfahrenmuster abgebaut oder in diesem Umgestaltungsprozess sogar zu Ressourcen werden – eine oft überraschende Entdeckung. Dies bedeutet, dass wir einen neuen Generationendialog stiften können, der uns erlaubt, das Erbe an uns zu nehmen, einerseits das genetische Erbe, aber auch jene Qualitäten, welche Eltern und Vorfahren in ihrem Leben aus sich heraus geformt haben. Solche Ressourcen können zu einem Boden unserer weiteren Selbstgestaltung werden – auch und vor allem in der zweiten Lebenshälfte, im Prozess der Vertiefung unserer Lebensgestalt.

Immer wieder begegnen wir als Erwachsene unseren einschränkenden Kindheitsmustern – etwa in Konflikten mit dem eigenen Partner, mit Freunden oder Autoritäten. Wir nehmen wahr, wie wir schrumpfen, uns wider Willen klein machen, befangen werden, uns in Scham beugen oder in Trotz zusammenziehen. Es ist jedoch auch möglich, mit jenen Schichten in Kontakt zu kommen, die uns beflügeln und beleben. Sehr oft haben wir den Kontakt zu einigen dieser Schätze verloren und vergessen und können sie erst später wiederentdecken. Auch hier gilt, dass selbst hinderliche Muster – wenn wir sie zu dosieren und regulieren beginnen – zu Ressourcen werden können.

Wir entdecken verkörperte Haltungen einzelner Familienmitglieder, vor allem der Eltern. Wer kennt nicht jenen Augenblick, in dem erstmals die Erkenntnis auftaucht: *Jetzt bin ich genau wie meine Mutter/mein Vater*. Manchmal verbindet sich damit ein Schrecken: *Ich habe mir bisher alle Mühe gegeben, nicht wie meine Mutter/mein Vater zu werden – es war umsonst.*

Ich erinnere mich, wie mir meine kleine Tochter eines Tages sagte: »Mama, ich weiß ganz genau, wann du sauer bist, auch wenn du nichts sagst!« Sie sah mich listig an und wartete auf meine Reaktion. »So, und woran erkennst du das?« Sie presste die Lippen aufeinander, bis sie schmal wurden und das Gesicht wirklich aussah, als hätte sie an einer Zitrone gesaugt. Ich stand verblüfft da, denn ich erkannte den Gesichtsausdruck meiner Mutter wieder, den ich jedes Mal sah, wenn ich ein »böses Mädchen« gewesen war. Wie ich ihn doch gehasst hatte! Kein Wort war über ihre Lippen gekommen. Jetzt bekam ich von meiner Tochter den Spiegel vorgehalten. Als ich den Gesichtsausdruck aufnahm, spürte ich, dass es wirklich auch meiner war. Dabei machte ich eine für mich damals erstaunliche Entdeckung. Wenn ich das Saugen im Mund und das Aufeinanderpressen der Lippen verstärkte und dann langsam auflöste, bis die Lippen ohne große Spannung aufeinanderlagen, blieb mir eine Festigkeit, die mir half, meinen Ärger weder in mich hinunterzusaugen noch unkontrolliert auszuspucken. Ich hatte aus der Überkontrolliertheit meiner Mutter die Qualität von Festigkeit und Gesammeltsein herauskristallisiert, die ich jetzt als Ressource an mich nehmen durfte.

Immer wenn ich eine solche Erfahrung mit mir selbst oder mit anderen Menschen in freundschaftlichen Beziehungen oder in Beratung und Therapie mache, habe ich ein Bild vor Augen: Es ist, als hättest du einen unscheinbaren Stein in der Hand, einen vielleicht sogar, über den du gestolpert bist und den du dir jetzt genauer anschaust. Du kannst feine Adern entdecken, wunderschöne Muster, winzige Kristalle oder Glimmerplättchen, die nicht auf den ersten Blick sichtbar sind oder vielleicht erst, wenn du den Stein ins Wasser legst. Oder du spürst, wie fein er in deiner Hand liegt ... Und dann gibt es jene Steine, die ein Geheimnis in sich tragen. Wenn man sie aufschlägt, kommt der innere Schatz zum Vorschein: wunderschöne farbige Kristalle, welche die innere Höhle auskleiden. – So kommen aus einschränkenden, behindernden Mustern im Prozess der Umgestaltung Kostbarkeiten zum

Vorschein. Manchmal empfinde ich mich auch als eine »Alchemistin«, die sich selbst und andere darin unterstützt, aus der eigenen einverleibten und gelebten Geschichte »Gold« zu machen.

Die innere Familie neu zu formen bedeutet:

- Grenzen und Verbindungen mit den Familienmitgliedern neu bestimmen.
- Die verkörperten Kindheitsmuster und diejenigen der einzelnen Bezugspersonen wahrnehmen, um sie regulieren oder umgestalten zu können.
- Sich diejenigen Elternbotschaften zuführen, die das Wachstum der inneren Schichten ermöglichen.
- Familiäre Ressourcen als neue oder bisher nicht entdeckte leibhafte Wachstumsmöglichkeiten aufnehmen.

Wir tragen nicht nur die Kindheitsmuster unserer direkten Ursprungsfamilie, sondern auch viele Muster in uns, die sich über Generationen entwickelt haben.

Die mitbekommenen Vorfahren- und Vorfahrinnen-Botschaften und die Art, wie wir sie unbewusst aufgenommen und verkörpert haben, sind nicht einfach Schicksal. Überraschenderweise kommen im Prozess der Differenzierung neue Qualitäten zum Vorschein, die wir uns als modifizierte Generationenmuster aneignen und auf persönliche Weise einsetzen können.

Ein weiterer wichtiger Aspekt besteht darin, dass wir – gerade in der zweiten Lebenshälfte – für unser Frausein und Mannsein in der Auseinandersetzung mit Vorfahrinnenmustern und Vorfahrenqualitäten neue Möglichkeiten, Gestaltungskräfte und Perspektiven gewinnen können.

Frauen wie Männer fühlen sich oft von ihren Vorfahren erdrückt oder leiden unter deren Abwesenheit und Ungreifbarkeit. Sie versuchen sich in Gegenmustern oder wiederholen automatisch und unbewusst konstruktive und einschränkende Lebensmuster.

Im Erwachsenenalter besteht die Chance, eine eigene und persönliche Sicht auf Generationenmuster zu finden, um dadurch aus der männlichen wie aus der weiblichen Linie Kraft zu schöpfen. Nicht nur gleichgeschlechtliche Vorfahren geben uns Ressourcen. Wenn wir männliches und weibliches *Erbe* in uns aufnehmen, schaffen wir eine Polarität von Möglichkeiten an der Stelle von Gegensätzen, versöhnen in uns oft auch die *inneren Eltern* als Paar und vielleicht auch die männliche und weibliche Generationenlinie.

Wenn wir die bisher vergessenen oder verleugneten Schichten in uns wachrufen und herausformen, können wir neue Qualitäten hinzugewinnen, und unsere Art, in der Welt zu sein, verändern. Wir spüren im Generationendialog die Vertrautheit des Ähnlichen und die inspirierende und ergänzende Kraft des Andersseins. Diese Chance gehört zum Reifeprozess der späteren Jahre.

Eine kostbare Entdeckung ist es, wenn wir – vor allem in Zeiten innerer Wandlung – Menschen aus dem Kontinuum der Vorfahren finden, die uns für unsere neue Lebensgestalt ein Vorbild und ein Modell sein können, das wir uns einzuverleiben vermögen. Es ist erstaunlich, wie wirksam dieser innere Kontakt mit solchen Menschen sein kann – auch dann, wenn wir sie nie persönlich erlebt, sondern nur auf Fotos gesehen oder in familiären Erzählungen von ihnen gehört haben.

In einer Gruppe habe ich eine Imagination gemacht, in der sich die Teilnehmerinnen ihre ihnen bekannten und auch die früheren Ahnen und Ahninnen vorstellen sollten. Ich möchte jetzt zur Anregung einige Äußerungen anführen, die im Anschluss an diese Übung gemacht wurden:

Gerlinde, Mitte 50, erfuhr, dass sie im inneren Kontakt mit ihren Vorfahrinnen »bis an die Decke wuchs«, und sie sagte etwas ratlos: »Ich weiß nicht, was für eine Kraft das ist.« Später kam ihr die Geschichte ihrer einen Großmutter in den Sinn, die in ihrer Kindheit als eine »böse« dargestellt worden war. Sie hatte sich trotz Kindern scheiden lassen und nachher zeitlebens einen Freund gehabt, den sie niemals heiratete. Sie wurde von der Familie schlechtgemacht, und wenn Gerlinde es als Kind mit ihr gut hatte, wurde dieses Glück von den Eltern wieder zerstört. Schon damals musste sie hören: »Du bist wie deine Großmutter.« Das hieß, dass sie schlecht sei. Jetzt aber konnte sie diese Großmutter als ihre Kraftquelle verstehen. Gerlinde entdeckte ihre Großmutter als eine eigene Person und durchbrach damit den Familienmythos. Sie verstand sich als »erbberechtigte« Enkelin. Diese Großmutter-Qualität zu verkörpern bedeutete für sie, sich aufzurichten und dabei die Verbindung mit dem Boden und die Stärke ihres Rückgrats zu spüren: »Ich kann mich an mein Rückgrat anlehnen.«

Oft sehen wir auf Vorfahren zunächst mit dem Blick anderer Familienmitglieder – der eigenen Eltern –, die in Verstrickung mit diesem Menschen waren oder sich mit der offiziellen Familienmeinung identifizierten. Häufig übernehmen wir zunächst diese Meinung, und damit bleiben die Ressourcen unwirksam, bis wir aus unserem Wachstum heraus uns eine eigene Sicht zu bilden vermögen. Manchmal sind es Außenseiterfiguren, die uns eine für unser persönliches Leben neue Perspektive schenken können, gerade dann, wenn wir dabei sind, die in der Familie üblichen Lebensmuster zu verlassen. In den späteren Lebensphasen ist dieser Prozess oft sehr intensiv.

Das formbildende Potenzial der eigenen Familie zu entdecken und mit ihm Kontakt aufzunehmen, bedeutet einerseits, den leibhaften familiären Lebensstil infrage zu stellen und die bisher ausgegrenzten Möglichkeiten in die Selbstgestaltung einzubeziehen, anderseits auch, den in der Familie nicht gelebten und teilweise unterdrückten Gestaltungsmöglichkeiten Raum zu geben. Die Entwicklung von Ressourcen bezieht sich auch auf die Integration von Vorfahrinnen und Vorfahren, die bisher von der Familie nicht anerkannte Lebensformen zum Ausdruck bringen. Es geht jedoch auch um einzelne, bisher unverständliche Gestaltungsaspekte der eigenen Eltern und der Vorfahrinnen und Vorfahren. Diesen Gesichtspunkt möchte ich anhand eines Beispiels verdeutlichen.

Eine Frau erzählte, sie habe ihre Mutter immer als zu angepasst und ohne ein wirklich eigenes Leben erlebt. Sie stellte sich die Mutter auch als junge Frau vor – und diese war ihr besonders fremd. In einer Übung in unserer Gruppe hatte sich jedoch die Optik verändert: »Meine Mutter wollte mit zwanzig Jahren ins Kloster gehen. Sie tat es dann nicht, lebte aber nach meinem Empfinden irgendwie klösterlich weiter, auch in der Unterordnung unter ihren Mann. Nur wenn sie am Klavier saß und ›Lumpeliedli‹ spielte, kam die sinnenhafte Seite der Mutter zum Vorschein. Jetzt plötzlich sehe ich es als eine persönliche Stärke meiner Mutter, diesen Entschluss gefasst zu haben – wider die eigene Sinnlichkeit. Das ist niemals mein Weg, aber ihre Kraft und Entschlossenheit nehme ich wahr, und ich kann sie auch in mich aufnehmen.«

Die in der jungen Mutter entdeckte Stärke trat jetzt, in der späten Lebensphase der Mutter in Erscheinung, seit der um viele Jahre ältere Ehepartner im Altersheim war. »Meine Mutter packt ihr eigenes Leben an und tut Dinge, die ich ihr nie zugetraut hätte.« Die Tochter kam während des Erzählens mit dieser Kraft in Kontakt, verlor sie jedoch nach einer Weile wieder. »Ich habe sie verpufft«, sagte die Frau und meinte: »Es gibt Stärke in unserer weiblichen Linie, das wird mir jetzt bewusst – aber wir alle haben wohl Mühe, sie zu halten – vor allem ich. Und ich weiß nicht, wie man sie festhält, dafür habe ich kein Modell.« Ich sah, wie die Frau, während sie sprach, ihre Spannung im Becken verlor, etwas zusammensackte und formloser wurde. Deshalb sagte ich zu ihr: »Wir alle müssen ein leibhaftes Gefäß bilden, um uns selber zu halten, um nicht einfach auszufließen. Und dieses Gefäß braucht eine gewisse Stabilität.« Wir erarbeiteten miteinander, wie sie sich im Beckenboden und im Bauch-Becken-Bereich etwas mehr Spannung geben konnte. »Jetzt spüre ich, dass ich meine ›ererbte‹ Stärke halten kann wie in einer festen Schale. Es ist eine kostbare Schale und ein kostbarer Inhalt. Ich empfinde jetzt auch Dankbarkeit meinen Vorfahrinnen gegenüber, und ich bin zum ersten Mal in meinem Leben stolz darauf, eine der ihren zu sein. Ich habe eine Zugehörigkeit und eine stützende Kraft in meinem Rücken geschenkt bekommen.« – So konnte diese Frau wirklich an ihr Vorfahrinnenkontinuum »andocken«.

Die Kontaktaufnahme mit ungelebten Qualitäten der eigenen Mütter und Väter, Vorfahrinnen und Vorfahren, ist kein statisches »Reser-

voir«, das wir zu jeder Zeit anzapfen können. Vielmehr ist es ein beweglicher Raum, der sich mit unserem eigenen Weiterwachsen immer wieder anders zeigt, andere Aspekte in den Vordergrund treten lässt. Damit ist auch der Prozess, mit Ressourcen unserer Vorfahrengenerationen in Berührung zu kommen, prinzipiell unabschließbar.

Unser *Erbe antreten* heißt:

- Potenzial, das in der Elterngeneration oder gar über mehrere Generationen im Verborgenen war, in den Vordergrund bringen, es verkörpern und einlösen.
- In erster Linie geht es darum, diesem Potenzial eine eigene und persönliche Form zu geben. Es geht dabei nicht um bloße Imitation, sondern um ein Sich-zu-eigen-Machen dessen, was als Generationengeschenk immer schon da war.
- Das Umformen des »Erbes« bedeutet, die eigene innere Familie umzugestalten, um einen fruchtbaren Dialog zwischen den einverleibten Familienschichten zu stiften.
- Die Schätze der vorangehenden Generationen zu entdecken und – sie auf eigene Weise gestaltend – an sich zu nehmen, verändert auch die Beziehung zu den eigenen Eltern und Vorfahren, unabhängig davon, ob sie noch am Leben sind oder nicht. Dort, wo Enttäuschung, Wut und Schmerz waren, können mit der Zeit auch versöhnliche Aspekte Raum gewinnen.
- Generationenalte Muster zu verlassen ist möglich, bedeutet aber, den Lebensentwurf dieser Familienangehörigen als den ihren zu respektieren, um einen eigenen Weg zu gehen. Auf diesem Weg helfen oft Ressourcen von anderen, manchmal vergessenen oder verschwiegenen Familienmitgliedern aus der Vorfahrenreihe.
- Die Veränderung des inneren Generationendialogs kann die Gestaltungskräfte, die sich in den bisherigen Generationen nicht entfalten konnten, in den Vordergrund rücken und den nachfolgenden Generationen neue Möglichkeiten anbieten, die sie auf ihre je persönliche Weise nutzen werden: Empfangen – umgestalten – weitergeben.

- Wir stehen in einem Generationendialog nicht nur im Hinblick auf das Leben als einem Gesamtentwurf, sondern auch im Hinblick auf die Gestaltung der einzelnen und vor allem auch der späteren Lebensphasen.
- Eltern geben den nachfolgenden Generationen auch ein Modell, das sich direkt auf das Leben in der zweiten Lebenshälfte bezieht. Söhne und Töchter erleben als erwachsene Menschen, wie ihre Eltern mit diesen Lebensphasen umgehen. Damit verbinden sich wiederum belastende und auch Perspektive gebende Botschaften. Manchmal ist es in diesem Bereich schwierig, Ressourcen aufzunehmen, weil sie durch den lange eingeübten Blick auf die eigenen Eltern verstellt sind. Ich möchte auch diese Zusammenhänge illustrieren: Manchmal haben etwa Frauen Mühe, das Mutter-Modell ihrer Kindheits-Mutter in sich aufzulösen, entdecken jedoch in der älter werdenden Mutter gelebte Qualitäten, die unmittelbar ernähren und gleichzeitig eine positive Zukunftsperspektive aufzeigen.
- Immer wieder erfahren Söhne und Töchter – oft erst nach ihrer eigenen Lebensmitte –, dass die Eltern oder auch nur ein Elternteil jetzt den Mut haben, tiefste und bisher verborgene und oft auch »verbotene« Schichten von sich in den Vordergrund zu bringen und zu verwirklichen wagen. Dies kann eigenes Potenzial sein, das ein Elternteil aus sozialen Gründen, mangels Unterstützung durch die Familie im Jugend- oder frühen Erwachsenenleben nicht verwirklichen konnte und als einen persönlichen Lebensentwurf nicht umzusetzen wagte. Auch eine Anpassung an die Wünsche des Partners oder an gegebene Lebensumstände kann die weitere Entwicklung persönlicher Wünsche und Bedürfnisse verhindern. Wenn Eltern den Mut haben, noch spät eine eigene Lebensgestaltung zu wagen, kann dies eine positive Botschaft an die nachfolgende Generation sein, zum Beispiel: *Es ist auch im späteren Leben nie zu spät für ein selbstbestimmtes Leben.*
- Ein solcher Umgang mit dem Leben der eigenen Eltern ist ein kreativer Prozess, welcher das schöpferische Potenzial wie auf einer Schatzsuche entdecken lässt. Dies ist dann besonders schwierig,

wenn die Familie und die Gesellschaft mit ihren Normen dem Leben der alten Eltern oder Vorfahren entgegenstehen. Oft braucht es einige Zeit, bis wir uns aus einer solchen normengebundenen Sicht befreien können.

- Altwerden und Sterben der eigenen Eltern fallen heute meist in die zweite Lebenshälfte der nachfolgenden Generation. Es werden – ob die Eltern noch leben oder nicht – Generationenmuster sichtbar, die bestimmen, wie man in einer Familie mit Altwerden und Sterben umgeht. Sie zu erkennen ist wichtig, um nicht unbewusst ihr Opfer zu werden.

Oft ist es möglich, sich Ressourcen aus dem Altwerden und Sterben der eigenen Eltern schenken zu lassen und überkommene Generationenmuster auflösen zu lernen. Hier können wiederum einzelne Vorfahren zu »Geburtshelferinnen« oder »Hebammen« einer neuen Möglichkeit werden. Dies, indem sie ein anderes Modell anbieten, das von der Familie bisher nicht fruchtbar gemacht werden konnte, weil die Lebensführung dieser Vorfahrinnen und Vorfahren verurteilt wurde.

- Es ist nicht leicht, generationenalte Muster zu verlassen – aber es ist möglich. Dabei ist es wichtig, das Leben der Vorfahren als das ihre zu honorieren, auch wenn man es wagt, einen anderen Weg einzuschlagen. Doch ist es ebenfalls möglich, leibhafte Aspekte der eigenen Vorfahren zu erben und sie im eigenen Alltag für sich im Sinne von aufnehmen – umgestalten – weitergeben zu nutzen.

5. BERUFSGESTALTUNG UND ÜBERGANG INS NACHBERUFLICHE LEBEN

Einführung

Im Prozess des Älterwerdens können wir auch die Beziehung zu unserem Beruf umgestalten und Lebensmuster, die wir vielleicht über längere Jahre eingeübt haben, verändern. Wir können dem Beruf in den individuellen Lebensfeldern einen neuen Platz geben – etwa mit weniger Gefangensein in Leistungsmustern, mit denen wir uns selbst antreiben oder uns haben antreiben lassen. Hinzu kommt: Eine neue Balance innerhalb unserer Lebensfelder zu gestalten kann oft die beste Vorbereitung auf die nachberufliche Lebensgestaltung oder auf eine angemessene Berufsgestaltung unter Berücksichtigung der zur Verfügung stehenden Kräfte in dem Alter sein, das der Pensionierung folgt. Dann geht es darum, das eigene gelebte Berufsleben mit all seinen Erfolgen, Umwegen, Schwierigkeiten und Überraschungen anzunehmen und zu integrieren.

Die Form der Berufsausübung, wie wir sie heute kennen, entstand erst im 19. Jahrhundert mit der Industrialisierung. Vorher gab es weitgehend Produktionsgemeinschaften, bei denen die Berufsarbeit noch nicht durchgehend ausgelagert war wie später. In der Entwicklung des 20. Jahrhunderts wurde der Beruf immer stärker zu einem identitätsstiftenden Aspekt. Die Lebensaufgabe Beruf erhielt dadurch einen anderen Stellenwert in der Lebensgestaltung der Menschen, wobei den Frauen der bürgerlichen Gesellschaft – anders als in der Arbeiterschicht – vor allem die Haus- und Familienarbeit zugedacht war, bis sie sich im Laufe des letzten Jahrhunderts auch die Domäne der den Männern vorbehaltenen Berufe erkämpften. Heute sind beide Geschlechter meist darauf bedacht, einen sinnvollen Beruf zu erlernen und auszuüben. Dies gilt auch für die meisten Frauen mit Familie, die sich mindestens eine Teilzeitarbeit erhalten. Mit der modernen Flexibilisierung im Berufsbereich können die meisten von uns heute nicht mehr damit rechnen, ihren angestammten Beruf bis zur Rente oder Pensionierung auszuüben, und viele belegen deshalb Weiterbildungs- und Umschulungskurse, um am Ball zu bleiben, oder wechseln das Berufsfeld aus eigenem Bedürfnis, was durch die Durchlässigkeit der Ausbildungsangebote erleichtert wird. Auch der Übergang ins Rentenalter wird flexibler und fordert ältere Menschen heraus, sich neue Perspektiven zu erarbeiten – doch hier stehen wir erst am Anfang einer Entwicklung, in der es möglich und notwendig wird, länger als bisher zu arbeiten oder früher in Rente zu gehen. Auch Arbeitgeber sind gefordert, umzudenken.

Ein Beruf ist immer noch *identitätsstiftend*. Wenn eine Frau wegen Mutterschaft aus der Berufsarbeit aussteigt, ist dies eine große Herausforderung; wenn jemand arbeitslos wird, führt dies oft zu einer persönlichen Krise. Auch der Übergang ins Rentenalter kann unter Umständen persönlich krisenhaft sein, wenn diese Identitätsebene teilweise oder ganz verabschiedet werden muss.

Wir dürfen also nicht unterschätzen, was für eine Bedeutung der Beruf in unserer heutigen Gesellschaft im Leben der meisten Menschen hat. Deshalb ist es auch von besonderer Wichtigkeit, mit der Gestaltung der Aufgabe Beruf und mit dem Abschied davon sorgfältig umzugehen. Auch in der Gestaltung mit der Lebensaufgabe Beruf zeigen sich unsere Lebensmuster, angefangen mit der Berufswahl, dann mit der Berufsgestaltung und schließlich mit dem Ausstieg aus dem Beruf.

Das Berufsleben eines Menschen beginnt mit der Berufswahl. Diese – und damit die Berufsbiografie überhaupt – basiert auf verschiedenen Faktoren, die sich gegenseitig beeinflussen. Da sind zunächst die innerfamiliären Aspekte:

- Berufliche Generationenmuster (fleißig, geschäftstüchtig, musisch, praktisch ausgerichtet etc.).
- Generationenübergreifende Berufswahl und -ausübung (Handwerker, Lehrer, Ärzte, Hoteliers, eigener Betrieb).
- Erwartungen von Eltern und erweiterter Familie an die Kinder, was sie werden sollen.
- Förderung des Kindes durch die Eltern oder Berufssuche im Alleingang.
- Familienwerte allgemein und bezüglich des Berufes (Geld Erfolg, Prestige, Integrität, Bescheidenheit etc.).
- Schichtzugehörigkeit der Familie.
- Modell der elterlichen und erweiterten familiären Berufsausübung (Rollenverteilung zwischen den Geschlechtern, Leistungsorientierung, Leichtsinn, Hochstapelei etc.) als Lebensmuster.
- Geschwisterkonstellation (Verteilung von Begabungen, Neigungen, familiäre Zuschreibungen, Konkurrenz).

Einen weiteren großen Einfluss haben gesellschaftliche Aspekte und Wertungen in einem bestimmten Zeithorizont (historisch-normativ):

- Stellung der Geschlechter in Bezug auf Ausbildung und Berufschancen.
- Genderbezogene Rollenzuweisungen.
- Konjunkturabhängige Angebote.
- Politische Situation allgemein.
- Schulische Voraussetzungen, wie Förderung bei bestimmten Stärken und Schwächen sowie diagnostische Möglichkeiten.
- Modelle und pädagogische Grundüberzeugungen, die im Schulalltag zum Tragen kommen.

Ebenfalls eine wichtige Ebene bilden die schulischen Erfahrungen. Diese sind zum Teil abhängig von den eben genannten Aspekten, andererseits auch von nicht normativen Erfahrungen der einzelnen Kinder und Jugendlichen:

- Erste außerfamiliäre Sozialisation im Kindergarten und Stellung in der Kindergruppe (beliebt, Außenseiter, abgelehnt, verhaltensauffällig).
- Schulerfahrungen in der Grundschule in Bezug auf soziale Stellung und Leistung.
- Förderung, Vernachlässigung, Entwertung durch Lehrer und Eltern, Geschwister, andere Kinder.
- Erfolgreicher oder misslungener Übergang auf die weiterführenden Schulen und entsprechende Förderung, fehlende Unterstützung, etc.
- Gute oder schwierige Voraussetzungen für eine Berufswahl.
- Ermutigende oder entmutigende Erfahrungen in Lehre oder Schulen und Studium.
- Häufiger Wohnortwechsel oder gleich bleibende Wohnsituation.

Alle die genannten Faktoren stellen ein dynamisches Feld dar, welches Einfluss auf die spätere Berufswahl und -gestaltung hat. Dies ist nicht im Sinne einer Festlegung zu verstehen. Jedes Kind, jede jugendliche Person nimmt auch hier das, was ihm/ihr von innen oder außen entgegenkommt, auf je individuelle Weise auf und bildet aus den gemachten Erfahrungen die eigenen lebensstiltypischen Verhaltensmuster. Je größer die jeweilige Resilienz durch entsprechende Schutzfaktoren ist, desto weniger führen schwierige Erfahrungen zu gravierenden Beeinträchtigungen im beruflichen Feld, wenn nicht gesellschaftliche Faktoren die berufliche Entwicklung beeinträchtigen.

Die Bewältigung der Lebensaufgabe Beruf ist demnach auf vielfältige Weise in der Lebensstildynamik eines Menschen verankert. Entmutigte Menschen haben vielleicht schon als Jugendliche Mühe, einen ihrem Potenzial entsprechenden Beruf zu finden. Sie machen manchmal kleinere oder größere Umwege, brauchen ein Moratorium, finden den Weg erst über eine Zweitausbildung, nehmen mehrere Anläufe. Es ist überraschend, wie viele Schul- oder Berufsversager schließlich dennoch – wenn auch später – ihren eigenen Weg und ihre eigene Nische zu finden vermögen. Oft haben sie mindestens eine Person – Lehrer, Ausbilder – gehabt, die an sie geglaubt und sie unterstützt hat. Ermutigung in der schulischen Laufbahn ist eine kostbare Ressource für die Berufswahl und die spätere Berufsgestaltung; entmutigende Erfahrungen hingegen bedeuten eine Herausforderung oder sogar eine Verletzung. Oft kann das volle Potenzial im Berufsleben erst dann ausgeschöpft werden, wenn solche Verletzungen verarbeitet sind. Wir haben also alle auch im Hinblick auf unsere Berufsarbeit konstruktive, ressourcenorientierte, einschränkende und eher stressorientierte Verhaltensmuster aufgebaut. Das können unmittelbar berufs- und arbeitsbezogene Muster sein oder allgemeine, die sich auch auf den Beruf auswirken. Dazu möchte ich ein Beispiel geben:

Es geht um eine heute 60-jährige Frau, berufstätig als selbstständige Organisationsberaterin und Dozentin an einer Hochschule. Sie stammt aus einfachen Verhältnissen. Beide Eltern haben sich durch Fleiß und Ausdauer in ein mittelständisches Leben hochgearbeitet. Die an die Kinder weitergegebenen Maximen lauteten als Lebensstilaspekte: »Ohne Fleiß kein Preis«, »Mit dem Willen kann man alles« und »Man muss immer mehr tun, als gefragt ist – nur so kommt man weiter«.

Die Frau, die ich Ilona nenne, war ihr Leben lang erfolgreich gewesen und hatte neben ihrer beruflichen Arbeit drei Kinder großgezogen, zunächst mit dem Partner und dann, ab dem 12. Altersjahr der ältesten Tochter, allein. Sie war nicht nur tüchtig, indem sie sich die Maximen der Mutter als Lebensstilaspekte einverleibt hatte, sondern auch überall hilfsbereit – bezogen auf Kinder, Freundeskreis und Kollegenschaft. Alle bewunderten sie für ihre schier unerschöpflich scheinende Tatkraft. Doch im Alter von 53 Jahren hatte sie eine länger dauernde Krankheit. Anschließend versuchte sie, die lebenslangen Standards wieder zu erfüllen – jetzt aber mit reduzierten Kräften. Dies führte Ilona in einen Teufelskreis von Anstrengung und Erschöpfung. In dieser Situation kam sie für eine begleitende Unterstützung zu mir. Ihr Wunsch war es, wieder so wie vorher funktionieren zu können. Es dauerte eine Weile, bis sie ihr inneres Ziel verändern konnte.

Einmal arbeiteten wir mit dem Lebensstilsatz: »Man muss immer mehr tun, als verlangt ist.« Ilona betonte, sie sei eigentlich gut gefahren mit diesem Satz, doch jetzt wolle ihr dies nicht mehr so recht gelingen. Ich fragte Ilona deshalb, wie sie denn diesen Satz verkörpere. Sie schaute mich etwas ratlos an, dann gab sie sich einen Ruck, zog sich hoch, versteifte die ganze Wirbelsäule, zog den Bauch ein, ballte die Fäuste und presste die Zähne aufeinander. Ich bat Ilona, die Organisation dieser Körperhaltung so lange wie möglich zu halten. Ich sah, dass sie nach einer Weile – wie zu erwarten – ermüdete und, um das Muster nicht aufzugeben, es weiter intensivierte. Dann ließ sie es plötzlich los und sackte in sich zusammen. »Das kenne ich gut«, sagte Ilona anschließend, »ich strenge mich bis zum Äußersten an, obwohl ich eigentlich nicht mehr mag. Und am Abend tue ich das nochmals, bis alles erledigt ist. Erst dann sacke ich buchstäblich zusammen, und am Morgen geht es wieder von vorn los ...« Ich bat Ilona nun, die Stresshaltung nur ganz wenig aufzubauen. Doch dabei zeigte sich, dass es ihr nicht möglich war. Deshalb ließ ich sie beim ersten Anzeichen von Ermüdung das Muster einen kleinen Schritt abbauen und dann wieder halten, dann wieder etwas abbauen und warten. Nun sagte sie: »Hier ist es nicht mehr so anstrengend, und der Satz hat sich auch verändert, jetzt möchte ich sagen: ›Ich mache, was jetzt nötig ist – mehr braucht es nicht.‹ Dann baute sie das Versteifungsmuster noch ein wenig mehr ab und sagte: »Ich muss doch das Rad nicht immer neu erfinden. Ich kann mich auch auf meine Erfahrung und auf die in jahrzehntelanger Arbeit aufgebauten Kompetenzen verlassen. Ja, das ist genug.«

Ilona war weicher geworden, blieb aber aufrecht, schaute heiter und selbstbewusst drein. »Bist du stolz auf dich?«, fragte ich sie. In diesem Moment wirkte sie ertappt und machte sich ein bisschen kleiner. »Du darfst stolz sein«, gab ich zurück, »es kann durchaus ein weicher, frohgemuter Stolz sein, kein verhärteter.« Ilona lachte und machte sich langsam wieder etwas größer, probierte hin und her, bis sie eine für sie in diesem Moment stimmige, flexible Festigkeit fand. Ich regte Ilona an, unsere gemeinsame Arbeit zu einer täglichen Übung zu machen und dann zu schauen, wie sich dies auf ihren Alltag auswirkte.

In der Folgezeit erkannte sie immer wieder die Stimme ihrer inneren Mutter: »Mach mehr, als verlangt ist,« und sie arbeitete daran, dieses Muster zu reorganisieren. Nach einiger Zeit begann sie ihren Berufsalltag zu verändern, gönnte sich mehr Muße und kulturelle Vergnügen. Etwas später veränderte sie ihren Umgang mit ihren Vorbereitungen. »Ich kann mir endlich eingestehen, dass ich immer übermäßig vorbereitet war, obwohl ich meinen Stoff beherrsche. In einer der nächsten Stunden sagte sie dann: »Ich habe nun einen neuen Satz gefunden: ›Ich bin eine erfahrene Frau, und ich vertraue auf meine Kompetenzen, auf meine Kreativität und meine Souveränität.‹ Das reicht! Jetzt habe ich mehr Zeit für mich – und so kann ich vielleicht noch einige Jahre mit Vergnügen arbeiten.«

Die Auseinandersetzung mit den berufs- und arbeitsbezogenen verkörperten Lebensmustern vermag Befriedigung, Erfüllung und Freude an den eigenen Tätigkeiten zu erhöhen, Alarm und Stressmuster abzubauen, den Einsatz des eigenen Potenzials, der Ressourcen und erworbenen Kompetenzen zu intensivieren und ein differenziertes Verhaltensrepertoire aufzubauen; neue Qualitäten lassen sich verkörpern. Damit entstehen Wahlmöglichkeiten und eine gewisse Freiheit auch in der Gestaltung der individuellen Berufsfelder.

Besonders wichtig wird dieser Prozess – wie das vorgängige Beispiel zeigt – in der Reifephase. Perspektiven wollen differenziert oder neu geformt, die Kräfte gebündelt und für das eingesetzt werden, was man ein Leben lang geübt, geformt und erreicht hat. Das ständige Weiterdifferenzieren wird zu einer permanenten Herausforderung und Erfüllung. Vielleicht geht es nicht mehr um ehrgeizige Ziele nach außen, sondern eher nach innen, um die Freude am eigenen Leben. Der bejahrte Pianist Horowitz wurde gefragt, wie viel er übe. Er antwortete, er habe ein Leben lang geübt – jetzt spiele er. Dies ist die Einladung, der eigenen Lebens- und Berufskompetenz zu vertrauen und sie spielend zu nutzen.

Meine Jugendfreundin war Pianistin. Sie übte jeden Tag mehrere Stunden Klavier, obwohl sie ihre Stelle als Lehrende mit 63 Jahren aufgegeben hatte. Wenn wir miteinander telefonierten, erzählte sie mir, dass sie neue Ausdrucksmöglichkeiten beim Üben entdeckt hatte; Nuancen, vertiefende Interpretationen, neue Deutungen und musikalische Zusammenhänge. Es war das Glück später Meisterschaft, das jeden Tag wie ein neues Geschenk war. Meine Freundin gab ein paar Konzerte pro Jahr, hielt ihre Kräfte zusammen und spielte nicht mehr aus Ehrgeiz und zur Selbstbestätigung, sondern aus Freude und um ihre Entdeckungen mit anderen zu teilen.

Jeden Abend spielte sie mit ihrem über 80-jährigen Mann vierhändig auf zwei Flügeln. Wenn ich bei ihr zu Besuch war, ließ mich meine Freundin tief in ihre Musik eintauchen – ein wundervolles Geschenk, das sie mir und anderen Menschen gab – ohne Druck.

Es geht darum, so früh wie möglich, aber spätestens in der Reifephase, die eigenen Ressourcen zu stärken und Stressmuster des verkörperten berufsbezogenen Lebensstils abzubauen.

Mit den folgenden Sätzen können Sie versuchen, eigene Muster zu entdecken und sich mit ihnen auseinanderzusetzen.

- Arbeit ist spannend und interessant.
- Arbeit ist immer anstrengend – sonst ist es keine Arbeit.
- Arbeit muss sein.
- Arbeit ist ein notwendiges Übel.
- Arbeit macht Freude und bringt Erfüllung.
- Nur wer hart arbeitet, ist etwas wert.
- Man muss immer mehr tun, als gefragt ist.
- Berufsarbeit allein ist richtige Arbeit.
- Arbeit macht zufrieden und glücklich.
- Man muss es zu etwas bringen und Erfolg haben.
- Schuster, bleib bei deinen Leisten.
- Frauen gehören an den Herd.
- Frauen sollen sich um Familie kümmern – das ist ihr Arbeitsfeld.
- Frauen dürfen nur berufstätig sein, wenn die Familie nicht zu kurz kommt.
- Für die Arbeitsfelder Familie und Beruf sind beide Partner gleichermaßen verantwortlich.

- Nach der Familienphase kann eine Frau nochmals neu beginnen.
- Auch als älterer Mensch ist man arbeitstüchtig.
- Die Arbeit hört niemals auf, bis man alt ist.
- Beruf ist Berufung.
- Nach der Pensionierung fängt das Leben erst an.
- Nach der Rente/Pensionierung hört das Leben auf.
- Je älter, desto kreativer.
- Man muss immer mehr leisten, als erwartet wird.
- Dem Tüchtigen gehört die Welt
- Arbeit, die Freude macht, ist nichts wert – nur die Pflicht zählt.

Jede Leserin und jeder Leser kann hier schauen, welche Botschaften individuell zutreffend sind und wie diese verkörpert werden und auch verändert werden können.

Arbeitssituationen und -bedingungen können in unserer heutigen Gesellschaft sehr belastend sein, eine ständige Einladung, sich zu übergehen und die Signale, welche die eigenen leibhaften Grenzen markieren, auszublenden. Oft kann eine Situation jedoch nicht grundlegend geändert werden, sondern nur die Art und Weise, wie jemand sich in ihr verhält. Eine gute Möglichkeit sind Übungen, die helfen, das jeweilige Stressmuster zu reduzieren und die Ressourcen zu stärken.

Sobald ein Mensch in einem Stressmuster gefangen ist, schaltet der Organismus auf Alarm. Der Kontakt mit sich selbst vermindert sich. Viele Personen sprechen in diesem Zusammenhang auch von einem Tunnelblick. Die Weitsicht, Perspektiven und Horizonte werden minimiert. Es bleibt kein Spielraum für Innehalten, für neue Ideen, für Kreativität. Es geht nur um Muster des Überlebens. Menschen, mit denen ich an ihrem Alarm-/Stressmuster gearbeitet habe, sagen jedoch oft, dass sie die Art, wie sie ihre Arbeit tun – auch die kleinsten Handlungen – verändern konnten und dadurch die Arbeit auch wieder spannender wurde.

Dazu ein Beispiel:

Ein Mann, 57 Jahre alt, der in einer gehobenen Position in einer Versicherung arbeitete, kam zu mir wegen Druckgefühlen im Körper und zunehmender Freudlosigkeit in der Arbeit. Er sagte:»Ich habe mich immer sehr engagiert für meinen Beruf und erntete dafür die Anerkennung, die ich brauchte. So ging alles auf – ich hatte meine Familie und eine gute Arbeit. Meine Frau und meine Freunde sagten mir allerdings, ich sei immer so gehetzt und unter Stress, könne nicht ruhig sein und mich nicht entspannen. Mir selber fiel das nicht auf – ich fühlte mich nützlich und war stolz auf meine Fähigkeit, pausenlos dranzubleiben. Vor zwei Jahren bekam ich dann einen neuen Chef. Zwischen uns stimmte die Chemie von Anfang an nicht. Ich konnte ihm nichts recht machen und erntete nur noch Kritik – wie sehr ich mich auch einsetzte. Bald kam ich mir vor wie der Hamster im Rad. Ich fühlte mich unter Druck, funktionierte aber weiter. Dann kam der zweite Eklat: Meine Frau wollte eine Auszeit und zog vorübergehend zu einer Freundin. Jetzt empfand ich das Gefühl eines noch stärkeren Drucks, der mich zu ersticken drohte. Nichts machte mir mehr Freude – und jetzt spüre ich wirklich die Hetze, von der die anderen immer gesprochen haben. Ich weiß nicht mehr weiter, und in seltenen Momenten könnte ich platzen vor Wut.«

Während der Mann, den ich Klaus nenne, sprach, sah ich, wie er sich zunächst komprimierte. Ich ahnte, wie sehr er sich ein Leben lang zusammengerissen hatte, um ein solch streng durchorganisiertes Leben zu führen. Ich sah auch, wie er sich während des Erzählens zunehmend zusammendrückte, vor allem im Nackenbereich, wie er die Brust einzog und nach unten drückte und den Bauch-Becken-Bereich zusammenzog. So schützte er sich wohl gegen die Entwertungen und Demütigungen durch seinen Chef. Ich bat Klaus, mit seinem Muster im Nacken Kontakt aufzunehmen, sich noch ein wenig mehr zu komprimieren und sich dann Schritt für Schritt zu entstauchen. Unwillkürlich hob er auch seine Brust ein wenig an und wurde etwas größer. Ich wartete, bis er die Wirkung seines Tuns spürte. Dann sagte Klaus unvermittelt mit tieferem Atem: »Ich habe mehr Luft, mehr Raum.« So blieb er eine Weile. Dann wiederholten wir die Übung, und ich bat ihn, nun auch die Kompression im Bauch-Becken-Raum etwas zu lösen. Da fühlte er sich eher irritiert: »Was soll ich nun? Ich weiß gar nicht, wohin mit mir, bin völlig verunsichert.« Das war eine Art Zwischenzustand, Klaus wusste nicht, sollte er sich wieder zusammendrücken oder versteifen? Ich wartete. »Seltsam«, sagte Klaus dann, »ich weiß nicht, was kommt oder kommen soll. Ich kenne das nicht.« Da antwortete ich: »Vielleicht wartest du auf dich selber? Auf einen Klaus, den du noch nicht kennst?« Er hielt dies aus, ohne sich kompakt zu machen. Und schließlich sagte er: »Seltsam – ich habe Zeit. Da ist keine Ungeduld. Ich warte einfach. Und, wie soll ich es sagen, ich warte wirklich auf mich, ich bin auf eine ruhige Art neugierig auf mich.«

Natürlich konnte Klaus die Form nicht allzu lange halten. Doch er hatte einen Referenzpunkt gewonnen mit dieser neuen Haltung. Nach einer längeren Zeit des Einübens fand Klaus auch einen Namen für diese Form, für diese Persönlichkeitsschicht, die ins Leben kommen wollte: »Der, der mit sich selber tanzt.« Er bekam Freude, mit sich zu sein, sich zu entdecken, auf Neues aus seinem Innern zu warten.

Es war ein längerer Prozess, in dem sich Klaus auch erlauben konnte, weicher zu werden. Während der Arbeit hielt er immer wieder für kurze Momente inne als »Meeting mit mir selbst«. Seine Frau kehrte nach der Auszeit zu ihm zurück. »Wir wollen miteinander alt werden«, sagte er, »dies ist nun unser wichtigstes Projekt.«

Manchmal ermöglicht eine Reduktion des Arbeitspensums, dass neue Tätigkeiten Raum bekommen, die schon lange im Hintergrund warteten und vielleicht auch über die Pensionierung hinaus gelebt werden möchten.

So ergeben sich die verschiedensten möglichen Berufs- und Arbeitsmuster:

- Volle Berufstätigkeit bis zur Pensionierung, im gleichen Beruf oder in wechselnden Berufen.
- Arbeit in mehreren Berufsfeldern gleichzeitig oder nacheinander.
- Reduzierte Berufstätigkeit zugunsten anderer Prioritäten.
- Familienarbeit (inkl. Betreuung der Enkel) für Frauen und z. T. für Männer.
- Familienarbeit und Teilzeitarbeit im angestammten Beruf für beide Geschlechter.
- Teilzeit- oder Vollzeitarbeit nach der Familienphase für Frauen.

- Erschließen eines neuen Berufsfeldes nach der Familienphase für Frauen.
- Abwechseln von Frau und Mann in Bezug auf Ausbildung und Verdienst.
- Ehrenamtliche Arbeit und familiäre Aufgaben.
- Arbeit bis zur Pensionierung und Gestaltung des Rentenalters.
- Frühpensionierung aus gesundheitlichen Gründen oder zugunsten eines neuen Tätigkeitsfeldes.
- Arbeit bis zur Pensionierung im bisherigen Beruf und anschließend Neuorientierung im Berufsfeld.
- Arbeit (meist als Selbstständige) über das Rentenalter hinaus.

Die Herausforderung besteht darin, eine für sich stimmige Form zu finden, in der es Berufszeit, Beziehungszeit und Ichzeit gibt.

Berufsarbeit neu definieren und das Eigene vertiefen

Wir bringen bereits ein komplexes Feld an Erfahrungen und Einflüssen sowie verschiedene verkörperte Erfahrungen mit in unsere Ausbildungen und unsere Berufsarbeit. Die inneren und äußeren Erfahrungen in unserer individuellen Lern- und Ausbildungsgeschichte rufen – meist unbewusste – Antworten in uns hervor, die sich verdichten in verkörperten Lebensstilmustern. Diese leiten weitgehend auch unser berufliches Selbstverständnis und Handeln und können im Laufe der weiteren Entwicklung reguliert und ausdifferenziert werden. Nach der Lebensmitte geht es um die Frage, wie Menschen sich später, im Prozess ihrer Reifung, auf ihr bisheriges Berufsleben beziehen und darauf zurückblicken; sei es voller Angst, Wut, Selbstzweifel oder versteift, resigniert. Wenn sie innehalten, können sie diese Muster verändern, ihre verkörperte Haltung beeinflussen und sich selber Raum geben. Vielleicht können sie dadurch ihr Berufsleben neu und anders sehen und eine veränderte Beziehung dazu gewinnen.

Ich unterrichte an einer Fachhochschule für Psychologie. Dort finden sich neben jungen Studierenden auch solche um Mitte dreißig bis über vierzig und fünfzig, die einen Neuanfang wagen, aus ihrem alten Beruf aussteigen, um vielleicht zu verwirklichen, was sie immer schon wollten, oder um neu entdeckte Fähigkeiten zu entwickeln, ihre Kompetenzen zu erweitern und zu vertiefen. Meist geht eine intensive Auseinandersetzung mit dem bisherigen berufsbezogenen Lebensentwurf voraus. Obwohl sich diese Studierenden in einer Lebensphase befinden, in der sie durchaus noch Aussichten haben, das Gelernte in ihrem neu gewählten Berufsfeld umzusetzen, auch wenn das nicht immer einfach ist, fragen sie sich manchmal: *Kann ich auf dem Arbeitsmarkt bestehen, habe ich überhaupt eine Chance, eine Anstellung zu bekommen?*

Wie ist es jedoch mit über fünfzig? *Ich traue mich nicht mehr, die Stelle zu wechseln, ich bin zu alt, habe keine Chancen mehr,* denken viele und haben oft nicht unrecht. Geht es nur noch darum, auf die Rente oder Pensionierung zu warten, durchzuhalten, um irgendwann – vielleicht mit einer Frühpensionierung – die üble Situation zu beenden? Nur ganz wenige wagen es oder können es sich leisten, nach fünfzig nochmals einen anderen Beruf zu ergreifen.

In meinem Institut studierte eine Frau, die ebenfalls über fünfzig war. Sie hatte eben erst ein Psychologiestudium an einer Universität abgeschlossen und ging gegen sechzig, als sie ihre Ausbildung mit dem Diplom abschloss. Sie arbeitete dann noch während etwa zehn Jahren in einer Praxis, mit einem etwas reduzierten Pensum. Sie schaffte den Neubeginn, war allerdings als verheiratete Frau nicht darauf angewiesen, ihre ganze Existenz allein zu sichern. Sie hatte diesen unüblichen Neubeginn ohne Druck von außen, nur für sich selbst gewagt.

Für die meisten Menschen über fünfzig geht es nicht mehr um einen radikalen Berufswechsel, aber viele verbieten sich sämtliche Wünsche oder Fantasien mit der Begründung: *Ich bin sowieso zu alt ...* Doch neben allen Beschränkungen ist gerade das heutige Berufsfeld auch wieder sehr beweglich und bietet manchmal unerwartete Chancen an.

Das Wichtigste ist, die einschränkenden familiären und gesellschaftlichen Glaubenssätze darüber, was mit über fünfzig noch möglich sei, zu hinterfragen, zu reflektieren und sich dann die Fragen zu stellen: *Wer bin ich jetzt?,* **und:** *Wer kann ich noch werden?* **Wenn wir uns mit den Personschichten befassen, die geformt werden wollen und die dabei sind, sich zu formen, öffnen sich auch Visionen, die tief in uns verborgen liegen und für die wir eventuell eine Nische finden.**

Die einen Menschen verwirklichen im Rahmen ihres Hobbys Talente, die sie in ihrem Beruf nicht ausleben können. Manchmal wagen sie auch etwas Neues nach einem Innehalten, einer Krise, vielleicht nach einer Krankheit. Wir erinnern uns: In einer Wendezeit, in der Mittelphase, sind wir durchlässiger, auch für unsere eigenen Tiefenschichten. Die Stimme der Intuition wird deutlicher, und neue Möglichkeiten werden für uns sichtbar. Im späteren Leben können alte Neigungen und Begabungen wieder aufgegriffen werden, die in der Familienphase oder unter dem Druck der Karriere aufgegeben wurden. Es gibt mehr Raum und Zeit zum Malen, Musizieren, Wandern, Handwerken und zu vielem mehr – vor allem auch nach der Berufsphase.

Das sagt sich leicht, ist aber schwierig in der Umsetzung. Sehr leistungsorientierte Menschen beispielsweise laufen Gefahr, Stressmuster auch auf ihre Hobbys zu übertragen. Wer bereits früher – vielleicht seit seiner Kindheit – musiziert hat, wird sich vielleicht eine bleibende Liebe zur Musik bewahrt haben und sich des Musizierens lange erfreuen können, falls sie oder er nicht einem Stressmuster folgt, das die Freude daran beeinträchtigt. Wer eine Tätigkeit wieder oder neu aufgreift, wird sich allerdings mit einem Neubeginn auf einem tieferen Niveau auseinandersetzen müssen, und wer Perfektionismus anstrebt, wird sich erneut unter Druck setzen und seine Freude verlieren.

Was immer wir tun – malen, schreiben, musizieren, sportliche oder intellektuelle Betätigung – ist im besten Fall eine Form von Selbstausdruck. Die Bewegungen kommen aus uns selbst, sie nehmen Gestalt an wie unsere Träume, wie persönliche Mythen; sie stammen aus unserer selbst gestalteten Dynamik und, einmal gestaltet, sprechen sie zu uns zurück. Wenn wir dieses Haltungsmuster regulieren, bleiben wir im Gespräch mit uns selbst. So dient ein Hobby nicht nur der Entspannung, sondern auch der weiteren Selbstformung, genauso wie die Berufsarbeit. Gerade dies ist in der Zeit nach fünfzig etwas Kostbares.

Das erneute Kultivieren eines Hobbys, das Aufnehmen von neuen Aktivitäten sowie die Erweiterung und Differenzierung des eigenen Kompetenzbereichs sind Möglichkeiten, die letzte Berufsphase positiv zu gestalten und die Jahre danach vorzubereiten. Das persönliche Weiterwachsen ist sehr wichtig, denn daraus lassen sich alle anderen Themen entwickeln. So sagen Frauen und Männer in meinen Kursen: *Wissen Sie, ich möchte das zuallererst für mich selber machen, mir etwas Gutes tun. Ob ich das Gewonnene auch beruflich einsetzen werde, weiß ich noch nicht.* Andere beginnen vor oder um die 50 mit einer neuen Ausbildung, etwa im Gesundheits- oder Bildungsbereich, und reduzieren die Arbeitszeit im angestammten Beruf um 20 bis 30 %, um im neuen Bereich zu arbeiten. Viele Menschen finden so ein alternatives und erfüllendes Tätigkeitsfeld, das sie oft auch nach 65 weiterführen können.

Es braucht vor allem den Mut, sich mit den bisherigen Arbeitsmustern im Sinne von Lebensstilmustern auseinanderzusetzen, sie zu differenzieren, um sich neue Lebensqualitäten zu eröffnen und sich vielleicht auch neue Tätigkeitsfelder zu erschließen.

Wir leben in einer Zeit, in der sich der Umgang mit Arbeit und Beruf weiter verändern wird in Richtung größere Flexibilität. Dann gibt es nicht mehr nur *eine* Berufsidentität von Anfang bis Ende, sondern vielleicht mehrere nacheinander oder ineinandergreifende oder nebeneinander bestehende Berufsidentitäten. Zunehmend wird es möglich sein, mehr als nur ein Berufsfeld zu gestalten, kreative Nischen zu finden und das Schwergewicht immer wieder zu verlagern. Es könnte sein, dass in Zukunft der Hauptberuf gar nicht mehr vollberuflich ausgeübt werden kann. Es braucht also neue Modelle mit fließenden Übergängen, und vielleicht ließen sich so auch neue Lebensqualitäten generieren und das Berufsverständnis selbst verändern.

Oft ist die Zeit nach fünfzig beruflich eine gute Zeit, vielleicht entgegen gesellschaftlichen Vorurteilen die beste überhaupt. Da sind mehr Selbstvertrauen, mehr Lebenskompetenz vorhanden, oft auch mehr Souveränität. Das muss keineswegs Routine bedeuten, viel eher die Freiheit, das Eigene auf persönliche Weise einzusetzen, weil dabei auf Grundkompetenzen zurückgegriffen werden kann, die gepflegt und erweitert werden können und einen vielfältigen Reichtum für die späten Berufsjahre darstellen. Wenn Menschen die lebensstilbedingten Stressmuster abbauen, kann ihr Tun eine neue Leichtigkeit und vielleicht sogar etwas Spielerisches bekommen, ohne die Verbindlichkeit zu verlieren. Was sie ein Leben lang brauchen, ist ein Gleichgewicht zwischen Verlass auf die eigenen erworbenen Kompetenzen und immer neuen, angemessenen Herausforderungen. Diese erhalten lebendig, geben Reichtum und Vertiefung, solange sie nicht ein Übermaß an Einsatz mit sich bringen, das entsprechende Alarmmuster hervorruft. Die Qualitäten von über 50jährigen müssen nun auch von unserer Gesellschaft entdeckt und genutzt werden.

Da ältere Menschen meistens über größere Erfahrungen verfügen, haben sie oft auch eine bewahrende Funktion, nehmen aus früheren Zeiten mit, was sich bewährt hat. Sie können dabei Verbindungen herstellen und ein Netz schaffen, das dann auch junge, kreative Impulse aufnimmt. So ergänzen sich jüngere und ältere Menschen möglicherweise am Arbeitsplatz, wenn die Offenheit und Bereitschaft besteht, miteinander und voneinander zu lernen. Im besten Fall haben reife Menschen eine größere Erfahrung, eine Lebens- und Kommunikationskompetenz und können so zur Verbesserung des Arbeitsklimas beitragen. Auf der anderen Seite gibt es die Gefahr der Verhärtung, des Festhaltens am Gewohnten. Hier können wiederum jüngere Kollegen und Kolleginnen die nötigen Herausforderungen bieten, wenn die Grundkonstellation diejenige des gleichwertigen Dialogs ist.

So kann ein fruchtbares Gleichgewicht zwischen Innovation, Kreation und Bewahren sowie Differenzieren des Bisherigen geschaffen werden. Dieses Gleichgewicht zu schaffen ist eine gesamtgesellschaftliche Chance, die es zu ergreifen gilt.

Ein weiterer Schritt in der Reifephase besteht darin, die individuelle Arbeitsgestaltung sowie den Übergang zwischen privatem und beruflichem Raum erneut zu überdenken und zu formen. Auch hier geht es zunehmend um mehr Sorgfalt, um Achtsamkeit. Dazu ein Beispiel:

Eine Klientin fühlte sich am Morgen immer gehetzt, obwohl es keinen objektiven Grund mehr dazu gab. Doch war dies ein Verhaltensmuster von früher, als sie Familie und Berufsarbeit unter einen Hut bringen musste. Da wusste sie nie, was alles noch geschehen würde, bevor sie das Haus verließ oder wenn sie zurückkehrte. Sie befand sich ständig in einem Stressmuster, erwartete ein Unglück nach dem anderen. Erst im Laufe unserer Arbeit wurde ihr klar, dass sie dieses Verhalten automatisiert hatte. Mit der Zeit konnte sie ihr Muster, in dem sie sich im Bauch nach innen und im Nacken zusammen zog und das Zwerchfell in der Einatmungsstellung blockierte, regulieren und abbauen. Sie sagte: »Jetzt habe ich mehr Boden, bin verbunden mit mir und viel ruhiger. Ich nehme mir Zeit für das Frühstück, gehe gemächlich zur Straßenbahn, stelle mich auf das ein, was kommt. Auch am Arbeitsplatz nehme ich mir nochmals ein wenig Zeit zum Ankommen. Dies wirkt sich auf den ganzen Tag aus.«

Sie entdeckte auch, dass sie bisher nach der Arbeit nach Hause gehetzt war, um dort überreizt anzukommen, was oft zu Streitigkeiten mit ihrem Partner geführt hatte. Auch dieses Hetzen hatte damit zu tun, dass sie früher so schnell wie möglich zurück in der Familie sein musste, um für die Kinder da zu sein. Auch hier lernte sie, das Nachhausegehen als Übergang zu gestalten.

Dieser Umgang mit sich selbst lässt sich auf den ganzen Arbeitstag ausweiten. Auch hier geht es um die persönliche Regulation der Arbeitsmuster und um das Gestalten der Übergänge. Man kann sich etwa die folgenden Fragen stellen:

- Verinnerliche ich den Druck, der von außen kommt?
- Setze ich mich selbst unter Druck? Wie mache ich das?
- Verausgabe ich mich während des Tages so, dass ich am Abend völlig erschöpft bin? Was ist das zugehörige Muster?
- Langweile ich mich und bin eigentlich unterfordert?

- Übernehme ich Aufgaben, die andere mir zuschaufeln – vielleicht weil ich denke, nur auf diese Weise wichtig zu sein, gelobt zu werden?
- Schalte ich ab und denke nur daran, wann der Arbeitstag endlich vorbei ist? Wie organisiere ich dieses Muster des bloßen Abwartens?

Die Auseinandersetzung mit diesen Fragen kann helfen, seine eigenen Arbeitsmuster zu beeinflussen.

Umgang mit den Leistungs- und Erfolgsmustern unserer Gesellschaft

- Wir leben in einer sich ständig beschleunigenden Gesellschaft, in sich überschlagenden Veränderungsanforderungen von außen, in denen das, was gestern neu war, heute schon veraltet ist. Unsere Gesellschaft assimiliert alles ungeheuer schnell, wodurch neue Gedanken, Projekte, Erfindungen sofort absorbiert werden und oft auch ebenso schnell wieder verpuffen. Die zunehmende Geschwindigkeit und der damit verbundene Druck fördern Depressionen, Burn-out und psychosomatische Beschwerden in großem Ausmaß. Wir versuchen vielleicht, Schritt zu halten, fühlen uns dabei jedoch unsicher und bedroht. Die Konsequenzen dieses gesellschaftlichen Fortschritts sind unter anderem die folgenden: Viele gesellschaftliche Verantwortungen werden ausschließlich in die Privatsphäre verlagert – delegiert an Individuen, Paare und Familien. Dadurch wächst der Druck nicht nur am Arbeitsplatz, sondern auch im Privatleben – und viele Menschen fühlen sich zwischen den Ansprüchen der verschiedenen Lebensbereiche und Lebensaufgaben zerrieben. Die biologischen Rhythmen werden übergangen, etwa derjenige von Tag und Nachtruhe oder derjenige von Berufs- und Privatleben.
- Die persönlichen Grenzen im Arbeitsprozess werden aufgrund von Normierung nach finanziellen Gesichtspunkten übergangen.
- Die lebensphasentypischen Aspekte und Bedürfnisse werden tendenziell vernachlässigt.

BERUFSGESTALTUNG UND ÜBERGANG INS NACHBERUFLICHE LEBEN

- Die Gesellschaft fördert und fordert mehrheitlich pausenlos schnelles Leisten.
Das Tempo unserer Gesellschaft überfordert nicht nur ältere sondern zunehmend auch junge Menschen. Es verhindert Kreativität und Wachstum, denn dieses braucht Innehalten und Ruhe, um uns von hyperadrenalisierten Zuständen wegzuführen.
- Arbeit bedeutet oft fast ausschließlich Stress – die Freude am Beruf geht dann verloren. Schlimmstenfalls führt der Dauerstress zum Burn-out-Syndrom und zu weiteren Störungen.
- Freizeit wird zur Pufferzone und Manövriermasse, die immer häufiger für weitere Arbeit eingesetzt wird.

So entsteht oft eine widersprüchliche Situation: Wir geraten unter Druck, müssen uns einerseits erholen und andererseits eventuell die Eintönigkeit des Arbeitslebens kompensieren; eine doppelte Stresssituation also, die zu Betriebsamkeit und Ruhelosigkeit bis hin zur Suche nach neuen Kicks im Bereich von Extremen führen kann.

Unsere heutige Gesellschaft ist geprägt von der linearen, mechanischen Zeit – mit der Uhr als Wahrzeichen –, und im Gegensatz zur biologischen und persönlichen Zeit hyperadrenalisiert sie uns; das heißt, die Balance zwischen sympathikusorientierter und parasympathikusorientierter Verfassung ist ständig zugunsten des Sympathikus gestört. Oder anders ausgedrückt: Wir sind permanent im Stress. *Immer schneller, immer besser*, lautet der Merksatz. Dauernde Adrenalisierung aber verhindert Wachstum, denn Wachstum braucht Ruhe und Zeit für uns selber.

Persönliches Wachstum ist also nur möglich, wenn wir uns wieder *entschleunigen* können, wenn wir innehalten, uns Raum geben für Impulse, die aus unserem Innern aufsteigen. Wir können diesen Zustand Muße oder Inkubation nennen. Es ist eine Pause, in der Wandlung stattfindet. Dies ist eine schöpferische Dynamik, in der wir neue Persönlichkeitsschichten aus uns heraus »gebären« können.

Ein Indianerstamm beispielsweise richtet das Leben für die Frauen folgendermaßen ein: Wenn sie ihre Familienphase beendet haben, finden sie sich zusammen, um herauszufinden, was für eine Aufgabe sie in ihrem postfamilialen Leben gestalten möchten. Für diesen Prozess bekommen sie zwei Jahre Zeit und werden von weisen Frauen begleitet, achten auf ihre Träume, auf das, was sich formen will. Sie geben diesem wichtigen Übergang Raum und viel Zeit. Wenn wir uns auf Wandlung einlassen, bedeutet dies, dass wir poröser, durchlässiger werden, und in dieser Phase uns weniger effizient nach außen orientieren, während wir eine neue Form hervorbringen. Dies ist Ausdruck von Kreativität, die auch künstlerisches Tun begleitet – ob wir nun Künstler unser selbst sind oder auch ein äußeres Kunstwerk schaffen.

Gerade für Menschen in der Reife- und Vertiefungsphase ab 50 Jahren ist diese organismische Wahrheit besonders wichtig. In dieser Zeit werden Frauen wie Männer durchlässiger und machen eine tief greifende Wandlung durch[125], die Raum und Achtsamkeit braucht. Diese ist in einer Gesellschaft, deren hauptsächliches Funktionsmuster Leistung und Erfolg sind, schwer einzuhalten. Heute ist der Erfolg das Wichtigste – ungeachtet dessen, wie er zustande gekommen ist. Dieses Muster verhindert die Fähigkeit, die erwachsenen Lebensaufgaben – Liebe, Gemeinschaft, berufliche Tätigkeit – zu erfüllen. Die Freude an der Erfüllung wird zu einem Leistenmüssen auf der Grundlage von Wettbewerb und Konkurrenz. Mögen jüngere Leute noch mithalten können, so ändert sich das in den späteren Lebensphasen weitgehend.

Im Älterwerden gilt es, wider den Strom zu schwimmen und die Art und Weise, in dieser Gesellschaft zu leben, einer Wandlung zu unterziehen, um ein erfülltes Leben zu führen und nicht von einer ständigen Stressverfassung beherrscht zu werden. Auch wenn es schwierig ist, den gesellschaftlichen Trends zu widerstehen – es lohnt sich, diesen Einsatz zu wagen.

Den Übergang ins Rentenalter gestalten und neue Lebensfelder gewinnen

Für den Übergang ins Rentenalter gibt es ebenfalls familiäre Muster, mit denen wir uns gewinnbringend befassen können:
- Frühverrentung oder Frühpensionierung.
- Sehnsüchtiges Warten auf die Rente oder den Moment der Pensionierung.
- Pensionierung als Neubeginn: *Was ich schon immer wollte!*
- Beginn der Pensionierung: krank werden oder gar sterben.
- Pensionierung als Problem für die Partnerin oder den Partner.
- Gemeinsame Zeit des Genießens, etwa Reisen, Hobbys.
- Tod und Verlust von Partner oder Partnerin, Krise und vielleicht eine Neuorientierung.
- Fließender Übergang in die Pensionierung vor allem bei Selbstständigkeit, bei einer eigenen Firma oder Praxis.
- Arbeiten bis ins hohe Alter in selbstständiger Tätigkeit oder in einem anderen Feld als im angestammten Beruf.

Es ist auch bei diesem großen Übergang wichtig, sich der überkommenen familiären Modelle bewusst zu werden, weil sie sonst vielleicht unbewusst und damit ohne Wahlmöglichkeit wiederholt werden. Sie können als Vorbild und Ermutigung dienen oder auch als unerklärliche Angst vor dem Rentenalter, Angst davor, ein problematisches oder zerstörerisches Muster weiterzuführen.

Ein Mann sagte mir kurz vor seiner Pensionierung: »Wenn ich nicht mit über 50 diesen Hörsturz gehabt hätte, wäre ich wohl nicht da, wo ich jetzt bin. Ich habe dies damals als Einbruch erlebt, mit dem ich lange gehadert habe. Ich musste mein Leben umstellen, erlebte mich erstmals als verletzbar. Das war für mich eine massive Kränkung. Bis dahin erlebte ich mich irgendwie als unverwundbar. Leistung war alles – ich musste immer top sein. Nun aber musste ich alle meine Tätigkeiten meiner Hörbehinderung anpassen. Jahrelang versuchte ich, mein Gebrechen zu verbergen, was meine Kräfte aufzehrte. Ich schämte mich ... Doch jetzt sehe ich, dass dies mein allgegenwärtiges Leistungsmuster aufgeweicht hat, ganz allmählich. Meine Werte wandelten sich. Ich begann mir zu sagen, dass ich auch nach meiner Berufszeit noch ein erfülltes Leben mit meiner Frau haben könnte und nicht weiter immer nur für meine Chefs arbeiten wolle. Das war eine Wende. Mein Hörsturz war im Grunde mein Freund – aber das sehe ich erst jetzt, wo ich mich vorwiegend mit Gefühlen der Freude auf mein Rentenalter vorbereite. Ich habe mich nicht aufgebraucht.«

Erst die spätere Rückschau hat ihm diese Einsicht geschenkt. »Das Entscheidende war, dass ich mich schließlich aus der familiären ›Einladung‹ seitens meiner Mutter gelöst und mich nicht mehr, wie sie es ein Leben lang von mir verlangt hatte, an das alte Leistungsmuster geklammert habe. Ich bin das Wagnis eingegangen, weniger Anerkennung und Liebe einzuheimsen. Doch die Katastrophe blieb aus – ich bekam sogar aufrichtige, warme Zuneigung, nachdem ich das rigide Leistungsmuster abgebaut hatte.«

Hier zeigt sich, dass die Auseinandersetzung mit den familiären Mustern helfen kann, Ängste abzubauen und neue Modelle zu leben, vielleicht solche aus der Ahnengalerie von Vorfahren, die laut der offiziellen Familienmeinung wenig galten.

In Frauenbiografien kommt noch eine andere Dimension zum Tragen. Die eigentliche Familienzeit ist unter anderem auch eine Art Berufsarbeit, die jedoch nicht als solche gewertet wird und die mit dem Auszug der Kinder endet. Heute führt dieser Übergang meist nicht mehr in eine fundamentale Lebenskrise, wie es in vorangehenden Generationen im Sinne eines »Empty-Nest-Syndroms« häufiger der Fall war; vor allem in Verbindung mit tief gehenden Beziehungskrisen, etwa mit einer entleerten oder entfremdeten Partnerschaft, mit der Auflösung der Partnerschaft oder dem Tod des Partners. Diese Muster können jedoch bis in die heutige Generation noch nachwirken. Hierzu das folgende Beispiel:

Ines, eine 63-jährige Frau, stand voll im Beruf als Physiotherapeutin und zog große Befriedigung aus ihrer Tätigkeit. Vor einigen Monaten war das letzte der vier Kinder – ein Nachzügler – ausgezogen. Nun lebte sie ganz allein, da der Partner sie schon vor 10 Jahren verlassen hatte, und sie litt – völlig überraschend und ihr selbst unerklärlich – an diffusen Ängsten, die sich zunehmend verschlimmerten und in eine depressive Verstimmung verwandelten. »Ich habe mich eigentlich auf diese Zeit gefreut, weil ich dachte, ich könne mir nun in der frei werdenden Zeit meine unerfüllten und aufgesparten Wünsche erfüllen. Zudem kann ich in einem Jahr meine Anstellung aufgeben und freiberuflich so viel arbeiten, wie ich möchte. Und jetzt das!«

Wir arbeiteten zunächst mit ihrem depressiven Muster, und Ines lernte, dieses zu beeinflussen und etwas abzubauen. Doch dann hatte sie einen Panikanfall und sagte mir: »Ich weiß jetzt, wovor ich Angst habe – ich habe Angst, krank zu werden oder zu sterben.« – »Haben Sie eine Ahnung, weshalb?« Ines schüttelte den Kopf, sie war ratlos. Als ich sie jedoch fragte, wie sich in ihrer Familie jeweils der Übergang ins Rentenalter vollzogen hatte, ging ihr ein Licht auf. Es stellte sich heraus, dass die eigene Mutter nach verschiedenen Arbeitsstellen und der Familienphase noch spät ein eigenes Geschäft aufgebaut hatte. Sie war sehr erfolgreich, erkrankte dann jedoch an Fibromyalgie und hatte solche Schmerzen, dass sie mit 68 Jahren das Geschäft verkaufen musste. Von diesem Moment an gab sie irgendwie auf, weil sie keine weitere Lebensvision aufbauen konnte, und starb im Alter von 73 Jahren nach einer schlimmen Leidenszeit. Und als ich Ines nach ihrer Großmutter fragte, trat Folgendes zutage: Die Großmutter, die aus einer sehr katholischen Appenzeller Familie stammte, wurde mit 18 Jahren erstmals ungewollt schwanger, heiratete und hatte 12 Kinder, von denen 4 starben. Mit ihrem gewalttätigen Mann war sie unglücklich, da er vor allem sie schwer arbeiten ließ. Sie trennte sich von ihm, kurz bevor das jüngste Kind aus dem Haus ging. Mit 61 Jahren war sie erstmals allein und hatte nicht mehr die Kraft, eine neue Lebensvision aufzubauen. Sie wurde schnell sehr depressiv und starb bald.

Es wurde klar, dass die Mutter zwar länger lebte und auch im Beruf erfolgreich wurde, dass sie sich jedoch ebenfalls früher als geplant aus dem erfüllten Leben zurückziehen musste, weil sie krank wurde. »Als ob meine Mutter sich wegen ihrer eigenen Mutter nichts mehr zu gönnen wagte«, sagte Ines, »und ich bin irgendwie auf einem ähnlichen Weg!« – »Was ist denn Ihre Lebensvision für die späten Jahre?« – »Ich möchte eigentlich eine eigene kleine

Praxis als Physiotherapeutin mit noch anderen Angeboten eröffnen, aber das wird wohl kaum möglich sein.« Ines versank in ein resignatives Muster. »Ihre Mutter hat aber den Mut gehabt, sich selbstständig zu machen«, entgegnete ich. Da leuchtete Ines auf und nahm diese Perspektive an sich. Anschließend erinnerte sie sich an weitere Frauen in der Familie, die noch spät eine eigene Lebensvision verwirklicht hatten. »Sie können jetzt einen nächsten Schritt tun und sich mehr Jahre gönnen – ich bin sicher, Ihre Ahninnen würden sich freuen.« Ines nickte. Da bat ich sie, aufzustehen und die Frau mit ihrer eigenen Lebensvision zu verkörpern. Ines richtete sich auf und weitete sich. Dann forderte ich sie auf, die Ahninnen mit ihrem Wohlgefallen am erfüllten Leben der Enkelin zu spüren. Ines sagte: »Sie sind irgendwie in meinem Rückgrat und geben mir Halt. Jetzt kann ich mir vorstellen, selber zu entscheiden, wie lange ich arbeiten will.« Als direktes Vorbild wählte Ines sich ihre Großtante, die bis über 70 als Hebamme auf dem Dorf gearbeitet hatte. »Ich muss es ihr nicht nachmachen, aber ich habe jetzt eine größere Wahlmöglichkeit.«

Die Auseinandersetzung mit den familiären und gesellschaftlichen Mustern kann also Ressourcen freilegen und den persönlichen Spielraum im Rentenalter erweitern und vertiefen helfen.

Doch es gibt noch eine weitere leibhafte Ebene, die den Übergang in die nachberufliche Phase betrifft: Solange jemand seinen Beruf ausübt, ist er mehr oder weniger von den äußeren Gegebenheiten strukturiert. Es gibt einen Tagesablauf, den es einzuhalten gilt. Ich habe immer wieder mit Menschen gearbeitet, die nach der Pensionierung fast jede Struktur verloren haben. Es gab keine Notwendigkeit mehr, rechtzeitig aufzustehen, sich bereit zu machen, die Ebene des gesellschaftlichen Selbst zu organisieren.

»Nichts ist mehr da«, sagte ein 65-jähriger alleinstehender Mann ein Jahr nach der Pensionierung. »Ich fühle mich wie damals, als ich arbeitslos war. Es ist alles leer. Und ich bin um Jahre gealtert.« Ich verstand, dass dieser Mann sich völlig gehen ließ und ins Alter kollabiert war. Er lernte in unserer Arbeit, einen sanften Druck aufzubauen, um sich zu halten und sich damit Fassung und Festigkeit zu geben.

Ohne einen minimalen Druck ist es nicht möglich, das nachberufliche Leben zu gestalten und diesem eine Form zu geben. Es gibt jedoch Personen, die den natürlichen Sinkprozess der Reifephase nicht zulassen können. Sie brauchen alle Kraft für ihre Stressmuster und für die Kontrolle, um die Form des Alpha-Erwachsenen als Fitness und Leistung zu erhalten. Sie bauen sich auch nach der Pensionierung ein gehetztes, vollbeschäftigtes Leben auf, bleiben atemlos und ohne Zeitinseln für sich selbst und ihre Nächsten. Hier hat kein Übergang stattgefunden, sondern allenfalls ein Kulissenwechsel; auf der Bühne wird jedoch das alte Stück weitergespielt. Der Preis dafür ist oft ein jäher Kollaps oder eine Krankheit. Allein aus diesem Grund lohnt es sich, diesen Übergang auf allen Ebenen sorgfältig zu vollziehen, auch, um die neuen Qualitäten eines anderen Mit-sich- und In-der-Welt-Seins zu leben.

Die berufliche Arbeit ist eine verkörperte Identität, die viele Menschen mit größter Kompetenz leben. Wie ich vor einer Schulklasse stehe, eine Führungsposition ausfülle, ein Handwerk ausübe, Präzisionsarbeit verrichte oder ständig neue Ideen kreiere – das ist etwas konkret Leibhaftes. Diese Verkörperungen können stets aufgerufen werden bis ins hohe Alter.

Es ist hilfreich, auf den Reichtum der ausgeformten Schichten unserer inneren Berufsperson auch in den späteren Lebensphasen zu vertrauen. Gleichzeitig geht es auch darum, sie der eigenen leibhaften Realität anzupassen und Feinabstimmungen vorzunehmen. Ein eindrückliches Beispiel für diesen Prozess ist der Schweizer Clown Dimitri. Als ich ihn vor mehr als vierzig Jahren erstmals auftreten sah, war er vor allem ein hinreißender Akrobat, der seine Vorführungen mit clownesker Leichtigkeit gestaltete. Über die Jahrzehnte ließ er allmählich die Akrobatik zur Begleitmusik der Clownnummern werden, verfeinerte und differenzierte sein Ausdrucksrepertoire als Clown bis in die kleinsten Nuancen und durchformte seine Theaterpräsenz immer mehr. Es gelang ihm, sein Künstlertum entlang seinen persönlichen Wandlungen mit Reife und Älterwerden zu verändern. Dies ermöglicht ihm auch jetzt, mit 80 Jahren, noch ein wunderbares Repertoire zu gestalten und daraus Freude und Erfüllung zu gewinnen, ohne dass er sich überfordert und über seine Grenzen geht.

Selbst im hohen Alter ist es noch möglich, die ein Leben lang geschulten und geübten beruflichen Kompetenzen zu nutzen.

Es ist deshalb auch für den Übergang ins Rentenalter hilfreich, seine Verkörperungen als Berufsperson zu kennen und zu beeinflussen. Dann können sie auch – mindestens zum Teil – ins nachberufliche Leben mitgenommen und zu gegebener Zeit sorgfältig eingesetzt werden. Sie sind ein Repertoire, das uns sehr lange erhalten bleiben kann – selbst dann, wenn wir den Alltag nicht mehr locker bewältigen können und Unterstützung brauchen.

Ein Beispiel dafür war die Schweizer Märchenerzählerin Trudi Gerster[126], die als Neunzigjährige noch immer auftrat und diese Auftritte souverän meisterte, weil sie diese Fähigkeiten jahrzehntelang eingeübt hatte. In ihrem Alltag und auf Reisen hingegen brauchte sie Hilfe. Viele Kompetenzen, die wir in unserem beruflichen Leben eingeübt haben, können wir also auch im nachberuflichen Leben immer wieder aufrufen, weiter nutzen und einsetzen, etwa kommunikative Fähigkeiten, Disziplin, Kreativität und künstlerischen Ausdruck.

Die gelebte Berufsbiografie integrieren

Auch für die Berufsbiografie ist die individuelle Geschichte, die wir uns jeweils – in verschiedenen Lebensphasen – erzählen, von großer Bedeutung. Sie ist abhängig von unserer Grundhaltung, von der Art, wie wir uns im Blick auf Vergangenheit und Gegenwart verkörpern. So erzählen wir uns je nachdem eine erfüllte, eine leidvolle, eine ungerechte, oder eine heldenhafte Geschichte. Auch hier können Übergänge, Einbüche und Krisen dazu beitragen, dass wir uns verändern und eine neue Geschichte beginnen sowie auch eine neue Perspektive bilden.

Viele Menschen orientieren sich in der Lebensmitte neu, andere erst später. Manchmal ist der Drang stark, noch nicht gelebtes Potenzial, nicht realisierte Möglichkeiten einzulösen und nachzuholen. Andererseits kann die Zeit der Reife auch mehr Ruhe bringen: *Ich muss nicht alles, was mir vielleicht noch möglich wäre, tun. Ich will lieber mein Privatleben mehr genießen.* Oder: *Ich lasse mich frühpensionieren. Wer weiß, wie lange ich noch mit meinem Partner/meiner Frau zusammensein kann.*

Vielleicht ist das Rentenalter die Zeit, in der Jugendträume erfüllt, Hobbys ausgebaut, die Neugier auf die Welt, etwa durch Reisen, erfüllt werden können. Andere Menschen wiederum sind froh, wenn sie mehr Häuslichkeit leben dürfen. Manchmal steht die Auseinandersetzung mit Mustern von Trauer, Wut und Selbstzweifeln an. Auch dies ist ein wichtiger, weiterführender Prozess.

Es gibt auch Personen, die nach der Pensionierung nochmals eine leidenschaftliche Arbeitsphase beginnen, um bisher nicht gelebte Projekte ausleben zu können. Mit der Zeit werden auch diese in den neuen Lebensprozess der Reife integriert. Es bleiben überraschende Aufbrüche bis ins hohe Alter möglich. Ein wunderschönes Beispiel auf künstlerischer wie persönlicher Ebene ist der Film *Die Herbstzeitlosen*[127]. Im Alter von 86 Jahren spielte Stefanie Glaser[128] darin ihre erste Filmhauptrolle – eine Figur, die im hohen Alter noch einen Lebenstraum verwirklicht – und konnte noch einmal ihre ganze Kompetenz einbringen und tiefe Anerkennung dafür ernten.

Oft ist viel mehr möglich, als wir glauben, aber die gesellschaftlichen Normen und die verkörperten Lebensmuster stehen oft im Wege.

Es geht nicht mehr darum, sich etwas zu beweisen, sondern darum, ins Leben zu bringen, was noch Gestalt annehmen will, und eine Berufsgeschichte der Integration zu formen, wie sie vielleicht erst im höheren Alter im Rückblick möglich ist.

Der Mann im folgenden Beispiel konnte sich spät mit seiner Art, das Berufsleben zu gestalten, anfreunden und stolz darauf sein. Er erzählt:

Florian, ein heute 80-jähriger Mann erzählte mir seine spannende und vielfältige Berufsgeschichte, die er im Laufe seines Lebens immer wieder ganz verschieden gesehen und bewertet hatte. Auch bei ihm hingen die Qualität der Geschichte und ihre Deutung von der jeweiligen verkörperten Lebenshaltung ab.

In der Primarschule war er ein unauffälliger Schüler gewesen, erinnert sich nicht, große Probleme gehabt zu haben, was sich aber in der Oberstufe änderte. Wie sein älterer Bruder wollte auch er nicht weiter zur Schule gehen. Schon früher war das Gefälle zwischen ihm und seinem Bruder ein zentrales Thema gewesen. Florian hatte seinem Erleben nach im Schatten seines Bruders gestanden. Einmal erzählte er eine Kindheitserinnerung: »Ich machte zusammen mit meinem Bruder ein Wettrennen. Für mich war klar, dass er gewinnen würde – er war ja auch der Ältere. Doch irgendwann sah ich ihn nicht mehr vor oder neben mir. Ich drehte mich um und realisierte, dass ich ihn überholt hatte. Das versetzte mir einen solchen Schreck, dass ich mein Tempo verlangsamte. Als er mich deshalb überholen konnte, war für mich die Welt wieder in Ordnung.« Dieses Verhaltensmuster blieb auch im Erwachsenenalter bestehen – immer einige Schritte hinter dem Bruder. Der Bruder besuchte dann das Lehrerseminar und Florian suchte sich eine Lehrstelle im technischen Bereich. Zwei Vorstellungsgespräche nahmen ihm jedoch jede Lust am gewählten Beruf, da die Vorgesetzten jeweils von unsäglicher Steifheit und Strenge waren. Der sensible Jugendliche mit seiner kreativen Begabung fühlte sich zurückgestoßen. Da wurde ihm ein Onkel empfohlen, der einen Lehrling für eine Bauzeichnerlehre suchte. Bei seinem Besuch zeigte dieser Florian Baupläne. Florian erinnert sich heute noch genau, was den Ausschlag gab, dass er zusagte: »Ich schaute auf den Plan eines Häuserblocks. Neben diesem waren grün-rot-beige Bäumchen skizziert. Ich versuchte, diese Bäumchen zu zeichnen, obwohl ich dann später nie solche zeichnen durfte. Und ich sagte deswegen zu – einfach wegen dieser Bäumchen.«

Was für Florian auch jetzt als Zusammenhang nicht erkennbar war: Inmitten der hochtechnischen Genauigkeit gab es ein kreatives Einsprengsel. Dieses zog ihn an, war ihm Verheißung genug. So sehe ich diese Wahl nicht als Zufall, sondern als Ausdruck seiner ihm nicht bewussten Begabung. Doch zunächst wurde die Lehre eine Enttäuschung, obwohl Florian sich durchbiss.

Dann aber geschah etwas, das wieder typisch war für diesen Mann: »Plötzlich, bei einem bestimmten Projekt, packte mich der Ehrgeiz. Ich brachte mich selbst zu einer großen Perfektion im Plänezeichnen mit Tusche, während mein Chef nur mit Bleistift zeichnete. Die Experten lobten die Pläne, ohne zu erfahren, dass sie mein Werk waren.«

Florian hatte immer die Fähigkeit, sich rückhaltlos in etwas zu vertiefen – und zwar unerwartet und aus dem Stand. Und er besaß eine so breit gefächerte Begabung, dass er dieses Verhalten in allen seinen Tätigkeiten aufrufen konnte und dies auch immer wieder tat. Eines Tages fielen ihm Pläne in die Hand, die seine Neugier weckten. Er fragte bei seinem Chef nach, und dieser freute sich über das Interesse seines Angestellten. Es handelte sich um Pläne zu Kirchenrestaurationen, die liegen geblieben waren. Florian bekam den Auftrag, diese Pläne umzusetzen, nicht nur auf dem Papier, und er nahm die Chance dieser Nische wahr, um all seine Begabungen auf diesem Gebiet einzusetzen: seinen Hang zum Tüfteln, seine Fähigkeit, unübliche Lösungen zu finden, sein technisches Grundverständnis und sein künstlerisches Flair. Er suchte die passenden Hölzer und Steine, alte Ornamente und befasste sich auch eingehend mit Orgelbau. »Ich hatte ein solches Glück, konnte mich endlich verwirklichen und stieß auch von außen an wenige Grenzen. Ich lebte mich aus, schöpfte aus dem Vollen. Das tat ich, bis ich etwas über 30 Jahre alt war. Dann dachte ich mir, dass es vielleicht nicht ewig so weitergehen sollte. Und ich erfuhr, dass man auch als Quereinsteiger Lehrer werden konnte. Ich wurde zur Ausbildung zugelassen und wurde Lehrer.«

Was ihn faszinierte und herausforderte, waren die Vielfalt der Stoffgebiete und die Möglichkeit, Kindern beizubringen, was sie alles lernen und konkret tun könnten. Wieder war sein Unterricht außerordentlich kreativ, lebendig und für viele Aspekte offen. Es war ein spannender Projektunterricht, lange bevor dieser Mode wurde. 12 Jahre lang war er ein begeisterter Lehrer. Dann hatte er genug, nahm sich ein Jahr Auszeit, befasste sich mit dem »Totalen Theater« und mit Theaterpädagogik. Nachzutragen ist, dass Florian aus einer Musikerfamilie stammt. Alle spielten ein Instrument, und man sang und machte Hausmusik auf hohem Niveau. »Ich lernte Geige spielen, war in einem Orchester. Als dann ein Bratschist fehlte, stellte ich innerhalb einer Woche auf Bratsche um. Dann entdeckte ich die Renaissance- und Frühbarockmusik, begann, Gambe zu spielen und alte Stücke für verschiedene Instrumente zu arrangieren.«

So nahm die künstlerische Arbeit immer mehr Raum in seinem Leben ein. Nach der Auszeit fand Florian eine Anstellung als Ausbildungsleiter mit einem Teilpensum in einer großen Firma, wo er zeitweilig wegen eines schwierigen Chefs einen schweren Stand hatte. Von dieser schwierigen Zeit sprach er aber später nicht mehr. Die künstlerischen Tätigkeiten bekamen neben dem Gambenspiel in verschiedenen Ensembles einen neuen Fokus. So baute er den Theaterunterricht an einem Lehrerseminar auf und gründete dort auch einen Theaterclub. Später übernahm er dazu eine Stelle als Musiklehrer und Chorleiter. So lebte er weit über die Pensionierung hinaus sein künstlerisches Talent aus. Berufsmusiker wollte er nie werden, das war für ihn mit zu viel Druck und Unfreiheit verbunden. Am Schluss seiner Schilderung sagte Florian: »Es war doch eigentlich gut so. Ich habe so viele verschiedene Facetten des Lebens kennengelernt und eine so reiche Palette an Möglichkeiten umgesetzt. So war das einfach stimmig für mich. Ich habe ein erfülltes, reiches Berufsleben gestaltet und gelebt.«

Das war Florians umfassende, neue Sicht seiner Berufsbiografie, mit der er höchst zufrieden war. Die Botschaft lautete: »Ich habe ein erfülltes, reiches Berufsleben gestaltet und gelebt.« In dieser Sicht sind alle Krisen, Schwierigkeiten und Ungereimtheiten ebenfalls integriert. Das Ganze wird in den Blick genommen – und dieses Lebenswerk ist gut. Während Florian so sprach, verkörperte er sichtbar Zufriedenheit und Gelassenheit. Und auch jetzt musiziert er in verschiedenen Ensembles und sucht Stücke aus Renaissance und Barockzeit aus, arrangiert sie neu und nimmt am Theaterleben teil. Er denkt nicht daran, seine Tätigkeiten aufzugeben, genießt jedoch mit seiner Partnerin die Freiheiten und die Unabhängigkeit des Alters.

Es gibt keine für alle Menschen gültige Weise, die späten Jahre zu gestalten. Ob man sich erlaubt oder gezwungen ist, noch weiter über das Pensionsalter hinaus zu arbeiten, sich frühpensionieren lässt, mit Erleichterung, Vorfreude, Trauer, mit Aufbietung der letzten Kräfte auf das offizielle Rentenalter wartet, hängt von sehr vielen Faktoren ab, etwa:

BERUFSGESTALTUNG UND ÜBERGANG INS NACHBERUFLICHE LEBEN

- Gesundheitlicher Zustand.
- Individuelle und kollektive wirtschaftliche Situation.
- Familiäre Verhältnisse.
- Gesellschaftliche und politische Zusammenhänge.
- Qualität der Berufsarbeit.
- Eigene berufsbezogene Lebensmuster

Das eine ist die Art und Weise des Übergangs ins nachberufliche Leben mit den familiären Generationenmustern, die auch hier wirksam sind. Das andere ist die Geschichte, die sich einzelne Personen zu ihrer Berufsbiografie erzählen und wie sie diese verkörpern. Die einen mögen sich eine Opfer- oder Märtyrergeschichte, in der sie hilflos waren, oder eine Heldengeschichte, in der sie alles im Alleingang bewältigten, erzählen, andere eine närrische Geschichte, die bedeutet, dass das Leben ein Possenspiel ist, oder schließlich eine absurde Geschichte, die gar keinen Sinn macht.

Wir können die gelebte Geschichte nicht mehr verändern, sondern nur den Bezug zu ihr. Wir können sie differenzierter sehen, wenn wir nicht nur auf sie starren oder vor ihr schrumpfen, sondern unsere Art, uns auf sie zu beziehen, verändern, wenn wir unsere Ressourcen an uns nehmen und unsere Irrwege und Verstrickungen erkennen und uns mit ihnen versöhnen, uns selber verzeihen, wenn wir uns mit uns selbst konfrontieren und unserem gelebten Leben leibhaft standhalten. Dies ist selbst dann möglich, wenn das Leben zerbrechlich und versehrt war. Es gibt auch niemals die *eine* Geschichte sondern nur diejenige aus einer bestimmten Lebensphase heraus. Unsere Geschichte ist also ein bewegliches Feld – jedes Ereignis, jeder Wachstumsschritt verändert das Ganze unserer Biografie und den Stellenwert einzelner Erfahrungen. In jeder Phase können wir uns jedoch darum bemühen, uns eine persönliche Geschichte zu erzählen und sie zu gestalten und uns nicht in überkommenen Mustern zu verstricken. Wir können also die Qualität der Geschichte, die wir uns erzählen, bis ans Ende unseres Lebens beeinflussen – ob es nun um die private oder um die berufliche Biografie geht. So können wir unser gelebtes Leben nochmals neu an uns nehmen.

6. DAS ENDLICHE UND DAS UMFASSENDE

Einführung

Die Gegenwart leben und gestalten und das vergangene Leben zu integrieren ist ein wichtiger Prozess in unserem späteren Leben. Dieses letzte Kapitel stellt sowohl diese Chance als auch die Perspektive, die das noch kommende Leben anbietet, in den Mittelpunkt. Und es greift die Lebensthemen und -aufgaben auf, die sich nun, auch im Zusammenhang mit dem Thema Tod, neu stellen.

Es geht darum, das eigene gelebte Leben zu empfangen, die persönliche Liebesfähigkeit und die eigene Lebenssicht zu erweitern, das gelebte Leben mit seiner Einzigartigkeit und den Anpassungen an Gegebenheiten an sich zu nehmen und die Paradoxien des Lebens zu fassen und zuzulassen.

Älter und alt werdende Menschen haben meist Lebenskompetenzen entwickelt, die sie an jüngere weitergeben können – sei es als Vorbild und Modell oder als Begleitende für nachfolgende Generationen auf ihrem Lebensweg. Sie können, auch außerhalb des Berufs, in vielen anderen Lebensfeldern Mentoren und Mentorinnen werden.

Zu den Lebensaufgaben im späteren Leben gehört auch die Auseinandersetzung mit der Vergänglichkeit. Wir müssen der Tatsache ins Auge sehen, dass wir geliebte Menschen verlieren – durch Trennung, Krankheit und Tod. Dies bedeutet einerseits, das eigene Leben nochmals umzugestalten, die Trauer zu leben und trotz allem auch spät noch neue Perspektiven für uns zu entwickeln. Im Prozess des Abschieds geht es darum, Verbindung nicht nur über die Trauer zu halten, sondern auch durch die Verinnerlichung und Integration der geliebten Person, die so in uns selber weiterlebt.

Wendezeiten bedeuten für uns immer neue Abschiede mit der Verheißung von Neubeginn. Sie sind jedoch ebenso eine Einübung in den letzten Übergang am Ende des Lebens. Das eigene Sterben ist nochmals eine berührende Chance, Schichten der eigenen Person, die bisher keinen Raum hatten, und wenn auch nur vielleicht für Momente, ins Leben zu bringen. So zeigt sich, dass wir bis zum letzten Augenblick unser Wachstum zu fördern vermögen.

In den späten Jahren entsteht oft allmählich eine neue Lebenstiefe, die ich im letzten Abschnitt dieses Kapitels anhand von Interviews darstellen werde.

Präsenz und Intimität im späten Leben

SELBSTLIEBE. CHARLIE CHAPLIN AN SEINEM 70. GEBURTSTAG

Als ich mich selbst zu lieben begann, habe ich verstanden,
dass ich immer und bei jeder Gelegenheit,
zur richtigen Zeit am richtigen Ort bin
und dass alles, was geschieht, richtig ist –
von da an konnte ich ruhig sein.
Heute weiß ich:
Das nennt man Vertrauen.

Als ich mich selbst zu lieben begann, konnte ich erkennen,
dass emotionaler Schmerz und Leid nur Warnungen für mich sind,
nicht gegen meine eigene Wahrheit zu leben.
Heute weiß ich:
Das nennt man Authentischsein. (...)

Als ich mich selbst zu lieben begann, habe ich mich von allem befreit,
was nicht gesund für mich war,

*von Speisen, Menschen, Dingen, Situationen und von allem,
das mich immer wieder hinunterzog,
weg von mir selbst.
Anfangs nannte ich das »gesunden Egoismus«,
aber heute weiß ich:
Das ist Selbstliebe. (…)*

*Als ich mich selbst zu lieben begann, da erkannte ich,
dass mich mein Denken armselig und krank machen kann.
Als ich jedoch meine Herzenskräfte anforderte,
bekam der Verstand einen wichtigen Partner.
Diese Verbindung nenne ich heute:
Herzensweisheit.*

*Wir brauchen uns nicht weiter vor Auseinandersetzungen,
Konflikten und Problemen mit uns selbst und anderen fürchten,
denn sogar Sterne knallen manchmal aufeinander
und es entstehen neue Welten.
Heute weiß ich:
Das ist das Leben!*

Wie wir im Leben präsent sind, hat viel damit zu tun, wie wir mit uns selbst, mit anderen Menschen und mit dem Leben im Kontakt sind.

Wir verändern die Qualitäten unserer Präsenz im täglichen Leben je nach Bedarf, und wir tun dies unwillkürlich oder mit willentlichem muskulärem Einsatz. Wir mögen eine tatorientierte, eine alarmierte, eine ungeduldige oder eine in sich ruhende Präsenz organisieren. Wir verändern unsere Präsenz jedoch auch von Lebensphase zu Lebensphase; sinken tiefer ins Becken, wenn wir den Sinkprozess der späteren Jahre zulassen und nehmen von dieser Schicht her Beziehung auf.

Diese tiefer geschichtete und auch durchlässigere Präsenz hat ihre eigene ruhende Kraft, die Vitalität eines langsamen und beharrlichen Pulses, der etwas Einschließendes und Empfangendes hat. Die Präsenz, die sich mit willentlichem muskulär-kortikalem Einsatz beeinflussen lässt, hat tief gehende Auswirkungen auf die gesamte Befindlichkeit eines Menschen.

Eine Frau, gegen 80 Jahre alt, formulierte es so: »Es ist alles »gleich gültig« geworden. Schwer zu beschreiben. Es ist nicht leer und tot, sondern lebendig und pulsierend – eine Art pulsierendes Feld.« Dabei machte sie eine öffnende Geste, breitete die Arme aus und führte dann die Hände wieder zusammen: geben und empfangen. Später sagte sie: »Es geht nicht mehr um so etwas wie Erfolg. Das ist eine lineare Qualität, welche in eine Ferne führt, die außerhalb meiner Perspektive liegt. Freilich habe ich noch Projekte, aber sie gewinnen eben dieselbe Leichtigkeit, die nichts mehr mit Leistungsdruck zu tun hat. Druck engt ein – ich aber spüre eine Weite, die ernst und spielerisch zugleich ist.«

Das ist eine neue Qualität. Sie erfasst auch die persönlichen Beziehungen – vor allem diejenige zum eigenen Partner, zur eigenen Partnerin:

»Wir nähern uns immer mehr dem Kern – ganz langsam, Schritt für Schritt. Es fällt mir immer leichter, meinen Partner aufzunehmen, einfach so.«

Es ist nicht einfach, diese neuen Qualitäten in Worte zu fassen. Deshalb führe ich einen weiteren Formulierungsversuch an, den eines 80-jährigen Mannes:

»Meine frühere Haltung, in der Welt zu sein, war eine abwartende, in der ich schaute, was auf mich zukommen würde, wie ich damit umgehen musste. Ich war auch lange von sogenannten Autoritäten abhängig. – Jetzt habe ich Abstand gewonnen und es gibt kein ›Muss‹ mehr, keinen Druck. Ich habe dadurch eine innere Weite gewonnen, bewege mich emotional freier in der Welt, mit mir und mit anderen Menschen. Erstmals kann ich das Leben auch genießen. Ich kann Menschen lassen, muss sie nicht dauernd bewerten.

Ich habe andere Erwartungen an Menschen. In meinen Berufen habe ich versucht, die Welt zu verbessern, und das ist für mich auch in Ordnung. Doch jetzt bin ich nicht mehr derjenige, der »es« machen muss. Noch bin ich mit dabei, kann jedoch den Jüngeren Umsetzung und Konsequenzen überlassen. Ich bin eine Art Mentor, und man sagt mir, ich sei so etwas wie eine Autorität. Es fällt mir nicht leicht, das anzunehmen, doch versuche ich es von Tag zu Tag.«

Die neue Freiheit besteht auch darin, sagen zu können, was man von den Dingen, vom Leben hält. So sagte derselbe Mann:

»Ich kann meinen Standpunkt ruhig und selbstverständlich vertreten, doch durchsetzen muss ich ihn nicht mehr.«

Menschen finden im Alter auch neu oder wieder zu dem, was sie beflügelt. Derselbe Gesprächspartner sagte mir, er schöpfe seit einigen Jahren ganz viel aus der Musik, vor allem Lockerheit und Leichtigkeit. Er hört inwendig viel Musik, singt neu in einem Chor, da er kein Musikinstrument mehr zu spielen vermag. Durch bildnerisches Gestalten wie Töpfern und Bildhauern kann er sich einen lebendigen Raum schaffen, eine neue Innenwelt.

»Wenn ich jetzt dasselbe lese wie früher, nehme ich es anders – angereichert und vertieft durch meine Lebenserfahrung – wahr. Ich spüre einen ganzen Packen Lebendigkeit.«

Im Verlaufe des Gesprächs sagte er weiter:

»Es ist für mich immer wichtiger und auch wunderbarer, in eine so kostbare Kultur eingebunden zu sein – auch mit all ihren Verirrungen.«

In den späten Lebensphasen bedeutet Präsenz auch ein Verbundensein mit der Vergangenheit, mit dem, was wir mitgebracht und uns einverleibt haben, mit dem, was noch ausgeformt und erfüllt sein möchte und was von Früherem wieder aufgenommen werden will.

So erzählte mein Gesprächspartner:

»Die Natur war mir schon als Kind wichtig. Ich hatte immer die Chance, aus der Familie in die Natur auszuweichen. Dort machte ich die Erfahrung, aufgehoben zu sein. Jetzt kehre ich dahin zurück. Das Schauen hat für mich eine neue Intensität gewonnen. Seltsam zu sagen, aber ich sehe etwa ein einzelnes Blatt fallen – und in diesem Fallen ist das ganze Geheimnis des Lebens beschlossen. Anders kann ich es nicht sagen.«

Ein weiteres Thema gewinnt in den späteren und späten Lebensphasen an Bedeutung: *Dankbarkeit*. Studien haben gezeigt, dass Dankbarkeit zu den Qualitäten gehört, die Menschen glücklich machen. Derselbe Mann verwendete in unserem Gespräch den Ausdruck »*Lebens-Dankbarkeit*«, und er sagte:

»Früher habe ich mich oft aufgelehnt gegen all das, was ich an Belastungen zu tragen hatte. Ich bekam das Entsetzen des Krieges und die Not der Nachkriegsjahre in Deutschland mit sowie unsere innerfamiliären Nöte, die ins Erwachsenenalter weiterwirkten. Doch jetzt hat all das die verletzende Schärfe verloren, und ich kann mich mit dem versöhnen, was ich erleiden musste und was mir widerfahren ist, aber auch mit dem, was ich selbst getan habe. Vielleicht bedeutet dies, Frieden mit sich und dem Leben zu machen.«

Dankbarkeit bedeutet, dass uns vieles »zu-fällt«. Wir können das für selbstverständlich halten und darüber hinweggehen. Die Chance der späten Lebensphasen ist aber, dass wir deutlicher spüren, was uns geschenkt wird, und dankbar zu sein vermögen.

So sagte mein Gesprächspartner:

»Zugefallen ist mir mein Enkelkind. Es ist wunderbar, zu erleben, was der Kleine für eine Vertrautheit zu mir entwickelt – eine leibhafte Vertrautheit, die mich warm und weit werden lässt. Ich werde nochmals empfänglich für die Kostbarkeiten des Lebens. Ich fühle mich beflügelt, spüre eine gewisse Lockerheit und Leichtigkeit. Das hätte ich nicht erwartet, vor allem nicht vom späten Leben.
Ich wollte schon immer intensiv leben. Jetzt aber kommt die ganze Erfah-

rung mit hinein. Das viele, viele Ausprobieren fällt weg. Auch hier nehme ich diese Leichtigkeit wahr, die etwa drei Jahre nach der Pensionierung so richtig spürbar wurde. Die alte Struktur fiel weg. Ich wurde Herr meiner Zeit, konnte neue Freiräume kreieren und auch die Muße pflegen.

Ich habe eine Art Grundsicherheit im Leben gefunden, die niemand mehr infrage stellen kann. Und ich fühle mich viel ausgeglichener als früher. Ich habe nach intensiver Arbeit an mir selbst einen großen Teil der Lebensverletzungen überwunden. Einiges habe ich auch nicht lernen können wegen meiner großen Zurückhaltung, die mir aus früheren Zeiten geblieben ist.

Das Schönste an meiner Haltung, die ich gewonnen habe, ist das, was ich distanzierte Offenheit nennen möchte. Ich verwickle mich weniger in äußeres Geschehen, gerate nicht sofort in Alarm und bin dennoch offen für das, was mir entgegenkommt. Und ich habe eine Tiefe in mir, die ich manchmal spüre – als weiche Leidenschaft und Liebe zum Leben, als Zärtlichkeit, die nichts Ausschließendes mehr hat. Gleichzeitig ist mein Leben ganz gewöhnlich und unspektakulär.«

Im späten Leben werden wir nochmals damit konfrontiert, wie wir uns auf die bisherige Lebensdynamik beziehen. Wir waren vielleicht unruhig, vorwärtsstürmend, suchend, wollten intensiv leben. Nun fällt das viele Ausprobieren weg, und das Leben wird leichter, wie alte Menschen immer wieder betonen – selbst dann, wenn die Alltagsbewältigung anspruchsvoller wird. Auf dem Hintergrund langer Einübung von neuen Verhaltensmustern und dem Abbau alter Muster entsteht eine vielschichtige leibhafte Lebenskompetenz, die nicht mehr viel mit Leistung gemein hat.

Wenn die Dominanz von Leistung und Erfolg wegfällt, entsteht ein Raum, in dem sich Menschen nochmals, frei von Verpflichtungen, fragen können: *Wer kann ich jetzt werden, wer bin ich vom Leben und meinen Anlagen her gemeint zu sein?*

Dies gibt uns die Chance, das gelebte Leben in uns heimzuholen und aus der eigenen Tiefe die Lebensdankbarkeit zu formen, mit der wir uns dem Leben hingeben und es empfangen.

Alte Menschen sprechen manchmal davon, dass sie eine neue Grundsicherheit im Leben gefunden haben, etwa

»Ich habe ein Gefühl, dass mir keiner etwas nehmen, infrage stellen oder angreifen kann. Ich fühle mich viel weniger ausgeliefert als früher.«

Diese Sicherheit, dieses Vertrauen ist vor allem das, was wir im Laufe des Lebens als Resilienz erworben und was wir daraus geformt haben. Menschen, mit denen ich gesprochen habe, nannten es *Lebensvertrauen* oder *Grundvertrauen* und sagten etwa:

»Früher habe ich mich so gefährdet gefühlt. Ich war fragil und hatte Angst. Jetzt fühle ich mich in mir selbst und im Leben gehalten. Das ist ein Gefühl, das mir keiner nehmen oder infrage stellen kann. Ich muss es nicht verteidigen und nicht dafür kämpfen.«

Zu den neuen Qualitäten später Lebensphasen gehört es auch, die bisherigen Lebensverletzungen annehmen und vielleicht integrieren zu können. Manchmal braucht es jahrelange oder gar jahrzehntelange Arbeit mit sich, um die Lebenswunden zu heilen oder vielleicht auch anzunehmen, dass sie sich nicht wirklich heilen, sondern nur mildern lassen. Es gibt auch eine Möglichkeit, mit dem eigenen Unheilbaren zu leben, so wie es der Titel eines Buches sagt: *Gelingendes Leben trotz Trauma*[129].

Altwerden bedeutet auch – und nicht zuletzt für mich als Therapeutin –, meine Sicht, mein Verständnis, mein Einfühlungsvermögen zu erweitern und immer einschließender und damit liebender zu werden. In seinem Artikel *Dasein ist Mitsein* schildert Stanley Keleman eine Begegnung mit Medard Boss, dem Begründer der Daseinsanalyse:

»Ich fragte Dr. Boss, ob er noch Patienten sähe. ›Ja‹, sagte er. Ich fragte, wie es für einen Mann über 80 sei zu praktizieren. Er sagte, es sei leichter, da zu sein mit seinen Patienten, sie zu empfangen. (...) Boss bestätigte mir, dass es in der therapeutischen Situation wichtig sei, mit dem anderen Menschen da zu sein. *DaSein* ist physisch und schließt die Summe von Blicken, Gesten, Gesichtsausdruck und Körperhaltungen ein.«[130]

Die Erweiterung der eigenen Liebesfähigkeit und Menschlichkeit ist nicht immer einfach, sondern kommt auch aus leidvollen Erfahrungen, die es jedoch erlauben können, die eigene therapeutische Haltung zu relativieren und zu erweitern. *Wir müssen uns bewusst bleiben, dass wir auch auf der anderen Seite sitzen könnten, nämlich dort, wo unsere Klienten und Patientinnen sitzen.* Das sage ich meinen Studierenden oft. Zudem gehört es zu den Geschenken des therapeutischen Berufs, dass jeder persönliche Wachstumsschritt, jeder Reifeprozess den eigenen Klientinnen und Patienten unmittelbar zugutekommt.

Viele Menschen erleben die Zeit nach der Pensionierung als Befreiung. Die alten Strukturen fallen weg. So kann die Zeit persönlicher gestaltet werden, und neue Freiräume öffnen sich. Man darf der Muße mehr nachgeben und sie genießen ohne schlechtes Gewissen. So sagte mir ein Mann Mitte 70:

»Seit der Pensionierung habe ich eine Grundsicherheit im Leben gefunden, die mir Ruhe gebracht hat. Es ist ein Gefühl, das niemand infrage stellen kann und das ich nicht verteidigen, für das ich nicht mehr kämpfen muss. Ich bin kaum mehr unter Druck. Und wenn es doch geschieht, ist mir bewusst, dass ich in ein altes Muster zurückgefallen bin.«

Druck abbauen zu können und zu dürfen ist in den späten Lebensphasen und für die meisten Menschen nach der Pensionierung außerordentlich wichtig. Wer im alten Druckmuster verbleibt, wird hingegen genügend Möglichkeiten finden, dieses Muster zu leben, Drucksituationen aufzubauen und in Stressverfassungen zu bleiben.

Auf der leiblichen Ebene benötigen wir aber dennoch etwas Druck, um uns Halt zu geben und um uns zu strukturieren. Dies wiederum bedeutet, dass wir nicht aufhören dürfen, uns Herausforderungen zu schaffen, die uns etwas abfordern und uns befriedigen. Eine 80-jährige Frau, die noch immer als Therapeutin arbeitet, meinte dazu:

»Ich kann nicht nur meinen Hobbys nachgehen, obwohl ich den Garten und meine Pflanzen und Bäume liebe und mir die Pflege von Beziehungen wichtig ist. Ich brauche die Arbeit, die geistigen Anregungen, das Nachdenken und das Gefühl von Nachhaltigkeit.«

Es ist wichtig, herauszufinden, wie der übermäßige Druck abgebaut und dennoch genügend Druck gehalten werden kann. Es geht auch darum, sich nicht mehr von außen strukturieren zu lassen, sondern sich von innen her selbst zu strukturieren, um sich einen Halt und der wachsenden Durchlässigkeit ein Gefäß zu geben. Eine Pensionierung oder Teilpensionierung schafft Raum – für neue Lebensentwürfe, für lange gehegte Wünsche, aber auch für das Aufarbeiten und Integrieren von Erfahrungen aus dem gelebten Leben.

Eine ehemalige Beraterin im psychosozialen Bereich, die gegen siebzig nur noch einige wenige berufliche Aufgaben weiterführte, sagte dazu:

»Ich habe in all den Arbeitsjahren ganz viel erfahren, doch ich war so überlastet, dass diese Erfahrungen irgendwie an mir vorbeigezogen sind. Ich habe sie erlebt und wiederum auch nicht erlebt. Jetzt tauchen sie wieder auf. Ich koste sie, nehme wahr, was sie mir bedeutet haben und noch bedeuten. Ich habe Tiefes und Bewegendes erlebt. Und mir ist so viel Freude und Dankbarkeit entgegengekommen, die ich nicht wirklich aufgenommen habe, weil ich zum Nächsten geeilt bin. Jetzt fülle ich mich mit alldem und realisiere erstmals, wie reich ich bin. Ich hätte das Empfangen dieser Lebensgeschenke auch verpassen können.«

Es ist nochmals etwas anderes, ob wir in den Reifephasen unsere Lebenskompetenzen an uns nehmen, um sie für berufliche und private Lebensziele und -visionen einzusetzen, oder ob wir die Fülle des Lebens in uns empfangen, um erfüllt zu werden und die Intimität mit uns selbst, mit anderen Menschen und mit dem Leben zu vertiefen.

Zu diesem Prozess gehört auch die grundlegende Veränderung unseres Zeiterlebens, wie Keleman immer wieder betont:

Die Zeit des Erwachsenen ist eine langsamere, erwachsene Zeit, dennoch mit der Fähigkeit, schnell zu handeln. Die reife erwachsene Person lässt nicht mehr ihre Form wachsen, sondern wächst in ihre eigene Form hinein, welche ein leibhaftes Selbst mit Tiefe ist. Dies ist ebenfalls verbunden mit Zeit; nicht mit linearer Zeit, sondern mit Prozess-Zeit, mit Zeitlosigkeit, welche die Endlichkeit umfasst. *Reifen ist ein natürlicher Prozess, der die Amplitude der Pulsation verändert und einen tiefen Puls entstehen lässt. Dieser verbindet das Ewige und das Endliche, indem er beide umfasst. Es ist ein Gezeiten-Puls im eigenen Organismus zwischen An-der-Oberfläche-Sein und Sich-sammeln-in-die-eigene-Tiefe hinein.*[131]

Die eigene leibhafte Form wird weicher und unsere Reaktionszeit langsamer, aber tiefer. Wir fließen eher wie Lava, anstatt in Erregungsstürmen zu explodieren. *Ein reifer Mensch ist eher einer Bassgeige oder einer Harfe ähnlich als einer Trompete oder einem Klavier. Somatisch gesehen wird der Herzschlag voller und füllt das Gewebe mit einer größeren Amplitude und einem langsameren Schlagen. Präsenz und nicht Handeln steht im Vordergrund.*[132]

Noch später werden unsere Bedürfnisse diffuser und weniger dringend. Wenn wir die Form des alten Erwachsenen gestalten, wird die Reaktionszeit noch langsamer und weniger spontan. Das Kurzzeitgedächtnis wird dominiert vom Langzeitgedächtnis. Wir vertiefen die Nachdenklichkeit. In dieser Phase reagiert das Herz langsamer, da es nicht schneller schlagen kann. Dasselbe geschieht im Bereich des Visuellen: weniger fokussiertes, mehr peripherales Sehen – eine ganz andere Welt.

Zum Schluss dieses Abschnitts möchte ich noch Stanley Keleman zitieren:

»Die späte Lebensphase ist eine protoplasmische Symphonie von Mikropulsen im Lebensfeld des Körpers, wahrgenommen als ausgedehntes, sanftes Wispern eines langsamen Pulsierens von Zeitlosigkeit in der endlichen Welt der schnellen Zeit.«[133]

Den Lebensrückblick gestalten

Die meisten Menschen haben in den späteren Lebensphasen das Bedürfnis, aus ihrem Leben zu erzählen und damit sich selbst eine Lebens-Geschichte zu bilden.

Das, was wir Vergangenheit nennen, ist zunächst präsent als unsere gewohnten, eingeübten Verhaltensmuster. Wir haben auch die Tendenz, neue Erfahrungen in alte motorische Erinnerung zu inkorporieren. Reife wächst aus dem Reorganisieren unseres somatischen Verhaltens. Indem wir ererbte und erworbene verkörperte Muster differenzieren und neue, einzigartige Nuancen bilden, machen wir sie persönlich und schaffen unser originales Verhaltensrepertoire, das im Gehirn kartografiert wird:

»Was die Welt im Innersten zusammenhält, ist Kommunikation, genauer gesagt, das unerschöpfliche und spezifisch menschliche Potenzial, Netzwerke direkter und indirekter, enger und loser, naher und ferner Verbindungen herzustellen.«

Dies schreibt Harald Welzer in seinem Buch »Das kommunikative Gedächtnis«.[134]

»Gedächtnis entsteht durch den interpersonellen wie durch den intrapersonellen Dialog. Es ist auch keine Aufbewahrungsstätte für objektive Daten. Es ist ein konstruktives System, das Realität nicht einfach abbildet, sondern auf unterschiedlichsten Wegen und nach unterschiedlichsten Funktionen filtert und interpretiert.«[135]

Forschungen haben ergeben, dass Engramme, welche die Erinnerungen im Gehirn repräsentieren, als Muster neuronaler Verbindungen über verschiedene Bereiche des Gehirns verteilt sind.

»Sich zu erinnern bedeutet mithin, assoziative Muster zu aktivieren, und bei diesem komplexen Vorgang kann einiges mit dem Erinnerungsgehalt geschehen.«[136]

Dies heißt, dass Erinnerung nichts Statisches und auch nichts Objektives darstellt, sondern immer wieder anwendungsbezogen konstruiert wird. Gedächtnis ist ein Wandlungskontinuum. Alltägliches wird kaum erinnert, viel eher Ereignisse mit einer emotionalen Bedeutung. Diese werden gespeichert, »*vertieft, refiguriert, neu bewertet, kurz: verändert*«.[137]

Entscheidend für die Erinnerungen im Sinne des verkörperten Lebensstils ist also, »*dass Emotionen körperbasierte Evaluationen sind, die Repräsentationen von Erlebnissen und Erfahrungen mit positiven oder negativen Werten versehen (...)*«[138]. Lange vor diesen Resultaten der neurobiologischen Forschungen hat Alfred Adler bereits im ersten Drittel des 20. Jahrhunderts eine Methode zur Erarbeitung des Lebensstils entwickelt, die durch die beschriebenen neuesten Erkenntnisse gestützt wird. Wir verleiben uns ein, *wie* wir Geschehenes aufnehmen. Wir konstruieren Erinnerung als unsere somatisch-emotional mentale Realität immer wieder entlang dem roten Faden, den unser verkörperter Lebensstil ausmacht, und in ständigem Dialog mit der entsprechenden Umwelt.

Das Wichtigste ist jedoch, dass wir neue Erinnerungen kreieren können, indem wir den verkörperten Lebensstil als Verbund von Verhaltensmustern umgestalten, differenzieren. So entstehen neue motorische Muster, neue Schichten unserer Person, die wir als neu geschaffene Erinnerungen einzusetzen vermögen. Dies ist eine ganz wichtige Chance in allen Lebensphasen, besonders aber in der Reifephase des Älterwerdens.

Aufgrund unserer leibhaften Erinnerungen bilden wir auch entsprechende Geschichten, die wir uns erzählen. Es gibt die verschiedensten Geschichten, die zu einem gelebten Leben geformt werden können.

So lässt sich auch eine Typologie von leibhaften Geschichten entwerfen. Ich beziehe mich auf diejenige von Stanley Keleman[139]. Er hat sie erstmals in »Lebe dein Sterben« entwickelt und als mögliche Sterbemythen dargestellt, dann aber als Mythen unseres Lebens überhaupt verstanden:

- die Heldengeschichte,
- die tragische Geschichte oder Opfergeschichte,
- die närrische Geschichte,
- die ironische, absurde Geschichte.

Wenn wir den Äußerungen, Geschichten und Erinnerungen von Menschen zuhören, können wir darin einen Grundtenor wahrnehmen, eine Botschaft erfassen, die an die eigene Person des Erzählers gerichtet ist.

Es wird zum Beispiel zum Ausdruck gebracht, dass man standhaft durchhalten müsse, sich kämpferisch zu engagieren habe, selbst auf verlorenem Posten. Es geht darum, zu siegen oder heldenhaft zu sterben – auch im übertragenen Sinn. *Nur nicht ohnmächtig sein, nur nicht zum Opfer werden, nur keine Schwäche zeigen* – dies sind Botschaften, welche die heldenhafte Geschichte begleiten. Ein anderer Geschichtstypus enthält eine tragische Tonart. Die erzählende Person erlebt sich als Opfer, fühlt sich ohnmächtig und ausgeliefert. Erzählt die Heldengeschichte, dass man das Leben standhaft bewältigen müsse, koste es selbst das Leben, so beinhaltet die tragische Geschichte einen Leidensweg, den wir auszuhalten haben; *wir leben in diesem Tale der Tränen*, wie es in einem alten Gebet heißt.

Eine andere mögliche Geschichte ist die närrische. Der »Narr« nimmt sich selbst nicht ernst, betrachtet sich und das Leben als eine Art Scherz. Jeder Versuch, auf eine verbindliche Ebene zu kommen, wird abgebogen. In allem Geschehen wird derjenige Aspekt herausgegriffen, der das Ganze entkräftet und der Lächerlichkeit preisgibt. *Es lohnt sich nicht, sich wirklich auf das Leben einzulassen.* Dahinter stehen die Angst vor Lebendigkeit – vor der eigenen sowie vor der fremden – und die Angst, dass alles, was man als sinnvoll erachtet, sich doch wieder auflösen kann, auch Beziehungen. Liebe etwa erscheint als komische Verblendung, der nur Naive auf den Leim gehen. Dramatik ist nur ein närrisches Zappeln in der eigenen Verstrickung.

Ein letzter Typus ist derjenige des Ironischen oder Absurden. Das Leben ist kein Scherz, sondern undurchschaubar oder ein abgründig sinnloses Theater, in dem man nur resignieren oder sich stillhalten kann.

Es gibt keine Möglichkeit, an diesem Leben fühlend und handelnd teilzuhaben und dazuzugehören. Man kann es jedoch ironisch beleuchten und ad absurdum führen. Dies haben Schriftsteller wie Kafka, Beckett oder Thomas Bernhard in ihren Werken gezeigt.

Die verschiedenen Geschichtstypen enthalten jedoch auch Ressourcen. Die heldische Geschichte erzählt vom Durchhalten, von Zivilcourage, von der Möglichkeit des Kämpfens; die tragische Geschichte weiß, dass nicht alles »erhandelt« werden, sondern vieles ertragen werden muss. Die närrische Geschichte kann die Verstrickungen relativieren oder in Lachen auflösen, Dramatik entschärfen und sich im besten Fall in Humor transformieren. Menschen mit einer ironischen Geschichte sind die besten – und oft beißendsten – Kritiker unserer Gesellschaft und vermögen deren Spiele zu entlarven.

Mit unserer leibhaften Veränderung, mit dem Differenzieren unserer Lebensmuster, mit dem Persönlichmachen angebotener Muster, mit dem Herausformen neuer persönlicher Schichten verändern wir die Art und Weise, wie wir in der Welt sind und wie wir uns auf Gegenwart, Vergangenheit und Zukunft beziehen.

In diesem Zusammenhang ist es auch entscheidend, wie wir den Reifeprozess und das Altwerden leibhaft, mit willentlichem somatischem Einsatz formen. Aus diesem leibhaften Prozess heraus wächst auch die Geschichte, die wir uns selbst und zu unserem Leben erzählen. Das heißt: Mit unserem leibhaften Formungsprozess bilden wir die Basis, den Boden, auf dem unsere Geschichten wachsen. So entscheiden wir, ob wir etwa an unserer typisch heldischen, tragischen, närrischen oder absurden, ironischen Geschichte festhalten oder ob wir uns eine persönliche, aus der Differenzierung unserer Lebensmuster erwachsende Geschichte zu uns und den Dimensionen von Gegenwart, Vergangenheit und Zukunft zu bilden vermögen. Diese Geschichten sind zunächst gelebte und leibhaft geformte Geschichten und erst dann auch verbal gestaltete. So schreibt Keleman einmal: »*the soma and its productions are twins.*« Frei übersetzt könnte man sagen: »*Unser leibhaftes Leben und seine Schöpfung sind Zwillinge.*« So sind die Lebens-Geschichten ebenfalls Zwillinge unserer leibhaften Gestalt. Da wir diese im Laufe des Lebens immer wieder umzuformen eingeladen sind, wird auch unser Zwilling seine Gestalt verändern. Wie diese möglichen späten Geschichten aussehen können, hat das letzte Kapitel gezeigt – etwa mit den Stichwörtern

- Lebens-Dankbarkeit
- Vertrauen
- Leichtigkeit
- Weite, die ernst und spielerisch ist
- es gibt kein Muss mehr
- »ich spüre einen ganzen Packen Lebendigkeit«
- Frieden mit sich und dem Leben
- distanzierte Offenheit
- empfänglich sein für die Kostbarkeiten des Lebens
- Lebensgeschenke empfangen
- größere Milde und Versöhnung mit dem gelebten Leben
- heilige Nüchternheit leben.

All dies sind verkörperte Geschichten, die sich schließlich auch einen Weg in die verbale Sprache suchen, wie auch das folgende, berührende Zitat zeigt: »... *ich habe eine Tiefe in mir, die ich manchmal spüre – als weiche Leidenschaft und Liebe zum Leben, als Zärtlichkeit, die nichts Ausschließendes mehr hat. Gleichzeitig ist mein Leben ganz gewöhnlich und unspektakulär.*«

Eine Geschichte wie diese kann die erzählende Person sich durch das Erzählen auch wieder einverleiben und damit ihre leibhafte Gestalt stärken. So sind Leib und verbale Geschichten in einem ständigen Austausch oder Dialog.

Wenn wir einmal eine Geschichte gebildet haben – und bestehe sie nur aus einem Wort oder einem Satz –, können wir sie uns im Alltag immer wieder erzählen und damit unser verkörpertes Sein stärken. Wenn älter und alt werdende Menschen ihr Leben reflektieren und ihre verkörperten Lebensmuster beeinflussen, bilden sie auch eine andere persönliche Geschichte zu ihrer Vergangenheit.

Wolfgang, ein etwas über 60-jähriger hochbegabter Mann, der als Kind und junger Mann von seinem Vater in entscheidenden Lebensbereichen beschnitten worden war, fasste diesen Prozess so zusammen: »Ich war lange Jahre unglaublich wütend auf meinen Vater, schwer gekränkt und unversöhnlich. Noch immer erwartete ich, dass ich endlich bekommen würde, worauf ich ein Leben lang gewartet hatte. Es kam nicht. Erst gegen die Fünfzig begann ich allmählich, meinen Vater nicht nur als diesen bedrohlichen Vater, sondern auch als Person zu sehen.« Aufgrund dieser Worte sehen wir: Dies ist der erste Schritt zu einen reiferen Beziehung nicht nur zu den äußeren, sondern auch zu den inneren Eltern. Dieser Schritt bedeutet eine entscheidende Erweiterung des Gesichtsfeldes.

Wolfgang fährt fort: »Ja, ich habe gehadert, dass er damals meine Mutter pathologisiert und uns Kinder an sich gerissen hatte. Aber nun begann ich zunehmend auch den Mann zu sehen, der selber bedürftig war, diese Bedürftigkeit aber mit einem gigantischen Machtgehabe überkompensiert hatte und dabei einsam und ungeliebt blieb. Nicht, dass ich besonders viel Mitleid gehabt hätte mit ihm, doch ich wurde allgemein milder und weicher.«

Wir hatten lange daran gearbeitet, diesen Prozess des Weicherwerdens, der Wolfgang viel Angst bereitete, zu unterstützen. In diesem Zusammenhang meinte er: »Ich habe nun nicht nur meinem Vater, sondern auch mir selber gegenüber eine größere Milde. Ich sage nicht mehr ständig zu mir: *Warum hast du nicht ...? – Du solltest doch ... – Du hast deine Talente vertan, die Chancen nicht genutzt!* Ich beginne mich und mein Leben anzunehmen. Es ist, als sähe ich eine Landschaft, die mir vorher so diesig erschienen war, in einem sanft goldenen Licht. Ich sehe neue Details, und Erinnerungen tauchen auf, die mich zu mir sagen lassen, dass ich ein sinnvolles Leben gestaltet und viele Talente genutzt habe und sie auch weiter nutze.«

Dies gab ihm die Möglichkeit, sein gelebtes Leben an sich zu nehmen und führte zu einer weiteren wichtigen Qualität, die er so ausdrückte: »Ich hätte es nicht geglaubt, aber ich beginne mich mit meinem Leben zu versöhnen, dem Leben, das ich gelebt und auch gestaltet habe.«

Doch was ist diese Versöhnung, von der dieser Mann spricht und die ihn so berührt? Viele Menschen wünschen sich, dass sie zu einer Versöhnung mit sich selbst oder mit Personen aus dem eigenen Leben fähig werden. Eine Hilfe im Prozess der Lösung von alten Beziehungsmustern ist es, diese einmal mehr als verkörperte zu verstehen. Dazu gehört etwa das Muster von Bitterkeit oder Anklammern, wie das folgende Beispiel zeigt:

Ein 75-jähriger Mann namens Paul klammerte sich jahrelang an die feste Überzeugung, dass er seine geschiedene Frau wieder zurückgewinnen könne. Ich bat ihn, die Geste des Festklammerns mit seinen Händen aufzubauen. Er tat es jäh und mit größter Intensität, bis seine Finger ganz starr waren und sagte: »Ich werde es schaffen, das spüre ich ganz genau!« Da bat ich ihn, das Klammern etwas abzubauen – nur ein wenig zunächst und dann ein wenig mehr. Paul sagte: »Es ist erleichternd – ich gewinne mehr Raum in meiner Brust, und der Atem geht tiefer.« Als er das Muster von Klammern mehr und mehr auflöste, traten ihm Tränen in die Augen. »Jetzt bin ich einfach nur traurig, dass wir es nicht geschafft haben miteinander. Wir haben beide Fehler gemacht. Ich habe so sehr festgehalten, um mir dies nicht eingestehen zu müssen. Und so bin ich einfach in der Situation der Trennung hängen geblieben.« Paul öffnete die Hände ganz langsam. »Wir haben es nicht geschafft, aber neben allem Schmerzlichen haben wir auch viel Schönes erlebt. Jetzt kann ich Frieden schließen mit dem, was geschehen ist, und annehmen, wie ich gelebt habe.« Es war *seine* Versöhnung mit *dem* Leben, das er gelebt hatte.

Versöhnung ist vielleicht möglich, wenn alte Lebensmuster umgeformt werden, unabhängig davon, ob es sich um Versöhnung mit Personen oder um Versöhnung mit dem eigenen gelebten Leben geht. Wenn jemand schrumpft, sich zusammenzieht, wird die wahrgenommene Welt klein oder eng, wenn jemand zusammensinkt, wird sie eher hoffnungslos. Wenn diese Haltungen umgestaltet werden, verändert sich auch der Bezug zum Leben. Dies gilt für alle Lebensphasen eines erwachsenen Menschen. Doch in den späten Lebensphasen kommt eine weitere Qualität hinzu: Der Körperschwerpunkt sinkt tiefer, und die zunehmende Porosität oder Durchlässigkeit macht beeindruckbarer und berührbarer. Das Weitwerden kann dann die Qualität einer sanften Ausdehnung annehmen, welche die Gegenwart und auch die Vergangenheit umfasst. Aus diesem Prozess einer vertieften Intimität mit sich selbst vermag schließlich auch das zu entstehen, was wir Versöhnung nennen können.

Oft ist diese nach einem Prozess der Integration des eigenen gelebten Lebens möglich, manchmal aber, wenn jemandem große Verletzungen angetan worden sind, ist das einzig Stimmige, einen solchen Menschen einfach lassen zu können, das eigene Leben mit seinen Wunden anzunehmen und Frieden zu finden:

Eine 70-jährige Frau, die von ihrem Vater missbraucht und um ihr Erbe betrogen worden war, erzählte, wie sie sich jahrzehntelang damit gequält hatte, den Hass auf diesen Vater zu kultivieren. Sie erkannte, dass dies die einzige Verbindung zu ihm gewesen war und eine Form, mit welcher sie die unendliche Trauer, die sie hätte überschwemmen können, in Schach hielt; die Trauer um sich und die verlorene Jugend. In den letzten Jahren hatte sie diese Form langsam abbauen können – nachdem der Vater gestorben war. »Ich hätte mich nie mit meinem Vater versöhnen können. Er hat nie irgendeine Einsicht gezeigt, sondern alle manipuliert. Mein Bruder, dem er das Erbe versprochen hatte, musste dies mit völliger Abhängigkeit und Unterordnung unter den Vater bezahlen. Meine Wut und mein Hass waren meine Freunde; sie haben mir den Weg in die Freiheit gewiesen, auch wenn der Preis hoch war. Als mein Vater mit über 90 Jahren starb, war ich froh und unendlich erleichtert. Er konnte niemandem mehr gefährlich werden und niemanden mehr unterdrücken. Doch jetzt kann ich sagen *Ruhe in Frieden*. Das ist der einzige Wunsch, dessen ich fähig bin, und das erst jetzt, mit 70. Ich kann ihn lassen und übergeben. Wenn da ein gnädiger Gott ist, wird er sich mit ihm befassen. Es ist nun, als sei ein schwarzes Loch aus meinem Leben gewichen.«

Diese Frau erkannte, dass ihre Wut und ihr Hass – wie alles Verhalten – eine Funktion hatten, nämlich sie stark genug zu machen, um den Weg in die Freiheit zu wagen. So wird auch die Vorstellung von Um- und Irrwegen relativ, und schließlich braucht es in diesem Beispiel nicht mehr die Wut, um mit der eigenen Stärke in Verbindung zu bleiben.

In späteren Lebensphasen können wir eine erweiterte Sicht auf unser eigenes Leben mit seinen Verbindungen, seinen Wegen und Umwegen und seiner Einzigartigkeit gewinnen.

Sogar einst negative, verletzende Erfahrungen – verletzend nicht nur durch ein vermeintliches Schicksal, sondern auch durch Menschen – können nun vielleicht, trotz allem, als *Wegweiser* verstanden werden. Wenn die Wunden vernarben, der eigene Horizont erweitert und das Lebensverständnis vertieft ist, lässt sich die Frage stellen: *Was haben mich die schmerzlichen Erfahrungen und Lebenskrisen gelehrt? Wie habe ich mich aus ihnen geformt zu der Person, die ich jetzt bin?* Damit wird nicht das Erfahrene schöngeredet und verharmlost, denn eine solche Sicht kann erst nach der Verarbeitung von Verletzungen entstehen, und nur durch die betroffene Person selbst.

Eine Frau, die ihre Kindheit in Nazideutschland erlebt hatte, sagte im Laufe ihrer Therapie: »Ich hatte jahrzehntelang das tiefe Gefühl, nicht in Ordnung zu sein. Ich schämte mich für meine andauernde Schlaflosigkeit und für meine unerklärlichen Panikattacken, die mein Leben drastisch beeinträchtigten. Erst als ich all die schlimmen Ereignisse wieder erinnerte – die Tiefflieger, die Zeiten im Keller während der Bombenangriffe, meine Heimatstadt, die völlig zerstört war, wie nach einem Weltuntergang –, da begann ich, mich selbst zu verstehen und musste mich für meine Nöte im aktuellen Leben nicht mehr verurteilen. Doch es ist schwierig, mit all meinen Beeinträchtigungen zu leben. Sie ergeben keinen Sinn, und all das Gerede von Lernprozessen macht mich nur wütend. Ich kann aber jetzt versöhnlicher auf mein Leben zurückblicken, denn ich habe trotz allem die Lebensaufgaben so gut erfüllt, wie ich nur konnte. Damit kann ich die letzten Jahre leben. Und es ist dennoch immer ein Kraftakt. Die größte Überraschung ist, wie sehr ich das Leben liebe. Ich habe die Fähigkeit gewonnen, jeden der wenigen unbelasteten Augenblicke des Lebens in seiner ganzen Schönheit aufzunehmen. Das ist nicht viel und doch unendlich kostbar!«

Aus diesem Beispiel erfahren wir, wie heikel es sein kann, dem Gegenüber eine Geschichte anzubieten – etwa um eine positive Wende herbeizuführen. Manchmal ist die Geschichte für die betroffene Person zu klein, zu harmlos. Und wenn sie dann *ihre* Wahrheit ausgedrückt hat, ist die entstehende Geschichte viel umfassender wie etwa: *Die größte Überraschung ist, wie sehr ich das Leben liebe.*

Niemand, auch kein Therapeut oder keine Beraterin, darf sich anmaßen zu bestimmen, was für eine Bedeutung ein Mensch seinem eigenen Leben im Rückblick gibt. Es ist jedoch möglich, einen Menschen darin zu unterstützen, seinen eigenen Blick auf sein bisheriges Leben neu zu gestalten.

Im späten Nachdenken über die eigene Geschichte differenziert sich das Bild oft – es kommen neue Aspekte und Fragen dazu, die die Chance eröffnen, uns auf dem Hintergrund des bisherigen Lebens nochmals neu zu erfinden. Wir können uns und anderen verzeihen oder sie lassen, ohne uns mit Wünschen, Erwartungen oder Rachegedanken an sie zu klammern. Wir können sie und auch uns selber aus innerer Schuldhaft befreien und sie freigeben. Auch die geschichtliche Situation, in der man gelebt hat, erscheint oft nochmals in einem anderen Licht, sei es der damalige Alltag mit seinen Normen und Einschränkungen oder Zeiten der Entbehrung und Not.

Eine erstaunliche Transformation habe ich bei einer fast 80-jährigen Frau erlebt.

Sie war im Alter von 11 Jahren von einem Verwandten vergewaltigt und darauf von ihrer Familie verachtet worden. Der Vater versuchte ein Leben lang, sie zu beherrschen, und enterbte sie. Als sie 20 Jahre alt war – genau an ihrem Geburtstag – verließ sie das Elternhaus und war fortan auf sich allein gestellt. Etwa 10 Jahre später hatte sie einen anerkannten Beruf und machte eine Therapie. Sie war eine Revolutionärin mit Zivilcourage geworden und gleichzeitig sehr verletzlich. Sie brauchte lange, um die Vergewaltigung und die Gewaltsamkeit ihres Vaters zu verarbeiten. Schließlich versöhnte sie sich innerlich mit dem Erlebten. Dies zeigte sich auch darin, dass sie sich immer weniger verhärtete, sie wurde weicher und weiter. Damit veränderte sich auch ihr Blick auf ihre Vergangenheit, und sie erschuf sich eine neue Geschichte: »Mein Vater und der Vergewaltiger waren Verbrecher; sie haben mich tief verletzt. Und doch war dieser Vergewaltiger – so absurd es klingen mag – auch eine Art ›Wegweiser‹ für mich. Er vertrieb mich aus dieser Familie, in der ich ohnehin nie hätte wachsen können. Ich wäre eingegangen. Er hat mitgeholfen, dass das nicht geschah.« Die Frau hatte sich weit genug gemacht und sich genügend Halt gegeben, um dieses Paradox in sich halten zu können. Ich hatte meine Mühe mit der neuen Geschichte, die sie daraus kreierte, doch es war nun ihre neue verkörperte Geschichte, die ihre persönliche subjektive Wahrheit darstellte, und sie verhalf ihr zu einem friedlichen Alter und Sterben.

Geschichten zu einem Menschen, der so viel Leid gebracht hat wie dieser Täter, sind so unmittelbar überraschend und Anstoß erregend wie die tiefe Verletzung selbst. So kann eine Versöhnung mit dem Geschehen nur selbst paradox und unerwartet sein, sodass sie uns aufschreckt wie das Verbrechen selbst.

Es ist immer wieder eine aufrüttelnde, unsere Konzepte infrage stellende, bereichernde Erfahrung, der unausdenkbaren Vielfalt von menschlichen Geschichten und deren Integration zu begegnen:

»Es gibt unverdauliche Brocken in meinem Leben, wie Felsbrocken, die den Weg versperren. Ich muss Umwege machen, um überhaupt weiterzukommen, aber der Umweg ist mein Weg«, sagte eine Frau Ende 60, als sie sich ihr Lebenspanorama vergegenwärtigte.

Im Hinduismus gibt es den Elefantengott Ganesha, der Hindernisse aus dem Weg räumt, damit wir unseren Weg finden, und der Hindernisse schafft, um uns zur Besinnung und Auseinandersetzung zu führen. Vielleicht können wir im Alter unser eigener Elefantengott sein, der mit Hindernissen so umgeht, dass wir darin unsere eigenen Herausforderungen für Wachstum zu finden vermögen.

Es ist also gerade die späte Reifephase, in der Menschen oft neue und überraschende, Paradoxien fassende und Gegensätze ausgleichende Geschichten zum eigenen Leben gestalten, die Unrecht und Grausamkeiten nicht verwischen, aber eine neue Sicht darauf ermöglichen. Dabei kommt es vor allem darauf an, wie Menschen zurückblicken. Der Blick zurück ist nicht nur symbolisch zu verstehen, sondern wiederum als leibhafte Organisation, die mitbestimmt, wie sich die eigene Lebensgeschichte zeigt. Die eigene Lebensgeschichte ist einerseits die gelebte Geschichte und andererseits diejenige, aus der heraus wir die Chance haben, unseren Reifungsprozess zu kreieren.

Eine gute Mentorin, ein guter Mentor werden

Ein 85-jähriger emeritierter Professor tritt auf einem Kongress über Altersfragen auf. Er geht etwas mühsam und gebeugt zum Rednerpult und erzählt dann folgende Geschichte:

»In jüngeren Jahren bin ich oft klettern gegangen. Einmal war ich in der Wand und sollte von einem winzigen Vorsprung zu einem nächsten hochklettern, und dann wieder zu einem nächsten. Ich war angeseilt, und mein Lehrer stand bereits oben. Ich hatte das Gefühl, ich würde es niemals schaffen, oben anzukommen. Mein Lehrer sagte bei jedem Griff: ›Komm, du schaffst es!‹ Beharrlich, ein ums andere Mal wiederholte er es. Und so, begleitet von seinen Worten, zog ich mich hinauf, bis ich oben stand. Er sagte: ›Siehst du, du hast es geschafft.‹«

Dieser Bergführer war ein wahrer Mentor. Ein Mentor, eine Mentorin zu werden ist Chance und Aufgabe älterer gereifter Menschen. Dabei handelt es sich um eine Art Lebens-Mentorschaft, die eine gemeinsame Wegstrecke beinhalten kann oder auch nur eine einzige Begegnung, in der ein solcher Mensch die reiche Präsenz seiner Person schenkt. Mentorin oder Mentor zu sein bedeutet beides: Begegnungen von nah oder von Weitem und persönliche unmittelbare Begleitung jüngerer Menschen in verschiedenen Lebensbereichen, sei es auf beruflicher oder privater Ebene. Es kann sich ums Vermitteln von Wissen, Können, Lebenserfahrung und Lebensmodellen handeln, sowie um Unterstützung in schwierigen Lebenssituationen. Der Bergführer im Beispiel vermittelte dem jüngeren Mann durch seine Unterstützung die Haltung: »*Du schaffst es.*« Er hatte Vertrauen in die Kräfte des jungen Menschen, und er war gleichzeitig berg- und lebenserfahren und konnte die Situation deshalb richtig einschätzen. Dies ist die Kostbarkeit einer reifen Person, welche die Fähigkeit zur Selbstgestaltung und zum Wachstum mit Weitsicht und der Fähigkeit zur Ermutigung verbindet.

Mentorinnen und Mentoren bieten mehr als Unterstützung an. Sie gehen jüngeren Menschen im Leben voraus und geben durch ihr Modell Möglichkeiten und Perspektiven für deren Zukunft. Jüngere Leute erhalten auf diese Weise die Chance, Lebensformen zu verwerfen oder sie aufzugreifen, umzugestalten und damit persönlich zu machen. Mentor oder Mentorin zu sein bedeutet nicht, ein besonderes, außergewöhnliches oder erfolgreiches Leben gelebt zu haben, sondern ein wachstumsorientiertes. Dies ist das Leben, das eine Frau oder einen Mann geformt hat – mit allen Umwegen, Schmerzen, allem Versagen, allen Zweifeln. Der Dialog zwischen Mentor und einem jüngeren Menschen ist ein Geben und Empfangen zwischen den Generationen, um den Reichtum aller fruchtbar zu machen und Verbindung zu schaffen.

Einem Mentor oder einer Mentorin zu begegnen bedeutet auch, mit der Qualität, wie er oder sie sein oder ihr Da-Sein, ihre Präsenz geformt hat, in Berührung zu kommen. Jüngere Menschen haben die Chance, diese Qualitäten als zukünftige Möglichkeiten aufzunehmen, als Modell, das Orientierung und Perspektive gibt, wie ich es selbst auch erfahren durfte:

Vor Jahren ist meine Halbschwester mit 92 Jahren gestorben. Sie hatte kein einfaches Leben, wanderte nach Kanada aus und baute sich ein neues Leben auf, nachdem ihre große Liebe sie verlassen hatte. Als ich in der Pubertät war, nahm sie mich für ein Jahr bei sich auf und war ein Halt für mich. Als sie alt wurde, hatte sie mehrere schwere körperliche Leiden, die ihr alles verunmöglichten, was man sich für sein Alter erträumt. Sie war aber nicht nur alt, sondern mutig und reif. Sie gab nicht auf und lebte ein eigenes Leben trotz Schmerzen. Sie war eigenwillig und unbequem und nahm doch rührend Anteil an meinem Leben, das so anders war als das ihre. Sie hat nie verglichen – sie hat mich empfangen in meinem Sosein.

Sie hat immer ihre eigene Würde verteidigt, hatte Humor und eine ungebrochene Liebe zum Leben; und sie konnte mit sich allein sein. »I enjoy my own company«, pflegte sie zu sagen. Die Botschaft, die ich von ihr empfing, war: *Das Leben ist kostbar, du kannst es auch unter schwierigen Umständen lieben, leben und gestalten. Und der Dialog mit dir selbst kann freudvoll sein. Das hast du weitgehend selbst in der Hand.* Sie hat das so nie gesagt, aber sie hat es mir durch ihre Lebensgestaltung gezeigt.

Mentoren und Mentorinnen können wir auf den verschiedensten Ebenen sein – durch unser Sein, unser Tun, unser mit dem Leben verbundenes Wissen, unser Wachsen, unsere integrierten Erfahrungen, dadurch, dass wir Frauen und Männer jüngerer Generationen unser Da-Sein schenken und sie als Personen empfangen und mit ihnen sind.

Manchmal begleitet ein älterer Mensch einen jüngeren allein schon durch einen Satz, der an ihn gerichtet sein kann oder von ihm in irgendeinem Zusammenhang aufgenommen wurde. So habe ich nie vergessen, was eine Frau Mitte 70 vor vielen Jahren zu mir sagte:

»Wenn ich vor dem Tod stehe, möchte ich mir sagen können, dass ich möglichst viel von meinen eigenen Möglichkeiten verwirklicht und auch anderen Menschen zur Verfügung gestellt habe. Und dass die Herausforderungen in meinem Leben nicht größer gewesen sind als meine Kräfte, sie anzunehmen und zu leben – in Beziehung zu mir selbst und zu anderen Menschen.«

In diesem Moment erlebte ich den Respekt vor dem Leben, die Verbundenheit mit dem Leben und die Dankbarkeit für das, was uns gegeben wird sowie für das, was wir aufgrund unserer Ressourcen und unseres Einsatzes formen können.

Vielleicht ist es die Chance des reifen Alters, weniger auf Konzepte und mehr auf den eigenen Formungsprozess zu bauen, an dem jüngere Generationen teilhaben können, indem sie ihrerseits ihren eigenen leibhaften Prozess formen. Wenn dies – ob nur punktuell oder immer wieder – gelingt, stellen sich Freude und Dankbarkeit ein. Eine tiefe Dankbarkeit, die allen Menschen und auch dem Leben gehört.

Es gibt noch eine weitere Art von Mentorenschaft, die wir auch in der Reifephase nutzen können. Es handelt sich dabei um unsere Vorfahren und Vorfahrinnen – vor allem diejenigen in unserer Familie, aber auch außerfamiliäre. In den Menschen vorangehender Generationen lassen sich Modelle entdecken, Schätze heben, die wir zu etwas Eigenem, Persönlichem machen und dann weitergeben können, wie ich schon in Kapitel 4 dargestellt habe.

Abschiede und was bleibt

IRGENDWANN

Lass gut sein
irgendwann
wird dein Lachen an mir vorbeiziehen
ohne mich umzuwerfen
werden die Töne deines Saxofons
in meinem Kopf verklingen
einfach so
werde ich dein Bild
ansehen können
und den Schmerz nicht mehr spüren
irgendwann
wird ausgeweint
aber nicht ausgeliebt sein.

Christine Profos

Bittgedanke, dir zu Füssen

*Stirb früher als ich, um ein weniges
früher*

*Damit nicht du
den weg zum haus
allein zurückgehn musst*[140]

Abschiede gehören von Anbeginn zum Formungsprozess des Lebens seit der Verschmelzung von Eizelle und Sperma. Wir nisten uns als Blastula in der Gebärmutter ein, durchleben intrauterin Hunderte von Metamorphosen, um uns dann von der intrauterinen Existenz für den Übergang in ein Leben außerhalb der Gebärmutter zu trennen. Die ununterbrochene pulsatorische Verbindung Placenta–Nabelschnur endet, um einer neuen Verbindung Raum zu geben, nämlich der Mund-Brust-Verbindung, die immer wieder vom Baby initiiert wird. Wir formen Beziehungsstadien mit unseren Bezugspersonen und beenden sie, um neue Bindungsqualitäten aufzubauen. Wir nehmen Abschied von der Kindheit, vom Jugendalter und formen unsere erwachsene Gestalt – und so geht es weiter von einem Stadium des Lebens zum nächsten, von einer Beziehungsform zu einer anderen. Immer geht es dabei um denselben Rhythmus: *Trennung, Abschied und neue Verbindung.*

Dies gilt nicht nur als Abschied von Beziehungen, sondern auch als Abschied und Neubeginn *innerhalb* von Beziehungen. Dieses »Stirb und werde« gehört zum Leben, macht es aus.

Wir alle bringen deshalb auch unsere eigenen Abschiedserfahrungen und Abschiedsgeschichten mit, die uns begleiten, uns unterstützen, Zuversicht geben, das Herz brechen, von Schmerz und Verzweiflung begleitet sind. Es kommt darauf an, wie wir unsere Abschiede im Leben erlebt und gestaltet haben.

Es lohnt sich auch für Sie als Lesende, sich einmal auf Ihre Abschiedsgeschichte(n) zu besinnen, um einen Zugang dazu zu gewinnen, wie Sie jetzt mit Abschieden umgehen. Vielleicht geben Ihnen die verschiedenen Sätze als »Geschichten zum Abschied« einen Hinweis.

Es gibt verschiedenste Abschiede – etwa Trennungen, ob sie gewollt oder nicht gewollt sind –, stimmige Abschiede wie etwa denjenigen der erwachsenen Kinder, die ins Leben hinausgehen, Abschiede von eigenen Persönlichkeitsschichten, Verluste durch Krankheit und Tod.

Im Hinblick auf die Pensionierung spielen Visionen für die späten Jahre und die letzten Lebensphasen eine große Rolle. Diese späten Lebensentwürfe sind wichtig, machen aber auch verletzlich. Trennungen in Liebes- und Partnerbeziehungen sind in dieser Zeit besonders schmerzlich, weil die gemeinsam gelebte Geschichte oft lang war und weil zudem die Aussicht, nochmals eine Partnerschaft einzugehen, kleiner wird. Für viele Menschen fühlt es sich an, als sei eine oder *die* tragende Säule des eigenen Lebens weggebrochen, wenn sie verlassen werden, und zum Schmerz kommt manchmal ein Gefühl von Verrat, Ohnmacht und Wertlosigkeit, aber auch von Wut und Empörung hinzu. Oft taucht auch ein Gefühl von Sinnlosigkeit auf, wenn die Vision eines gemeinsamen Alters einbricht und die Zuversicht, miteinander noch tun zu können, was in den Berufs- und Familienjahren unmöglich war, zerstört wird. *Es ist, als sei ich von mir selbst und meiner Zukunft jäh abgeschnitten,* sagte eine 62-jährige Klientin verzweifelt; eine andere: *Ich habe durch all die vielen Jahre durchgehalten – wenn mein Mann eine Krise hatte, meine Kinder mit sich oder mit der Schule Mühe hatten, wenn jemand in der Familie krank war. Ich war immer da, und ich freute mich auf eine gemeinsame, unbeschwerte Zeit später. Und nun soll alles umsonst gewesen sein?*

Eine Trennung bedeutet, die bisherigen Lebensperspektiven umzugestalten. Und wie bereits in früheren Krisen ist jeder wieder mit seinen individuellen verkörperten Lebensstilmustern konfrontiert; etwa mit alten Mustern von Hilflosigkeit, Ohnmacht und Minderwertigkeitsgefühlen. Aber an diesen zu arbeiten bietet zumindest eine Unterstützung im schmerzhaften Prozess der Trennung und Loslösung. Auch die späten Lebensphasen stellen die Wandlungsfähigkeit von Menschen immer wieder auf die Probe, und es ist dann sehr hilfreich, bereits *wandlungsgewohnt* zu sein.

Verlassenwerden ist für die Betroffenen schmerzhaft, wenn sie darauf nicht vorbereitet waren, die Trennung nicht beeinflussen konnten und zudem bereits früher – gar in der Kindheit – solche Erfahrungen machen mussten. Zudem ist das lange Zusammensein mit einem Partner oder einer Partnerin zu einem Teil der eigenen Identität geworden. So verlieren diese Menschen die geliebte oder gewohnte Person, einen Lebenszusammenhang und oft auch ein Beziehungsfeld und einen Teil ihrer Identität. Der Prozess von Fassungslosigkeit, Wut, Trauer zu einem Neubeginn braucht Raum. Nach der Zeit des Abschieds kommt eine Phase des Unbestimmten, der sog. Mittelgrund, der krisenhaft sein kann. Vielleicht braucht es lange, bis ein Neubeginn, eine Neuformung überhaupt in Betracht gezogen werden kann. Niemand kann einem anderen vorschreiben, wie lang Abschied und Übergang dauern sollen.

Wenn der Prozess des Abschieds von einer bisherigen Beziehungsform ein gemeinsamer ist, mag es gelingen, *innerhalb* der Beziehung von der bisherigen Form Abschied zu nehmen. Wenn jedoch beide oder nur eine Person des Paares sich am Bisherigen festklammern, wird es schwierig, eine neue Perspektive zu gewinnen, vor allem auch in den späteren Lebensphasen. Und doch kann auch dies gelingen, vielleicht mit Unterstützung von außen. Es wird möglich, eine neue und ganz eigenen Identität zu schaffen.

»Ich habe diese Trennung nie gewollt und lange gehadert. Doch zunehmend gibt es jetzt auch Momente, in denen ich denke und spüre, dass ich eine eigene Person in mir bin. Diese Augenblicke dauern noch nicht lange, aber es sind Lichtblicke, die mir Zuversicht geben«, äußerte ein 63-jähriger Mann. »Ich habe es mir zu leicht gemacht und war nicht bereit, mich zu verändern. Ich habe von meiner Frau erwartet, dass sie sich ebenfalls am Gewohnten festhält, obwohl es nicht mehr passte. Wir hätten vielleicht noch eine Chance gehabt und haben sie beide verpasst – dies wird mir erst jetzt klar. Jetzt bin ich dabei, herauszufinden, was für eine Person ich noch zu werden vermag und was für Perspektiven ich bilden möchte und kann.«

So kann der Beginn einer Neuformung aussehen. Es kann jedoch auch nach Irrungen und Wirrungen und sogar nach einer zeitweiligen Trennung dazu kommen, dass beide Beteiligten das Sosein ihres Partners oder ihrer Partnerin anzunehmen vermögen und – mit allen Kämpfen, Verletzungen und Enttäuschungen einen neuen Weg miteinander finden und aneinander und miteinander wachsen. Es gibt keinen idealen oder besten Weg, aber wenn der Mut zum persönlichen Wachstum und zur Weiterentwicklung bleibt oder wieder gewonnen werden kann, lässt sich ein neuer Weg finden.

Auch schwere Unfälle oder Krankheiten mit bleibenden Folgen sind große Herausforderungen. Dann sind Partner oder Partnerin nicht mehr dieselben wie vorher. Das ist für beide ein schmerzhafter Prozess, den ich anhand eines Beispiels schildern möchte:

Gina, 62 Jahre alt, erzählt, dass ihr Mann vor einem Jahr eine schwere Krebserkrankung mit einer Operation hatte, die ihn sehr veränderte. Seine Kräfte sind seither eingeschränkt, und er hat eine gewisse Behinderung beim Sprechen. »Ich habe Felix immer wieder geschüttelt, gemahnt, unter Druck gesetzt, er solle doch mehr und noch mehr für sich tun, damit es besser würde. In solchen Situationen entstanden dann Konflikte.« Ich frage Gina, für wen sie denn auf ihren Mann eingeredet, ihn geschüttelt hat? Sie schweigt lange. »Ich habe es für mich getan. Ich wollte den Mann von vor der Krankheit zurückhaben. Ja, das ist es.« – »Dein Mann ist nicht mehr derselbe wie vorher. Das tut weh. Es ist ein Abschied von dem Mann, der Felix einmal war.« – »Ich habe damit gehadert, deshalb dieser Druck.« – »Und wie geht es dir jetzt?« – »Ich spüre die Trauer, die ich nie wahrhaben wollte.« Da kommen die Tränen, um den Abschied vom Mann, der Felix einmal war, zu beweinen. »Ja, ich wollte diese Einschränkungen nicht, die jetzt einfach da sind. Ich habe sie bekämpft.« Nach einer Weile lächelt Gina und sagt: »Ich sehe jetzt den alten Felix und neben ihm den von heute. Und ich kann sie jetzt zusammen sehen. Sie sind beide da. Sie sind unterschiedlich und auch eins. Das hilft mir.«

Wie viel manchmal einem Partner oder einer Partnerin abverlangt wird, wenn das Gegenüber sich verändert, sei es durch einen Unfall, durch eine Krankheit ist übrigens auch in berührenden Filmen zu sehen und in der Literatur zu lesen.[141]

Wenn wir älter werden, begegnen wir immer öfter dem Tod. Wir verlieren Menschen, die krank waren und erlöst werden, oder wir sind mit jähen, völlig unerwarteten Verlusten konfrontiert. Eltern, Partner, Familienangehörige, Freunde und Bekannte sterben. Wir bleiben zurück, sind fassungslos, im Schock, wie in einem Albtraum, traurig, hadern mit dem Schicksal oder sind vielleicht auch dankbar, dass jemand, den wir lieben, nach langem Leiden gehen durfte, auch wenn es wehtut.

Da mag uns ein Schicksalserschrecken anfallen, wir spüren uns einsamer werden und dem eigenen Tod nahen. Und gleichzeitig mag dies, wenn wir uns darauf besinnen, das Leben kostbarer, intensiver, tiefer und gegenwärtiger machen. Zu dieser tief empfundenen Wertschätzung des Lebens gehört auch hier ganz wesentlich die Dankbarkeit. Sie macht uns glücklicher, zufriedener und hilft uns, die Verluste und Einschränkungen trotz allem zu bewältigen.

Wenn nach dem Schock beim Tod eines geliebten Menschen die Fassungslosigkeit und das Gefühl des Unwirklichen etwas nachzulassen beginnen, kommt der Schmerz. Immer wieder wird betont, wie wichtig es sei, dem Trauern Raum zu geben, anstatt in die Alltagshektik zu fliehen. Das ist sicher richtig; zu Beginn ist der Grat zwischen Flucht aus der Trauer und dem Versinken in ihr jedoch schmal, und die Trauer braucht eine Form, einen leibhaften Halt, damit wir von ihr nicht überschwemmt werden und uns verlieren. Rituale helfen uns dabei – Besuche mit vertrauten Menschen auf dem Friedhof, beten, eine Kerze anzünden, mit anderen uns nahen Menschen Erinnerungen austauschen – wieder und immer wieder. Ob wir malen, Gedichte an den verstorbenen Partner oder Tagebuch schreiben – das Wesentliche ist, mit dem Verlust nicht allein zu bleiben.

Manche Menschen spüren die Gegenwart der Toten intensiv, reden sogar mit ihnen. Andere spüren nur Leere. Dann ist es wichtig, herauszufinden, wie sie sich den geliebten Menschen gegenwärtig machen können – vielleicht am Grab, an einem speziellen, besonders gestalteten Platz in der Wohnung oder an Orten gemeinsamer Erfahrungen.

Herbstnachmittag

wenn
deine Wohnung verwaist
alle weg
kommst du hervor
schaust nach deiner Katze
füllst die Räume
in der Stille
ich höre die Alkoventür
leise quietschen
du räumst die Maschine ein
du fütterst Emma
die Kühlschranktür wird geöffnet
Geschirr klappert
Emma miaut
die Hasen nagen
an der Wasserflasche
du öffnest die Balkontüre
die Hasen hopsen
dein schneller Schritt
auf der Treppe
mit Korb
einkaufen
frische Beeren
bei Helen
und eine Avocado
ich setze mich
an den Küchentisch
an meinen Platz
und warte
auf deinen Schritt
und deinen Atem.

Christine Profos

Was, wenn man nicht an ein Weiterleben nach dem Tod glaubt? Dann können wir uns eine andere Dimension der Verbindung deutlich machen: Die Toten leben in uns weiter, denn Erinnerungen sind nicht wie Bilder auf einer Leinwand, sondern einverleibte Erfahrungen. Wir tragen die Berührungen, die ganze sinnliche Wahrnehmung unseres Partners oder unserer Partnerin in uns – all die Begegnungen, die leibhafte Präsenz des Verstorbenen. Stanley Keleman hat dafür einen wunderschönen Ausdruck gefunden *They are in our cortical heaven,*[142] sie bewohnen uns, und wir können ihnen immer wieder eine Form geben und sie verkörpern, so wie sie in unserer Erinnerung präsent sind.

Ich hatte nach dem Tod meines Partners eine kostbare Unterstützung durch einen Freund, der seine Frau zwei Jahre zuvor verloren hatte. Er lehrte mich, meiner Trauer eine Form zu geben – *meine* Form. Ich begann, meinen Schmerz in Gedichte zu fassen, und bekam von ihm Antworten in Gedichtform, in denen ich zunächst sanft auf die Verinnerlichung meiner Beziehung und dann auf eine eigene Zukunft hingeführt wurde. Einige Jahre nach dem Tod meines Partners träumte ich den folgenden Traum:

»Ich befinde mich in einer Art Büro und bin ziemlich hektisch am Arbeiten. Es liegt noch so viel zu Erledigendes auf dem Tisch, dass ich kurz davor bin, in einen Stress zu geraten, der mich vor lauter Hetze ineffizient werden lässt. Ich halte kurz inne. Da spüre ich, wie sich mir jemand von hinten nähert, mich umarmt und sanft seine Hände über meine Brüste legt. Es ist mein verstorbener Partner. In diesem Moment fällt der ganze Stress schlagartig von mir ab. Ich atme tief, sinke in mein Becken, während sich in mir eine intensive Wärme ausbreitet. Ich spüre seine Hände und Arme fest und zärtlich und mich selbst tief geborgen.«

Ich wachte nach diesem Traum glücklich auf – auch als ich realisierte, dass mein Partner ja schon lange nicht mehr lebte. Mir wurde bewusst, wie angestrengt ich lebte, so auf mich allein gestellt. Und wie tief mein Bedürfnis war, umfasst und gehalten zu werden. Von da an versetzte ich mich jeden Tag in den Traum zurück und ließ mich die Kraft und Zartheit der Umarmung spüren und gab mir dadurch die Möglichkeit, in mich heimzukehren, mit mir und mit der Erinnerung an meinen Partner zu sein; ihn zu verkörpern, und so in einen Dialog zu treten zwischen ihm in mir, der mich formt, und der Frau, die diese Form empfängt. Dies ist eine erfüllende Weise, eine neue Präsenz mit einem geliebten Menschen zu schaffen. Freilich kann diese Präsenz, die wir nur in unserem Inneren bewahren, nicht die physische Gegenwart des Partners mit all ihren Facetten von Berührungen und Liebkosungen ersetzen. Und doch kann ich dem Traum Dauer verleihen, indem ich das Geschenk einer neuen Form von Begegnung an mich nehme.

Beim Verlust des Liebespartners oder der -partnerin stirbt oft eine gemeinsame Lebensvision für die späten Jahre und das Alter mit. Auch diese imaginierte Zukunft will dann betrauert und verabschiedet werden. Erst dann mag es gelingen, sich selber noch einmal neu in eine andere Zukunft zu entwerfen – eine ohne den Partner oder die Partnerin.

Männer tun sich oft schwerer mit dem Alleinsein, doch sie haben im Allgemeinen auch größere Chancen, wieder eine neue Partnerin zu finden, während Frauen sich eher in einem Leben ohne Partner, aber mit einem tragenden Freundeskreis einrichten. Immer häufiger entstehen auch Projekte für gemeinschaftliches Wohnen mit Gleichgesinnten in den späten Jahren.

Eine Gefahr, die nach dem Verlust des Partners oder der Partnerin besteht, ist nicht zu unterschätzen: Es mag sein, dass wir die Trauer bewahren, weil wir die Vergegenwärtigung des geliebten Menschen nur über die Trauer schaffen, ihn oder sie nur noch in der Trauer spüren können: *Nur in meinem Schmerz bin ich mit dir verbunden.* Doch es gibt nach der ersten großen Trauer auch ein Verbundensein, bei dem zunehmend Gefühle von Dankbarkeit und Wärme in den Vordergrund treten und ein stetes neues Verkörpern von Ressourcen aus der gemeinsamen Liebesgeschichte einen neuen Raum schafft. In diesem erweiterten Beziehungsraum haben auch wieder Lebensfreude und sogar eine neue Beziehung Platz, wenn sich diese Möglichkeit auftun sollte.

So geht es immer wieder darum, Abschied zu nehmen von alten Beziehungsformen, von Menschen, mit denen wir nicht mehr weiter wachsen können oder die sterben; von eigenen Verhaltensmustern in Beziehungen und von Menschen, die ins Leben hinausgehen, wie die eigenen Kinder. Immer geht es auch darum, *wie* wir Abschied nehmen, *wie* wir uns dabei formen. Ob wir uns versteifen, zusammenreißen, schrumpfen, klammern, festhalten. Diese Muster, die wir in den Abschieden unseres Lebens ausgeformt haben, können wir auch verändern.

Eine 60-jährige Frau realisierte, dass sie nur Abschied nehmen konnte, indem sie einfror und sich überhaupt nicht mehr spürte. Es wurde ihr deutlich, dass sie so die Abschiede verpasste und nicht vollziehen konnte. »Irgendwann sehe ich, dass die Menschen und Situationen einfach weg sind, als wären sie nie gewesen. Ich habe die Trauer einfach nicht gelebt. Doch ich möchte lernen, Abschied zu nehmen und den Schmerz auszuhalten.« – Wir arbeiten mit dem Muster ihres Einfrierens und dem Bezug zu ihren Abschiedserfahrungen in der Kindheit. Als sie »auftaute«, ging es darum, die alten traumatischen Erlebnisse mit traumatherapeutischen Methoden zu verarbeiten, welche die Leibhaftigkeit der Erfahrungen miteinbezogen. Am Ende, nach einem längeren Prozess, sagte die Frau: »Ich bin lebendiger geworden, ich bin mehr mit mir, und auch mit anderen. Es ist, als wäre ein Schleier von meinem Leben weggezogen. Und ich traue mir zu, Abschiede wirklich zu vollziehen.«

Jeder Abschied ist eine Herausforderung, die eigenen Abschiedsmuster zu reflektieren, sie vielleicht zu verändern und zu differenzieren. Wir können auch unser Repertoire erweitern, um mit verschiedenartigen Abschieden unterschiedlich umgehen zu lernen.

Was bleibt, ist das gelebte Leben, das Andenken, die Einkörperung verstorbener naher Menschen und die Differenzierung der Abschiedsmuster, um neue Lebensformen zu organisieren.

Zum Schluss dieses Abschnitts möchte ich einen Text wiedergeben, den mir eine Freundin geschenkt hat:

Der Raum des Abschieds

Mit 80 Jahren habe ich einen neuen Raum betreten: den Raum des Abschieds. Manche Abschiede fühlen sich an, wie dürres Herbstlaub vom Baum abfällt, leicht und stimmig.

Andere sind schmerzlicher, wie der Abschied von meinen kastanienbraunen Haaren, vom glatten Gesicht meiner jungen Jahre, vom die Treppe hocheilen, auf den Zug rennen, schnell Auto fahren, Weihnachtskekse backen, den Osterhasen spielen und Eier verstecken, Skifahren, Schlittschuhlaufen, nachts gut und ohne Schmerzen schlafen, essen, was ich will, ohne zuzunehmen, fünf Stunden wandern, ohne zu ermüden, den Garten umgraben, Wintergemüse einkellern, mich an den Namen erinnern, wenn mir jemand begegnet, nach einem Flirt ausspähen.

Bei alldem macht der Körper nicht mehr mit; er sagt immer wieder: »Halt, das ist zu viel!« Ich bin froh, dass er nicht ein allzu mächtiges Veto einlegt, aber ich muss auf seine Grenzen achten. Wie schwer fällt der Abschied davon, körperlich noch immer völlig fit zu sein? Die Einschränkungen habe ich gelernt hinzunehmen. Ich will mich nicht von ihnen beherrschen lassen. Ich sage mir: Gehe langsamer, stehe sorgfältiger auf, achte auf die Gelenke!

Andere Abschiede betreffen die Lebensträume, die nicht zu verwirklichen waren oder deren Verwirklichung ich verpasst habe.

Ich werde nie mehr vollkommen Klavier spielen lernen, werde nie mehr Fallschirm springen oder tauchen am Riff, was ich so gerne getan hätte. Diese Abschiede stimmen traurig und brauchen einen endgültigen Verzicht.

Doch im Raum des Abschieds ist vieles nicht mehr wichtig, was früher großes Gewicht hatte. Das Vergessen von unwichtigen Dingen sogar eine Wohltat. Wichtig ist: Raum haben um mich herum und in mir drin, kostbare Freundschaften pflegen, keinen Stress aufkommen lassen, nichts erzwingen wollen, die Dinge lassen, wie sie sind. Aber sich freuen an dem, was der

Tag bringt: mächtige Wolken am Himmel, verfrühte Forsythienblüten im Januar, eine Blaumeise im Geäst vor dem Fenster, ein Lächeln auf dem Gesicht eines Begegnenden, ein freundlicher Blick, ein paar spontan getauschte Worte.

Seltsamerweise verblassen die Abschiede von geliebten Menschen und die Angst vor drohenden Verlusten immer mehr. Der Raum des Abschieds ist nämlich zugleich ein Raum des Neubeginns. Eine veränderte Lebensform taucht auf: Es ist die Form der Auflösung, einer ätherischen Ent-Dichtung.

Ich erinnere mich an die Vision eines sterbenden Ritters, in die ich vor Jahrzehnten eintauchte. Ich saß auf einem Pferd, eine Lanze hatte meine Brust durchbohrt, und eine Wolke von goldfarbenem Staub entquoll meinem Leib. Sie verflüchtigte sich allmählich im Abendlicht, dem ich entgegenritt. Ich wusste: »So fühlt sich Sterben an, das ist das Entfliehen des Pranas in die Unendlichkeit.«

Das war sehr tröstlich, und »getrost« ist das Wort, mit dem ich meine innere Haltung dem Tod und den Verlusten gegenüber beschreiben möchte. Der Tod als Vollendung eines Lebens, als Übergang in eine andere neue Form.

Auf diese Weise kann ich die Tode von Menschen, die mir lieb waren, annehmen als tröstliche Metaphern für Reife und Abschluss.

Ich verstehe jetzt C. G. Jung, der im letzten Jahr vor seinem Tod keine neuen Patienten mehr annahm mit der Begründung, er müsse sich aufs Sterben vorbereiten. Lange habe ich nicht begriffen, was diese Vorbereitung umfassen sollte. Jetzt weiß ich: Es ist das Annähern an eine andere Form, die neue Maßstäbe setzt und die sich herausbildet aus der Gleich-Gültigkeit von Leben und Tod.[143]

Das kleine und das große Sterben – Einübung in die letzten Übergänge

> *Wie jede Blume welkt und jede Jugend*
> *dem Alter weicht, blüht jede Lebensstufe,*
> *blüht jede Weisheit auch und jede Tugend*
> *zu ihrer Zeit und darf nicht ewig dauern.*
> *Es muss das Herz bei jedem Lebensrufe*
> *bereit zum Abschied sein und Neubeginne,*
> *um sich in Tapferkeit und ohne Trauern*
> *in andre, neue Bindungen zu geben.*
> *und jedem Anfang wohnt ein Zauber inne,*
> *der uns beschützt und der uns hilft, zu leben.*
>
> *Wir sollen heiter Raum um Raum durchschreiten,*
> *an keinem wie an einer Heimat hängen,*
> *der Weltgeist will nicht fesseln uns und engen,*
> *er will uns Stuf' um Stufe heben, weiten.*
> *Kaum sind wir heimisch einem Lebenskreise*
> *und traulich eingewohnt, so droht Erschlaffen,*
> *nur wer bereit zu Aufbruch ist und Reise,*
> *mag lähmender Gewöhnung sich entraffen.*
>
> *Es wird vielleicht auch noch die Todesstunde*
> *uns neuen Räumen jung entgegen senden,*
> *des Lebens Ruf an uns wird niemals enden ...*
> *Wohlan denn, Herz, nimm Abschied und gesunde!*
>
> Hermann Hesse[144]

Übergänge beginnen immer mit einem Abschied von der alten und vertrauten Form. Dieser kann erleichternd, erlösend oder auch schmerzhaft sein. Deshalb kann sich das Verlassen der alten Form auch anfühlen wie ein Sterben und ein Tod. Auch diese Dynamik spiegelt sich oft in Träumen. Da stirbt jemand, von dem wir uns vielleicht lösen wollen, oder wir nehmen Abschied von einer Persönlichkeitsschicht, die im

Traum vielleicht als Person erscheint und stirbt. Oder vielleicht geht es um beide Aspekte.

So träumte ein Mann, sein Vater sei gestorben. Er kam erschreckt zu mir und befürchtete, es könnte sich um eine Vorahnung handeln. Es stellte sich jedoch heraus, dass sein Vater für den zögerlichen, eher pessimistischen Teil seiner selbst stand. Der Mann war gerade dabei, sich in seinem Leben neu zu orientieren, und wir hatten bereits an seiner neu zu formenden Entschlusskraft gearbeitet und nahmen nun die Figur des Vaters dafür, das verkörperte pessimistische Verhalten abzubauen. Es ging also um das »Sterben« einer eigenen Schicht und nicht um den realen Tod seines Vaters.

Jeder Übergang ist eine Art kleines Sterben. Dabei kommt es vor allem darauf an, wie wir diese Übergänge gestalten und lernen, die eigenen Übergangsmuster zu beeinflussen.[145] So ist das ganze Leben eine Einübung ins Differenzieren und Persönlichmachen von Übergängen und Wendezeiten, und die kleinen Sterbeprozesse sind auch eine Einübung in den großen und letzten Übergang des Lebens und damit die wirkungsvollste Vorbereitung auf Sterben und Tod:

»Leben ist Bewegung.
Ein anderes Wort dafür ist Prozess.
Dein Sterben leben
ist die Geschichte
der Bewegung Deines Lebens.«[146]

Dies bedeutet wiederum, dass jeder Mensch Übergänge gemäß seinem verkörperten Lebensstil lebt. Und so, wie wir die entsprechenden Muster differenzieren und umgestalten und damit persönlich machen, tun wir dies auch mit unserem Übergangs- und damit mit unserem Sterbemuster.

Mit diesen Mustern ist auch eine entsprechende »Geschichte«, unser persönlicher Mythos, verbunden. Wir können einen Helden- oder Märtyrertod sterben, einen närrischen oder einen absurden.[147] Damit glauben wir, dem Unbekannten ausweichen zu können, da es sich um gesellschaftliche Mythen handelt. Wenn wir jedoch unser Leben persönlich machen, können wir auch unser Sterben persönlich leben.

Die Vorstellungen, die uns Angst machen, stammen meist aus unserem familiären und gesellschaftlichen Kontext. Anhand ausgewählter Texte möchte ich nun Einstellungen zu Sterben und Tod zeigen:

ORTE

Ich bekam einen Brief von einer Gleichaltrigen,
darin stand, wir wohnen alle in der Todeszelle,
niemand besucht uns, wir dürfen den Raum nicht verlassen,
nur warten, bis man uns abholt, und das Gerüst
wird schon gezimmert, im Hof.

Ich begreife die Briefschreiberin nicht, ich weiß,
dass ich sterben werde, aber wie in einer Todeszelle
fühle ich mich nicht.

Ich höre die wilden heftigen Geräusche des Lebens
und spüre die Sonne und den Eisregen auf der Haut.

Das Alter ist für mich kein Kerker, sondern ein Balkon,
von dem man zugleich weiter und genauer sieht.

Von dem man unter Umständen, vom Blitz getroffen,
oder von einem Schwindel überkommen, hinabstürzt,
nicht weil es so dunkel und einsam ist,
sondern weil die Sonne übermächtig scheint.[148]

Marie Luise Kaschnitz stellt zwei Einstellungen zum Tode einander gegenüber – eine Angstvision, in der das Alter zum Gefängnis wird, und eine, in der Lebendigkeit und Teilnahme als distanzierte Offenheit die vertiefte Qualität des Alters ausmachen. Ähnlich heißt es im bereits früher zitierten Gedicht Gottfried Kellers:

Trinkt, oh Augen, was die Wimper hält
von dem gold'nen Überfluss der Welt![149]

Schließlich verwendet Marie Luise Kaschnitz für den Tod das Bild, das Irvin D. Yalom als Titel seines Buches gewählt hat: *In die Sonne schauen*. Das Ich des Gedichts hat die Todesfurcht überwunden, der wir uns angesichts unserer Endlichkeit zu stellen haben. Gleichzeitig wird Leben zu einem einmaligen Geschenk.

> Meine Hoffnung ist (...), dass wir begreifen, wie kostbar jeder Moment ist und wie tröstlich unser Miteinander, wenn wir unserer Endlichkeit, unserer kurzen Zeit im Licht, wirklich ins Auge sehen.[150]

Wir bilden uns unsere Geschichte vom Leben – eine gesellschaftliche oder eine persönliche. Dasselbe gilt von Sterben und Tod.[151] Und dies ist eine große Chance, die wir ergreifen können.

Schließlich können Menschen im hohen Alter auch lebenssatt und nicht nur lebensmüde sein und sich nach Ruhe sehnen:

Einschlafen dürfen,
wenn man müde ist,
eine Last fallen lassen dürfen,
Die man sehr lang getragen hat,
das ist eine köstliche,
eine wunderbare Sache.[152]

Die meisten Menschen haben auch Wünsche, wie sie sterben möchten. Sie wollen sanft hinübergehen, umgeben von ihren Lieben oder allein im Verborgenen, möchten bewusst sterben und diesen Prozess persönlich vollziehen oder einen Sekundentod sterben, ohne darum zu wissen, ohne zu leiden.

So träumte eine 80-jährige Frau, eine alte Freundin von mir, die wusste, dass sie bald sterben würde, dass sie auf hohen Klippen stand und per Kopfsprung ins Meer springen wollte. Doch da hörte sie eine Stimme, die ihr sagte, sie müsse den ganzen Weg zu Fuß hinuntergehen bis zum Meer. Uns so geschah es auch. Es wurde wirklich ein langer Weg. Einmal wünschte sie sich, ihr Leben mit einer Sterbeorganisation zu beenden. Doch als ihr Arzt ins Krankenhaus kam, um sich endgültig von ihr zu verabschieden, stieß sie diesen Entschluss um, lebte weiter und gab sich die Chance, die Verletzungen, die sie als Mädchen und junge Frau erlitten hatte, zu verarbeiten. Am Vorabend ihres Todes sagte sie: »Jetzt wage ich es!« Ich wusste, dass sie von ihrem letzten Übergang sprach. Sie starb friedlich und sanft am anderen Tag, während jemand im Park Horn spielte.

Die persönliche Gestaltung von Wendezeiten und Übergängen ist die wohl beste Vorbereitung auf den letzten Übergang, doch auch in Todesnähe können noch ungelöste Situationen und Beziehungen aufgelöst werden. Oder es können noch Persönlichkeitsschichten gelebt werden, die vielleicht fast ein Leben lang darauf gewartet haben, ins Leben hineingebracht zu werden.

Ich habe dies selber bei sterbenden Menschen mehrmals erfahren, etwa bei meiner eigenen Mutter. Ich war damals noch jung und tief bewegt von dem, was ich erlebte.

Meine Mutter hatte eine harte Kindheit und Jugend gehabt und hatte sich kaum weiche Gefühle leisten können. Im Spital, etwa vier Wochen vor ihrem Tod, überfiel sie zuerst eine große Unruhe. Sie schreckte auf und glaubte sich zu Hause als Älteste, wollte ihren Geschwistern das Essen zubereiten und die vielen anstehenden häuslichen Pflichten erfüllen. Etwas später fantasierte sie von ihrem ungestillten Weltenhunger, wie sie es nannte, und wurde von ihm umgetrieben. Dann aber wurde sie immer weicher, bekam etwas Süßes und einen ganz hellen, fast kindlichen Ausdruck in ihrem Gesicht. Sie wurde erstmals mit 75 Jahren ganz zutraulich und handzahm, schmiegte sich an mich und legte manchmal ihr Gesicht in meine Hände. Es war das erste Mal, dass diese zärtliche, zarte und auch verletzliche Seite meiner Mutter sichtbar wurde und gelebt werden wollte. Als Tochter durfte ich dieses Geschenk an mich nehmen.

So bleibt die Chance, zu wachsen, neue Persönlichkeitsschichten zu entwickeln, alte Muster umzuformen, bis zum Schluss. Und schließlich geht es darum, auch das eigene Sterben als ein persönliches zu formen und in den Tod hineinzuwachsen. Keleman sagte in seinen Workshops immer wieder: *Unsere Natur weiß, wie man stirbt – es ist unsere persönliche Schicht, von der wir uns zu verabschieden haben.* Deshalb ist es so wichtig, einen persönlichen Tod zu sterben. Keleman schildert in einem Aufsatz eine Begegnung mit dem Daseinsanalytiker Medard Boss, der ihm von Georg Groddeck erzählte, einem deutschen Arzt, der Freud das Konzept des *Es* gab. Mit *Es* meinte Groddeck den Körper.

Boss sagte: »Ich war ein junger Mann, als Groddeck, ein viel älterer Mann, in das Sanatorium kam. (Er) sprach über die Erfahrung, durch sein *Es* – d. h. durch seinen Körper – gelebt zu werden. Er sagte, dass sein *Es* wisse, wie man stirbt. Er war *da* mit seinem Sterben. Er sagte, der sterbende Mensch habe keine Angst, wenn nur jemand *mit* ihm ist. Er fürchtete sich, schwach zu sein, solange er spürte, dass jemand Stärkeres *da war*. Als junger Arzt ist mir gesagt worden, ich solle keine Angst vor sterbenden Menschen haben. Ich sah, wie er *da war* mit seinem Sterben, wie er von einem uralten angeborenen Prozess in ihm zum Sterben geleitet wurde. Ich wurde in sein Sterben hineingenommen. Ich war berührt durch seine Gegenwart, sein *Dasein*. Ich lernte, dass die Schwachheit eines Menschen nicht sein *Dasein* mindert, solange er nur *da ist*. Sterben ist ein Mysterium, ein Mysterium um Menschen, die ins Leben gerufen und dann zurückgerufen werden. Ich fragte Groddeck, wie ihn das berührte. Er sagte, Sterben habe seine ganz eigene Weise *da zu sein*. Diese Erfahrung war mir eine besondere Lehre. Ich lernte, dass Information und Training kein Ersatz für den einfachen Akt sind, als lebendiger, verkörperter Mensch *mit* einem anderen *da zu sein*.«[153]

Dies ist ein wunderbarer Text, zeigt er doch, dass Sterben nicht nur der Verlust des Lebens ist, sondern eine eigene gestaltbare Form, ein besonderes Dasein, das nicht durch körperliche Schwäche gemindert zu sein braucht.

Es gibt jedoch auch die Möglichkeit, ein persönliches Sterben zu verpassen. Rilke machte sich Gedanken über die Gefahr eines unpersönlichen, eines gesellschaftlich bestimmten Todes:

> »*Man stirbt, wie's gerade kommt, man stirbt den Tod, der zur Krankheit gehört, die man hat (denn seit man alle Krankheiten kennengelernt hat, weiß man auch, dass die verschiedenen tödlichen Ausgänge zu den Krankheiten und nicht zu den Leuten gehören, und der kranke Mensch hat sozusagen nichts zu tun).*
>
> *In den Sanatorien, wo ja so gerne und mit so viel Dankbarkeit gegen Ärzte und Schwestern gestorben wird, stirbt man einen von der Anstalt angestellten Tod. Das wird gerne gesehen.*«[154]

Rilke setzt dagegen seine eigene Vision eines persönlichen Todes:

> *O Herr, gib jedem seinen eigenen Tod,*
> *Das Sterben, das aus jenem Leben geht,*
> *darin er Liebe hatte, Sinn und Not.*«[155]

Wir sind es zudem in unserer Kultur gewohnt, den Tod als etwas Negatives zu sehen, als Schrecken, als etwas, das man ausrotten müsste mit dem Traum von der Unsterblichkeit. Eine ganz andere, lebensnahere Vision ist die folgende:

> »*Erregung ist die Kraft, die Sexualität und Sterben verbindet – das spüren wir alle. Jeder Liebesakt ist auch ein Sterben – die Umkehrung sollte auch, könnte auch zutreffen. Wie Erregung gelenkt wird, wie Erregung sich ausdrückt, anschwellend und abebbend, das ist das Geheimnis des Lebens. Wir sagen, Sex sei lustvoll, Sterben sei angsterregend.*
>
> *Doch beide sind Ausdruck des Lebens – in beiden erweitern wir uns, reichen nach Neuem, überschreiten Grenzen, gehen wir über uns hinaus, ändern wir uns, lassen wir uns auf das Unbekannte ein, sind unbekannt; oder wir schrumpfen, trennen uns, ziehen uns zurück, gehen in die Tiefe unseres persönlichen Kosmos.*«[156]

Leben und Tod sind *ein* Puls, sie gehören zusammen. Vor vielen Jahren besuchte ich einen Vortrag, den ein tibetischer Lama hielt. Er fing an, die Dimensionen lachend umzudrehen, sprach davon, wie wir mit der Geburt aus der Existenz sterben, die vorher war, und aus unserem Leben in den Tod hineingeboren werden.

In der Gegenwart sein und »abschiedlich« leben gehören zusammen:

Kleines Altersbrevier

Zum Morgen sage:

Du neuer Tag, du bist mein Tag.
Und solltest du mein letzter sein,
so will ich dich annehmen wie ein Geschenk
und dich auskosten in deiner Fülle,
sei sie süß oder bitter.

Zum Mittag sage:

Du bist der Zenith des Tages.
Mein Zenith ist überschritten,
aber dein goldenes Licht und
deine strahlende Helligkeit
wärmen den Nachmittag
meines Lebens.
Ich danke dir dafür.

Zum Abend sage:

Ich segne dich, Abend meines Lebens.
Nimm mich in deinen Arm, hülle mich ein
in dein zärtliches Dämmern,
und hilf mir sanft hinüberzugleiten
in die Nacht, aus der ich vielleicht
nicht mehr erwache.

Elisabeth Schlumpf[157]

Aufgehoben im umfassenden Puls des Lebens – der offene Horizont

*Ich lebe mein Leben in wachsenden Ringen,
die sich über die Dinge ziehn.
Ich werde den letzten vielleicht nicht vollbringen,
aber versuchen will ich ihn.*

Rainer Maria Rilke

Zu allen Zeiten haben Menschen die Sinnfrage auf je unterschiedliche Weise gestellt. Sie haben den verschiedensten Religionen angehört, waren Gläubige, Zweifler und in neueren Zeiten auch Atheisten. Viele wurden durch ihren Glauben eingeschränkt, unglücklich oder krank gemacht. Glaube hat Kriege heraufbeschworen.

Dennoch betont die Glücksforschung, dass für das Individuum Mensch sein Glaube zu den Bausteinen im Leben gehört, die Zufriedenheit, Gehaltensein, Zuversicht, Hoffnung und Trost zu geben vermögen. Heute gibt es die verschiedensten Glaubensformen und Religionen nebeneinander. Viele Menschen gehören auch nicht mehr *einer* Religion oder Glaubensform an, sie bewegen sich etwa aufgrund ihrer Erziehung im Christentum, machen aber Zen-Meditation, üben buddhistische Meditationsformen aus oder fühlen sich dem Sufismus verbunden. Sie wählen aus, was sie anspricht, und praktizieren abwechselnd verschiedene Ausdrucksformen von Religiosität. Sie glauben an einen persönlichen Gott oder an ein kosmisches Prinzip, an ein Leben nach dem Tod, an Reinkarnation, an ein Eingehen in den Ozean des Lebens. *Ich habe meine eigene Form gefunden, eine Form von Verbundenheit mit dem Ganzen*, sagen mir viele Menschen mit unterschiedlichen Worten. Die Hauptsache scheint zu sein, dass auch im Blick auf Alter, Tod und dem, was danach sein könnte, eine eigene Sinnhaftigkeit geformt werden kann. Auch hier geht es nochmals darum, eine persönliche Perspektive zu bilden. Die Qualitäten, die sich damit verbinden, sind wiederum Geborgenheit, Heimkehr, Erfüllung, Vertrauen.

Ich habe mit verschiedensten Menschen gesprochen und möchte einige dieser Zeugnisse an den Schluss dieses Buches stellen, um die Leserinnen und Leser zu ermutigen, ihr Eigenes zu formen.

Ein Zeugnis neuer Lebenstiefe ist das folgende:

Manchmal hat das Leben eine Tiefe und es ist gleichgültig, ob Freude oder Leid. Es ist nur diese Tiefe, dieser unsägliche Reichtum, diese Vielfalt, Leben genannt. Es ist eine Erfahrung, kein Konzept. Ich weiß in diesem Moment, dass es keine Erklärung braucht, dass Leben einfach Leben ist. Manchmal können wir einen Sinn formen, manchmal ist alles rätselhaft und doch kann diese Tiefe bleiben – das Sinnlose wird von etwas umfasst, das ein Glück gibt, welches im Leben wurzelt, im Atem, im Herzpuls, in jeder Zelle deines Seins. Es scheint nur selten auf, wenn wir im Leben sind. Und dann gibt es die Augenblicke, in denen sich die Tür öffnet. Da kommen alle meine Erinnerungen und besuchen mich. Und ich sehe, dass ich sie erlebt habe. Doch ich kann all das Erlebte neu gebären, ihm neue Schichten, neues Leben geben. Dann kann ich aus meinem Leben einen Reichtum gewinnen und daraus eine Musik schaffen. Es kann wunderschön sein oder mich schmerzen, manchmal können auch die Tränen kommen, Melancholie, Wehmut und darüber etwas, was ich einfach Liebe nennen würde. Diese bricht immer wieder durch. Sie trägt mich, auch wenn ich es nicht merke.

Eine 62-jährige Frau, mit der mich eine lange Geschichte verbindet, erzählte mir zum Thema Alter – Sterben – Tod:

»Im Alltag begleitet mich der Gedanke ›abschiedlich leben‹. Das bedeutet für mich, richtig Abschied zu nehmen von Personen, Dingen und die Begegnungen auszukosten, denn ich denke oft: Vielleicht sehe ich sie nie wieder! Am Abend sage ich meinem Mann bewusst Gute Nacht, auch von meinem Enkel verabschiede ich mich immer bewusst. Ich spüre, dass das Leben etwas Gefährdetes ist, dass es zerbrechlich ist.

Durch meine Krankheit vor zwei Jahren ist mir meine Sterblichkeit jäh sehr nahe gerückt, doch ich hatte schon als Kind Todesvorstellungen. In meiner Herkunftsfamilie war der Tod schon früh ein Thema. Ich habe erlebt, dass meine Großmutter auf dem Weg zur Kirche an einem Herzinfarkt starb. Am Abend vorher habe ich sie noch gesehen. Ich war damals 13 Jahre alt. Sie sagte beim Abschied: Du kannst nachher noch bei mir vorbeikommen, doch ich hatte dann nicht besonders Lust, sie zu sehen, und schlich heimlich an ihrem Haus vorbei. Als ich dann erlebte, wie schnell es zu spät sein kann, habe ich das bedauert. Dennoch starb sie in gutem Kontakt mit mir.

Schon früh lernte ich, Begegnungen nicht aufzuschieben, denn die Welt kann morgen schon ganz anders aussehen. Es gibt Situationen, wo du weißt, dass es so nie wieder sein wird. Dieses Bewusstsein ist verbunden mit einem tiefen Berührtsein, manchmal auch mit Melancholie.

Das Leben nach dem Tod? Früher hatte ich die Vorstellung, dass man sich nach dem Tod wieder trifft wie vorher. Heute denke ich, dass wir in einen Ozean, in einen Kosmos übergehen. Wichtig für mich ist das Bewusstsein, dass andere das auch erlebt haben. Jeden Tag denke ich an meine Eltern, die schon lange gestorben sind. Das gibt mir ein Erdungsgefühl, denn sie waren da, und sie haben das Leben hinter sich gebracht. Ich habe ganz klar in mir aufgenommen, was sie gelebt haben. Und es lebt in mir weiter. Es gibt eine Verbundenheit auch über den Tod hinaus, die spürbar wird, wenn Menschen Leben miteinander geteilt haben. Das ist tröstlich für mich, denn ich bin mit diesen Menschen – auch mit den Verstorbenen – in einem großen Ganzen aufgehoben. In den letzten Jahren spüre ich eine große Veränderung, diejenige von *haben* zu *sein*, nicht mehr besitzen, erwerben, herstellen wollen. Es geht viel mehr um die Qualität von »Ich bin mit dir«.

Meine Angst vor dem Tod ist durch die Krankheit weggegangen. Schon das Sterben meiner Mutter hat mir Mut gegeben. Bevor sie starb, verabschiedete sie sich von all ihren Lieben und segnete ihre Enkelkinder. Das war wie ein Zeremoniell. Wie meine Todesangst weggegangen ist? Ich erinnere mich daran, wie es war, als der Radiologe vor dem Bildschirm saß und vor sich hin murmelte: ›So viele Knoten ... Sie müssen sofort etwas unternehmen. Wenn die alle bösartig sind ...‹ Das hieß im Klartext, ich könnte Schilddrüsenkrebs haben. Im Weggehen überfiel mich diese Erkenntnis wie ein Schlag. Es war ein Atemanhalten und dann ein langes, tiefes Ausatmen, während ich spürte: Wenn es das sein soll, ist es das. Ich wurde dabei ganz ruhig. Bei der endgültigen Diagnose hatte ich einen Schock, gefolgt von heftigen Gefühlsturbulenzen. Ich konnte meine Erschütterung mit meinem Mann teilen und hatte auch ein tiefes Bedürfnis, meine Schwester anzurufen, was ich tat. Das Andocken an meine Wurzeln gab mir zusätzlich Halt. Dann suchte ich einen Weg, wie es gehen könnte, sprach alle Eventualitäten durch, auch mit den eigenen Kindern. Es war ein bewegender und emotionsgeladener Austausch. Erinnerungen tauchten auf, Erklärungen, Bestätigungen mussten gegeben werden. Das ganze Spektrum des Lebens vollzog sich nochmals innerhalb von Stunden.

Weißt du, was vor dem Sterben stattfinden kann, habe ich durchlebt. Ich war da schon einmal. Seit damals habe ich auch keine Mühe mehr, mit Menschen den Tod anzusprechen. Noch etwas ist mir wichtig: Meine Liebsten und Nächsten sollen keinen Druck von mir spüren, den Tod sterben zu müssen, den ich mir für sie vorgestellt habe. Mein Vater starb, eine halbe Stunde bevor ich im Spital eintraf. Ich war so wütend und enttäuscht, dass er nicht auf mich gewartet hatte. Ich habe mit dem toten Vater geschimpft. Dann aber legte sich mein Gefühlssturm, und ich konnte sagen: Du hast deine eigene Art, zu sterben, gewählt. Sie passte auch zu ihm. Ich hoffe, dass auch ich auch die Chance haben werde, mich auf meine Art zu verabschieden.«

Ich habe mit einem 80-jährigen Freund über seine Lebensperspektive und über die Vorstellungen seines Sterbens gesprochen. Als Erstes sagte er zu mir spontan:

»Ich blicke gelassen in die Zukunft und ich bin dankbar für die gute Gesundheit, die ich habe. Wenn es so bleibt, ist es ein allmählicher Übergang, an dessen Ende der Tod steht. Eigentlich stelle ich mir das schön vor. Mein Wunsch ist es, sterben zu können, wenn mein Organismus aufhören möchte, zu leben; am liebsten im Kreis von Familie und Freunden. Da fällt mir so ein Bild ein: Ein Mönch, der sein Leben gelebt hat, legt sich hin und fängt sein Sterben an. Um ihn herum ist eine Gemeinschaft von Menschen, sie singen und machen Musik. Ich habe mir auch schon überlegt, was für Musik ich mir wünschen würde. – Eigentlich hat der Übergangsprozess schon angefangen – ich denke trotz meiner Gesundheit an die wachsenden Einschränkungen. Ich bin zwar nicht wehleidig und denke meist: ›Na ja, das kriegen wir schon wieder weg.‹ Und doch verändert sich etwas in mir.«

Und was ist nachher? Darauf antwortete er:

»Man weiß ja nicht, was kommen wird, doch meine Vorstellung ist: Ich löse mich im Kosmos auf und mache mir im Übrigen keine weiteren Gedanken, das habe ich mir abgewöhnt. Ich hatte früher auch einen Schrecken vor dem Tod. Doch der Tod gehört dazu – ich musste das irgendwie fressen. Dieser Prozess hat in den letzten 10 bis 15 Jahren stattgefunden. Heute lebe ich intensiv – gerade im Bewusstsein meiner Endlichkeit, meines Todes, der immer näher rückt.

Dazu gehörte schon viel früher meine Ablösung von der Religion. Früher war für mich die Kirche Elternersatz, da ich nicht mit meinen Eltern über das sprechen konnte, was mich bewegte. Die Kirche gab mir die Möglichkeit, mich mit geistigen Dingen zu beschäftigen. Im Zusammenhang mit dem 2. Vatikanischen Konzil erlebte ich – auch im Kontakt mit einem befreundeten Kaplan – die Opposition innerhalb der Kirche. So fing es an. Anfang der 70er-Jahre stellte ich mir dann als Lehrer die Frage: Was soll ich bloß den Kindern beibringen?, und ich begann, mich intensiv, mit der Geschichte der Religionen zu beschäftigen, und vollzog eine schnelle Ablösung im Sinn von: Das ist kein Verein, dem ich angehören will. Stell dir vor, in Andalusien steht eine vier Meter hohe Monstranz aus purem Gold, alles den Indianern in Südamerika gestohlen!

Auch für das Sterben brauche ich diese Religion nicht. Für mich gilt die Vorstellung von einem persönlichen Gott nicht mehr. Ich habe mich auch dagegen gewehrt, mir Vorstellungen von einem Leben nach dem Tod zu machen. Ich gehe jedoch in einen Chor, in dem wir religiöse Lieder singen. Da entsteht eine Art fromme Atmosphäre aus der singenden Gemeinschaft zusammen mit dem Dirigenten. Das Ganze ist einerseits ganz gemeinschaftlich und gleichzeitig sehr intim. Dieses Zusammensein ist etwas ganz Natürliches, es braucht keine künstliche Gestalt! Die Musik hat für mich eine besondere Bedeutung: Wenn etwas entsteht, das so klingt, wie es im besten Fall sein kann, dann hat die Musik etwas Überirdisches, Heiliges.

Ich habe eine persönliche Form gefunden: den Respekt vor dem Leben, vor den Menschen, vor der Natur. Wenn das Frömmigkeit ist, dann bin ich fromm.

Andere Aspekte des späten Erwachsenenalters kommen im Gespräch mit einer weiteren 81-jährigen Freundin zum Ausdruck, die im Alter von 69 Jahren das Buch *Wenn ich einst alt bin, trage ich Mohnrot*[158] geschrieben hatte. Sie begann damit, die körperliche Befindlichkeit mit derjenigen von vor zwölf Jahren zu vergleichen.

»Damals war ich noch irgendwie elastischer, federnd, hatte mehr Spannkraft, ein schnelleres Tempo und spürte noch keine körperlichen Einschränkungen. Heute bin ich langsamer geworden, habe körperliche Einschränkungen, mit denen ich aber gut leben kann. Vor zwölf Jahren hatte ich eine Art Aggression im Sinne von zielorientiert und gerichtet sein, Wünsche haben. Jetzt habe ich eine Art runde Aufmerksamkeit, einen Zustand, den ich als Floating bezeichnen könnte. Vieles muss nicht mehr sein. Auch mein Verhältnis zur Zeit hat sich verändert, verlangsamt. Ich sage mir: Dies ist mein Tag. Und wer weiß, ob ich den Abend erreiche! Das ist jedoch in Ordnung so. Ich bin mehr auf Empfangen eingestellt. Der Horizont ist offen, die Welt kommt zu mir. So habe ich ein tiefes Gefühl von Fülle. Ich bin ganz offen für die Gegenwart. Es ist eine Art »Stillpoint«, eine große Intensität, die damit einhergeht – ein poetischer Moment. Ich bin mit mir und der Welt verbunden mit allen Sinnen. Da ist eine Kraft, etwas, das stärker ist als der Tod.

In letzter Zeit habe ich all die Verhaltensmuster mit ihren Emotionen, die ich auf andere Menschen projiziert habe, zurückgenommen. Dadurch sehe ich klarer, nüchterner, spreche anders. Mir ist freilich klar, dass diese neue Rückhaltlosigkeit in Rücksichtslosigkeit oder Gleichgültigkeit übergehen könnte. Oder gar in Schamlosigkeit, wenn sie lieblos würde.

Mein Aussehen ist mir nicht mehr so wichtig im Sinne von »Wie erscheine ich?«. Die gesellschaftlichen Normen verlieren ihre Bedeutung. Was ich gewonnen habe, möchte ich Altersnüchternheit nennen, eine heilige Nüchternheit. Das ist wie die Nüchternheit des Januars nach den goldenen Lichtern und der Geheimnishaftigkeit der Weihnachtszeit. Der Januar ist eher silbern blau. Ich bin aber auch rigoroser geworden, schroffer und unverblümter, lasse meine innere Hexe mehr auf die Bühne. Sie gibt unverblümte Klarheit. Ich muss sie nur im Zaum halten. Früher habe ich die Dinge schonender gebracht. Jetzt bringe ich es auf den Punkt – doch ohne jemanden schaden zu wollen!

Es ist auch ein Stück Brimborium von mir abgefallen, denn der Tod ist eine Realität – so what! Ich bleibe bei meiner inneren Zuversicht und denke daran, dass der Flügelschlag eines Schmetterlings alles zu verändern vermag. Das ist wichtig, um den eigenen Kleinmut zu überwinden. Als Kind hatte ich ein Wohlwollen für die ganze Welt. Meine Mutter vermied es oft, mit mir durch die Menge zu gehen, denn ich wollte diesem behinderten Menschen etwas geben und auf jenen Alten zugehen. Nun bin ich mit diesem Kind rückverbunden – ohne Mitleid jedoch. Ich bin offen gegenüber anderen Menschen und habe viele Begegnungen, manche nur mit kurzem Augenkontakt. Meine Wahrnehmung für das, was man die feinstoffliche Ebene nennt, nimmt zu. Ich bin vielleicht hellfühlend, nicht hellwissend und denke oft einfach: So ist die Situation! Das geht einher mit meiner zugewandten Nüchternheit. Und auch mit meiner zunehmenden Durchlässigkeit.

Immer habe ich mir geschworen, dass ich nie verbittert werden will. Das ist mir gelungen. Ich beschönige nichts, aber ich klammere mich nicht an das, was mir widerfahren ist. Ich lege es in mein Archiv als Wahrheit. Dort hat es seinen Platz.«

Nach diesem Gespräch fragte ich die Freundin, wie sie die einzelnen Lebensphasen benennen würde, und sie antwortete:

80 plus: vollendet
75 plus: Gewöhnung ans Alter
70 plus: wohlgemutes Alter
65 plus: reifen, noch unvollendet

Wenn ich die positiven Qualitäten zusammenfasse, denen ich bei Menschen ab dem siebten Jahrzehnt ihres Lebens begegnet bin, sind es etwa die folgenden:

Es geht nicht mehr darum, die Paradoxien des Lebens auszumerzen oder sie auf lineare Formeln zu bringen. Gereifte ältere und alte Menschen können Paradoxa – von altgriechisch para doxan, an der Ver-

nunft vorbei – umfassen oder umarmen und wahrnehmen, was mit der Vernunft allein nicht greifbar ist.

Das Bestreben geht mehr und mehr dahin, das eigene gelebte Leben als dieses eigene anzunehmen. Mit all dem, was sich später vielleicht als Umweg oder Irrweg gezeigt hat, mit allem Verpassten und auch mit dem, was man im Laufe des Lebens anderen schuldig geblieben ist. Wer die Verantwortung dafür übernimmt, macht sich nochmals zum Autor, zur Autorin des eigenen gelebten Lebens. »*Ich habe es getan*« oder »*Ich habe es nicht getan*« heißt nicht »*Ich bin an allem schuld*«. Es heißt vielmehr: »*Ich trenne mich nicht ab von der Person, die ich war. Ich bin sie noch und halte die Kontinuität trotz allem Wechsel.*«

So wird es auch möglich, die schmerzlichen Zeiten, Erfahrungen und die tiefen Verletzungen nicht zu verharmlosen oder von ihnen überschwemmt zu werden, sondern sie in sich zu halten, so wie die äußerste Schicht einer Babuschka das starke und weite Gefäß für die inneren Babuschkas bildet und sie in sich trägt.

»Ich habe nun die weiche, sanfte und tanzende Stärke eines biegsamen Baumes«, äußerte dazu ein Mann gegen achtzig und fuhr fort: »Die vielen Umwege, meine eigenen Halbherzigkeiten, aber auch die Schicksalsschläge, gegen die ich mich so intensiv aufgelehnt habe, haben mich zu kostbarem Leder gegerbt, als ich sie als Teil meines Lebens aufnahm wie Gerbsäure, auf die ich zwar lieber verzichtet hätte. Ich habe mich gewandelt wie das Leder unter vielen Prozeduren.«

Von einem reifen Standpunkt aus können wir immer wieder lernen, Schwierigkeiten im Leben als Herausforderungen und Chancen für Wachstum zu nutzen. Wer diese Haltung aufbaut, vertieft die eigene Resilienz und vermag zunehmend die Ressourcen und Lebenskompetenzen sowie das geformte und weiter zu formende Lebensrepertoire an sich zu nehmen. So kann es in verschiedenster Form bis ans Ende des Lebens fruchtbar gemacht werden.

Dies beinhaltet auch eine zunehmende Dankbarkeit für alles, was das Leben an Lern- und Wachstumschancen anbot.

»Vieles in meinem Leben war schrecklich und verletzend«, sagte eine Frau mit 85 Jahren zu mir. »Es machte keinen Sinn und hat mich fast gebrochen. Ich verdorrte und spürte kaum mehr Leben in mir. Doch im Alter von etwa 50 Jahren tauchte ein Bild in mir auf: Ich bin eine Rose von Jericho, die nur ein wenig Wasser braucht, damit die dürren, braunen, zusammengedrängten Blätter ergrünen und sich öffnen. Ich kann überdauern und auch immer wieder mir und anderen mein Grünen schenken. Ich bin keine dieser wundersam farbigen und duftenden Rosen – ich bin eine herbe, kostbare Wüstenblume.«

So können Menschen immer wieder eine neue Geschichte formen und vielleicht auch in ein Bild fassen.

Im vertiefenden, die inneren Dimensionen erschließenden Reifeprozess der späten Jahre wird es auch möglich, den eigenen Horizont nochmals zu erweitern, auszudehnen in einer Art distanzierter Offenheit, welche Zusammenhänge nicht analysierend erfasst, sondern in einem liebenden Erschauen umfasst, wie dies ein etwa 80-jähriger Mann ausdrückte:

»Ich liebe die Menschen nicht mehr in einer mich mit ihnen identifizierenden Weise, sondern ein klein wenig »*sub specie aeternitatis.*«, d. h. unter dem Blickwinkel des Ewigen, soweit dies einem Menschen überhaupt möglich ist. Diese Art von Liebe gibt mir Erfüllung und einen tiefen Frieden. Und in dieser Liebe bin ich nicht mehr abhängig. Und doch sind meine nächsten Beziehungen, wie auch die zu mir selbst, intimer geworden.«

Eine intime Beziehung zu sich selber zu formen in diesem Schwingen zwischen einer gehaltenen Durchlässigkeit und einer weichen, schmelzenden Rigidität ist *die* Chance der späten Jahre und bewahrt Menschen vor Einsamkeit. Als Ausdruck dieser Seinsqualität möchte ich das

8. Dornburger Gedicht von Goethe zitieren – eines der letzten Gedichte, das er geschrieben hat:

Dämm'rung senkte sich von oben,
Schon ist alle Nähe fern;
Doch zuerst emporgehoben
Holden Lichts der Abendstern!
Alles schwankt ins Ungewisse,
Nebel schleichen in die Höh;
Schwarzvertiefte Finsternisse
Widerspiegelnd ruht der See.

Nun am östlichen Bereiche
Ahn' ich Mondenglanz und -glut,
Schlanker Weiden Haargezweige
Scherzen auf der nächsten Flut.
Durch bewegter Schatten Spiele
Zittert Lunas Zauberschein,
Und durchs Auge schleicht die Kühle
Sänftigend ins Herz hinein.

In dieser Sanftheit des Abschiedlichen beginnen viele Menschen im Alter zu leben.

»Ich kann die Fülle des Lebens im eigenen Innern halten, ihr vertrauen und sie auch schenken«, sagte eine Frau mit 84 Jahren. »Damit bin ich auf eine Art voller Glück, wie ich es vorher im Leben nie war. Mein Körper engt meinen Radius mehr und mehr ein – und mein ganzes Sein wird immer freier.«

Vielleicht sind diese Qualitäten des Alterns das Gelobte Land, von dem Menschen immer wieder träumen. Wenn wir den Weg gehen, uns immer wieder neu zu formen, und die formenden Impulse des Lebens empfangen und nutzbar machen, ist es uns vielleicht gegönnt, den verheißenen Boden zu betreten.

Nach Hause kommen bedeutet einerseits, in uns selbst Heimat finden, in einer Beziehung daheim zu sein oder in einer geografischen Heimat, in die wir uns vielleicht im späten Leben zurückträumen. Doch auch Sterben können Menschen als Heimkommen erleben. Dies bedeutet Ruhe, Frieden, oft auch Dankbarkeit. Deshalb setze ich das folgende Gedicht ans Ende meines Buches.

Mondnacht

Es war, als hätt' der Himmel
Die Erde still geküsst,
Dass sie im Blütenschimmer
Von ihm nun träumen müsst.

Die Luft ging durch die Felder,
Die Ähren wogten sacht,
Es rauschten leis' die Wälder,
So sternklar war die Nacht.

Und meine Seele spannte
Weit ihre Flügel aus,
Flog durch die stillen Lande,
Als flöge sie nach Haus.

Joseph von Eichendorff

ANMERKUNGEN

1 Rainer Maria Rilke, *Das Stunden-Buch*
2 J. W. Goethe, *Selige Sehnsucht*
3 vgl. Stanley Keleman, *Leibhaftes Leben,* S. 63 ff.
4 Stanley Keleman, ebd. S. 63 ff.
5 Bei der Darstellung der einzelnen Phasen der Wendezeiten folge ich weitgehend der Dynamik, wie sie Stanley Keleman in *Turning Points* (unveröffentlicht) und in *Leibhaftes Leben* charakterisiert hat.
6 Stanley Keleman, ebd. S. 77 ff.
7 Stanley Keleman, ebd. S. 84 ff.
8 vgl. Verena Kast, *Der Weg zu sich selbst. Märchen als Therapie*
9 vgl. Verena Kast, *Lebenskrisen werden Lebenschancen*
10 vgl. Wikipedia, Psychologie und Medizin
11 vgl. *Duden Fremdwörterbuch*, S. 906/Artikel Wikipedia 21.5.2012
12 Rosmarie Welter-Enderlin/Bruno Hildenbrand, *Resilienz – Gedeihen trotz widriger Umstände,* S. 13
13 Martin Buber, *Ich und Du*
14 vgl. Emmy Werner in Rosmarie Welter-Enderlin/Bruno Hildenbrand, *Resilienz – Gedeihen trotz widriger Umstände,* S. 30 ff.; Rosmarie Welter-Enderlin, ebd. S. 9 ff., S. 17
15 Emmy Werner, ebd. S. 32
16 Bruno Hildenbrand, S. 22 f. in Rosmarie Welter-Enderlin/Bruno Hildenbrand, ebd. und Emmy Werner, ebd. S. 30 ff.
17 Rosmarie Welter-Enderlin, ebd. S. 9 ff.
18 Rosmarie Welter-Enderlin, ebd. S. 13
19 vgl. *de.wikipedia.org/wiki/Salutogenese:* Salutogenese ist demnach ein Konzept, das sich auf Faktoren und dynamische Wechselwirkungen bezieht, die zur Entstehung und Erhaltung von Gesundheit führen.
20 Aaron Antonovsky, *Salutogenese. Zur Entmystifizierung der Gesundheit*, S. 34
21 Aaron Antonovsky, ebd. S. 35

22 Aaron Antonovsky, ebd., S. 35/36
23 Aaron Antonovsky, ebd., S. 91
24 vgl. Stanley Keleman, *Leibhaftes Leben*; Bruno Hildenbrand, *Resilienz. Gedeihen trotz widriger Umstände*, S. 210
25 Hilde Domin, *Ich will Dich*
26 vgl. Klaus Hurrelmann, *Handbuch Gesundheitswissenschaften*, S. 31
27 Ernst Pöppel /Beatrice Wagner, *Je älter, desto besser*
28 vgl. S. Keleman, *Forme dein Selbst*, S. 54
29 ebd. S. 54
30 ebd. S. 55
31 Manfred Spitzer, *Lernen*, S. 283
32 ebd. S. 65 ff.
33 Gerald Hüther, Bedienungsanleitung für ein menschliches Gehirn, S. 35/36. Vgl. auch Manfred Spitzer, Lernen, S. 278 und 280
34 Manfred Spitzer, ebd. S. 288 ff.
35 vgl. den gleichnamigen Artikel von Stanley Keleman
36 Heinz L. Ansbacher und Rowena R. Ansbacher, *Alfred Adlers Individualpsychologie*, S. 178
37 vgl. Heinz L. Ansbacher und Rowena R. Ansbacher, *Alfred Adlers Individualpsychologie*, S. 178
38 »In this sense the body is a self poem with the wisdom we seek from our internal vista.« Stanley Keleman, *The Body and Poetry*, S. 3; Übersetzung: I. Kummer
39 »Every appearance in the world of the human somatic self's expression is a poetic expression. Soma and its production are twins, making whole the somatic soul.« (ebd. S. 2)
40 Alfred Adler, *Der Sinn des Lebens*, S. 13
41 vgl. auch Gerald Hüther, *Was wir sind und was wir sein könnten*, S. 116, wo er den Begriff der Autopoiesis für die Gestaltungskraft der Menschen braucht.
42 Stanley Keleman, *Maturity – Solitude – Intimacy*, S. 3. Übersetzung von Carola Butscheid (unveröffentlicht)
43 ebd. S. 3
44 Stanley Keleman, Papers zu verschiedenen Weiterbildungsworkshops passim und *Maturity – Solitude – Intimacy* passim
45 s. ebd. S. 3: »As adults we are many-bodied ...«
46 ebd. S. 4
47 ebd. S. 6
48 ebd. S. 7

49 ebd. S. 2
50 ebd. S. 5
51 Zitat aus einem *Paper on Maturity* (unveröffentlicht)
52 Stanley Keleman, *Paper on Maturity* (unveröffentlicht)
53 Stanley Keleman, ebd.
54 Stanley Keleman, *Maturity – Solitude – Intimacy*, S. 7
55 ebd. S. 5
56 Das tibetische Buch vom Leben und vom Sterben
57 Gerald Hüther, *Wie aus Stress Gefühle werden*, S. 53
58 Gerald Hüther, *Biologie der Angst*, S. 34
59 ebd. S. 67
60 ebd. S. 25
61 Stanley Keleman, *Forme dein Selbst*, S. 20 ff.
62 Mündliche Äußerung von Stanley Keleman in seinen Weiterbildungsveranstaltungen
63 Stanley Keleman, *Maturity – Solitude – Intimacy*, S. 7. Übersetzung durch Carola Butscheid (unveröffentlicht)
64 ebd. S. 7
65 vgl. Gerald Hüther und Stanley Keleman passim
66 Stanley Keleman, *Maturity – Solitude – Intimity*, S. 13, Übersetzung von Carola Butscheid (unveröffentlicht)
67 J. W. Goethe, *Westöstlicher Divan*
68 Stanley Keleman, *Papers über Reife*, passim (unveröffentlicht)
69 vgl. Kap. 4 und 5
70 vgl. Salutogenese-und Resilienzkonzept, vgl. S. 38 ff.
71 mündliche Äußerung von Stanley Keleman in seinen Lehrveranstaltungen
72 Edith Gloor, *Holy Shit. Eine Weltenreise von der Querschnittslähmung zum aufrechten Gang*, S. 232
73 ebd., S. 229
74 ebd., S. 102
75 Alan Watts, *Ego* (ohne Seitenzahl)
76 Stanley Keleman, *Myth of the body*, S. 76
77 vgl. dazu Hermann Schmitz: *Phänomenologie der Leiblichkeit; Leib und Gefühl*; Susanne Blum-Lehmann, *Körpererleben und Alter(n)*, S. 10 ff.; »Leiblich-körperliches Alter(n) und Identität, I Kap. 4/5
78 Alan Watts, *Ego*
79 vgl. Susanne Blum-Lehmann, *Leiblich-körperliches Alter(n) und Identität*, III Kap. 8/9

ANMERKUNGEN 311

80 vgl. Manfred Spitzer, *Lernen*, Teil I
81 Dies ist gemeint mit den beiden Dialogrichtungen *bottom up* und *top down*. Stanley Keleman spricht in diesem Zusammenhang von *the bodys brain* und *the brains body*.
82 Stanley Keleman, *Forming a Personal Embodied Dimension*, S. 2/3
83 Stanley Keleman, *Maturity – Solitude – Intimacy*, S. 1ff.
84 Grimms Märchen, Schneewittchen und die sieben Zwerge
85 Stanley Keleman, *Forme dein Selbst*, S. 55 ff.
86 Elisabeth Schlumpf, *Weise und naseweise Geschichten*, S. 95
87 vgl. Stanley Keleman, *Forme dein Selbst*, S. 55 ff.
88 Elisabeth Schlumpf, *Alltags-Haiku*
89 Jean Paul, *Das Kampaner Tal*, Erzählung
90 Emily Martin, *Die Frau im Körper*
91 Emily Martin, ebd. S. 73
92 Emily Martin, ebd. S. 73
93 Emily Martin, ebd. S. 73
94 Stanley Keleman, *Verkörperte Gefühle*, S. 75
95 vgl. Ursula Baumgardt, *Auf neue Weise fruchtbar*
96 Ludwig Bechstein, *Aphorismen*
97 Gerald Hüther, *Mein Körper, das bin ja ich*
98 vgl. mündliche Äußerungen von Stanley Keleman
99 Carol Hwowschinsky, Mit dem Herzen zuhören. Ein Leitfaden für das einfühlsame Zuhören, S. 5
100 Blaise Pascal, *Über die Religion und andere Gegenstände (Pensées)*, Fragment
101 Ansbacher/Ansbacher, *Alfred Adlers Individualpsychologie*, S. 142; vgl. auch das Stichwort *Gemeinschaftsgefühl* im Wörterbuch der Individualpsychologie
102 vgl. Die personale Vergegenwärtigung in: Martin Buber, *Das dialogische Prinzip*, S. 282 ff.
103 Martin Buber, *Das dialogische Prinzip*, S. 12 ff.
104 ebd. S. 8 ff.
105 ebd. S. 17 f.
106 ebd. S. 10 ff.
107 vgl. Birgit Dechmann und Christiane Ryffel, *Vom Ende zum Anfang der Liebe*, S. 218 ff. (Ausgabe von 2007)
108 Gerald Hüther, *Was wir sind und was wir sein könnten*, S. 186/7
109 vgl. Kapitel S. 137 ff.
110 Birgit Dechman und Elisabeth Schlumpf: *Lieben ein Leben lang*
111 vgl. Kap. 8, B. Dechmann/C. Ryffel, *Vom Ende zum Anfang der Liebe* (2007)

112 vgl. Birgit Dechmann und Christiane Ryffel, *Vom Ende zum Anfang der Liebe. Wie Paare zusammenbleiben.* (2015)
113 Antoine de Saint-Exupéry, *Le Petit Prince*, Kap. 21
114 vgl. Stanley Keleman, *Maturity – Solitude – Intimacy*, S. 15 ff.
115 ebd. S. 23 ff.
116 John Bailey, *Iris. A Memoir of Iris Murdoch*
117 vgl. S. 277 ff.
118 vgl. Stanley Keleman, *Maturity – Solitude – Intimacy*
119 Rose Ausländer, *Im Atemhaus*
120 Danielle Quinodoz, *Älterwerden. Eine Entdeckungsreise*
121 vgl. Elisabeth Schlumpf und Heidi Werder, *Immer für andere da?*
122 Elisabeth Schlumpf, *Weise und naseweise Geschichten*
123 vgl. Irène Kummer und Elisabeth Schlumpf, *Im Mittelpunkt meines Lebens*, S. 109 ff.
124 Stanley Keleman, *Stadien der Liebe*
125 vgl. S. 70 ff.
126 1919–2013, Schweizer Schauspielerin, Märchenerzählerin und Politikerin
127 Schweizer Film von Bettina Oberli, 2006
128 Schweizer Schauspielerin, 1920–2011
129 Elisabeth Schlumpf, *Gelingendes Leben trotz Trauma. Ein Stück erfahrene deutsche Geschichte.*
130 Stanley Keleman, *Dasein ist Mitsein,* S. 2
131 Stanley Keleman, Paper zu *Maturity*, unveröffentlicht.
132 ebd. vgl. auch *Maturity – Solitude – Intimacy,* S. 11 f.
133 »Late life is a protoplasmic symphony of micro pulses within the body's Life field, felt as elongated soft, slow pulsation's whispers of timelessness within the finite world of fast time.« Aus einem unveröffentlichten Aufsatz.
134 Harald Welzer, *Das kommunikative Gedächtnis*, S. 10
135 ebd. S. 20
136 ebd. S. 21
137 ebd. S. 22
138 ebd. S. 75
139 Stanley Keleman, *Lebe dein Sterben*, S. 24
140 Reiner Kunze, *Deutsche Gedichte und ihre Interpretationen von Peter Rühmkorf bis Volker Braun*, S. 215
141 Beispiele: *Nebelgrind,* Spielfilmdrama der Schweizer Regisseurin Barbara Kulcsar, 2012; *Die Auslöschung,* Nikolaus Leytner, 2013; John Bailey, *Iris. A Memoir of Iris Mudoch*, 1998, verfilmt von Richard Eyre, 2001.

142 Mündliche Äußerung
143 Elisabeth Schlumpf, unveröffentlichter Text
144 Herman Hesse, *Stufen*
145 vgl. Kap. 2
146 Stanley Keleman, *Lebe Dein Sterben*, erste Seite (ohne Nummerierung)
147 ebd. S. 24
148 Marie Luise Kaschnitz, *Orte. Aufzeichnungen,* S. 186
149 aus Gottfried Keller, *Augen, meine lieben Fensterlein*
150 Irvin D. Yalom, *In die Sonne schauen*, Bucheinband
151 S. Keleman, *Lebe dein Sterben,* S. 89 ff.
152 Hermann Hesse, *Das Glasperlenspiel. Versuch einer Lebensbeschreibung des Magisters Ludi Josef Knecht samt Knechts hinterlassenen Schriften*
153 Stanley Keleman, *To be there is to be with*, S. 2
154 Rilke, Sämtliche Werke, Bd. 11, S. 713 f.
155 Rilke, Sämtliche Werke, *Das Stunden-Buch*: *Das Buch von der Armut und vom Tode*
156 Stanley Keleman, *Lebe dein Sterben*, S. 20
157 unveröffentlichter Text
158 Elisabeth Schlumpf, *Wenn ich einst alt bin, trage ich Mohnrot*

LITERATUR

ALLGEMEINE PUBLIKATIONEN
ZUR PSYCHOLOGIE UND IHREN
NACHBARGEBIETEN

Adler, Alfred:
- Der Sinn des Lebens. (Fischer-Tb 6349), Frankfurt 1983
- Menschenkenntnis. (Fischer-Tb 6080), Frankfurt 1992

Ansbacher, Heinz L.: Alfred Adlers Sexualtheorie (Fischer-Tb 6793), Frankfurt 1989

Ansbacher, Heinz L.; Ansbacher, Rowena R.: Alfred Adlers Individualpsychologie. Eine systematische Darstellung seiner Lehre in Auszügen aus seinen Schriften. München–Basel 1995

Antonovsky, Aaron: Salutogenese. Zur Entmystifizierung der Gesundheit. Deutsche Herausgabe von Alexa Franke. Forum für Verhaltenstherapie und psychosoziale Praxis Band 36, Tübingen 1997

Bormans, Leo (Hrsg.): Glück. The World of Happiness. Köln 2012

Boszormenyi-Nagy, Ivan; Spark, Geraldine M.: Unsichtbare Bindungen. Die Dynamik familiärer Systeme. (Konzepte der Humanwissenschaften), Stuttgart 1991

Buber, Martin:
- Das dialogische Prinzip. Heidelberg 1984 (Neuaufl.)
- Reden über Erziehung. Heidelberg. 1986

Draaisma, Douwe: Warum das Leben schneller vergeht, wenn man älter wird. Von den Rätseln unserer Erinnerung. München 2006

Groeben, Norbert: Kreativität. Originalität diesseits des Genialen. Darmstadt 2013

Hell, Daniel: Die Wiederkehr der Seele. Wir sind mehr als Gehirn und Geist. Freiburg i. Br. 2. Aufl. 2010

Hüther, Gerald:
- Biologie der Angst. Wie aus Stress Gefühle werden. Sammlung Vandenhoeck & Ruprecht. Göttingen 7. Aufl. Göttingen 2005
- Die Evolution der Liebe. Was Darwin bereits ahnte und die Darwinisten nicht wahrhaben wollen. Sammlung Vandenhoeck & Ruprecht. Göttingen 4. Aufl. 2007
- Was wir sind und was wir sein könnten. Ein neurobiologischer Mutmacher. Frankfurt a. M. 2011

Keleman, Stanley:
- Living your dying. New York und Berkeley 1974 – Your body speaks its mind. The bio-energetic way to greater emotional and sexual satisfaction. Center press, Berkeley 1975
- The human ground. Sexuality, Self and Survival. Palo Alto, California 1975
- Somatic reality. Center press, Berkeley 1979
- Dein Körper formt dein Selbst. Der bioenergetische Weg zu emotionaler und sexueller Befriedigung. München 1980
- Lebe dein Sterben. Hamburg 1982
- Leibhaftes Leben. Wie wir uns über den Körper wahrnehmen und gestalten können. München 1982
- Emotional anatomy. Center press, Berkeley 1985
- Bonding. A somatic-emotional approach to transference. Center press, Berkeley 1986
- Embodying experience. Forming a personal life. Center press, Berkeley 1987
- Patterns of distress. Emotional insults and human form. Center press, Berkeley 1989
- Körperlicher Dialog in der therapeutischen Beziehung. München 1990
- Verkörperte Gefühle. Der anatomische Ursprung unserer Erfahrungen und Einstellungen. München 1992
- Forme dein Selbst. Wie wir Erfahrungen verkörpern und umgestalten. Ein Übungsbuch. München 1994
- Love. A somatic view. Center press, 1994 (Zit. 1994b)
- Myth and the Body. A colloquy with Joseph Campbell. Center press, Berkeley 1999.
- Formen der Liebe. Das Gestalten von Beziehung aus somatischer Sicht. Berlin 2002
- Formen des Leids. Emotionale Verletzungen und ihre somatischen Muster. Berlin 2005
- Wir haben keinen Körper, wir sind unser Körper. In: Stimmen und Visionen (Sammelband), S. 162–184
- The Difference between Being Bodied and Forming an Embodied Life. In: USABP journal 2012, S. 51–56

Kummer, Irène:
- Körpersprache als Ausdruck des Lebensstils. In: Zeitschrift für Individualpsychologie, 9. Jg., S. 142–152, München – Basel 1984
- Beziehung als »Personale Vergegenwärtigung«. Ein Beitrag zur Transzendierung der psychologischen Kategorien. In: Zeitschrift für Individualpsychologie, 11. Jg., S. 41–50, München – Basel 1986

Mihaly, Csikzentmihalyi: Kreativität. Wie Sie das Unmögliche schaffen und Ihre Grenzen überwinden. Klett-Cotta 2007

Richter, Horst E.: Der Gotteskomplex. Reinbek bei Hamburg 1979

Satir, Virginia: Selbstwert und Kommunikation. Familientherapie für Berater und zur Selbsthilfe. Leben lernen 18. Aufl. München 1985

LITERATUR

Schlumpf, Elisabeth; Werden, Heidi: Immer für andere da? So lernen Sie, freundlich nein zu sagen. Goldmann Tb. 2. Aufl. München 2009

Spitzer, Manfred: Lernen. Gehirnforschung und die Schule des Lebens. Heidelberg – Berlin 2002

Watts, Alan: Ego. Band 9 der illustrierten Serie Die Essenz von Alan Watts. Basel 1977.

Welter-Enderlin, Rosmarie; Hildenbrand, Bruno (Hrsg.): Resilienz – Gedeihen trotz widriger Umstände. 2. Aufl. Heidelberg 2008

Welzer, Harald: Das kommunikative Gedächtnis. Eine Theorie der Erinnerung. Beck'sche Reihe 1669, München 2005

Publikationen zu Familienthemen

Caron, Ann F.: Töchter werden junge Frauen. Ein Ratgeber für Mütter. Zürich 1992

Dobrick, Barbara: Immer Probleme mit den Eltern. Erwachsene Kinder zwischen Anpassung und Rebellion. Zürich 1991

Firman, J. und D.: Lieben, ohne festzuhalten. Mütter und Töchter. Herder Spektrum 4117. Freiburg im Breisgau 1990

Fröhlich, Roswitha: Ich und meine Mutter. Mädchen erzählen. dtv 11194. München 1990

Gidion, Heidi: Und ich soll immer alles verstehen. Auf den Spuren von Müttern und Töchtern. Freiburg im Breisgau 1988. (Herder Spektrum Nr. 4214, 1993)

Hammer, Signe: Töchter und Mütter: Mütter und Töchter. Frankfurt 1978

Haley, Jean: Ablösungsprobleme Jugendlicher. Therapie mit Familien junger Erwachsener. München 1981

Kast, Verena: Vater – Töchter, Mutter – Söhne. Wege zur eigenen Identität aus Vater- und Mutterkomplexen. Stuttgart und Zürich 1994

Lackner, Karin: Töchter. Ihr lebenslanger Abschied von den Vätern. Genf 1988

Minuchin, Salvador: Familie und Familientherapie. Theorie und Praxis struktureller Familientherapie. Freiburg 1997

Geschlechterbezogene Publikationen

Beck-Gernsheim, Elisabeth: Das halbierte Leben. Männerwelt Beruf, Frauenwelt Familie. (Fischer-Tb 3713), Frankfurt 1985(a)

Duden, Barbara: Der Frauenleib als öffentlicher Ort. Vom Missbrauch des Begriffs Leben. Hamburg-Zürich 1991

Geyer-Kordesch, Johanna/Kuhn, Annette (Hrsg.): Frauenkörper – Medizin – Sexualität. Düsseldorf 1986.

Hollstein, Walter: Nicht Herrscher, aber kräftig. Die Zukunft der Männer Hamburg 1989

Irigaray, Luce: Zur Geschlechterdifferenz. Interviews und Vorträge. Wien 1987

Martin, Emily: Die Frau im Körper. Weibliches Bewusstsein, Gynäkologie und die Reproduktion des Lebens. Frankfurt-New York 1989

Northrup, Christiane: Frauenkörper, Frauenweisheit. Wie Frauen ihre ursprüngliche Fähigkeit zur Selbstheilung wiederentdecken

können. 3. Aufl. München 2010 (Originalausgabe: Women's bodies, women's wisdom)
Onken, Julia: Feuerzeichen Frau. Ein Bericht über die Wechseljahre. München 1988
Schmitz-Köster, Dorothee: Frauen ohne Kinder. Motive, Konflikte, Argumente (rororo-Sachbuch 8336) Reinbek bei Hamburg 1987
Schrobsdorff, Angelika: »Du bist nicht so wie andre Mütter«. Hamburg 1992. (dtv 11916, 1996)
von Matt, Peter: Verkommene Söhne, missratene Töchter. Familiendesaster in der Literatur. München, Wien 1995
Walker, Barbara G.: Die weise Alte. Kulturgeschichte – Symbolik – Archetypus. München 1986 (Originalausgabe *The Crone. Woman of Age, Wisdom and Power* 1985)
Walters, Marianne; Carter, Betty; Papp, Peggy; Silverstein, Olga: Unsichtbare Schlingen. Die Bedeutung der Geschlechterrollen in der Familientherapie. Eine feministische Perspektive. Stuttgart 1991
Schlumpf, Elisabeth: Enkel sind ein Geschenk. Die Freuden der Großeltern. München 2010

Publikationen zu Paarthemen

Beck, Ulrich; Beck-Gernsheim, Elisabeth: Das ganz normale Chaos der Liebe. (Suhrkamp-Tb 1725), Frankfurt 1990
Dechmann, Birgit; Ryffel, Christiane: Vom Ende zum Anfang der Liebe. Wie Paare zusammenbleiben. Weinheim und Basel 2015 (2007)
Dechmann, Birgit; Schlumpf Elisabeth: Lieben ein Leben lang. Wie Beziehungen immer besser werden. Weinheim und Basel 2008
Goldhor-Lerner, Harriet: Zärtliches Tempo. Wie Frauen ihre Beziehungen verändern, ohne sie zu zerstören. Zürich 1990
Lerner, Harriet G.: Wohin mit meiner Wut? Neue Beziehungsmuster für Frauen. Zürich 1987
Napier, Augustus Y.: Ich dachte, meine Ehe sei gut, bis meine Frau mir sagte, wie sie sich fühlt. Wie Mann und Frau gemeinsam ihre Beziehung verändern können. Zürich 1990
Willi, Jürg: Die Zweierbeziehung. Reinbek bei Hamburg 1992
– Was hält Paare zusammen? Der Prozess des Zusammenlebens in psycho-ökologischer Sicht. Reinbek bei Hamburg 1991
– Psychologie der Liebe. Persönliche Entwicklung durch Partnerbeziehungen. Rowohlt TB 2011

Entwicklung, Lebensphasen und Transitionen

Améry, Jean: Über das Altern. Revolte und Resignation. 7. Aufl. 2011
Baltes, Paul B: Mittelstrass, Jürgen: Staudinger, Ursula M (Hrsg.): Alter und Altern: Ein interdisziplinärer Studientext zur Gerontologie. Berlin 1994
Brandstädter, Jochen; Lindenberger, Ulman (Hrsg.): Entwicklungspsychologie der Lebensspanne. Ein Lehrbuch. Stuttgart 2007

Erikson, Erik H.:
– Identität und Lebenszyklus. Wachstum und Krisen der gesunden Persönlichkeit. Ich-Entwicklung und geschichtlicher Wandel. Frankfurt a. M. 1973
– Das Problem der Ich-Identität. Frankfurt a. M. 1976
– Lebensgeschichte und historischer Augenblick. Frankfurt a. M. 1977

Faltermaier, Toni, u. a.: Entwicklungspsychologie des Erwachsenenalters. 2. überarbeitete und erweiterte Aufl. Stuttgart – Berlin – Köln 2002

Flammer, August: Entwicklungstheorien. Psychologische Theorien der menschlichen Entwicklung. 4. vollständig überarbeitete Auflage Bern 2009

Geissler, Christa; Held, Monika: Generation plus. Von der Lüge, dass Altwerden Spaß macht. 2. Aufl. Berlin 2003

Katz, Anne Rose: Die Freiheit der späten Jahre. München 1995

Kast, Verena:
– Der Weg zu sich selbst. Märchen als Therapie. Olten 1986
– Lebenskrisen werden Lebenschancen. Wendepunkte des Lebens aktiv gestalten. 6. Aufl. Freiburg i. Br. 2008

Keleman, Stanley: Maturity – Solitude – Intimacy. Essays in Formative Psychology, Berkeley 2013

Keil, Annelie: Auf brüchigem Boden Land gewinnen. Biografische Antworten auf Krankheit und Krisen. 3. Aufl. München 2012

Kuhn, Johannes: Aufbruch in ein neues Land. Das Alter als Aufgabe. Stuttgart 1983

Kummer, Irène: Wendezeiten im Leben der Frau. München 1989

Reddemann, Luise; Wetzel, Sylvia: Der Weg entsteht unter deinen Füßen. Achtsamkeit und Mitgefühl in Übergängen und Lebenskrisen. 2. Aufl. Stuttgart 2012

Schlaffer, Hannelore: Das Alter. Ein Traum von Jugend. Bibliothek der Lebenskunst. Frankfurt a. M. 2003

Welter-Enderlin, Rosmarie:
– Paare, Leidenschaft und lange Weile. Männer und Frauen in Zeiten des Übergangs. München 1992
– Die ökologische Sicht der Psychotherapie. Stuttgart 2007

Wunderli, Jürg: Stirb und werde. Wandlungen und Wiedergeburt in der Pubertät und in der Lebensmitte. Feldbach-Oettingen 1980

Psychologische und soziologische Publikationen zum Älterwerden

Blum-Lehmann, Susanne:
– Körpererleben und Alter(n). Zusammenhänge zwischen Körperverständnis und Alter(n) am Beispiel langlebiger Menschen. Diplomarbeit zur Prüfung für Soziale Gerontologie, Kassel 2003
– Leiblich-körperliches Alter(n) und Identität. Dissertation zur Erlangung des akademischen Grades eines Doktors der Philosophie (Dr. phil.) im Fach Gerontologie an der Hochschule Vechta. Vechta 2008

Brauchbar, Mathis; Heer, Heinz: Zukunft Alter. Herausforderung und Wagnis. München 1993

Clough, Patricia: Vom Vergnügen, eine ältere Frau zu sein. München 2012

Groß, Peter: Wir werden älter. Vielen Dank. Aber wozu? 2. Aufl. Freiburg i. Br. 2013

Grün, Anselm: Die hohe Kunst des Älterwerdens. Münsterschwarzach 2007

Irle, Mathias: Älter werden für Anfänger. Reinbek bei Hamburg 2009

Jaeggi, Eva; Hollstein, Walter: Wenn Ehen älter werden. Liebe, Krise, Neubeginn. München – Zürich 1989

Kummer, Irène: Im Mittelpunkt meines Lebens. Frauen ergreifen die Chancen der zweiten Lebenshälfte. München 1998

Lehr, Ursula: Psychologie des Alterns. UTB 5. Aufl. Heidelberg 1984

Mankowitz, Ann: Auf neue Weise fruchtbar. Der seelische Prozess der Wechseljahre. Zürich 1987

Meinhold, Marianne; Kunsemüller, Andrea: Von der Lust am Älterwerden. Frauen nach der Midlife Crisis. Fischer Tb 3702. Frankfurt a. M. 1985

Pater Pausch, Johannes; Böhm, Gert: Ich bin dann mal alt. Dem Leben auf der Spur bleiben – eine spirituelle Altersvorsorge. München 2011

Perrig-Chiello, Pasqualina; Höpflinger François: Jenseits des Zenits. Frauen und Männer in der zweiten Lebenshälfte. Bern – Stuttgart – Wien 2000/2004

Perrig-Chiello, Pasqualina: In der Lebensmitte. Die Entdeckung des mittleren Lebensalters. 4. Aufl. Zürich 2010

Pincus, Lily: Das hohe Alter. Stufen des Lebens. Eine Bibliothek zu den Fragen unseres Daseins. Hrsg. von Hans Jürgen Schultz, Band 9. Stuttgart – Berlin 1982

Pöppel, Ernst; Wagner, Beatrice: Je älter, desto besser. Überraschende Erkenntnisse aus der Hirnforschung, 3. Aufl. München 2013

Pörtner, Marlis: Alte Bäume wachsen noch. Neue Erfahrungen in späten Lebensjahren. Stuttgart 2010

Quinodoz, Danielle: Älterwerden. Eine Entdeckungsreise. Erfahrungen einer Psychoanalytikerin. Gießen 2010. Titel der Originalausgabe: Vieillir; une découverte. Paris 2008

Riedel, Ingrid: Die innere Freiheit des Alterns. 2. Aufl. Mannheim 2010

Riemann, Fritz; Kleespies, Wolfgang: Die Kunst des Alterns. Reifen und Loslassen. Stuttgart 2007

Schirrmacher, Frank: Das Methusalem-Komplott. 2. Aufl. München 2004

Schlumpf, Elisabeth:
– Wenn ich einst alt bin, trage ich Mohnrot. Neue Freiheiten genießen. München 2003
– Enkel sind ein Geschenk. Die Freuden der Großeltern, München 2010

Schmid-Heinisch, Ruth: FrauenWende. Neuorientierung in der Lebensmitte. München 1986

Witzig, Heidi: Wie kluge Frauen alt werden. Was sie tun und was sie lassen. Zürich 2007

Persönliche Publikationen zum Älterwerden

Fuchsberger, Joachim: Altwerden ist nichts für Feiglinge. 21. Aufl. Gütersloh 2013

Marti, Lisa: Mutanfall. Mein Leben ohne Ernst. Wörthersee Tb. 2012

Rey, Karl Guido: Ich bin alt geworden. Vom Geheimnis meiner Verwandlungen. München 2009

Schwager, Susanna:
– Das volle Leben. Frauen über achtzig erzählen. Mit einem Glossar. Fotografien von Marcel Studer. 2. Aufl. Gockhausen 2008
– Das volle Leben. Männer über achtzig erzählen. Gockhausen 2009

Publikationen zu Sterben und Tod

Alexander, Eben: Blick in die Ewigkeit. Die faszinierende Nahtoderfahrung eines Neurochirurgen. 6. Aufl. München 2013 (Originalausgabe Proof of heaven 2012)

Yalom, Irvin D.: In die Sonne schauen. Wie man die Angst vor dem Tod überwindet. München 2008 (Originalausgabe Staring at the Sun. Overcoming the Terror of Death, 2008)

Keleman, Stanley: Lebe dein Sterben. 6. Aufl. Salzhausen 2003

Kübler-Ross, Elisabeth:
– Leben, bis wir Abschied nehmen. Nachwort von Paul Becker. Stuttgart 1979
– Interviews mit Sterbenden. Gütersloh 1983

Literarische Texte

Ausländer, Rose: Ich höre das Herz des Oleander. Frankfurt a. M.: S. Fischer 1984

Cameron, Anne: Töchter der Kupferfrau. Mythen der Nootka-Indianerinnen und andere Frauengeschichten. Frauenfeld 1994

Didion, Joan:
– Das Jahr magischen Denkens. List Tb. 4. Aufl. Berlin 2012 (Originalausgabe The year of magical thinking 2005)
– Blaue Stunden. Berlin 2011 (Originalausgabe Blue Nights 2011)

Domin, Hilde: »Bitte«. In: Sämtliche Gedichte. Frankfurt a. M.: S. Fischer 2009

Gloor, Edith: Holy Shit. Eine Weltenreise von der Querschnittslähmung zum aufrechten Gang. München 2015

Hesse, Hermann: »Stufen«. In: Jedem Anfang wohnt ein Zauber inne. Lebensstufen. Frankfurt a. M.: Suhrkamp Verlag 1986

Hohler, Ursula: Öpper het mini Chnöche vertuuschet. Mit einem Nachwort von Hansjörg Schneider. Books on Demand GmbH 2004

Pascal, Blaise: Über die Religion und über einige andere Gegenstände (Pensées). Übertragen und herausgegeben von Ewald Wasmuth, Heidelberg 1963

Kaschnitz, Marie-Luise: »Orte«. In: Orte. Aufzeichnungen. Frankfurt a. M.: Suhrkamp Insel 1991

Schlumpf Elisabeth:
– Alltags-Haiku. Littera Autoren Verlag 2009
– Weise und naseweise Geschichten. Eigenverlag Lebema.ch 2010

Wallis, Velma: Zwei alte Frauen. Eine Legende von Verrat und Tapferkeit. Heyne Allg. Reihe 01/10504, München 1998 (Originalausgabe Two old women)

QUELLENNACHWEIS

S. 46f.: Hilde Domin, Bitte. Aus: dies., Sämtliche Gedichte. © S. Fischer Verlag GmbH, Frankfurt am Main 2009

S. 196: Rose Ausländer, Im Atemhaus. Aus: dies., Ich höre das Herz des Oleanders. Gedichte 1977–1979. © S. Fischer Verlag GmbH, Frankfurt am Main 1984

S. 289: Hermann Hesse, Stufen. Aus: ders., Jedem Anfang wohnt ein Zauber inne. Lebensstufen. © 1986 Suhrkamp Verlag GmbH & Co. KG

S. 291: Marie Luise Kaschnitz: Orte. Aus: dies., Orte. Aufzeichnungen. © 1991 Insel Taschenbuch Nr. 1321, Frankfurt am Main

ANHANG

Stanley Keleman
Das formative Konzept

Die Formative Psychologie beschäftigt sich mit der Frage, wie wir Menschen ein erwachsenes somatisches Selbst bilden und welches unsere besondere Art und Weise ist, in Situationen und Konflikten des täglichen Lebens zu reagieren. Über die somatisch-emotionale Methode können wir lernen, unsere ererbten und gelernten Muster willentlich zu beeinflussen: *Anstatt von unseren Mustern oder von Einflüssen des Umfeldes gelebt zu werden, gestalten wir unser eigenes Leben, indem wir auf uns Einfluss nehmen.*

Die Formative Psychologie geht vom Modell einer somatisch-emotionalen und mentalen Einheit aus, und das heißt: Der Leib ist nicht lediglich ein Objekt des Bewusstseins, sondern *wir sind unser Leib*. Wir sind ein einheitlicher Wachstumsprozess.

Wir sind es gewohnt, darauf zu achten, was wir fühlen und wie wir uns fühlen, und nicht darauf, was wir tun, damit dieses Gefühl entstehen kann. Doch jede Empfindung, jedes Gefühl hat eine anatomisch-physiologische Grundlage, und das heißt: Wir setzen uns muskulär zur Organisation von Verhalten so ein, dass ein bestimmtes Gefühl entstehen kann.

Da wir nicht trainiert sind, zu schauen, was wir tun, sind wir üblicherweise der Meinung, wir täten gar nichts und das Gefühl sei einfach da oder würde von jemand anderem oder der Situation ausgelöst. Das ist ein Irrtum. Wir sind ständig dabei, etwas zu *tun* – uns zu organisieren, uns eine Form zu geben, unsere Muskulatur einzusetzen, um in einer Situation auf eine bestimmte Weise da zu sein. Jede Person hat ihre ganz eigene Art und Weise, sich zu organisieren – vorgegeben durch das genetische Erbe sowie durch gelernte Reaktionsweisen.

Die zentrale Feststellung der Formativen Psychologie besagt, dass in uns ein eingeborener Drang nach Wachstum wirkt und wir ein permanenter Wachstumsprozess sind. Dieser bezieht sich darauf, die verschiedenen von der Natur vorprogrammierten Formen über die Ausbildung des Fötus, des Säuglings, des Kindes, des Jugendlichen, des voll ausgeformten ersten Erwachsenen, des zweiten und des alternden Erwachsenen auszubilden.

Keleman hat darüber hinaus ein auf Erfahrung beruhendes Konzept über die Entwicklung des sogenannten zweiten Erwachsenen entwickelt, der eine Vertiefung und Ausdifferenzierung des ersten Erwachsenen darstellt, denn »*die reife Form unterscheidet sich sowohl von der erwachsenen als auch von der alternden Form*« *(Keleman)*. Dies bedeutet: die ererbte Wachstumsdynamik garantiert unsere Individuation nicht. Die reife erwachsene Form zu organisieren braucht spezifische Einflussnahme: Zusätzlich zu unseren Reproduktionsprogrammen haben wir das Geschenk des willentlichen neuromuskulären Einsatzes bekommen. Dessen Funktion besteht darin, uns die Möglichkeit zum Umgehen mit Erfahrungen zu geben, die mit unserer Entwicklung zusammenhängen und die *nicht vorprogrammiert* sind. Darüber hinaus gibt uns neuromuskulärer Einsatz die Chance der Bildung eines persönlichen Selbst und eines persönlichen Lebens.

Anatomische Struktur ist Verhalten. Anatomie ist etwas Lebendiges – eine lebendige Struktur und nicht etwas Statisches. Sie ist eine organisierte Bewegung, die beweglich wie Quecksilber, porös, versteift oder verdichtet sein kann. Diese verschiedenen Arten von strukturellen Zuständen sind gleichzeitig verschiedene Arten, zu fühlen, zu denken und zu handeln.

Wenn wir also auf uns einwirken wollen, wenn wir unser Verhalten ändern wollen, wenn wir uns gestalten wollen, müssen wir auf unsere Anatomie, auf unsere anatomische Struktur einwirken. Unsere Anatomie ist unser Schicksal, wie bereits Freud formuliert hat. *Dieses Schicksal ist jedoch nicht unabänderlich fixiert, vielmehr ist es flexibel und beeinflussbar.*

Methodologie – Die Wie- oder Verkörperungsübung

Dies ist die zentrale Frage: Wie kann der eigene Gestaltungs- und Umgestaltungsprozess beeinflusst werden?

Die formative Psychologie bietet eine Methode an, die *Wie-Übung* oder *Verkörperungsübung* genannt. Innerhalb dieser Übung wird der willentliche Bereich des Gehirns, der Kortex, angesprochen, um mit den reflexhaften, *unwillkürlichen* somatischen Funktionen umzugehen. Mit *willentlicher Einflussnahme* – das heißt mithilfe des Kortex – beeinflussen wir unseren Gestaltungsprozess. Die *Wie-Frage* und nicht das *kausale Warum* steht im Mittelpunkt. Es geht darum, *wie* wir uns einsetzen, um unser Verhalten zu formen, zu modifizieren und zu differenzieren. So bleibt die einmal verkörperte Gestalt nicht unabänderliches Schicksal sondern der Hintergrund ständiger Metamorphose und Morphogenese, ständigen Gestaltwandels – die Chance für Wachstum.

Carola Bitscheid und Irène Kummer

DANKSAGUNG

Die Entstehung dieses Buches hat mich in den letzten Jahren begleitet. Ich habe dabei auch meinen eigenen Prozess der Reife und Vertiefung beim Älterwerden gestaltet. Gleichzeitig arbeite ich in meiner Praxis mit Klienten und Klientinnen sowie als Ausbildnerin von zukünftigen Beratenden und PsychologInnen ständig mit Frauen und Männern, welche sich mit den späteren Lebensphasen konfrontiert sehen und damit auch mit ihren gesellschaftlichen, familiären und individuellen Lebensmustern. Durch mein persönliches Bemühen, die späteren Jahre auf persönliche Weise zu formen, habe ich ein vertieftes Verständnis für die Schwierigkeiten und erfüllenden Aspekte dieser Lebensphasen gewonnen.

Dr. h. c. Stanley Keleman, dem bekannten amerikanischen Forscher und Therapeuten, meinem Lehrer und Mentor, den ich seit über dreißig Jahren kenne, verdanke ich beruflich und menschlich unendlich viel. Seine Begleitung, sein Reifekonzept und seine Methodik ermöglichten mir, mein Älterwerden auf persönliche Weise zu leben und andere Menschen in diesem Prozess begleiten. Ohne die Begegnung mit ihm hätte dieses Buch so nicht entstehen können. Ihm danke ich für alles, was ich von ihm empfangen durfte.

Zudem habe ich das Glück, dass ich ein Leben lang in Beziehung mit Menschen war und bin, die diesen Prozess auf erfüllende Weise lebten oder noch zu leben vermögen – zunächst meine Eltern und meine Halbschwester, von denen ich ein Leben lang viel gelernt habe. Von meinem verstorbenen geliebten Gefährten Roy Bosier habe ich erfahren, was es bedeutet, eine bedingungslose späte Liebe geschenkt zu bekommen. Er war nicht nur ein großer Künstler, sondern ein integrer, von

Herzen großzügiger Mensch, der mir nochmals die wahren Werte des Menschseins im späteren Reifeprozess gezeigt hat.

Meinen weiteren älteren Freunden und Freundinnen in meinem Lebensfeld verdanke ich eine zuversichtliche Einstellung zu den späten Lebensphasen – für mich eine mächtige Ressource. Einige meiner engsten Freunde haben auch mit Gesprächen und Interviews das Entstehen dieses Buches beeinflusst, ebenso Klientinnen und Klienten (alle Namen wurden geändert), deren Prozesse mich inspiriert und vieles gelehrt und in kleinen Vignetten Einlass in meinen Text gefunden haben. All diesen Menschen gehört mein innigster Dank.

Danken möchte ich auch meiner Freundin Irene Wirthlin. Sie hat meine Texte kritisch gelesen, korrigiert, ergänzt und mich in jeder Hinsicht unterstützt. Sie war mir eine unentbehrliche Hilfe.

Mein Dank gilt auch dem Verlagsleiter und Lektor meines Buches, Dr. Claus Koch, der mich verständnisvoll, geduldig und kompetent durch diese Arbeit mit all ihren Überraschungen hindurch begleitet hat.

Schließlich bin ich meinem Leben dankbar, das mich durch schmerzhafte und kostbare Erfahrungen dazu verführt hat, einen ständigen Wachstums- und Selbstformungsprozess zu wagen.

Zentrum für Form und Wandlung in Zürich
www.oip-zfw.com

Das Zentrum für Form und Wandlung in Zürich wurde 1990 von Irène Kummer und Elisabeth Schlumpf gegründet und steht heute unter der Leitung von Irène Kummer, unterstützt von einem Stab qualifizierter und erfahrener Ausbildnerinnen und Ausbildnern sowie von Gastdozierenden mit unterschiedlichsten Schwerpunkten.

Das Zentrum bietet ein breit gefächertes Programm an Aus- und Weiterbildungsveranstaltungen sowie Kurse und Workshops an und basiert auf den im vorliegenden Buch dargestellten Konzepten und Arbeitsweisen:

- Ausbildung zum Berater und zur Beraterin OIP im psychosozialen Bereich
- Einjährige Seminare mit unterschiedlichen Themenschwerpunkten
- Kurse zum Thema »Lebenskunst – Älterwerden als Herausforderung und Chance«
- Weiterbildungstage zu allgemeinen psychologischen Themen und zu klinischen Schwerpunkten
- Trainings zur formativen Arbeit nach Stanley Keleman
- Vertiefungskurse zu den wichtigsten beraterischen Kompetenzen
- Selbsterfahrungsgruppen

In allen Angeboten legen die Zentrumsleiterin und der Stab der Mitarbeitenden großen Wert auf ein gutes, Wachstum förderndes Klima und auf die Entwicklung persönlicher, sozialer und beruflicher Kompetenzen. In den Aus- und Weiterbildungs-Workshops sind der Leitung ein lebendiger, sorgfältiger Lehr-Lern-Prozess mit Referaten, Übungen, Arbeit in Gruppen, mit Trainings sowie Austausch-und Reflexionsmöglichkeiten wichtig.

Deutsches Institut für Formative Psychologie
www.formative-psychologie.de

Das Deutsche Institut für Formative Psychologie wurde 1996 von Carola Butscheid und Gine Dijkers gegründet und steht seither unter deren Leitung. Das Institut bietet Weiterbildungsveranstaltungen in Formativer Psychologie sowie Kurse zu Themen wie z. B. »Umgang mit Älterwerden« an.

Einen besonderen Schwerpunkt bilden die Einübung und Differenzierung der formativen Methode in Übungsgruppen und in Einzelarbeit.